【世界经典文学珍藏版】

李志敏⊙编著

卡耐基经典全集

◎尽览世界经典文化的博大精深 ◎读传世典籍，赢智慧人生——受益终生的传世经典

卷一

民主与建设出版社
·北京·

© 民主与建设出版社，2022

图书在版编目（CIP）数据

卡耐基经典全集:全4册/李志敏编著;郑琦绘图
—北京:民主与建设出版社，2015.8（2022.8重印）
ISBN 978-7-5139 -0765 -1

I.①卡... II.①李...②郑... III.①成功心理–通俗读物
IV.①B848.4–49

中国版本图书馆CIP数据核字(2015) 第215184 号

卡耐基经典全集
KA NAI JI JING DIAN QUAN JI

编　　著	李志敏	
责任编辑	程 旭	
装帧设计	王洪文	
出版发行	民主与建设出版社有限责任公司	
电　　话	（010）59417747　59419778	
社　　址	北京市海淀区西三环中路 10 号望海楼 E 座 7 层	
邮　　编	100142	
印　　刷	永清县晔盛亚胶印有限公司	
版　　次	2016年1月第1版	
印　　次	2022年8月第4次印刷	
开　　本	710 毫米 ×1000 毫米 1/16	
印　　张	32	
字　　数	460千字	
书　　号	ISBN 978-7-5139 -0765 -1	
定　　价	278.00元(全四册)	

注：如有印、装质量问题，请与出版社联系。

前　言

　　从来没有哪一个时代的人们像今天这样如此的重视"成功"，"成功"成为这个时代被使用最频繁的字眼。那么，什么是成功？成功当指成就功业或达到预期的结果。成功当有两个方面的含义：一是个人的价值得到社会的承认，并赋予个人相应的酬谢，如金钱、房屋、地位、尊重等；二是自己承认自己的价值，从而充满自信，并得到幸福感、成就感。成功的含义是丰富的，可惜，在这个时代，很多人过于强调前一种含义，而忽略了后一种意义。而只有造福于社会，获得社会的承认，赢得他人的尊重，才称得上是真正的成功。

　　事实上，成功是一种积极的心态，是每个人实现自己的理想后，自然而然地产生的一种自信和满足心态。

　　成功学的历史很短，只有100多年。这门学科以社会中各种成功现象为研究对象，从中发现规律，并指导人们走上成功之路。当然，成功没有捷径，但是，有了成功学的指导，有志于成功的人士可以少走弯路。这也是自成功学诞生100多年来，一直受到人们关注的原因。

　　戴尔·卡耐基（Dale Carnegie, 1888—1955），美国著名的心理学家和人际关系学家，20世纪最伟大的人生导师。他一生从事过教师、推销员和演员等职业，这些职业对他以后的事业都有很大的影响。

　　卡耐基认为，从事有意义的工作，过自己喜欢的生活比赚钱更重要。于是，他在大学时代就开始进行演讲方面的训练，这些训练使他克服了自卑和怯懦，在与不同的人打交道时，他也格外有勇气，有信心。正是在现实中，他认识到人际交往在一个人的一生中有多么重要，他认为，一个人的成功有15%是由于他的技术专长，而85%是靠良好的人际关系和为人处世的能力。经过多年的研究考察，他最终总结出一套独特的融演讲、推销、为人处世、智能开发于一体的成人教育方式，这种方式得到人们的认可，并且不断完善。他开创的"人际关系训练班"遍布世界各地，对数以百万计的人产生了深远的影响，其中不仅有社会名流、军政要员，甚至还包括几位美国总统。

哈佛大学著名心理学家与哲学家威廉·詹姆斯教授说："与我们应取得的成就相比，我们只不过是半醒着，我们只利用了身心资源的一部分。卡耐基因为帮助职业男女开发他们蕴藏的潜能，在成人教育中开创了一种风靡全球的运动。"

卡耐基一生中写了《演讲的艺术》《人性的光辉》《人性的弱点》《美好的人生》《伟大的人物》《快乐的人生》等多部著作。除此之外，还有汇集他思想精华的《人性的优点》等著作也经久畅销。这些著作是卡耐基成人教育实践的结晶，他的思想影响了世界上无数人的生命历程。

怎样为人处世，怎样获得朋友并赢得他们的信任，在一个人的人生和事业中是非常重要的，作为成功学大师的卡耐基当然也意识到了这一点，他的最畅销的著作《人性的弱点》，英文原名即为《如何赢得朋友并影响他人》，这本身就包含着为人处世的艺术。

现代社会，人与人之间的交往更加密切，更加必不可少，拥有良好的人际关系，犹如一把打开心灵之窗的钥匙，使我们的人生道路多一些平坦，少一些挫折。当我们在人际交往中感到困惑时，不妨打开这本书，也许会给我们一些有益的启示。

目录

卷 一

卷　二

卷 三

卷 四

第九十章　赞扬的魔力

第九十一章　多想想别人

第一章　得体的衣装为你加分

　　得体的衣装会使他们的自信心大增并提高他们的自尊心。他们发现，当他们的外表显得很自信时，他们的思想也比较容易顺畅，他们的表达也更容易取得成功。这就是衣装对穿着者本人所产生的影响。

——卡耐基《沟通的艺术》

　　米高梅电影公司一向以严谨的着装习惯闻名。该公司的高级职员一般都要穿深色套装和白衬衫，结果人们在看到米高梅公司的人时往往会笑着说："瞧！企鹅又来了。"这当然是一句玩笑话。但作为演艺界这样一个充满活泼、浪漫色彩的地方，米高梅公司为何做如此古板的规定呢？要知道米高梅公司的总经理并不是一个严肃而缺乏幽默感的人，他之所以要求他的职员如此，是因为他明白在很多人的心目中，"好莱坞人"总是嘴叼雪茄的生意人形象，这些人往往喜欢夸夸其谈，给人以很不老实的感觉。所以米高梅公司试图从衣着上给大众一种稳重的正面形象，以摆脱留给人们的消极影响。

　　有一次，一位担任大学校长的心理学家向一大群人发出问卷，向他们询问，衣服对他们产生什么影响。结果，被询问者几乎一致表示，当他们穿戴整齐、全身上下一尘不染时，他们能清楚地知道自己穿得很整齐，而且也可以感觉得到，这表明衣服会对他们产生某种影响。这种影响虽然很难解释，但十分明确、十分真实。得体的衣服会使他们的自信心大增并提高他们的自尊心。他们发现，当他们的外表显得很自信时，他们的思想也比较容易顺畅，他们的表达也更容易取得成功。他们也就更容易被别人所接受。

　　形象是社交时的第一印象。为了给人留下良好的第一印象，请你牢记以下几点：如果你不想成为同行的笑柄的话，你的服装必须合体；如果你不想让同行或客户鄙视的话，你的服装必须庄重；如果你不想让人看出你的性格或爱好的话，你的服装必须是保守的、得体的。

　　如果男性员工总是不修边幅，穿着宽宽松松的裤子、变形的外衣和鞋子，

自来水笔和铅笔露在胸前口袋外面，一张报纸、一只烟斗或一罐烟草把西装的外侧塞得凸了出来；女性员工总是背着一个样子丑陋的大手提包，衬裙还露在外面，别人可能很难对他们产生信心。看了他或她那个蓬乱样，对方就会认为，穿成这样，肯定他或她的头脑也是乱七八糟的。

我们总是看到那些商界人士西装革履，打扮得体。那些做销售的人员也非常重视外在形象。如果你面对的是一个蓬头垢面的家伙，怎么敢买他（她）卖的汽车、房子，或其他什么东西呢？

莎士比亚说："服饰往往可以表现人格。"在商务活动中，得体的着装能够体现出严谨、专业、训练有素的仪表形象，超凡的仪表形象才能使我们真正做到"衣"礼天下。

大家都想穿出得体的服装。可是有人说，我就是不知道怎么打扮自己，越修饰越糟糕。这里，我们先了解一下着装的基本常识。

我们的服装大致可分为正装和便装两种。

正装是适用于严肃场合的装束，比如工作场合，也可用于参加婚葬仪式、社交活动等。像西装、套裙、中山装、民族服装等，正装也常被称为职业装，各式礼服、晚会服、酒会服、结婚礼服等也包括在正装范围内。

着正装会给人以庄重的印象，但要注意与自身条件相协调，细心选择款式和面料，要给人舒适感和满足感。

便装是在非正式场合的装束，包括娱乐、休闲、运动、家居的装束，适用于比较轻松的环境。工作场合一般不应穿便装。

着装要特别注重颜色和款式的搭配。俗话说："没有不美的色彩，只有不美的搭配。"色彩体现在服装方面就在于它的巧妙搭配。我们所要掌握的搭配技巧，重要的是要根据个人的体形、身高、肤色、性格、爱好，以及天气、地域、场合等综合因素，合理选配。商务正式着装一般选用单色、深色为宜，黑色、蓝色被认为是比较正式的商务着装色彩；商务休闲着装可以选用米色、白色、灰色等为宜，上下身色彩可不同。款式则可以根据自己的体形特点和局限加以搭配，可以参考以下几点建议：

1. 一次着装最好不要超过三种色彩，有的人不太注意色彩的搭配，穿着一身笔挺的深色西装，黑色皮鞋，可是裤脚露出了白袜子，看上去很扎眼，这就有点欠缺了。

2. 体形偏胖，没有什么腰身，适宜选择腰身合体、线条简洁的衣服。避免穿紧身衣。颜色应该选择较深的，色彩反差较小的服装，给人以踏实稳重的感觉。

3. 瘦人适宜选择颜色较浅、颜色鲜亮的服装，给人以积极健康的感觉。特别是体形偏瘦的女性，就是现在流行称呼的"骨感美人"，适宜选择衣领处有皱褶，腰袖略显宽松，配有饰边的衣服。

4. 肤色较白者，适于穿着各色服装，宜选择的颜色范围较宽，但要避免黄绿色。肤色较黑者，一般不适宜穿黑色服装及素雅的冷色调和深暗色调的服装，如墨绿、绛紫、深棕、深蓝等颜色，应选用色彩浓艳的亮色，如橙色、明黄色等。

此外，着装还有一些原则要遵循。首先是国际上通用的 TPO 原则。TPO是英语"TIME"、"PLACE"、"OCCASION"三个词首字母的缩写。T 代表时间、季节、时令、时代；P 代表地点、场合、职位；O 代表场合。

一天之中有早、中、晚，一年之中有四季，人生有不同的年龄阶段，穿什么衣服，要根据一年四季的变化，也要根据年龄的变化选择适宜自己的 服装。普通场合要遵循干练、干净、整洁、文雅、大方的原则。正式场合，比如参加各类会议、庆典、仪式、宴请、谈判、外事等隆重庄严的活动，应遵循庄重、严谨、高雅、得体的原则。欢度节日或纪念日，着装应当鲜艳、明快、喜庆、时尚、洒脱。各种不同场合时，选择的服装还要注意与所要面对的对象、此次活动的目的协调一致，就是要合时、合地、合景。

"质于内而形于外"。仪表是否端庄、大方，体现了商务人士的内在素养和品位风格。

西装是男性商务人员的首选，讲究是最严格的。正式场合如谈判、会见、宴会等，应穿素雅的西服套装，以深色、单色为首选。穿西装要记着拆除商标，熨烫平整，西装内穿的毛衣，多以薄型"V"形领的单色羊毛衫或羊绒衫为唯一选择。西装的口袋里要少装东西或者不装东西，鼓鼓囊囊的显得穿的人很不讲究。穿西装一定要配正装皮鞋，以黑色为最佳选择，也可穿其他深色皮鞋。正式场合的皮鞋上要少加装饰物，应选择传统、保守的款式。黑色或深色皮鞋必须搭配深色袜子。领带是西装配件中的"画龙点睛"之物，正式场合必须穿西装打领带。一般好领带的面料都会选择真丝软缎、桑波缎、采芝绫等。领带的图案色彩可各取所好，但正式场合领带颜色不要超出三种。衬衫的颜色和花色要与西装外套协调一致。

穿深色西装时宜搭配浅色衬衫。以白衬衫为最佳选择，在国际性正式商务场合中，参与人员都应选择白色衬衫。袖长要适度。最美观得体的穿法是衬衫的袖长长出西服袖长的 2~3 厘米，领子高出西装上衣领子约 1 厘米。

套裙即西服套裙，是女性商务人员出席正式场合的首选服装，一定要选择适合自己的套裙。面料要考究，匀称、平整、挺括、柔软、有弹性，不易起毛、起球、起皱为好。套裙应以冷色调为主，至多不超过两种色彩。裙子下摆根据女性年龄选择长短。年轻女性裙长以到膝盖上下为宜；较年长的女性，以到达穿者的小腿中部为最佳。着装、化妆与配饰的风格要协调统一。适当的装饰品，就会显示出商务人士的精明。配饰分为服饰和首饰两大类：服饰包括鞋、帽、围巾、手提包、胸针等；首饰包括耳环、项链、戒指、手链等。恰到好处，点到为止，不要过多、过繁。

此外，良好的商务形象，还包括健美的头发，合适的发型，清洁的皮肤，清新的口腔卫生。女性还应注意得体的妆容，恰当好处的点缀和装饰，等等。

人们在第一次交往中，双方的容貌、仪表、举止、服饰等，在彼此的心中都会留下深刻的印象。一个仪表堂堂、举止大方的人容易使人产生好感；一个蓬头垢面、邋邋遢遢的人，则容易让人产生厌恶。在交往过程中，往往双方还一言未发，内心深处的好恶就已初步形成。所以，我们应该注重自己的仪表，使之美观大方、赏心悦目。

第二章　修炼自己的优雅气质

一些个人的不良习惯是慢慢养成的，也许自己认为无伤大雅，不拘小节，但如果不改，不仅会引起别人的反感，还会影响自己的形象。

——卡耐基《人性的弱点》

举手投足间展现的个人魅力常常超越高谈阔论。因为举止是一种不说话的语言，它真实地反映了一个人的素质、受教育的程度及能被信任的程度。正如培根所说："相貌的美高于色泽的美，而优雅合适的动作的美又高于相貌的美。"

外在的气质是观察一个人内心世界的窗口，通过仪态我们可以透视出一个人的精神状态、心理活动、文化修养及审美情趣等。一个人的行动往往就是最好的语言，通过举止，就可以判断这个人的素养。

有一位中层管理人员，业务素质很好，管理能力也很强，可就是有个毛病，就是不管在什么场合，一到得意处，便不自觉地抠自己的鼻孔，并且还将抠出的赃物随手弹出。一次，在与合作方进行有关合资立项的谈判，双方谈得非常顺利，马上就将进行到签字生效的程序了。可是就在这时，这位经理旧病复发，得意忘形，手指不自觉地便伸进了鼻孔。这位经理一边与谈判方老总谈笑风生，一边肆意地抠着自己的鼻孔。这个细节被对方老总注意到了，并皱起了眉头。就在这时，这位经理大人手指甲带着一块赃物抽出鼻孔，随即一弹，那一块小小的赃物便飞到了地毯上。对方老总一见，眉头皱得更紧了，立即阻止了正要往协议书上签字的双方代表，随后表示，这份合作意向还需再重新探讨，然后领着自己的人扬长而去，留下这位一头雾水的经理及莫名其妙的谈判人员。合作就此以失败告终。

有些人就是有这么一个坏习惯，无论在什么场合，不是抠鼻子，就是挖耳朵，就好像他的鼻子里、耳朵里有抠不尽、挖不绝的污秽物似的。殊不知这种坏习惯，正是人们所讨厌的。

　　有些西方人士会因此认为，这样的场合都这样随意，那么在执行协议的时候，也难免会生出一些枝节。所以事后，有人问那位扬长而去的老总，究竟是什么原因使他在关键时刻阻止了协议签字的。这位老总的一席话传到彼方参加谈判的人员耳中，简直令他们哭笑不得。

　　那位老总说，在那样庄重的场合，对方的经理先生竟然当着客人的面抠自己的鼻子，而且还随意地抛掉赃物，说明经理先生的素质是非常低的。经理的素质如此之低，其手下的员工的素质也便可想而知了。与低素质的人合作，是要冒极大风险的。我们不愿意拿自己的资金来冒这样大的风险。

　　一个小小的恶习，破坏了一项合资项目的签订，同时还给合作方留下了素质低下的印象。可见在日常应酬中，一些个人的恶习如果不改，不仅会引起别人的反感，往往也会因此得不偿失。

　　不过我们还是常常遗憾地看到，一些衣冠楚楚、妆饰时尚的男女，会在众目睽睽下做出一些诸如擤鼻涕、搓泥垢、脚从鞋子里钻出来"乘凉"的举动，这大大损害了他们在社交场上的形象，与礼仪的要求极不和谐。因此，每个人应从以下方面入手，维护自己的高雅形象。

　　不要当众搔痒。搔痒动作不雅，而且由于你的搔痒动作当众进行，会令人产生联想，诸如皮肤病等各种症状，使别人感觉不舒服。

　　要防止体内发出各种声响。生活经验告诉我们，任何人对发之于别人体内的声音都感到不舒服，甚至感到讨厌。诸如咳嗽、喷嚏、哈欠、打嗝、响腹、放屁等，这些响声都会令人觉得你不太舒服或是正在生病，别人会立马感到受威胁或产生联想，继而产生厌恶感。

不要将烟蒂到处乱丢。抽烟的人在许多场合不受欢迎，烟气会对别人的健康产生危害。吸烟者缺乏卫生习惯，如走着路抽着烟，令擦身而过的人害怕烧坏了自己的衣服；随处弹烟灰，使环境受到污染；没有燃尽的烟蒂又令人害怕引发一场不该有的灾难；随处乱扔烟蒂，往往会损坏地毯、地板和环境。有些人还会在其就座的位置旁，随手掐灭烟头，致使烟头留在窗台、墙边、桌边，令人十分反感。

吐痰务必入痰盂。随地吐痰是一种恶习，在一些不发达、不文明、环境恶劣的情况下到处可见。遗憾的是身处文明之地，摩天大楼，身着时髦靓衣的人士有时也会犯此病，乘人不备随地吐痰。这种令人作呕的行为应该坚决杜绝。每一个现代文明人，都应清醒地认识到，是否有人看见你随地吐痰不是问题的关键，关键是因为这种举动，证明你还处于愚昧、落后、肮脏的状态。特别是在商务活动中，应该尽量避免吐痰、清嗓子等毛病。

在交谈中，下面列举的不良习惯是一定要注意并改正的：

1. 跷起二郎腿，并将跷起的脚尖朝着别人。

2. 打哈欠，伸懒腰。

3. 剪指甲，挖耳朵，抠鼻子，拧鼻涕，剔牙，修指甲，揉眼，搔头发，蹭后背。

4. 跺脚或摆弄手指关节，发出"咔咔"声。

5. 不时地看表，当众照小镜子。

6. 交叉双臂抱在胸前，双腿叉开、前伸，人半躺在椅子上。

所有的不良习惯都是逐渐养成的，不是不能改正，就看有没有改正的信心。只要我们时时刻刻注重姿势、动作的美，就可以锻造出优雅的气质。

1. 挺拔的站姿展现商人的智慧和气质。端正的站姿给人以挺拔笔直、舒展俊美、积极进取、充满自信之感。标准的站姿应保持身体挺直，收腹挺胸，头部摆正，两眼平视前方，微收下颌，双腿自然并拢，双脚稍稍分开。男、女两性在站姿方面还略有不同。男性站立时，一般应使双脚平行，分开幅度最好不超过肩宽，双手自然放于身体两侧，双脚不可随意乱动。女性站立时，一般应使双手自然下垂，叠放或相握于腹前，双腿并拢，脚尖分开，角度约为45度，呈"V"字形。

2. 坐姿最能展现一个人的职业修养，符合礼仪规范的坐姿，能展现出商

务人士积极热情、尊重他人的良好素养。入座时先要礼让尊长，不可抢在来宾、长辈、上级或女士前就座；无论从什么地方走向座位，通常讲究"左进左出"；穿着裙装的女士要特别注意，入座前先用双手拢平裙摆后再坐下；无论男女，坐下时应尽量不发出声音，即便调整坐姿也要悄无声息。坐时上身挺直，头部放正，双眼平视前方，或面对交谈对象；当面对尊长、贵客而又无屏障之时，双腿应当并拢。避免在尊长、贵客面前高跷"二郎腿"，或将两腿伸向远处。

3. 标准的走姿应优美自然，表情放松，昂首挺胸，略收下颏，立腰收腹，两臂自然下垂，前后摆动，下肢举步应脚尖脚跟相接相送。走路时步幅要适中，直线前行；女性在穿着裙装时，要减小步幅；双肩平稳，自然摆臂；全身协调，匀速走。

好气质来自好习惯。仪态形象的塑造，非一朝一夕之事，保持良好的仪态是一个好习惯，把这个好习惯融入我们日常的工作生活中，高雅的气质自然就会流露出来，在塑造仪态形象时要做到以下几点：

1. 举止文明。在公共场合，不随地吐痰，不乱扔果皮纸屑，不大声喧哗；不在他人面前挖鼻孔、掏耳朵、剔牙、擤鼻涕、修指甲、抓痒痒；不在工作场合及禁烟区随意吸烟，对着别人喷烟或吐烟圈。

2. 行为规范。与客商交谈时，双方要保持同等高度，除非特殊情况，不能使自己高于对方，处于居高临下的位置。对方若为女士，应保持一定距离。

对方身份如果高于自己，要与其保持稍远距离，并应把较有利的位置谦让给对方。对于初次见面的客商或来访客人，要亲切、自然、得体地与对方交谈，做到会面有度。递物接物讲究用双手。

3. 动作美观，表情自然。美国心理学家艾伯特通过实验，把人的感情表达效果总结了一个公式：传递信息的总效果，即情感的表达 = 7% 的语言 + 38% 的声音 + 55% 的表情。可见，表情在人际感情沟通中占有十分重要的位置。

4. 面带微笑。微笑是全世界共同的语言，没有语意上的差异。微笑既是一门学问，也是一门艺术。微笑是与人交往过程中最具吸引力、最令他人愉悦，也是最有价值的面部表情。在商务活动中，微笑不仅会给我们的工作带来好心情，还会有助于我们顺利沟通各种复杂的人际关系，易于被他人接受，提高工作绩效。让我们把微笑主动地给予他人，别人会给你同样的温馨。

第三章　初次见面就给别人良好的第一印象

　　一个人的"第一印象"是非常重要的，别人对你，或你对别人都是一样的。

——卡耐基《人性的弱点》

前面我们说过，得体的衣装、优雅的气质会给人一个良好的印象。但商务交往不是一门简单的学问。一定要掌握好交往的技巧并能在实际中灵活运用，这样才能在商务交往中占有先机。

通常人们对自己身体四周的地方，都会有一种势力范围的感觉，而在靠近身体的势力范围内，通常只能允许亲近之人接近。如果允许别人进入你的身体四周的一定范围内，就会有种已经承认和对方有亲近关系的错觉，这一点对任何人来说都是相同的。

人们可能有个共同的体会，就是和初次见面的人面对面地谈话，真不是一件容易的事。这是因为两人的视线极易相遇，而导致两人之间的紧张感增加。

　　一位企业家曾经谈到他的经验，他说如果他不愿借钱给别人，他就会和他面对面地交谈。因为这样谈话会使对方紧张而不敢乱开口，即使借给了他，也不敢不还。而借钱不还的，多半都是坐在旁边位置谈话的人。

　　在商务活动中，与人交谈时坐在旁边的位置，自然就会轻松下来。这是因为不必一直意识到对方的视线，而只在必要时看他的视线即可。通常，比较重要的见面，为了减少对方的紧张情绪，会合理地安排各种办法，就是"分散效果"，比如在室内放一盆花，这样可以转移他的视线。坐在对方旁边的位置与之交谈，就会增加亲近感。

　　有的人你整夜和他在一起喝酒，但你和他的关系也许只是泛泛之交，这种关系如不加以巩固，那么两者之间的感情就会愈来愈淡。假如有人问你："你和某人的关系如何？"而你回答"我见过一次"或"偶尔会见面"，那么给人的印象就不同了。而有的人，虽然并没有跟他在一起推杯换盏，但却常常见面，或者不时地电话联系，这样的关系其实更加稳固。

　　在商务交往中，在赢得别人的好感之前，先给人留下一些亲近感是必要的。

　　在商务交往中，也不要企图把不合理的习惯打破。不然的话，人家会认为你不近人情。

在日本，公共汽车售票员向每个下车的乘客说："多谢您！"对上车的乘客说："对不起，让您久等了。"如果国内的公共汽车售票员对乘客这样说，恐怕乘客要觉得这售票员有问题了。所以不是合理不合理的问题，是因为每个地方的生活风俗及习惯不同，这也需要注意。

世界各国的社会条件不同，宗教信仰不同，民族历史不同，因而风俗习惯也千差万别。人们常说要入乡随俗，因此必须问俗和学俗，只有这样才能做到文明处事。

在应酬的路上，"第一印象"不好的话，如要挽回，就要付出很大的努力，这一点非注意不可。

有研究表明，我们跟别人见面时，在一瞬间内就能对这个人作出评估。这种交流无需通过语言。在这最初的一瞬间内，每个人都会自觉或不自觉地用眼睛、面孔、身体和态度来表达自己的真正感觉。所以，在一定意义上可以说，你只有5秒钟来给别人创造良好的第一印象。

最懂得与人交往的人，永不会因场合不同而改变自己的性格。保持真我，保持最佳状态的真我是给人留下美好印象的秘诀。不管是与人亲密地倾谈，还是发表演说，都要保持自己的本色不变，不要给人造成言行不一的不诚实的感觉。那么，如何才能把握住最初的一瞬间呢？

1. 事先要做好准备。事先尽可能了解对方的动机、需求和兴趣。同时，理好自己的思绪，弄清自己明确的目标——你希望通过这次会面达到什么效果？

2. 随和轻松。一见面就要尽快融入当时的氛围中。要使别人感到轻松自在，你自己就必须表现得轻松自在。不管遇到怎样严重的事情，心理上都要尽量放松。学点幽默，不要总是神色严峻，或做出一副永远苦闷的样子。你应该把心情放松一下，否则家人、朋友和同事会对你感到厌倦。

3. 认真倾听。参加会议、宴会或面试时，切勿急于发表意见。要稍微等一会儿，先了解一下当时的情形，看看会场气氛如何？别人的情绪怎样？是高涨还是低落？他们渴望聆听你的意见，还是露出厌烦的神色？只有觉察到别人的情绪时，你才能比较容易地接触他们。

4. 表现得自信。要充满自信并积极放松。手势要优雅，避免剧烈的动作。

肯定的态度很重要。我们常常看到有些人说起话来声音越来越小，甚至用手捂住自己的嘴巴。没有人愿意跟一个态度迟疑的人打交道。冷静是必要的，小心谨慎也可以，但切勿迟疑不决。

5．目光不要游移不定。不管是跟一个人还是100个人说话，一定要记住用眼睛望着对方。有些人在开始望着你，但才说了几个字，目光就移到了别处，给人一种目光游离之感。进入坐满人的房间时，不要避开众人的目光，应自然举目四顾，微笑着用目光照顾到所有的人，这会使你显得轻松自若。怎样集中精力？一位专家说："我在跟别人见面之前，通常会静静地坐下来集中思想，然后深呼吸一下。我会思考这次见面的目的——我的目的和别人的目的。有时候我步行几分钟，使心跳加速。这样踏进门口，就不会再想着自己。我把注意力全集中到那人身上，尝试找他值得我喜欢的地方。"

5．表情自然。你的身体语言反映你的感觉，要让你的面部表情显得很诚恳很自然，特别是眼睛要表现得专注而有神。笑容也很重要。最好的笑容和目光接触都是温和自然的，并不是勉强做出来的。

6．声音。说话时，要注意音质、声调、节奏和音量。吐字要清晰，节奏要适中，句子尽可能短一些。不说生硬、晦涩难懂的词句。

7. 保持真我。不要突然改变自己的性格，不要摆出虚假的姿态。只要保持真我——最佳状态的真我——就足够了。事实上，你已有了给别人留下良好印象的神奇力量，因为没有人能比你自己把你表现得更出色。

8. 避免偏见。偏见是非常愚蠢的表现，为此不妨亲自观察之后再做结论，尽量避免感情用事。如果真的产生偏见，就要尽快思考其带来的后果的严重程度。如果一个人坚持 $1+1=3$，抑或是冰岛在赤道上，也不要跟他做无谓的争论。现代交际环境为人们设置了基本的"圈子"，应该熟悉"圈子"外的观点，最简单易行的办法就是读一读各种报纸杂志。对于想象力丰富的人来说，假想自己与持不同观点的人辩论是提高的捷径，因为这样可以不受时空限制。在日常生活中，要多考虑反对者要说的话，一旦认识到对方的合理之处，会变得更为灵活自信。

在商务交往中，特别是与陌生人见面时最初的一瞬间，一个良好的印象会深深留在交往对象的记忆中。这是把陌生人变成朋友的关键一步。也是你在商界赢得良好人脉的关键。

如果你发挥自己的长处，别人就会喜欢跟你在一起，并容易同你合作。一个人要首先了解自己，把握自己的特点，如外貌、精力、说话速度、声音的高低和语气、动作、手势、神情以及其他吸引别人注意的能力等。要知道，别人正是根据这些特点来形成对你的印象的。所以，与人交往要充满自信，并尽可能发挥自己的长处。

良好的形象仅仅是外在的，内在修养的提高才是最根本的。否则就如同纸里包不住火一样，早晚会露馅。

第四章　提升自己的精神引力

在人类行为中，有一条至关重要的法则，如果我们遵守它，就会为自己带来快乐；如果你违反了它，就会陷入无尽的挫折中。这条法则就是：永远尊重别人，使对方获得自我尊重感。

——卡耐基《人性的弱点》

在商务交往中，一个人的吸引力不仅表现在他的职位高低，更重要的是透过他所隐现出来的精神力量去吸引人。有的人一见面就会给人留下很好的印象，被他所吸引，有强烈的欲望想与他结交，这就是他的精神引力。精神引力是什么？就是把精神生活提升到日常事物的枯燥单调之上，赋予平凡的生活以更精彩的内容和不平凡的意义，使其具备理念的投射、平淡的超越、趣味的升华。要想在社交领域让自己摆脱平庸，找到突破点，必须创造精神上的愉悦体验，增强相互间的引力。

这种相互间的引力可以用"神交"来概括。"神交"实际上是灵犀相通、

相互吸引和促进的互动。法国大作家罗曼·罗兰23岁时在罗马同70岁的梅森堡结识，从此，他们交往不断，罗曼·罗兰给晚年的梅森堡以极大的帮助。他们共同努力向理想和更高目标的突进，对低级庸俗趣味的蔑视以及为个性自由而斗争时所表现出来的勇敢精神具有永恒的价值。因此，梅森堡内心充满了对生活和朋友的感激，他感激生活两年来赋予他的最高水平的精神交流，通过这样不断地激励而获得的"思想的青春和对一切美好事物的强烈兴趣"。从中可以看到，社会交往是有境界和层次之分的，高境界的交流其实值得人们全身心地追慕和投入。

要提升自身的精神引力，必须获得对方的尊重。纠正错误时，不要给别人现成的托词；提出合理要求时，也不要表示得卑微委琐；如果做错了事情，更不要把责任推给别人。长此以往，自然会形成惊人的精神魅力。但你要有宽容

对方的心，如果我们卑贱自私，没有从别人身上得到什么，就不乐意给别人分点快乐，如果我们的器量比酸苹果还小，那我们就不会获得对方的尊重。

对方尊重你，不是每天对着你甜言蜜语，一定要提防阿谀奉承的言辞，因为其中很可能存在着很多虚夸的内容，也可能对方只是想利用你达到某些目的。此外，不要坚信自己性别上的优越性，两种性别都有优缺点，盲目自信忘乎所以的人不知不觉就会走向自己想要接受的结果的反面。

生命应该不断地得到提醒，而人也的确只是茫茫宇宙中一个小角落上的一段生命插曲，跟整个自然界比起来，似乎有点微不足道了。人一旦认识到自身的价值和缺欠，有意识地增加自己的修养，自身的境界就会因此得到不同程度的提升，在他人眼中的感觉也会越来越好。礼仪的美妙是不可言喻的，精神上的引力也能给你带来深远的影响。

要提升自身的精神引力，必须学会尊重别人，正如杜威教授所说："自重是人类天性中最强烈的冲动和欲望。"詹姆森教授也说过："在人类天性中。最深层的渴望就是得到别人的重视。"重视别人和得到别人的重视，正是我们人类区别于动物的特征，也正是这股力量促使人类创造了文明。

多读书。读书会使人明理，使人增长知识，使人提高辨别能力，使人修养更好。还要多和具有精神引力的人交往沟通，因为他们身上有一股巨大的引力，会将你引向更开阔的境地，由此，你的眼界更加开阔，你的思想更加深邃，你会乐于跟更多的有精神引力的人交往，与他们一起进步，一起成就事业。

第五章　打电话能反应一个人的修养

如果我们要交朋友，我们要真诚、热情地向人致意，有人打电话给你的时候，你也要用同样的声音对他说"喂"，你要让他觉得你是多么喜欢他打电话给你。

——卡耐基《人性的弱点》

现代商务交往中，电话是极为常用的一种沟通方式。试想一下，声音越过万水千山，一串号码，沟通了你我，电话那边的你，是否感受到对方的热诚和友谊？电话不仅是一种沟通工具，而且通过电话传递出的信息，还可以让对方感受到一种精神状态。在电话中，得体的处理方式，会给对方留下好印象，"迅速地处理"、"冷静地应对"、"态度谦和"、"简洁"、"客气有礼"，等等。

如何给对方留下好印象，关键是态度。不管掌握了多少技巧，如果只讲究技巧而忽略了态度还是得不到好印象的。你在打电话的时候，一定要记住：我代表单位形象。

曾经有一家杂志社做过"优秀企业的电话应对评选"的问卷调查，结果银行及超市荣登榜首。电话应对实在是很重要的。

1. 打电话的礼仪。

作为一名商务人士，经常地打电话进行一些往来是不可避免的。那么首先就要懂得打电话的一些基本礼节。由于可视电话还不普及，电话中只有把握好语速、声调、语气，才能赢得对方的好感，展现出你的素质，赢得更好的效果。

如果是工作电话，应该选择在8点半以后打，如在国外应选择在9点以后打。往办公室打电话，最好避开临下班的时间。除非特殊情况，否则，不要在节假日、用餐时间和休息时间给对方打电话。打国际长途，首先要考虑对方国家的时差。

即使对方已将家中号码给了你，也尽量不要往家中打电话。

打电话一定要控制好通话的时间长度。正常的情况下，一次打电话的时间以3~5分钟为宜，除非对方有意在电话中与你进行长时间的沟通，否则，一定要尽快结束通话，以免浪费他人的时间。

如果是很重要的电话，打电话之前，尤其是打重要电话或国际电话之前，要提前做好准备，把要找的人名、要谈的内容要旨归纳成几条，写在纸上。想要说明的问题应简明扼要，言简意赅。

因为你是主动打电话，事先有准备，所以说话时一定要吐字清楚，语速、音量适中，语句简短，语气亲切，语言文明。

电话交谈中，还要表现得有礼貌，这是因为"语气"会带给对方影响。在演员的台词训练课程中，这算是个相当重要的内容，因为清晰地表达可以微妙地表现出人的心理及感情。无论谁，不管是用粗鲁的语气，或是用客气的语气，只要表达十分清晰，给人的印象就比较深刻。"那个人虽然有些粗鲁，可是人很好"，或者"虽然蛮客气的，但讲话带刺"。这些都是因为说话人的语气能够很清楚地表达打电话时的心态。

在先向对方恭敬地道一声"您好"后，应主动地介绍自己单位的名称和自己的姓名。结束通话前，道一声"谢谢"、"再见"。

有的人即使是主动打电话给别人，也会出现很多不该出现的问题。比如一边嚼东西，一边打电话，或者同旁人聊天，或者兼做其他事，对方会察觉出你的心不在焉，会对你反感。

打错电话时，要向对方道歉，说一声"对不起"、"打扰您了"。如果通话时忽然中断，应由打电话方立即再拨，并向对方说明，不要等接电话一方再把电话打过来。

打电话时，应站好或坐端正，举止得体。不要坐在桌角上或椅背上，也不要趴着、仰着、斜靠着或者双腿高架着。

2. 接听电话的礼仪。

电话铃一响，应立即放下其他工作，及时接听电话。"铃响不过三"，接电话以铃响三次左右为最合适，如果长时间无人接听，或者让对方久等是不礼貌的。如果电话铃响了好几遍才接听，就要先说"久等了"、"对不起"等表示歉意的话。接到电话后只是"喂"了一声，对方会十分不满，会给对方留下恶劣的印象。更不要不耐烦地问"你是哪一位？""你是谁？"或是"你有什么事？"等类似的话，因为有修养的打电话者会主动报上姓名的。

拿起话筒后，也应主动问好并自报家门，而且要积极呼应，态度热情友好。可能你也有过这样的体会，在床上接听电话时，别人会问："怎么了，生病啦？"可见，电话中的体态是挺拔潇洒还是慵懒无力，直接影响你的声音、语气和精神状态，所以能站着或者坐着接听电话就不要躺着。

试着斜躺在椅子上，然后用右手托着腮帮子，略略低着头拿着话筒，还要以明快的语调说："喂，某某公司，每次都让您关照。"这时候，恐怕谁也没办法口齿清晰地表达对对方的尊重。

当然，这些是从平常的生活态度而来，如能在实际的对话中清楚地表达，则会带给别人相当深刻的印象。

当你通过电话交谈时，无论是在家还是在办公室，都要把自己"好"的感情和态度传给对方。

接听电话时，如遇重要内容，认真做好笔记。可以礼貌地对对方说："您稍等，我记下来。"这样会让对方感到你很重视与他的通话，也会达到比较好的沟通效果。

如对方打错电话号码，要耐心向对方说明。若通话时电话中断，等待对方再次拨进来，不要远离电话或责备对方。

对服务业而言，打错电话的人，不管从哪里打过来都有可能成为客户。这样想的话，这绝对是向打错电话的人顺便做推销自己公司的绝佳机会。

相信每个人都有打错电话或接错电话的经历，接听电话的人一拿起话筒，得知是打错的电话时，立即以十分不悦的语气说句"你打错了"便"咔嚓"一声挂断，然后还很气愤地想："愚蠢的家伙！连句抱歉也没说。"或者向身边的人抱怨错打进来的电话，都是不合适的。

而打电话的人也一样，有不少人当一知道打错了，连句"对不起，打错了"也没说就挂掉。因此，只要知道是打错了电话，双方从头到尾都是以冰冷的无礼貌态度来应对。

很多服务业常常会接到这种询问电话："我想到贵公司去一下，请告诉我该怎么走好吗？"一般只要是这种主动打电话过来的情形，有很高的几率会成为客户。为了要给客户一个好的印象，提供一个经过整理并且简洁的说明是非常必要的。

为此，日常工作或生活中我们必须做好一些经过整理的指引道路的"标准"提示，并深植于脑海里，以便随时朗朗上口。如果到时还需要再想一下的话，就会出现"嗯……""哦……""我想……"的情形；如果说得不流畅时，很容易给对方留下不好的印象："搞什么名堂？连指引带路都这样不流畅，这家公司想来也不怎么样。"

如果是问路的电话，对方只是想知道地点而已，只要简单地说清楚就行了，根本还没有到要问对方有何事或是姓名的地步。或许对方是要到这一带来；或只是以此为目标而已；或者对方根本不是顾客，而是想前来销售某样东西的推销员罢了。其实这样也无所谓，只要给对方留下一个好印象，一定会有正面的意义，而且说不定哪一天会开花结果。

上班打进来的电话几乎都与工作有关，公司的每个电话都是重要的，不可敷衍。如果对方要找的人不在，切忌只说"不在"就把电话挂断。如果被找的人外出或在洗手间，应回答"他暂时不在座位上，如果需要转告请留下您的电话"。如果是找领导，不可随意报出领导在哪儿，一定不能说"他去总经理那儿了"或"他到某某地去了"。

站在拨电话的人的立场想一想，就知道接听电话时应该持什么样的态度了。

接打电话，往往反映一个人的"电话形象"，通话时的态度、表情、举止、语言、内容以及时间的把握等构成了一个人的"电话形象"。在电话里与人交谈时，声音的质量在第一印象中占70%，话语只占30%。电话另一端的人对我们的看法，不仅仅来自于我们说话的内容，更来自于我们的表达方式以及说话的语气。希望别人如何对我们讲话，就该以同样的方式与别人说话。

千万别认为对方看不到自己，其实，我们的语调早已经传递出自己是否友好、礼貌、尊重他人等信息了。

3. 手机的使用礼仪。

手机的发明极大地方便了人与人之间的沟通，可以让我们随时随地享受沟通带来的便利，每次把手机带在身边的时候，也别忘记带上使用手机的礼仪。

手机要放在合适的位置，正常情况下，应放置在随身携带的公文包里，尤其是女士，应放在手袋里，也可放在上衣口袋里或挂在腰带上。但一定不要有意识地向人展示或炫耀你的手机的新款式，那是不成熟的表现。

打电话一定要选择好时间，有些企业的老总喜欢晚上工作，可能上午10点前还在休息。如果你在大家都刚刚上班的时间，比如8:30、9:00就打电话，会把人家的睡眠打乱，人家心里当然不舒服，你打电话的目的很可能就实现不了了。给别人打手机一定要主题明确，语言流畅，内容简洁。

在公共场合，如图书馆、医院等，商务人员尽量不要使用手机，更不要让使用手机的行为影响到他人。需要与他人通话时，应寻找无人之处，切勿当众自说自话。

参加会议、会客、上课、谈判、签约等重要仪式、活动时，应保持手机静音或转为振动。必要时，可暂时关机，或委托他人代管。如果暂时不方便使用手机时，可在语音信箱上留言，说明具体原因，告之来电者自己的其他联系方式，并在事后与其尽快联络。在驾车时，或在医院、飞机上不要使用手机。

拨打手机过程不宜拖长，更不能重复拨打，对方若没接肯定是有原因的，有紧要事就要先发个诚恳的信息。接通电话互致称谓后应先问一句："您现在说话方便吗？"

使用手机发送短信时，应以有用、有益为标准，切勿乱发无聊短信去骚扰他人。拥有拍摄功能手机者，不可四处乱拍他人。手机的号码不宜随便告之于人。不应当随便打探他人的手机号码。

时时刻刻牢记在心，手机带给我们方便快捷，但不要让它给别人带来不便。

第六章　交际语言不可忽视

在我们这个社会里，即使是最简单的事情，人们也应该彼此合作，所以，他们首先必须相互了解。语言是了解的主要传递媒介，所以我们必须学会使用它，不是粗略地，而是精确地。

——卡耐基《沟通的艺术》

在商务交往中，语言起着至关重要的作用。语言交际有一些原则，只有自觉遵守这些原则，才能有效地增加语言交际信息的传递量，融洽人与人之间的关系；反之，如果背离了这些原则，就会影响双方的交往。

1. 礼貌的语言体现对他人的尊重。

礼貌是对他人尊重的情感外露，是谈话双方心心相印的导线。人们对礼貌的感知十分敏锐。有时，即使是一个简单的"您"或"请"字，都可以让他人感到一种温暖和亲切。

在商务交往中，语言首先要满足对方对自尊的需求。即便是陌生人，得体的语言也会达到快速消除隔阂、沟通感情、拉近距离的作用。在人际交往中，初次见面的恰当称呼，寒暄中的礼貌用语，交谈中的言语分寸，分别时的告别祝词等，都应当体现出尊重对方的主观意向。

使用得体的敬辞和谦辞可以体现出对他人的尊重，也是一个人有教养的重要表现。比如，与客人初次见面时说"您好"，与客人久别重逢时说"久违了"，求人解答问题时说"请教"，请人协助时说"劳驾"，要帮助别人时说"我能为您做些什么"，看望别人时说"拜访"，等候别人时说"恭候"，陪伴别人时说"奉陪"，不能陪客人时说"失陪"，有事找人商量时说"打扰"，让人不要远送时说"请留步"，表示歉意时说"抱歉"，表示感谢时说"谢谢"，与人分别时说"后会有期"、"祝您好运"、"一路顺风"，等等，这些都体现出对他人的尊重。

富有亲和力的话语还可以拉近交往距离，沟通相互之间的情感，使与交际对象的合作成为可能。

美国有位著名的女企业家，想在24岁生日那天为自己购买一辆福特牌小轿车。当她向福特轿车经销店的售货员询问轿车情况时，售货员见她衣着普通，认定她无意购买，便随意应付几句，又借口用午餐离去。女企业家只得离开。很快，她在附近看见另有一家轿车经销店，就顺便走了进去。这家经销店的售货员十分热情，不仅认真解答她的询问，还和她聊天、拉家常。当得知她是为自己24岁生日购买轿车后，又非常客气地请她稍等片刻。出门不一会儿，这位售货员拿着一束玫瑰花回来，真诚地说："小姐，您在生日之际光临本店，是本店的荣誉，我代表本店赠您一束玫瑰花，祝您生日快乐!"这位女企业家十分感动，在进一步询问了该店经销的轿车的品种、性能后，用稍高的价格购买了一辆该经销店的轿车。当然，她周围的许多朋友也在她的推荐下成了这家经销店的顾客。

礼貌的语言还体现在对他人的优点的肯定，对他人的人格的尊重，尽量减少对别人的贬损，增加对别人的赞誉。"良言一句三冬暖"，真诚的赞美不仅能激发人们积极的心理情绪，得到心理上的满足，而且可以给别人也给自己带来好心情，还能使被欣赏被赞美者产生一种交往的冲动。

2. 坦诚真挚的话语更容易被接受。

商务交往中，坦诚真挚的话语会给人以充分的信任，激发对方对你的信任，以情感人、以理服人、坦诚真挚，才能深入人心，引起别人的共鸣。中国有句古话，叫"善大，莫过于诚"，热诚的赞许与诚恳的批评，都能使彼此间愿意了解；信任、倾诉、交心，这样才有可能使交往进行下去，并为日后的合作奠定基础。

3. 平等友善的话语会换来真诚合作。

商务交往中，尽管人与人之间身份、地位等方面的情况可能不同，但是，交际双方在人格上是平等的，在心理上是对等的，平等是建立良好人际关系的前提。所以，一定要树立人人平等的观念，切忌给人居高临下、自以为是的印象。只有保持自尊而不盲目自大，受人尊敬而不傲慢骄横，才能得到对方对你个人、对你的组织，甚至对你的国家的尊重，才能谈得上真诚合作、平等合作。

英国女王维多利亚与其丈夫阿尔伯特相亲相爱，感情和睦。阿尔伯特喜欢读书，且不大爱社交，也不大关心政治。有一天深夜，女王办完公事，回到卧室，见房门紧闭，便敲起门来。"谁?"里面问道。女王回答："我是女王。"门没有开。"我是维多利亚。"再敲，门还是未开，敲了几次之后，女王突然感觉到了什么，又敲了几下，用温和的语气说："我是你的妻子，阿尔伯特。"这时，门开了。即使身为一国之君，但在家里，面对丈夫阿尔伯特，"女王"的生活角色也要发生改变，此时作为妻子的她更应保持夫妻双方平等相待的心态，才会为丈夫所接纳，因此，最后的一次敲门达到了目的。

4. 见什么人说什么话。

商务交往中，要根据交际对象的性别、年龄、生活背景、心理特征等因素的差异来选择恰当的语言，以求明晰地表达自己的思想，达到正常的语言交际的目的。也就是所谓"到什么山上唱什么歌"、"见什么人说什么话"。有个众所周知的例子。1954年，周恩来总理出席日内瓦国际会议，中国代表团为外国嘉宾举行电影招待会，放映越剧艺术片《梁山伯与祝英台》。工作人员准备

了一份长达16页的说明书。周恩来看后只简单地写了一句："请您欣赏中国的《罗密欧与朱丽叶》。"一句话奏效，外国嘉宾看完了电影，都被其中的故事深深打动了。

5. 换位思考。

韩非子在《说难》中写道："凡说之难，在知所说之心。"在现实社会，随着人们日常交往的日益频繁，摩擦、矛盾也随之增多，很多人只强调他人对自己应该承认、理解、接受和尊重，却忽视对等地去理解和尊重他人；只注重自己目的的实现，却无视他人的利益和要求。在这种倾向支配下，他们常常不顾场合和对方心情，一味由着自己的性子去交往，致使在交往中由于语言使用缺乏得体性而出现尴尬的局面。所以，在很多时候，注意交际场合的特点，多进行换位思考，灵活应变，将心比心，以诚换诚，才能达到心灵的沟通和情感的共鸣。

所以，在语言交际时，必须换位思考，无论是话题的选择、内容的安排，还是语言形式的采用，都应该根据特定场合的表达需要来决定取舍，做到灵活自如。

第七章　洽谈会的制胜法

当你与人谈论的时候，别一开始就讨论你们双方意见不一致的事情。开始先着重——并继续着重——你们一致同意的事。继续着重——如果可能——你们双方都在追求同一目的，而你们的唯一的差别只是在方法，不是在目的上。

——卡耐基《人性的弱点》

在现代商业中，洽谈会这个词是我们再熟悉不过的了。国际间的洽谈会、同行间的洽谈会、地区间的洽谈会……洽谈会的种类非常多。在商务交往中，洽谈会往往会起到非常大的作用。那么，什么叫洽谈呢？洽谈就是指在商务交往中，存在着某种关系的有关各方，为了保持接触，建立联系，进行合作，达成交易，拟订协议，签署合同，要求索赔；或者为了处理争端，消除分歧而坐在一起，进行面对面的讨论与协商，以求达成某种程度上的妥协。当各方坐下来协商的时候，洽谈会就开始了。

在商务洽谈中，不仅要讲谋略，也要讲礼节。"礼多人不怪"，在洽谈会的台前幕后，恰如其分地运用礼仪，迎送、款待、照顾对手，都可以赢得信赖，获得理解与尊重。

在洽谈的一般过程中，双方人员的态度、心理、方式、手法等，无不对洽谈构成重大的影响。所以，为了使洽谈会达到预期的效果，营造良好的洽谈会气氛是必要的。

1. 以友善的态度贯穿整个会谈过程。

本着学习和交流的目的参与，有见解，有热情，有礼貌，讲效果。大家轮流发表意见，互相讨论，谁都希望自己的意见、想法得到肯定和赞同，但切记要"以一种友善的方式开始"。礼敬对手，在洽谈会的整个过程中，要排除一切干扰，始终如一地对自己的洽谈对手讲究礼貌，时时、处处、事事表现得对对方不失真诚的敬意。否则，火药味十足地开始了开场白，虽能引起大家的注意，可同时伴随而来的也是大家的反感和抵制。不仅破坏了会场的气氛，也会使交际形象黯然失色。"你敬我一尺，我敬你一丈"，才能给对方留下良好的印象，并在今后的进一步商务交往中，发挥潜移默化的功效。

2. 巧妙地表达自己的见解。

要让别人接受你的想法、见解、观点，平铺直叙地讲事实是不够的。你说话时表现出的语气、神情、动作以及讲述事实的方式要能抓住其他听众的心，大家才能接受、赞同你的想法。语气、神情、动作的基本要求是真诚、大方，此外还应该有点幽默。讲述事实的方式很重要，最佳方式是戏剧性的表达。电视，尤其是电视商品广告，都是以戏剧性的手法表现事物的，它能有效地引起观众的注意，要学会用这种方法把你的见解巧妙地表达出来。

3. 调动其他人侃侃而谈，做一个受欢迎的引导者和倾听者。

洽谈会上的人不可能每一个都健谈，很可能说着说着，不善言谈或抢不上话的人就会被忽视了，他们的心情可以预料，洽谈会的热烈气氛就有可能因为他们迅速冷却下来。所以，洽谈会上总少不了循循善诱的引导者，让找不到机会表达自己的人痛快地表达出来。同时，引导者还要做倾听者，对于喋喋不休或啰啰嗦嗦的解释，要耐心倾听，并做出恰当简练的总结。这样就自然会成为洽谈会中的权威人物，别人对你的观点也乐意接受，或出于感激，或出于回报和尊重。不管怎样，做一个引导者和倾听者，对人对己都有利无害。

4. 敢于承认错误，避免争论。

洽谈会中出现针锋相对的观点在所难免，但不要争辩。因为"你无法在

争论中获胜，而只能树立论敌，十之八九争论的结果会使双方更加相信自己是绝对正确的"；"用争斗的方法，你绝不会得到满意的结果。但是用让步的方法，会收到比预期高出很多的效果"。当我们对的时候，我们就要试着温和地、艺术地使对方同意我们的看法；而当我们错了，就要迅速而真诚地承认，强词夺理地争辩只能劳神伤心，伤了和气，坏了气氛，对谁都不好。从争论中获胜的唯一秘诀就是避免争论。

5. 平等协商。

洽谈的前提一定要建立在平等协商的基础上，有讨论、有交流才会有进步、有提高。洽谈会上最忌讳各自陈述各自的观点，不理会其他人的意见，而是固执地坚持自己的意见。大家把观点都摊在桌面上，敞开来谈，才能谈出东西来。

6. 依法办事。

参加洽谈的商务人员要自觉地树立法制思想，在洽谈的全部过程中，始终以法律为准绳。洽谈者所进行的一切活动，都必须依照国家的法律办事。法盲作风、侥幸心理、铤而走险、目无法纪，都只会害人、害己，得不偿失。有一些人在实践中，喜欢在洽谈中附加人情世故，搞所谓的"人情公关"，即对对方吹吹打打，与对手称兄道弟，向对方施以小恩小惠，这是非常错误的。在洽谈中，过多地附加人情，甚至以为此重点，会将洽谈引入歧途。要记住，现代社会，商务洽谈中的小农意识是要不得的。

洽谈会的气氛是多方面因素共同打造的。除了礼敬对手、通晓事理、讲究礼貌等人为因素，适宜的地方和优雅的环境，馨香的茶水，新鲜悦目的水果都是不可少的。

第八章　真诚合作的结果人人受益

如果你想赢得人心，首先要让他人相信你是最真诚的朋友。那样就像有一滴蜂蜜吸引住他的心，也就有一条宽阔的大道，通往他的理性。

——卡耐基《人性的弱点》

日本企业之神、著名国际化电器企业松下电器公司的创始人松下幸之助有句名言："伟大的事业需要一颗真诚的心与人沟通。"松下幸之助正是凭借这种真诚的沟通艺术，在各种职业、身份、地位的客户之中驾轻就熟，赢得了他人的信赖、尊重和敬仰，使松下电器成为全球电器行业的巨人。

有人做过一个统计，从描述人品的词语中选出你认为最重要的几个，真诚被排在了第一位。崇尚真诚是时代的主旋律。真诚是人心所向，在商务交往中也应该坚持它。商务交往是一种高层次的交往，只有抱着真诚的态度与人沟通，才会赢得对方的信任，没有什么比真诚更能打动人。

在西方经济萧条时期，有个女孩子好不容易找了份工作，在一家首饰店做销售员。一天早晨清扫时，她不小心打翻了首饰盒，六枚戒指只找回了五枚。这时她发现有位男青年匆匆向门口走去，女孩凭直觉断定准是他捡走了，因为早晨商店里人很少。女孩子赶上去叫住了他，很真诚地说："你知道现在工作很难找，这是我的第一份工作，家里还有母亲等我赡养。"男青年停了一会儿，跟她握了一下手，说："祝你好运！"女孩子用真诚找回了戒指。

古希腊大哲学家苏格拉底曾说："不要靠馈赠来获得一个朋友，你需馈赠你诚挚的爱，学习怎样用正确的方法来赢得一个人的心。"可见，不论是在为人处世中，还是在商务交往中，真诚和尊重都应该是首要的原则。

在一次管理培训课的课余时间，一位学员曾经懊恼地问坐在台上的教授："公司业务员工作没有动力，给公司造成了一笔不小的损失，如何收拾这个残局呢？"听了这位学员的诉求，教授只对他轻声说了几句，这个学员便一扫脸上的愁云。

这位学员是一家汽车经销公司的董事，他马上将分散在美国各地的经销人员召集到公司总部。这些经销员正因最近汽车销量不好而发愁呢，突然听说要他们立即回总部，心中立刻产生了不安的情绪。许多人以为这次他们死定了，一定是老板不满意他们的销售成绩，要将他们辞退。

这些经销人员一个个忐忑不安地回到总部。但是，令他们感到惊讶的是，他们看到的是老板和蔼可亲的脸。老板并未对他们发脾气，而是按照教授的建议说道：

"这个月销售成绩不太理想，这不怪你们，我只想知道具体原因是什么。今天的会议是解决问题的大会，不是辞退谁的大会。因此请诸位务必不要客气，大胆说出你的见解。"

大家听了，开始还比较犹豫，以为老板在耍什么花招。但是，在老板真诚目光的注视之下，终于有人打开了话匣子。其他人见有人开了先例，也纷纷说出了心中憋了许久的话。

原来，这个月整个汽车销售市场都十分不景气。再加上最近市场趋于饱和和通货膨胀的加剧，汽车推销量更加下滑。

大家你一言我一语，道出了真正原因。并且，就在会上，针对一个又一个的问题，提出了意见和解决办法。会议开得十分顺利，这其间老板始终未发一言，他一直倾听着推销员的话语。末了，他不但没有惩罚大家，相反，还给他们的薪水上浮了 20%。这下大家干劲更足了。不出两个月，他们的销售业绩就在同行业中占据了首位。

作为管理者，在与自己的下属，或者是营销人员在与自己的客户交往时，并不是将自己的意见强加给对方，而是按照一定的原则，与对方共同探讨解决问题的办法。这样一来，别人当然会心甘情愿地将自己的想法说给你听。如果你强迫别人讲出来，或者将自己的坏脾气、牢骚一股脑儿地发在别人身上，让别人替你效劳。此刻，他们即便会为你继续效劳，也是暂时性的，不过是因为你还可以利用罢了。

许多有实力的人最终没能成就大事，往往是因为他们不善于沟通，不能最大限度地发挥其下属的积极性。

以友善的姿态与人沟通，使大家产生同感，这是沟通的基础，也是合作的基本保证。

海德曾与别人合伙开了一个小店，专营食品生意。开始还比较顺利，但是，在后来却遇到了麻烦。工人们在采购食品种类方面发生了分歧。根据对市场需求的调查，海德决定多进一些速冻食品，既方便，又快捷，很符合上班族的口味。但是，他的合伙人鲍勃·威廉姆斯却持反对意见，他认为应该多搞一些熟食品。两个人在这方面吵得不可开交，最后还是海德做出了让步。但是他建议少进一点，看看销量如何再进一步做决定。果然不出海德所料，熟食品推出之后销量一直不好，那位合伙人鲍勃·威廉姆斯才后悔起来。如果当初听了海德的话，那么就不会有今天的失败了。

海德没有责备威廉姆斯，这使威廉姆斯更加信任自己的合伙人了。以后，每当有什么重大抉择，威廉姆斯总是让海德尽量自己做决定，他们的合伙生意也越来越好了。

两个人合作，最重要的是相互理解、相互信任。如果其中一个人采取不合

作的态度，那么，没说的，一定会砸锅。当出现这种情况时应该怎么办呢？海德给我们提供了一个答案：忍让。

　　只有忍让，即牺牲自己的部分利益，才能和睦相处。海德正是着眼于双方的长期相处，才决定听从威廉姆斯的意见。尽管生意上暂时有一些损失，但是，这样一来也就获取了威廉姆斯的信任，感觉到自己的同伴是多么明智又多么宽宏大量。下一次的生意，很显然，他一定会听从海德的意见。因为，他已经犯了一次错误，不能有第二次了。心底无私天地宽，合作伙伴之间真诚的奉献，才会有丰硕的收获。只有真诚地尊重对方，才能使双方心心相印，合作才能更长久。

　　尽管你可以确信你比别人更正确，你也应该让别人充分表达自己的观点，而不要不计代价地证明自己观点的正确性。实践出真知，商务交往中更是如此。

第九章　把握好商务谈话的礼节

> 在与人会谈以前，我情愿在那人办公室外的人行道上走上两小时，而不愿贸然走进他的办公室，如果对于我所要说的，及他似乎要回答的东西没有一个十分清楚的观念的话。

——卡耐基《人性的弱点》

谈话是人类用来表达情感，交流思想的最方便最快捷的方式。但是，对于谈话这条途径，有的人用得好，达到超预期的效果；有的人用得不好，结果适得其反。就是通常所说的"一句话说的人笑，一句话说得人跳"。语言的魅力怎么说都不夸张，谈话中的礼节更是万万不可忽视。

巴勃罗·德菲特是特里斯的一个朋友，是搞文学创作的。虽然本身的水平并不怎么样，但是他的那张嘴巴却是许多朋友所公认的废话连篇的楷模。无论什么话只要一开了头，他便会给你来一番洋洋洒洒的长篇大论，别人根本插不上半句。于是朋友们一听到巴勃罗的声音便条件反射般地皱起眉头。在所有朋友中，特里斯还算是比较有耐心的一个。有一次，巴勃罗的一个电话却让特里

斯的耐心全失。其实所要说的事只要一两句话便可说明：他写了一篇稿子，特里斯看完后说不行，建议他再修改一下，可他没听，很自信地送到了杂志社，最后果然没发表。于是他打电话给特里斯，向他解释稿子没发表的原因：

"我的这篇稿子本来是要发表的，已经讲好了，可是情况突然有了改变。上午还说发的，到下午变了。主要是因为……"接着便是近十分钟的解释。特里斯开始还耐着性子听他的解释，虽然明知他的稿子之所以没发的真正原因，但是为了照顾朋友的面子，没有反驳他。眼看着时间在一分分地过，电话费也在三毛三毛地涨，最重要的是特里斯的一个约会时间已到。

于是，特里斯再也忍耐不了了，只好打断他的话，挂断电话。

其实这件事根本不需要解释，即使解释也只不过是两句话的事："因为情况有了变化，稿子没有发。"如此而已，一分钟内便可解决。可是巴勃罗竟用了十几分钟，最终仍没有将问题真正说清。特里斯想就算是比自己更有耐心的人，也不会忍受得了的。

在应酬中应谨记，交谈的话宁简勿繁、宁精勿滥。掌握好交谈的时间，给对方留有余地。同时给对方以发言的机会，你便会在应酬中赢得主动。

时间对于现代人来说，真可谓是千金一刻。"时间就是金钱"的口号也早已为人们所接受。所以现代人对时间的重视，与对金钱的重视几乎可以画上等号。在现代应酬中，几乎没有人愿意听某一个人滔滔不绝地论东论西，口若悬河。但是交谈又是应酬中必不可少的一个重要部分。如果没有了交谈，也就不存在应酬了。人们正是通过交谈，才达到互相了解、互相亲近的。不过问题是，你将如何去把握交谈。应酬中的谈话不是漫无目的的聊天，应该节省时间，尽量长话短说，讲究效率。不要大说一通，却内容空洞，言之无物，让人听完了，不知所云。

所谓把握交谈，除了刚才说到的要把握交谈的时间，还要把握交谈的方式。

把握交谈的方式，往往是应酬成功与否的关键。选择一个好的交谈方式，往往会让交谈双方都感到轻松愉快，于心情舒畅之中解决所要解决的问题。在把握好方式的同时，对交谈的时间的把握则尤为重要。每一次应酬之前，都必须对本次交谈做到心中有数，该谈什么，不该谈什么，心里要有一本账。不要坐下之后，一谈起来便滔滔不绝，没完没了，这样会使人对你生厌。

柏拉图曾经告诫他的弟子说："拖泥带水的谈论，会让人对你产生厌倦。"这说明在应酬时，谈话应当以得体而简洁为好。如果一旦让人产生厌倦感，那么最终不仅不能达到应酬的目的，还很可能适得其反。

1. 说话时应该缓急有度。

连珠炮似的一口气说个没完，对方可能还没有反应过来，你的话题已经蹦到别处去了，会使人感觉不快。说话语速太慢，对方听了半天还没听到你想表达的观点，也会令人生厌。缓急有致，给对方留下回味和思考的余地才是妥帖的。

2. 不可过分地以自我为中心。

一上来就滔滔不绝地谈论自己感兴趣的事，毫不关心别人的感受，对方出于礼貌，也许会耐着性子听下去，但内心的不悦是不言而喻的。

还有人过分地自信，喜欢炫耀自己，不管对方的身份地位，一味地炫耀自己过去的光辉历史，会给人一种卖弄的感觉，即使是再谦卑的人，也会产生反感的情绪。

谈话应该尽量去找双方都感兴趣的话题，尽量拉近双方的距离，使双方在平等信任的基础上合作共事。

3. 随时注意对方的反应。

交谈是一个双向沟通的过程，尽管你已经在交谈之前就做了一定的功课，了解到对方的兴趣、爱好、习惯，等等，但谁也做不到完全的了解。所以，交谈的时候要注意对方是不是在热心地倾听，对你的话题是不是感兴趣，要用双眼看着对方，并不时地征询对方的意见，给对方发表自己看法的机会。如果发现对方对你的话题不感兴趣，应及时打住，迅速转移话题，并积极地引导对方加入谈话中。

4. 以平等的态度进行交谈。

有的人以自己的年龄、资历、职位为由轻视对方，习惯了以势压人，习惯炫耀自己，张扬自己，"我认为……就是这样"，"我说的绝对错不了"，这些话说多了，难免引起反感。应该记住，把自己和对方摆在平等的位置上，商讨的口吻、温和的语调、平易的言辞是最容易打动人的。

5. 兼顾全局，不冷落任何一个人。

有经验的人在谈话时会兼顾在场的每一个人，就算他与其中的一位热烈地交流，也会不时地与在场的其他人说上几句，或者询问他人高见，或者邀请他人参与谈话，使他人没有受到冷落的感觉。

6. 交谈内容要格调高雅。

"言为心声"，一个人交谈时涉及的具体内容，与他的学识、修养、思想境界有很大的关系。初次见面的人谈话时不要过于个性化，最好渗透些文化气

息。有位作家曾谈到这样一段经历："台北一位优秀的中年企业家请我吃饭，他同时还邀请来几位著名的学者政要。宴席间行云流水般的话题终于拐到了读书上，企业家神情一振谈起读《世界的征服者》一书的体会，在妙论迭出、精彩纷呈之间久久不愿离去。在场的每一位客人都有很好的文化素养，仅仅是几句询问和附和，大家的心就在很高的层面上连成了一体。"因此，这位作家感叹："这座城市在杯盘夜色间居然能如此高雅，我从此对台湾企业家刮目相看。"一次充满了文化气息的聚会，令人回味无穷。文明、文雅、高品位的聚会总会产生难忘的效果，因为文化渗透在我们的生活之中且为我们所喜闻乐见。激活生活中的文化沉淀或增加交际中的文化气息，会让交际得到双倍的报偿。

7. 交谈的气氛要欢快轻松。

交谈时，不宜选择艰深、枯燥、沉闷的话题，以免曲高和寡，令人不悦。不妨选择一些轻松的话题，比如时尚、休闲、赛事、烹饪，等等。

8. 从对方的角度考虑。人在不同的处境下会有不同的心境。心境如何，常常会影响人的思维和表达。同一个人对同一句话，在不同的心境下，心理感

受和理解程度往往有惊人的不同。悲伤时会闻语暗伤，从而一言不发；高兴时会闻之雀跃，满心欢喜，从而侃侃而谈。同样一种主张，如果能用顺应对方的方式去讲，对方的某种心理需求得到满足，可能谈判就顺利；反之，谈判可能会陷入僵局。所以，设身处地地为对方考虑，不要过于急功近利，这样对谈判的成功是有好处的。

第十章　交谈时应注意方式和距离

　　生活中的距离虽与语言的内容有关，但如果讲求最佳的距离和角度，就会产生更好的效果。既不会造成疏远之感，又文明卫生。

——卡耐基《人性的弱点》

　　谈话中总是要伴随着一定的体势。每一种体势往往包含着一种寓意。

　　略微倾向前方——表示热情和兴趣。

　　微微欠身——表示谦恭有礼。

　　身体后仰——表示轻慢和若无其事。

　　侧转身体——表示轻蔑或蔑视对方。

　　背朝别人——表示不屑理睬。

　　拂袖而去——表示拒绝交往。

　　与人谈话时，既不要正襟危坐，过于拘谨，也不能像在家里那样斜着歪着，跷着二郎腿。应该坐有坐样，让人感到你是很有修养的，并愿意与你交谈。

　　在商务交往中，手势也体现着一个人的礼貌程度。在商务活动中，让座、握手、传递物品、表示默契，以及在谈话过程中，手势能加强我们语言的力量，丰富语言的色调。当初次见面，对方热情地伸出手来，你却懒洋洋地握一下对方的手，说明你压根儿不想跟人家握手。如果谈话期间，你两手抱着头，或双手合拢在脑后听人家说话，或者手扣桌面，或者抓耳挠腮，向后梳发，都说明你根本不愿听人家说话，或者对人家的话题、观点不认同。

　　在商务交往中，手势是一种必不可少的体态语言，手势语言能强化情感，还能表达微妙的感情，手势不是在任何场合、面对任何对象都可以用的，尤其是在庄重的场合，用手势表达应该是无意识的，否则会给人做作的感觉。

不同的手势具有不同的含义：

"O"形手势，即圆圈手势，流行于19世纪的美国。"OK"的含义在所有讲英语的国家内是众所周知的，但在法国"O"形手势代表"零"或"没有"；在日本代表"钱"；在中国代表"零"；在一些地中海国家暗示一个男人是同性恋者。

翘大拇指手势。在中国是一种积极的信号，代表高度的赞扬；在英国、澳大利亚等国，代表搭车，如果大拇指急剧上翘，则是侮辱人的信号。美国人面对开过来的车辆，右手竖起大拇指向右肩晃动，表示请求搭便车。在其他时候，竖起大拇指，可表示友好、赞赏。但这一手势在澳大利亚和新西兰，则被认为是淫荡之意。

"V"形手势，在大多数国家都代表胜利，但如果手心向内，在澳大利亚、新西兰等国家则是一种侮辱人的信号。

不同地区的手势的使用频率也不一样，美国人、北欧人对手势的使用比较节制，而中东、南欧和南美人使用得比较多。西欧有一句谚语："意大利人的双臂如果被截去，他们宁可不说话。"说的就是这种情况。美国心理学家麦克·阿尔基对各国手势语的使用进行了调查，结果发现，在 1 个小时的说话中，意大利人做手势 80 次，法国人 120 次，墨西哥人 180 次，而芬兰人只有 1 次。

手势语言在各国有不同的类型和各自的含义，我们在进行跨国文化交流时，要特别注意了解我们与之交流的国家的手势语知识，以避免误会。1959 年，赫鲁晓夫访问美国时，把双手举过头鼓掌，这个手势在俄罗斯表示友谊，可是在美国，通常是在战胜对手后表示骄傲的意思。苏、美在 20 世纪五六十年代本来就是冷战的对手，赫鲁晓夫这一举动使许多美国人感到十分不快。

在什么样的场合使用什么样的手势，是非常有讲究的。商务人士必须注意手势的使用要恰当，不可给人造成误解。

就算是知心朋友在一块儿聆听别人说话，也要讲求距离和角度。一般而言，最好的听众善解人意，理解和体贴谈话者的处境和苦楚，可以让说者畅所欲言。异性之间的倾吐的效果尤其明显，美国心理学家曾对 1000 名志愿接受研究者进行调查研究，结果发现所有的人都可以在与异性朋友的互吐衷肠中，解除内心的抑郁。因此，内心的苦闷最好在异性之间的相互倾吐中得到解决。与同性之间需要保持距离的事情，在异性之间可能完全能够展开。

在谈话时，除了内容一定要注意，与交谈者之间还要保持适当的位置。人与人之间由于亲疏远近的不同，在进行交谈时会产生不同的效果。这里面包含的距离和角度问题也是我们应多加注意的。欧洲许多著名的传播学家都认为，两个人交谈的最佳距离为 1 米，只有意大利人经常保持 0．3～0．4 米。从卫生方面考虑，交谈的最佳距离应为 1．3 米。这样，就不至于因交谈而感染上由飞沫传染的疾病。科学实验证明：人们在说话时可产生 170 左右个飞沫，飘扬 1～1．2 米远；咳嗽时会排出 460 左右个飞沫；打喷嚏时喷出的飞沫最多达 1 万个以上，最远可喷出 9 米。微小的飞沫从口腔排出后，一部分射落于地，其他的悬浮于空气中，传播疾病。从保证健康出发，两个人说话时的最佳距离为 1．3 米；而且要考虑一定角度，最好不要面对面，形成 30 度角为最佳。这样，既不会给对方造成疏远之感，又文明卫生。如果最近身体不好，经常咳嗽，要用手帕遮住口鼻，千万不要随地吐痰。

交际中的空间距离分可为几种：

亲密距离。一般在 45 厘米之内，属于私下情境，多在情侣和夫妻之间，或者父母与子女之间。两个成年男子之间是不适用这个距离的。

私人距离。一般在 45～120 厘米之间，伸手可以握到对方的手，一般朋友的交谈在这个距离比较好。

社交距离。一般在 120～360 厘米之间，属于礼节上的较正式的交往关系。

公共距离。一般大于 360 厘米，适用于演讲者和听众之间，或者非正式场合。

商务交往中的礼仪应该引起足够的重视，一些小节更是不可忽视。在交谈时，如果偶然咳嗽，要想着用手帕遮住口鼻，不要随地吐痰。在交谈时，嘴里也不要嚼食物，即使在宴会上，也不要一边嚼一边跟人家说话，更不能唾沫四溅，以免引起别人的不快。

真诚地尽量从对方的角度看问题，就如从自己的观点去想问题一样。这或许不难成为影响你交谈效果的一个关键因素。

第十一章　得体地进行提问

我们在开口询问时，应努力找到一个令对方乐意接受的方式。这样在开启了对方的金口之后，便成功在望了。

——卡耐基《人性的弱点》

谈话过程中，不仅要注意倾听，还要善于提问，恰当的提问可以将话题引向深入，有时还可以打破僵局，避免冷场。

当然，提问的内容和提问的方式都是有讲究的。不要提问对方难以应付的问题，比如超出对方知识水平的问题，不要涉及对方隐私，或者关系对方商业秘密的问题。

史蒂芬·柯维的朋友科尔刚开了一家文化发展公司，于是科尔在与另一个先于自己经营文化类公司的朋友交谈时，便老是向对方询问有关文化公司的发展状况以及实际操作情况。这在科尔来说是一种求教，但是在听的人看来，则完全与这意思相反，认为科尔是在窥探他们公司的机密。对方不仅没有将他所想知道的东西告诉他，还对他从此怀有了戒心。

科尔在一次次的应酬失败之后，便找到了史蒂芬，诉说他因被人误解而生出的苦恼。

史蒂芬听了朋友的诉说，便建议他换一种方式试试。他对科尔说："你为什么不将询问改为与对方探讨呢？这样对方以为你是与他共谋发展，从而会接受你的。"听了史蒂芬的话之后，科尔会心一笑，点头称是，而且真的去实行了。结果效果很好，也因此从同行那里得到了许多经验，而今公司办得生机勃勃。

生活中，免不了同行之间发生应酬。而且在这类应酬中，大家也都有着同样的心理，就是希望能通过交谈，多了解一些对方公司的情况，以便借鉴。但是有一点，谁都不愿意让对方过多地了解自己公司的内幕，所以在应酬中，也都同样对各自公司的情况讳莫如深。如果你向对方询问有关他公司的情况的问题多了，便很可能引起对方的误会，对方会以为你是在刺探他们公司的秘密。所以，这一类的提问

一定要讲技巧，讲策略，千万不可打破沙锅问到底，问到人烦了，人家不愿意与你交往，岂不得不偿失。

科尔在和别人的沟通中，同样是向对方讨教，结果却大不相同。从这里便

不难得出，在应酬中，特别是在涉及对方公司方面的应酬中，要想让对方信任你，并且向你说真话，你首先不能让对方怀疑你有意在窥探，让对方感到你是真正在向他求教，这样你才能得到你所想要得到的东西。因为人都有一个弱点，那就是好为人师。当他发现你是在尊重他而不是在伺机打探他的公司的内幕时，他便会毫无戒备之心地向你大谈他们成功的经验，让你事半功倍。

所以，在想要了解对方公司情况时，一要真诚相待，二要有所付出。这样才能在取得对方信任的同时，得到满意的效果。

提问的方式有很多。你可以直接提问，开诚布公，干脆利落，直截了当地讲明提问的目的，开门见山地提出问题。也可以迂回提问，从侧面入手，采用聊天攀谈的方式，然后逐渐将问答引到正题上。这种提问方式时间性不太强，谈话也不受特定场合和方式的限制。当沟通对象感到紧张拘束，或者思想有顾虑不愿意交谈，或者想谈又一时不知怎么谈的时候，就可以采用迂回的方式，旁敲侧击。这里要明确，聊天的内容一定要有目的有选择。采用启发诱导的方式提问也可以收到良好的效果。比如对方谦虚不愿意说，或者性格内向不擅长说，或者需要一番回忆才能说，这时采用启发诱导的方式，引导对方的思路，诱发他的情感，逐渐打开对方的话匣子，就可以有针对性地把沟通对象的信心引导出来。

有的人很会巧妙设问，既起到了投石问路的作用，还能使谈话沿着自己希望的轨道向深处展开，达到相互沟通的目的。高明的人，问话一出，对方便立刻打开话匣子，让人觉得相见恨晚，立即成为知交。有的人问话一出，立即使人陷入难堪，无话可说。可见，提问真是一门不小的学问。

第十二章　幽默可以调整礼仪的天平

对于竭尽巧思，不骄矜自负，而能幽默风趣，不讳言自己的缺陷与失败的人，人们自然会把心扉打开的。

——卡耐基《沟通的艺术》

《圣经》上说，人们有着一颗快乐的心，胜于藏着一只药囊，可以治疗心灵上的百病。在商务交往中，运用适当的幽默语言来表达思想，可以使你更容易被接受，更有助于消除人与人之间的隔阂。

奥尔威先生订好了飞往旧金山的机票，然而却因为工作中的一个小插曲耽搁了近一个小时。在离飞机起飞还剩下不到半小时的时候，他终于赶到了机场。他三步并作两步地冲到检票口，冲着检票员问："小姐，请问我还能不能搭上这班飞机？"

除非您走错了机场。

检票员看着一脸焦急的奥尔威先生，微笑着说："你的时间完全够用。只有一种情况除外。"

"什么情况？"

"除非您走错了机场。"

看着微笑的检票员，奥尔威先生悬着的心一下子放下来了。

在商务交往中，出错有时是难免的。遇到这种情况，可以利用带有幽默意味的疑问句来回避这种难堪，以积极弥补过失，维护自身形象。

在善于运用语言幽默的人的周围，很容易聚集很多朋友。特别是那些说话幽默的领导者，幽默常常是他们人格魅力之所在。

英国首相丘吉尔在运用幽默的语言创造谈判气氛方面表现出了极高的天赋。1943 年底，戴高乐将军主张的"战斗法兰西"得到美国和英国的支持，人数和战斗范围迅速扩大。但是，在对待叙利亚的问题上，丘吉尔和戴高乐之间发生了分歧。只有依靠谈判才能解决这个令双方都感棘手的难题。

戴高乐的英语讲得相当漂亮，但是丘吉尔的法语却讲得令人不敢恭维。不过，丘吉尔却巧妙地利用这一点营造出轻松的谈判氛围。

谈判这一天，丘吉尔首先用法语开场，他说："女士们请先去逛一逛市场。戴高乐将军，其他先生们，请和我去花园聊天。"

然后，他特意用足以让周围的人听清的音量对他的大使达夫·库柏说了几句"悄悄话"。他说："我用法语对付得不错吧？既然戴高乐将军英语说得那么好，他一定完全可以理解我的法语。"

他的话音未落，戴高乐和周围的人都哈哈大笑。这句悄悄话激活了当时严肃紧张的谈判气氛，就连平时十分敏感的戴高乐也完全失去戒备，以友好、理解的态度听取丘吉尔以结结巴巴的法语发表评论。

语言能让交往有所突破，一个卓有成效的方式就是幽默。幽默可以表现一个人的才华与素养，幽默的语言常常可以产生意想不到的效果。

幽默是人们适应环境的方式，也是身陷困境时缓解精神压力和心理压力的好方法。

1717 年，伏尔泰因为讽刺摄政王奥尔良公爵，被囚禁在巴士底狱长达 11 个月。出狱后，伏尔泰知道此人冒犯不得，便去请求他宽宏大量，不计前嫌。摄政王知道伏尔泰的影响，也急于同他和解。于是，两人讲了很多恰到好处的抱歉之词。最后，伏尔泰再次感谢说："陛下，您真是助人为乐，为我解决了这么长时间的食宿问题，我由衷地再次向您表示感谢。可今后，您就不必再为这件事替我操心啦。"

幽默是人的思想、智慧、学识、灵感的结晶，幽默风趣的语言风格是人的内在气质在语言运用中的外化。一个不懂得幽默的人，是没有希望的人。商界人士应该多一点幽默感，少一点气急败坏；多一点开朗，少一点偏执极端。生活应该有张有弛。所谓精神的"弛"，就是时常的幽默。而且，用幽默来处理烦恼与矛盾，会使人感到愉快友好。

在一列开往欧洲的火车上，同一车厢里坐着一个俄国人、一个古巴人、一个美国商人和一个美国律师。途中，俄国人取出了一瓶伏特加酒，逐个给大家倒酒，然后，将剩余的半瓶往外一抛。美国商人吃惊地说："你这样做实在太不节省了。"不料，俄国人自豪地说道："俄国有的是，我们根本喝不完。"过了一段时间，古巴人拿出几根哈瓦那雪茄烟，分给同伴们，同时也给自己点燃了一根，刚抽不到几口，就把它扔出了窗外。美国商人又奇怪地问："我觉得古巴的经济并未好到这种程度啊，为什么这么好的烟就给扔了？"古巴人满不在乎地说："在我们古巴，这种烟一毛钱就能买一打，我们简直抽不完。"美国商人沉默了一会儿，突然抱起身边的律师，要把他塞出窗外。小故事除了嘲笑美国律师的泛滥之外，也讲出了幽默对于市场营销的意义。

幽默的语言鲜明生动，富有个性，它所制造的轻松效果有化腐朽为神奇的作用。正是由于这一点，智慧的人们当遇到棘手的难题时，会动用幽默的方法打开严肃的大门，使难题在轻松愉快中迎刃而解。

还有一则幽默可以为商场人士提供参照。当一艘船开始下沉时，几位来自不同国家的商人正在开会。"去告诉这些人，快穿上救生衣，跳水逃生去吧！"船长命令大副去通知商人们。几分钟过后，大副跑来报告说："船长，他们不听从您的命令。"船长甚为不解："你来接管这里，我去看看他们在做什么。"一会儿船长回来说："还好，他们都跳了。"他看到大副一脸纳闷，于是接着说："我运用了心理战术，我对英国佬说，那是一项体育运动，于是他愉快地跳了；我对法国佬说那是很潇洒的；对德国佬说那是命令；对俄国佬说那是勇敢的做法。""那你对那个美国佬说了什么？"大副着急地问道。船长幽默地答道："我对他说，你是缴过保险的。"

不恰当的幽默很可能被人看做轻浮，低级趣味性的戏谑也是不可取的。高明的幽默是智慧的表现，它必须建立在丰富知识的基础上。领会幽默的内在涵义，才能真正培养幽默感，从而达到驾驭的目的。

有些人总是认为自己没有幽默的天赋，其实，幽默不是天生的，没有人天生就是一块木头。关键是要有意识地训练自己的语言技巧和运用幽默语言的能力。这不是一件多么难的事情，一旦学会了，并且得心应手，运用自如，你就会感到幽默带来的好处。

有了幽默，即使在灾难中你的心灵也是宁静的。这时你才能从那些严肃、沉重的事物中发现乐观的、轻松的东西。

第十三章　让他人感到自己很重要

　　试想一想，如果这个想法是你自己思考的结果，而不是别人灌输给你的，那么你是不是更有实现它的决心呢？所以，要是你把自己的意见强加给别人，这样做是不是很不明智呢？更明智的做法应该是：给别人提一些建议，然后让他自己去想下一步该怎么做，难道不是这样吗？

——卡耐基《人性的弱点》

　　高尔基说过："作为一种感人的力量，语言真正的美，产生于言辞的正确、明晰和动听。"人在交往过程中，都有一个共性，那就是都喜欢听表扬，喜欢被他人欣赏，喜欢感觉自己很重要。

　　一次，约翰应邀观看日本来美国交流演出的排演。其实约翰对音乐是个外行，只是喜欢音乐的旋律，所以对音乐界的著名人物的名字知道得非常少。

　　当时率队来美国的据说是一个在日本乃至世界音乐界都极有名的日本指挥家，只是约翰当时并没注意到这一点，只注意听他们演练的乐曲。没想到等到排演结束，那位指挥家却主动绕排练场一周，与每一个前来观看他们排练的人握手，并用生硬的英语对每一个说"谢谢"。约翰当时便产生了这样的感觉：这位著名指挥家注意了我的存在，并尊重我！虽然约翰直到今天仍然不知道他的名字，但是他的形象，将会被约翰永记在心里，而且当天在场的每一个人也同样都会记住他的这一形象。这便是一种应酬的礼节，虽然这种礼节对他来说轻松自然，但是给人留下的印象却是永远铭刻于心的。事后约翰认为，会有许多人，就因为指挥家的这一举动，而花上几十元钱去看看他们的这场现场演出。这也是一种做人的魅力所在。

　　人们常常会听到别人口中有这样的评价：某某人做事真周到。这样的话，肯定就是对那些善于在日常应酬中做得圆满者的赞赏。同时也说明了被赞赏者懂得应酬礼仪，是日常交际中的成功者。

　　在应酬场合中，如果有三个人，那么其中一个人可能会是本次应酬的次要

者。如果在应酬过程中，这位次要者遭到了冷落，在心里产生不被重视的感觉，那他的心里将会是非常尴尬的，而且以后他便会找出各种各样的理由，拒绝出现在这样的场合。这样，你就有可能失去一个可以在某个方面合作的伙伴。

适当地让次要者参与到你们的谈话中，不仅可以打消次要者的尴尬，同时还可以为你赢得朋友的心。

要让次要者产生自己没有被忽略，而是受到了尊重的感觉，你应做到：常常向次要者微笑；不时地向次要者询问一些平常的问题；常常示意次要者喝茶或吃点心；让次要者参与到你们的谈话之中。

商务交往中之所以会出现交际的障碍，就是因为他们不懂得或者忘记了一个重要原则——让他人感到自己的重要性。

卡耐基曾经告诫我们，在礼仪方面，有个重要法则是：你要别人怎么待你，就得先如此待别人。

你期望得到朋友的认可，需要周围的人知道你的价值；你渴望得到一种感觉，即在生活中自己是重要的，是被需要的。你讨厌廉价、言不由衷的恭维，而喜欢出自真诚的赞美。其实，你喜欢的大家也都喜欢。

　　所以，让我们衷心地遵循这一永恒的定律——你希望别人怎么对待自己，那你就应该怎么去对待别人。那么，我们应该什么时候做？在什么地方做？怎么去做？答案是：随时，随地。

　　比如说，你在餐馆里点了一份马铃薯，而侍者却端给你炸薯条的时候，你这样说："对不起，麻烦你了，但我比较喜欢马铃薯。"侍者可能会这么回答："不，一点也不麻烦。"而且他还会高高兴兴地把炸薯条换走。因为你已经对他表示了尊敬。

　　在商务交往中，我们还可以使用许多日常用语来缓和气氛，如"可否请你……""请问您可不可以安排一个时间……""……您介意吗？"等。

　　比尔斯是个安静、害羞、缺乏自信心的男孩，平常在课堂上沉默无言，很少引人注意。一天，教美工课的罗瑞德先生见他正在伏案用功，便走过去与他搭话。当罗瑞德问他喜不喜欢所上的课时，这个年仅13岁的害羞的男孩，脸上的表情起了极大变化。罗瑞德可以看出他内心的情绪的奇妙波动，他在尽力忍住不让眼泪流出。

　　"先生，你是说，我表现得不够好吗？"

　　"啊，不！比尔斯，你表现得很好。"

　　那天，上完课走出教室的时候，比尔斯用那对明亮的蓝眼睛看着罗瑞德，并且肯定、有力地说："谢谢你，罗瑞德先生！"

　　比尔斯让罗瑞德认识到了一个不能忽略的东西——人们内心深处的自尊。为了使自己不致忘记，罗瑞德在教室前方设置了一个标语："你是重要的。"这样不但每个学生可以看到，也随时提醒罗瑞德：每一个学生，都同等重要。

　　每一个人都有自己优于别人的地方，都会在某些地方比别人优秀。所以，要赢得他们内心的最好方法，就是在谈话中提起他们自以为得意的地方。

　　唐纳尔德·罗兰是纽约一家园艺设计与保养公司的管理人。有一次，他替一位著名的鉴赏家做庭园设计，这位屋主走出来作了一些交代，告诉罗兰先生他的想法。

　　唐纳尔德·罗兰说道："先生，我知道您有个癖好，就是养了许多漂亮的好狗。听说每年在麦迪逊广场花园的展览里，你都能拿到好几个蓝带奖。"

　　这一小小的称赞让鉴赏家极为振奋。

　　鉴赏家愉快地对罗兰答道："是的，我从养狗中得到了种种乐趣。你想不想看看它们？"

他花了差不多一个钟头的时间，带罗兰参观各类的狗和所得的奖品，甚至向罗兰说明血统如何影响狗的外貌和智慧。

后来，他转身问罗兰："你有没有小孩？"

"有的。"罗兰回答，"我有个儿子。"

"啊，他想不想要只小狗呢？"他问道。

"当然啦，他一定会很高兴的。"

"那么，我要送一只给他。"鉴赏家宣称。

他告诉罗兰怎么养小狗，讲了一半却又停下来。"这大概不容易记下来，我写一份说明给你。"于是他走进屋里，打了一份血统谱和饲养说明书给罗兰。他不但送给罗兰一只价值好几百美元的小狗，还在百忙中抽出 75 分钟的时间给罗兰，这完全是因为罗兰衷心地赞美他的癖好和成就的缘故。

曾担任过大英帝国首相的迪士累利曾说过："同人们谈谈他们自己，他们会愿意听上好几个钟头。"所以，如果你想让人喜欢你，请记住：要让他人感到自己很重要。

每个人都渴望自己被尊重，人性本质里最深的驱动力就是：让他人感到自己的重要性。

尤金·韦森先生专门从事将新设计的草图卖给服装设计师和生产商的业务。一连三年，他每个星期，或每隔一星期，都前去拜访纽约一位最著名的服装设计师。"他从不拒绝见我，但也从没有买过我所设计的东西。"韦森说道，"他每次都仔细地看过我带去的草图，然后说'对不起，韦森先生，我们今天又谈不成啦！'"

经历了 150 次的失败，韦森终于明白自己一定过于守旧了，于是下定决心研究一下人际关系的有关法则，以帮助自己获得一些新的观念，创造新的热忱。

后来，他决定采用一种新的办法。他把几张没有完成的草图挟在腋下，然后跑去见设计师。"我想请您给我提供一些帮助，"韦森说道，"这里有几张尚未完成的草图，可否请您帮忙完成，以更加符合你们的需要？"

设计师沉默地看了一下草图，然后说："把这些草图留在这里，几天之后再回来见我。"

三天之后，韦森回去找设计师，听取了他的建议，然后把草图带回工作室，按照设计师的建议修饰完成。结果呢？全部被接受了！

韦森说道："我一直希望他能买我提供的东西，这是错误的。后来我要他提供意见，他就成了设计者。我并没有必要把东西卖给他，他自己就买下了。"

从那时起，这位买主已订购了许多其他的图案，这全是根据他的想法画成的。"我现在明白，这么多年来，为什么我一直无法和这位买主做成买卖，"韦森说，"我以前只是催促他买下我认为他应该买的东西。我现在的做法正好完全相反。我鼓励他把他的想法交给我。他现在觉得这些图案是他创造的，确实也是如此。我现在用不着向他推销。他自动会买。"

一定要记住，要想赢得别人的合作，就要真诚地尊重别人，让别人感觉自己很重要。事实上，每个人都有我们自己所不具备的优点，我们为什么不去向他们学习呢？

第十四章　不要犯下伤别人自尊的错误

上司的批评最容易摧毁一个人的志向。在工作中，我只给人们鼓励，从来不批评任何人。我急于称赞别人，而不是找错。我喜欢的话就是"诚于嘉许，宽于称道"。

——卡耐基《人性的弱点》

一天中午，查尔斯·斯瓦伯从他的一个钢厂中经过，遇见他的几个工人在吸烟。刚好在他们的头上就有一块布告牌说"禁止吸烟"。斯瓦伯是否指着这布告牌说，"你们不认字吗？"没有，斯瓦伯绝对没有。他走到这些人前，给每人一支雪茄，说道："孩子们，如果你们到外边去吸这些雪茄，我会很感激。"他们马上明白他们违反了纪律。但斯瓦伯不但没有指责他们，反而给他们一点小礼物，使他们感觉重要，也让他们对他更尊敬。因为斯瓦伯维护了他们的自尊心。

假如斯瓦伯不留情面地批评这几位工人，会怎样呢？卡耐基先生说："批评是徒劳的，因为它会使人过于保守，并常使他竭力去证明自己。批评也是危险的，因为它伤害一个人宝贵的自尊心，伤害他的自重感，并激起他的反抗。"

有人说过这样一句话：学会维护别人的自尊心，你会得到越来越多的朋友。这话说得很对，因为在现实中，每个人都极为重视自己，都喜欢谈论自己的得意之处，即使是你的好朋友也同样如此。所以维护和尊重他的自尊心，实际上也为双方的友好相处打下了基础。设身处地地从他人的立场出发，就会赢得更多的朋友。

在美国南北战争时期，林肯屡次对波多马克军队的将领进行更换——麦克莱伦、波普·伯恩赛德、胡格、米德——这些将领都接二连三地出现失误，林肯伤心失望的在室内踱步徘徊。全国大多数的人都在指责林肯用人不当，但林肯始终保持着宽容平和的心态，没有批评怨恨任何人。他最喜欢的一句名言是："不要议论别人，别人就不会议论你。"

当林肯夫人及其他人刻薄的谴责南方人的时候，林肯奉劝他们说："不要批评他们，如果同样的情形发生在我们身上，我们也会像他们一样。"

人类的天性就是如此，做错事的人只会责备别人而不会责备自己。其实我们每个人都是如此。所以，我们要明白批评就好像是家鸽，它们总会飞回家。我们应该明白我们要矫正或者谴责的人都会为他自己辩护，从而反过来谴责我们。这样，我们就给自己树立了一个敌人。

人的自尊心体现在许多方面，因此，在维护别人的自尊时，有时要注意使用不同的方式。因为有时候会涉及国籍的不同、文化的不同、习惯的不同，这也同样是应该注意的。

维护别人的自尊，在日常交往中应该说是非常重要的，而且抓住别人的心理，适当地满足别人的自尊，则可令你在应酬中显得非常受欢迎。在应酬中要做到不刺伤对方的自尊，应从下面几点严格要求自己：

1. 不把对方的缺点当笑料，不取笑对方的缺点。

2. 不将对方的憾事当秘闻，不私下谈论对方的憾事。

3. 不要过于显示自己的优越感，不过分炫耀自己某方面的优越。

4. 不要表现出对对方不屑一顾。

5. 不要使对方有被压制的感觉，不要使对方有被命令的感觉。

只要注意维护别人的自尊心，那么不管对方是什么样的人，都同样会回报你以自尊。

没有人能够忍受别人伤害自己的自尊，顾客也一样，推销员要是一不小心，伤害了顾客的自尊心，那就别指望顾客会给你一副笑脸，更甭想推销成功。

所有的人都盼望自己有稳定、牢固的地位，希望得到别人的认可和接受，需要自尊、自重或为他人所尊重。这种需要可分为两类：第一，在面临的环境中，希望有能力、有成就、能胜任和有信心，以及要求独立和自由；第二，要求获得名誉、赏识、关心、重视或高度评价。

自尊需要的满足使人产生自信，感到自己在这个世界上有价值、有实力、有能力、有用处。而这些需要一旦受挫，就会使人产生自卑感、软弱感、无能感，这些又会使人失去基本的信心，要不然就祈求得到补偿或趋向于精神病态。

一次，保罗为了换乘飞机在圣路易斯机场下了飞机。他看自己的皮鞋又该擦擦了，便来到他常去的那个地方让人给他擦。

那天，为他提供服务的是一个新手。他走到保罗的身旁说："是擦一般的吗？"

"没有料到你会让我擦一般的！为什么不让我擦最好的，而偏要建议我擦一般的呢？"保罗盯着那笨小子说。

"下雨天擦皮鞋，难免要弄脏，所以有很多人舍不得花两美元擦最好的啊！"

"给我的皮鞋擦最好的，不正是为了在下雨天保护皮鞋吗？"

"是这样的！"

"那你刚才为什么不建议我擦最好的呢？"

"在下雨天擦皮鞋，还未曾有人舍得花两美元呀！"

"如果擦最好的，能够在保护皮鞋上起到最好的作用。而且在下雨天你挣不了多少钱，而你又为了多擦几次，我想你大概会拼命地干吧！"

"完全是这样的，我也是这样想的。"

"你想让我教你几句能够使你擦最好的活计、增加两倍收入的推销语言吗？"

"先生，我从心眼里想向您请教，希望您把那些能赚钱的语言教给我！"

"当下一位顾客进来时，一旦坐在椅子上，你首先应该做的事情，就是注意那人的皮鞋，然后再看着那个人的眼睛，和颜悦色地说：'如果我的估计不错的话，先生，我想您一定是来让我给您擦最好的人。'"

在这里，笨小子的第一句问话是不合适的，因为这会伤人自尊。保罗教给他的话则恰好相反，它能满足顾客的自尊的需要。面对这样的问话，恐怕不会有人拒绝擦最好的。

每个人都极为尊重自己，都喜欢谈及自己的得意之处。维护和尊重他人的自尊，别人也会更加尊重你。在商务活动中，一定要关注交往的对象，尊重他们，了解他们的渴望，在平等的基础上，充分地表达双方各自的观点，这样不仅可以收获友谊，还会为自己的事业赢得助力。

要多替对方想想，才能赢得他人的尊重与合作。而为他人着想的原则就是办事公道，待人厚道，考虑周到。

第十五章　受到冷遇时，巧妙对待

在交际应酬时，有时难免会受到冷落。这时我们要灵活化解这种境况，让自己在交际场上留下背影。

——卡耐基《人性的弱点》

每个人在社会上都有一席之地，每个人在与人交往、交谈中都有要说的话，言为心声。但有些时候，有些场合，你会不可避免地受到冷遇，这个时候该怎么办？抱怨、不满、批评人家都是不可取的。

保罗·福塞尔到多年不见面的一个老同学家去探望。这位老同学如今已是商界的实力人物，每天造访他的人很多，令他应接不暇，他感到很疲劳。因此，对关系一般的客人，他很难保持热情。

保罗一心想着会受到热情款待，不料老同学不冷不热，心里顿时有一种被轻慢的感觉，认为老同学太不够朋友，小坐片刻便借故离去。他有点接受不了同学的怠慢，决心再不与之交往。后来才知道，这是老同学在家待客的一贯做法，并非针对哪个人的。他再一想，自己过去并未与人家有过深交，自感冷落，不过是自己的期望值太高罢了。于是改变了想法，并采取主动姿态与之交往，反而加深了了解，促进了友谊。

这种情况生活中时有发生。在交往之前，自以为对方会热情接待，可是去了以后却发觉，对方并没有这样做，而是采取了低调的做法。这时，心里容易产生一种失落感。

这种冷遇是对彼此关系估计过高，期望值太高而形成的；这种冷遇是被感觉放大之后的冷遇，是自我感觉所制造的假象，而非真受"冷遇"。如果遇到这种情况，应重新审视自己的期望值，使之适应彼此关系的客观水平。这样会使自己的心理恢复平静，心安理得，除去不必要的烦恼。

当你受到冷遇时，千万不要责怪对方，更不应拂袖而去，而应设身处地地为对方着想，给予充分的理由和体谅。这种态度比责备的效果强得多。同时，还能感召对方改变态度，用实际行动纠正过失，使彼此关系得到发展。

蓝带啤酒 350 毫升的灌装瓶是一个名叫劳伦斯的年轻人发明的，他从他女朋友的一条裙子上得到了灵感，创造了蓝带啤酒瓶的外观，这种瓶子至今仍为啤酒制造商们使用。

劳伦斯对于自己所设计的瓶子非常有信心，他画了瓶子的素描图到蓝带啤酒公司毛遂自荐。在蓝带啤酒公司里，他信心十足地对公司的负责人说：

"我所设计的这个瓶子，外观非常漂亮，手握瓶子的地方弧度刚好，既不费劲儿也绝对不会滑落下来。"

然而蓝带啤酒公司的负责人却以不屑一顾的眼神看着他，没有做出任何回应。

怎样才能真正同他们沟通呢？经过几天的苦思冥想之后，劳伦斯决定从他们的外观技术设计专家那里入手。哲学家塞缪尔说过，"伟大的雄辩术不仅要

有雄辩者，还必须要有伟大的主题和伟大的场合。”也许真正适合介绍他的设计的场合，是那些外观技术设计专家那里。

劳伦斯拿着做好的瓶子模型和一只杯子来到蓝带啤酒的公司。接待他的职员依然对他不屑一顾，可是他不慌不忙地对公司的外观技术设计专家温和地说：

“你们都是外观技术设计方面的专家，我想我们是意外地成了同行了！”

专家们听后，感到自己的权威得以维护，因而改变了原有的防御状态，含蓄地点了点头。与此同时，他们和劳伦斯之间的距离被拉近了。劳伦斯感到他的话产生了想要的效果，于是又笑着问道：

“那么，各位专家，你们知道我手中拿着的这个瓶子和一只普通的杯子，哪一个容量大一些吗？”

这个问题令那些专家们颇感意外，不过，他们还是不约而同地认真回答道：“当然是瓶子的容量多一些。”

事情似乎正朝着劳伦斯期望的方向发展。劳伦斯接着说：

“这也正是我当初设计时的看法。不过实际情况恐怕不是这样的。”

就在那些权威们疑惑的时候，劳伦斯把一只普通大小的杯子里的水倒进了他设计瓶子中，结果杯子里的水倒出了一多半时，水就从瓶口溢出来了。外观技术设计专家们这才惊讶于自己判断的失误。

针对劳伦斯的设计方案，蓝带啤酒公司立刻召开了董事会议，讨论是否要采用这种瓶子来盛装蓝带啤酒。没过多久，公司就与劳伦斯签订了合同，劳伦斯设计的瓶子一直被沿用至今。

劳伦斯的说服技巧值得大家借鉴。在商务交往中，即便受到暂时的冷遇，也要巧妙地拉近与对方的关系，打消对方的戒备防御心理。只要多考虑几分钟，为他人设身处地地想一下，就可以缓和许多不愉快的场面。

即使他人有错，善意指出即可。最好采用委婉暗示的语言，使对方自然领悟。

有一些冷遇是蓄意性的，即对方存心怠慢，使人难堪。面对有意性冷遇，要视具体情况给予恰当处理。一般而言，当众给来宾冷遇是一种不礼貌的行为，而有意冷落客人那就是思想修养问题了。在这种难堪的情况下，客人要采取必要的回应，既是维护自尊的需要，也是回击对方、批判错误的正当做法。当然，回应并不一定非得是面对面地对骂不可。理智的回敬是最理想的方法。

有一天，纳斯列金穿着旧衣服去参加宴会。他走进门后，没人理睬他，更没人给他安排座位。于是，他回到家里，把最好的衣服穿起来，又来到宴会上。主人马上走过来迎接他，安排了一个好位子为他摆上最好的菜。

纳斯列金把他的外套脱下来，放在餐桌上说："外衣，吃吧！"

主人感到奇怪，问："你干什么？"

他答道："我在招待我的外衣吃东西，你们这儿的酒和菜，不是给衣服吃的吗？"

主人非常尴尬。纳斯列金巧妙地把窘迫还给了冷落他的主人。

另有一种缓和的做法，就是对有意冷落自己的行为持满不在乎的态度，以此自我解脱。有时候，对方冷落你是为了激怒你，使你远离他，而远离又不是你的意愿和选择。这时，聪明的人会采取不在意的态度，"厚脸皮"地面对冷落，我行我素，以热报冷，以有礼对无礼，从而使对方改变态度。

不要对别人的冷遇过于激烈，指责他人的过失时，不妨讲求一点策略，最好不要一次把心中要说的话全部表达出来，拐个弯说，或者委婉地表达都会取得较好的效果。

第十六章　用微笑去创造奇迹

　　行为胜于言论，微笑就是在对别人说："我喜欢你，你让我感觉快乐，我喜欢见到你。"一个没有诚意的微笑也会有这种效果吗？不是的，是不是真诚的微笑我们可以看得出来。那欺骗不了任何人。我们讨厌那种谄媚的、假意的微笑，我们在这里讲的是发自内心的、真诚的微笑。

——卡耐基《人性的弱点》

　　在笑容中，微笑最自然大方，最真诚友善。在商务交往中，微笑起着至关重要的作用。美国希尔顿饭店董事长康纳·希尔顿在过去的50多年里，经常会到设在世界各国的希尔顿饭店视察，视察中他经常问到的一句话就是："你今天对客人微笑了没有？"

　　在商务活动中，为了表示对交往对象的友好与尊重，商务人员的最佳表情应该是面带微笑。微笑是人人都懂的世界语。

　　成功学大师戴尔·卡耐基先生曾替《美国杂志》撰写过一篇关于纽约一位银行家的生平故事。他请这位银行家的朋友说明他成功的原因。朋友说，这位银行家成功的最重要因素，在于他那迷人的微笑。乍听之下，这种说法可能显得有点儿夸张，但这是千真万确的。其他的人——可能有几十个甚至几百个，可能拥有更丰富的经验，而且也具备更为优越的财经判断力，但这位银行家却不同，他拥有他们所没有的一种额外资产：最随和的个性。在这种个性中，他那温暖、受人欢迎的微笑，则是其中最大的特色之一。这种微笑能使他立即赢取别人的信心，使他立刻获得别人的好感。只要是与他有过一面之交的人，都愿意看到他获得成功，而且都十分乐意对他表示支持。

　　微笑表明心境良好。面露平和欢愉的微笑，说明心情愉快，充实满足，善待别人。这样良好的心境自然会感染别人，使别人乐于与之交往。贝斯·海尔是在芝加哥地区受欢迎的电台节目主持人之一。她在芝加哥乃至全国都受到欢迎。有的听众写信给这位声音里带着微笑的主持人说，他们透过她的声音看到了她的微笑。

见过她的听众给她说了这样的话："贝斯·海尔，你的微笑跟我听你的广播时所想象的完全一样。我曾经害怕某一天你的微笑会失去，但是并没有。"

有人问贝斯·海尔，为什么总是那么高兴？她说她的秘诀是从来不把烦恼摆在脸上，并且带到工作中来。因为她的工作是娱乐别人。她还说，为别人创造一个愉快的生活，这要从微笑开始，但必须是出自内心的微笑。

微笑表明自己充满信心，表明自己有能力应对生活所给予的一切挑战。贝斯·海尔经常微笑着工作，并不是偶尔，而是经常。她把微笑加进她的声音里，配合上帝赋予她的演说水平，给听众以享受，并从中获得启发的力量。

贝斯·海尔说，当你微笑的时候，别人会更喜欢你，而且，微笑会使你自己也感到快乐。它不会花掉你的任何东西，却可以让你赚到任何股票都付不出的红利。

当我们失去快乐的心情时，恢复快乐的最好办法就是尽量使自己快乐起来。快乐地微笑、快乐地谈话、快乐地工作，然后快乐和微笑就会在不知不觉中回到你身边。

在工作岗位上面带微笑，说明热爱本职工作，乐于恪尽职守。如果是在服务岗位，微笑可以营造一种和谐融洽的气氛，使服务对象感到心情愉悦和温暖，并给自己带来意想不到的收获。

有一年，底特律的哥德堡大厅举行了一次庞大的汽车展览。在这次展销会上，人们蜂拥而至，以选购各种汽车。在汽车展览期间，有一宗巨大的生意差点跑掉了，但有一家汽车厂的业务员却用微笑把顾客拉了回来。

在这次展览中，一位来自沙特的富翁，他站在一辆豪华客车前，对站在他面前的推销员说，他想买一批价值 2 000 万美元的豪华客车。这对推销员来说，真是求之不得的好事。可是，那位推销员只是直直地看着这位顾客，以为他是疯子，没加理睬。他认为这位富翁是在浪费他的宝贵时间，所以，脸上冷冰冰的，没有笑容。

这位富翁看着这位推销员，看他面无表情，然后走开了。

他继续参观，到了下一展台陈列的豪华客车前，这次他受到了一个年轻的推销员的热情招待。这位推销员脸上挂满了欢迎的微笑，那微笑就跟太阳一样灿烂。由于这位推销员的脸上有了最可贵的微笑，使这位富翁有宾至如归的感觉，所以，他又一次说，他想进一批价值达 2 000 万美元的豪华汽车。

没问题！这位脸上挂着微笑的推销员说，他会为他介绍他们的系列客车。他只这样简单地附和，便推销了他自己。而且，他在推销任何东西以前，先把世界上最伟大的东西推销出去了。

所以，这位富翁留了下来，签了一张 500 万美元的支票作为定金，并且他又对这位推销员说："我喜欢人们表现出一种他们非常喜欢我的样子，你现在已经用微笑向我推销了你自己。在这次展览会上，你是唯一让我感到我是受欢迎的人的人。明天我会带一张 2 000 万美元的保付支票来。"

这位富翁很讲信用。第二天，他果真带来了一张保付支票，购下了一批价值 2 000 万美元的豪华客车。

这位推销员用微笑把他自己推销了出去，并且连带着推销了客车。听人说，在那笔生意中，他可以得到 20% 的利润，这或许已经够他一生的生活用了，但我们可以打赌他不会这样懒散地过日子，他会继续推销自己，并且用微笑去达到他远大的目标。

而那位脸上没有微笑的推销员，我们就不知他在哪儿了。

微笑显示了你与人亲近的态度，它是一种友善的姿态，是人际交往中最好的润滑剂。一个人脸上时常浮现微笑，会令别人感到温馨。

微笑传达的信息常常能够促进双方的沟通，融合双方的感情。在难以用语言表达心境的情况下，笑是最好的交流工具。卡耐基曾经讲到，在纽约的一次宴会上，有一位客人——拥有一笔遗产的妇人，急于要使人对她产生愉快的印象。她浪费了很多钱买貂皮、钻石、珍珠装扮自己，但她的面孔所发出的神色是刻薄和自私的，所以并没有人对她产生多少好感。她不明白每个男人都知道一点，一个女人脸上所表露的神色，比身上所穿的衣服重要得多。

日本航空公司的航空小姐，仅微笑一项，就要训练半年之久，这足以说明微笑对人际交往的突出作用。

那么，是否只要人们开口一笑就能赢得欢迎呢？哪怕是一种不诚意的微笑？不是的，微笑也不能欺骗他人。如果人们知道那是一种机械的、假意的微笑，就会厌恶和反对。因此，这里所说的微笑是一种真实的微笑，由内心而发、发自肺腑的微笑。微笑既不是奴颜婢膝地曲意奉承，也不是例行公事似的皮笑肉不笑。

微笑时，人的精神状态最为轻松。当你那充满笑意的目光与别人的目光相遇时，他会被你的快乐情绪所感染。自然而然地，你们之间的气氛会变得和谐。

美国一家大橡胶公司的董事长说，就他的观察，一个人无论做什么事，如果不高兴去做，是很少成功的。这位实业界领袖不大相信那句老话："苦干是打开我们欲望之门的金钥匙。"他说，他认识的那些人，他们之所以能成功，因为他们极乐于经营他们的事业。后来，那些人开始苦干，工作变得沉闷，他们失掉了所有工作中的乐趣，遂致失败。

如果你希望别人很高兴见到你，你必须高兴地会见别人。已故的哈佛大学教授詹姆士曾说过：行动好像是跟着感觉走的。其实不是如此，行动是与感觉并行的。我们能使直接受意志支配的行动有规律，也能间接地使不直接受意志制约的行动有规律。因此，如果我们真的失掉了欢乐，也就重新得到了欢乐的途径，那就是欢乐地坐起而行、欢乐地说话，好像欢乐已经在那里一样……

世上人人都在寻求快乐，但只有一个确实有效的方法，那就是控制你的思想。快乐不在乎外界的情况，而是依靠内心的情况。

不论你是谁，你在何处，你在做什么事，致使你快乐或不快乐的因素是你对之如何去想。例如，两个人在同一地方，做同一事情，彼此有同样多的金钱与声望——而一个会痛苦，一个会快乐。为什么？因为心境不同。

"事无善恶，"莎士比亚说，"思想使然。"

林肯有一次曾说：多数人的快乐同他们所决意要得到的相差不多。

一次，罗杰在纽约的长岛车站，看到前面有三四十个残疾儿童倚着拐杖勉强迈上阶梯，有一男孩还需由人抱上去，但他们的欢笑快乐使罗杰惊奇。罗杰对他们的一位管理人提及这一情形。"是的，"管理人说，"当一个儿童明白他将要终生残废时，他最初惊惶，但惊惶过后，他就会听天由命，比正常儿童还快乐些。"罗杰觉得他该对那些儿童脱帽致敬，他们给了他一个教训，他希望自己永远不会忘记。

白德格，是从前卡狄纳的第三棒球名手，后来成为美国最成功的保险商。他说，他多年前研究得出，会微笑的人永远受欢迎。所以，在走进一个人的办公室以前，他总停留片刻，思考他应感谢的许多事，引发一个真实的微笑，然后当微笑由脸上绽放时进入办公室内。他相信这种简单的技术与他销售保险获得特殊的成功有很大的关系。

微笑是发自内心的。如果不是发自内心的真诚的微笑，那将是对微笑的亵渎。有礼貌的微笑应是自然的坦诚，是内心真情实感的流露。否则强颜欢笑则可能演变成"皮笑肉不笑"、"苦笑"。比如，拉起嘴角一端微笑，使人感到虚伪；吸着鼻子冷笑，使人感到阴森；捂着嘴微笑，给人以不自然的感觉。要记住，真心和诚意的微笑最能打动人心。读一读下面这首诗，你会对微笑有更深的理解：

微笑一下并不费力，但它却产生无穷的魅力。

受惠者变得富有，施与者并不变穷。

它转瞬即逝，却往往留下永久的回忆。

它带给家庭快乐，又有友谊绝妙的表示。

它可使疲劳者消乏，又可给绝望者以勇气。

如果偶尔遇到某个人，没有给你微笑，

那么，将你的微笑慷慨地给予他吧，

因为没有任何人比那不能施予别人微笑的人更需要它！

第十七章　表现要不卑不亢

你对待你的朋友及同人，要像斯瓦伯所说的，"诚于嘉许，宽于称道。"我们都愿意那样。所以，我们要遵守那金科玉律，你希望别人怎样待你，你就要怎样待别人。

——卡耐基《人性的弱点》

我们都知道晏子使楚的故事。当时齐、晋交恶，齐景公决意与楚修好，共抗晋国。在这种情况下，晏婴作为使者访问了楚国。

此时楚国由楚灵王执政，他目空天下，狂妄自傲，因此打算羞辱一下齐国的使节。

晏婴将要出使楚国。楚国人听说他身材矮小，就想侮辱他。楚国人在城门旁边特意开了一个小门，请晏婴从小门中进去。晏婴不肯走小门，他说："到了狗国，才走狗门。今天我出使楚国，不应该从狗门中入城吧！"楚国人只好请晏婴从大门进去。

晏婴拜见楚王。楚王说："齐国是不是没有别人了，才派你来楚国？"晏婴回答："齐国首都临淄有7000多户人家，人挨着人，肩并着肩，展开衣袖可以遮天蔽日，挥洒汗水就像天下雨一样，怎么能说齐国没有人呢？"楚王说："既然这样，为什么派你这样一个人做使臣呢？"晏婴不卑不亢地回答："齐国派遣使臣，各有各的出使对象，贤明的人就派遣他出访贤明的国君，无能的人就派他出访无能的国君，我是最无能的人，所以就只好出使楚国了。"楚王很尴尬。

晏子以自己的智慧维护了自己的人格国格。

在商务活动中，我们的一举一动，一言一行都是内在美的外在表现，都应展现自己的风度，特别是要不卑不亢，这是一个人待人接物最基本的要求。不

卑就是不妄自菲薄，不在别人面前低三下四，不见利忘义，不丧失民族气节，维护民族尊严，维护人格国格。不亢就是不盛气凌人，不夜郎自大，平等礼貌地待人接物。

在上下级之间、同事之间、客户之间，都要表现出不卑不亢，以礼待人。在实际的商务交往中，人们常常会和一些在身份、才识、经验、能力等各方面比自己高出一筹的应酬对象不期而遇。在这种情况下，往往会因为对方比自己强而产生一种心理上的自卑感。对方比自己强的地方越多，这种感觉上的阴影就大，从而让原有的自信心大打折扣。这种情况是每个人或多或少都会有的，关键在于你能不能把心态放平，找准自己的位置。

双星集团的总经理汪海赴美国考察期间，在新闻发布会上遭遇到一位美国记者的提问："先生，您自己脚上穿的是什么鞋？"用意非常明显，万一汪海没穿双星鞋，那还谈什么潇洒走向世界。对此，汪海十分沉着自信地说："在贵国这种场合脱鞋是不礼貌的，但这位先生既然问起，我就破例了。"说完，他脱下鞋并高高举起，大声读着鞋上的商标"DOUBLE STAR"，现场响起了热烈的掌声。《纽约时报》一位记者后来述评道："在美国脱鞋的共产党国家的人有两个：一个是前苏联领导人赫鲁晓夫，他脱鞋并用其敲击表现出一个大国的傲慢无礼；一个是中国内地双星集团的总经理，他脱鞋表明了中国商品要征服美国市场的雄心。"汪海维护自身尊严，不卑不亢的言行，表现了中国人可贵的民族气节和礼仪修养，赢得了美国人对"双星"以及他本人的极高赞誉。

汪海的这份信心来自于对自己产品的极大认同，当然也来自于自己的内心。如果一个人连自信都失去了，那么他要想得到成功，那恐怕只能是幻想。一个人不论处于什么环境之下，只要不丢失自信，就会有成功的希望。

面对周围比你优秀的人，难免会产生自卑感，但一定要有积极的心态，坚信自己也有别人身上没有的优点和长处。球王贝利初进赛场时，曾十分自卑。作为一名黑人球员，他总担心那些著名的球星看不起他。他经常想，如果他们在场上戏弄我，然后把我当白痴似的打发回家，我该如何？所幸的是，贝利战胜了自卑。他发现自己原来可以做得那么好，比任何人都好。

不自信的表现到处都存在，不自信的人也很多，如看到一个在各方面都比自己强的人，既想上前去接近对方，又怕对方会拒绝自己；既想在他人面前表述自己的观点，又怕表述不当而被他人耻笑；既想插入到别人的谈论中，又怕别人对自己的话不在意乃至讨厌……所以最终只好自己找个孤独的角落，甘受冷落了。其实大可不必如此，你完全可以将头脑里的一切顾虑都抛开，大大方方地想怎么说就怎么说，想怎么干就怎么干。只要你做得不过分，做得适合当时的场合，那么你自然会得到大家的欢迎。

从容得体，堂堂正正，不卑躬屈漆，不妄自尊大，这才是商务交往中应有的态度和风度。

第十八章　委婉地拒绝

把精力主要集中在保持自信和让自己在社交场合如鱼得水上，对你来说是极其重要的。想想这种能力对你在社交，以及交朋友上的重要性，想想它为你带来的服务他人、社会、教堂组织的能力；想想它给你事业带来的影响。总之，它会为你成为一名优秀的领导打下坚实的基础。

——卡耐基《沟通的艺术》

拒绝别人不是一件容易的事。有人深有感触地说："求人办事是件难事，而当别人求你办事，你又不得不拒绝的时候，也是叫人头疼万分的。因为每个人都希望得到别人的重视，同时我们也不希望给别人带来不愉快，所以，拒绝的话很难说出口。"

生活中，我们常常遇到这样的情况：没有事先约好就突然来访，扰乱了你生活、学习和工作的规律；不懂得节制谈话时间，说起话来海阔天空，没完没了；做客时过分随便，反客为主，乱翻主人家的东西，惹得主人十分心烦；经常上门提一些让你为难的要求，比如希望帮助他解决一下财物困难，或通过人情关系帮他办事或打通办事渠道等，虽经婉言相拒，还是纠缠不放……这些事情真是让人徒增烦恼。

面对这些事应该怎么办？简单地说"不"会伤和气，不拒绝，你自己为难。这就需要有一些拒绝的技巧，既要拒绝对方不适当的要求，又不伤对方的面子，同时还不能损伤彼此的正常关系，这还真不是一件容易的事。所以，要学会委婉地拒绝。

"委婉"一词，人们并不陌生，它不仅指一种修辞方法，还表现为一种语言的表达方式，也是处理问题的态度和方法。恰当地运用委婉的方式，能够鲜明地表明自己的观点、立场、情感、态度，这样做，既使对方乐于接受，达到自己的目的，又可反映个人良好的修养。

首先，按捺住自己的不耐烦和愤怒，不要有失礼的表现。失礼表现如下：我行我素，客人进门，不予以招待，只顾忙自己的事；与客人交谈时，漫不经心，答非所问，或者东张西望，没有交谈的诚意；不把客人介绍给家庭其他成员，家庭其他成员对客人视若不见、爱理不理，或客人与你在交谈，家中其他成员旁若无人、大声说话、电视机收音机照看照听，吵吵闹闹，不得安宁；当场打开客人拎来的礼品，并给予评价，意思是要打发客人早早离开。

得体的做法应该是：热心接待客人、耐心听取客人要讲的事情和要求。既然能到你家里做客，说明你们之间过去有过某种程度的联系和友情；之所以成为"不受欢迎的客人"，是扰乱了你的生活和工作安排，对你不够尊重等。但从客人角度做一番分析，就可能有合情合理的意味了：他远道而来，他过去帮助过你，他确实有困难，等等。因此，遇到这样的客人，一定要设身处地地多为对方考虑一下。这样你就可能会增强耐心热情相待，不至于态度冷淡，漫不经心了。

若实在有急着要办的事情，请求客人原谅你的"照顾不周"，可以告诉他你很忙，说完可以拿一些杂志、报纸给他翻阅："看看这些东西，没准有你感兴趣的，等一下在这里一起吃饭吧！"这样做，客人不管怎样，都会谅解你，而且还会对你的礼貌表示感激。对于客人求你而你却办不到的事情，要明确地拒绝。拒绝的语气要委婉而不生硬，拒绝的理由要充分确切，以求得客人的谅解。

美国总统威尔逊早年在担任州长时，有一天，他接到电话，获知他一位担任议员的好朋友逝世了，威尔逊为此悲痛不已。未料几分钟后，他又接到一位政客打来的电话："威尔逊州长，我希望能代替那位刚逝世的议员的位置。"

"好吧，"威尔逊对此政客的迫不及待的丑态深感厌恶，他接着缓慢地说，"如果火葬场同意的话，我本人是完全同意的。"

威尔逊拒绝时的委婉用语，对那位跑官、要官的政客，无疑是当头棒喝，真是利言胜利剑。

应该借助一些幽默言辞表明你的意思，争取主动。如果客人在你的书桌、书橱里乱翻，你可以这样说："你要看什么书，我来给你拿吧，我这书橱不友好，除了我，一般人难以找到需要的东西。"为了避免"不速之客"再度贸然

光临，可以委婉地告诉他有关自己行踪的大致规律。比如"我星期天都在家，平时下班比较晚。你来的话，可能碰不到我。"这样说的意思，就是让对方平

时没事的时候不要贸然前来。还可以说"我家的电话号码你知道吗？来之前如果能通个电话，就免得你扑空了。"这就示意对方，以后不要冒失地来我家做客了。

凡事都有解决的办法，坏事处理好了反倒成了好事。对于自己不愿意参与的问题，尽可以用各种办法打发他，让他满意而归。

被人请求通常会使我们感到为难，但只要我们洞察人情的善恶，依据自己的智慧也不难处理好这一类问题。

有时面对对方的追问，答话时更应该增强"现场意识感"。敏于思辨，随时注意对方的反应，并由此决定说话的长短、内容的深浅以及是否需要变换话题等。

种种事实已经证明，犹豫是成功的天敌，不懂得拒绝往往也会使人陷入被动。但是，直截了当地回绝，说出真实原因，可能会让人尴尬为难。不妨找点儿合理的借口，让对方觉得自己的要求太欠情理，从而自愿放弃。直白的拒绝有可能断绝交情，甚至埋下仇恨的祸根。要避免这种事情发生，唯一的方法是要运用聪明和智慧。为了拒绝别人，也不妨含糊其辞地推托："对不起，这件事我实在决定不了，我必须去问问我爸妈。"或者是"让我和我老公商量商量，决定了再答复你吧。"

要挺起胸膛，清楚明确地拒绝对方，但态度也不要过于强硬。说话和气委婉，即使表达同一种态度，结果也常常不同。

罗斯福总统还没有当美国总统前，曾在海军担任要职。一天，一位好友出于好奇向罗斯福问起海军在加勒比海小岛上建设基地的情况。罗斯福神秘地看了看四周，对着朋友的耳朵小声说："你能保密吗？""当然，谁叫咱们是朋友！"朋友万分诚意地回答。"我也能，亲爱的。"罗斯福一边说，一边对着朋友做了个鬼脸。两人大笑起来。罗斯福以幽默的方式来拒绝，气氛马上放松下来，彼此都没有感觉有什么不和谐。

商务交往中一定要注意，有些要求是不能接受的，如果不能果断地拒绝，或者用语含糊，态度暧昧，拖泥带水，让对方摸不着头脑，这样会给自己带来无尽的烦恼，既误事，也伤人。"当断不断，反受其乱"，一定要学会拒绝，但若很直接地说"这种事情恕难照办"、"我实在没钱借给你"、"大家都一样工作，凭什么我要帮你"……可以想象这样说的后果。所以，拒绝一定要委婉，根据不同的情况运用不同的方式拒绝。

第十九章 适当的让步是必要的

一个人事业上的成功，只有15%是由于他的专业技术，另外85%靠人际关系、处世技能。

——卡耐基《人性的弱点》

有一次，卡耐基租下纽约一家大饭店的跳舞厅，准备做系列演讲用，每季度租20个晚上。

在某一季刚开始的时候，卡耐基忽然接到饭店的通知，要他付从前三倍的租金租下跳舞厅。卡耐基听到这个消息的时候，演讲的入场券已经印发，通告也已经公布。

卡耐基当然不愿意多付增加出来的租金，但又不好与饭店经理争论，因为他知道他们只对他们想要的感兴趣。于是，两天以后，卡耐基去见了饭店的经理。

"我接到你的信时有点惊惶，"卡耐基说，"但我绝不怪你。假如现在我是你的话，恐怕我也会写同样的一封信。这是你当经理的责任，你就要尽力为饭店盈利，如果你不那样做，饭店的老板恐怕就要辞掉你，并且你也应该被辞退。如果你坚持要增加租金的话，现在，让我们拿来一张纸，我们就在纸上分析一下这件事对你的利和弊。"

卡耐基取了一张信纸，在中间画一竖线，一边的上面写上"利"，一边的上面写上"弊"。卡耐基在"利"的这边的下面写着："跳舞厅可作他用"几个字。然后，他接着说："你们的好处是大厅可以空出来，你可以另外把跳舞厅出租给人跳舞或开会，或是发挥它更能赚钱的作用，对你来说，那非常有利。因为像那样的事，你的收入，比从演讲这里所能得到的要多。如果我在这

一季占用你的舞厅 20 个晚上，你一定会丢掉那些赚钱的大生意。

"现在，让我们来讨论一下加租的弊端。首先，我占用跳舞厅演讲，不能让你增加饭店的收入，相反，饭店收入还会减少。事实上，你会没了这些收入，因为我付不起你的租金，迫不得已，我要去别处演讲。对你还有的一个不利就是，我的演讲能吸引很多的有知识的人到你的饭店来，那对饭店来说是非常好的宣传机会，是不是？事实上，如果你花费 5 000 美元在报纸上登广告，也不会使来你饭店的人有我演讲吸引的人更多。这对饭店来说是非常合算的，是不是？"

卡耐基边说话边将这两个害处写在"弊"的这一边，然后把那张纸递给经理说："我希望你仔细考虑一下其中的利害，然后，把你最后的决定告诉我。"

第二天，卡耐基就接到了经理的来信，他通知我，租金只加 50%，而不是 300%。

经理让步了，卡耐基得以继续租用他的礼堂，而经理的租金也有增加。

成功的谈判者会努力得到他们想要的结果。但是，他们也知道，任何成功的谈判都必须有所失，才能有所得。妥协几乎是不可避免的。妥协是交锋的结果，在相互僵持的过程中，如果双方都不让步，就无法达成妥协协议，结果就是双输。如此，谈判者不仅得不到想要的，连需要的东西也失去了。

妥协和让步是一门艺术，选择什么时间，让步的幅度，让步的技巧都有讲究。

如果让步的幅度一下子很大，未见得能让对方完全满意，反而会使对方提出更进一步的要求。

正确的让步是使双方都受益，互为补偿，如果是单方面的让步，那就不是成功的让步。所以，谈判中要慎用妥协，一方在做出让步之前，应当先自问："如果我做此让步，那我下一步该怎么办，还有，对方会采取什么行动呢？"这样的话，就可以帮助谈判者从对方的角度分析让步可能造成的后果。

在《威尼斯商人》一剧中，莎士比亚曾写道："一分代价，一分满意。"的确，恰到好处的让步确实有助于提升客户对你的满意程度。

在商务谈判中，恰到好处的让步要注意以下几点：

1. 寻找理想的时机。

经验丰富的谈判者会依据双方的情况，在最理想的时机做出让步，但他又不会明白说出来，而只为以后的行动露些口风。在这种情况下，他们惯用的行话是："好吧，让我们把这个议题暂时放一放。我想，过些时候它就不再成为一个很大的障碍了。"对方既然这样说，就应尊重他的意见，但是当然要确保我们到后来能得到他所承诺的让步。1923 年 5 月，苏联驻挪威的全权贸易代表柯伦泰与挪威商人进行购买鲱鱼的谈判。挪威商人利用苏联国内急需大量食品的机会而索价昂贵。由于双方在价格上的距离较大，谈判陷入了僵局。为了打破僵局，柯伦泰在第二天的谈判中似乎作了让步，但语言却是幽默、委婉的："好吧，我同意你们提出的价格，如果我的政府不批准这个价格，我愿意把自己的薪金拿来支付差额。不过，我的工资有限，这笔差额要分期支付，可能要支付一辈子。如果你们同意的话，就这么决定吧！"挪威商人被他的话惊呆了，最后无可奈何地降低了鲱鱼的价格。可见，柯伦泰是表面做出让步，实质并未让步。

2. 以适当的速度做出让步，不可太快。

在开始谈判阶段可做较大的让步，然后再长时间内缓慢地让步，这样，一开始大的让步可让对方心中有底，建立好感后再逐渐做点小的让步。如果让步一步到位，对方得来太容易，就不会欣赏很容易就得到的成功，太容易得到的东西他们不会太珍惜。所以，假如你真的想让对方快乐，就让他们去努力争取每样能得到的东西。在遇到对方固执己见时，应聪明地学习水流的抵抗方式：先后退，继而倾听、思考；然后再慢慢地向前移动；除了不要太快让步外，也不要太快提供给对方额外的服务，如允诺快速的送货，由己方负责运费，遵照对方的规格要求，提供有利的条件或降低价格。即使要做出让步，也一定要视情况而定，不可太快。

3. 不能单方面让步。

你的让步要能换来对方的让步。如果你先做了一些让步，但对方没有做出相应让步，这时就不能再让步了。必须让对方懂得，我方每次做出的都是重大的让步。以适当的速度向着预定的目标推进。

4. 不要太早做出让步。

在讨价还价中最关键的一点是，当买主出的价异常低时，不要太早做出大的让步，因为首先你还没有去检验他的要求是否合理。其次，即使他的情报是有效的，你签的合同也可能对你方利益不大。

5. 不能无限度地一味退让。

在谈判中应该有限度、有范围的，以不损害自己的根本利益为尺度，使对方能接受，从而达成互惠互利协议。

第二十章　恰到好处地结束谈话

开始与结束，对任何一种活动来说，它们都几乎是最不容易纯熟地表现的部分。例如，在一个社交场合，优雅地进入会场，以及优雅地退席，不就是最需要技巧的一种表现吗？在一次正式的会谈中，最困难的工作，不就是一开始就赢得对方的信任，以及成功地结束会谈吗？

——卡耐基《沟通的艺术》

　　在商务活动中，无论是谈判还是结交朋友、处理业务，都要和人交谈，交谈过程中谈什么，怎么谈，是一门艺术，怎么结束谈话也是有技巧的。恰到好处的结束交谈，会给人回味无穷的感觉；如果处理不好就会把事情弄糟。

　　一般来说，商务交谈的结束语并不需要像演说那样追求艺术效果，讲究那么多的"楔子"、"噱头"、"幽默"、"出人意料"。但商务交谈的结束要避免分歧，再结束谈话。谈话在尚未获得结论或一致意见的情况下，突然结束谈话是不明智的，不利于解决问题和人际交往的延伸。分手时更不能讲使对方讨厌的话题。出现分歧时，应主动作出让步，比如可以转换一个话题，把有分歧的话题暂时放一放，谈一些别的，待气氛缓和了再把谈话告一段落，这样能增加双方的亲近感。

　　有时，谈话的开头很好，双方谈得很投机，都处于兴奋状态，如果此时没有什么新的话题，也应该及时结束。有些人不大注意这一点，认为前边既然谈得好，后面一定会更好，殊不知交谈的内容已快枯竭了，如果再接着谈，只会变得枯燥无味。

　　除了在内容上注意外，还要注意掌握好谈话的时间，使谈话能顺其自然地结束。此时要注意观察，对结束谈话是否有个心理准备，可以预先留一点要结束交谈的时间，为结束谈话创造一定条件。否则，在对方没有思想准备的情况下，突然终止谈话，会给人粗鲁无礼的感觉。比如，再一次交谈行将完毕时，主谈人可根据情况，向对方征求意见、看法、说明、要求，或建设性的忠告、劝诫等。听者也可以以同样的方式征询对方："除了工作之外，还有别的意见吗？如果一时想不起来，日后尽管提……"这样的结束谈话，会使对方心理舒服，产生亲切随和、心心相印的感觉。

　　在上下级之间的非正式性会谈，或亲朋好友之间的工作性会谈中，也可以使用归纳式的结束，"松下先生，您谈的五点，除了第一点做保留外，其余四点我完全同意，我可以告辞了吗？"这样的结尾，调理清晰，中心突出，重点再现，收到了言简意赅、明快爽朗的效果。

　　当然，结尾也可以向主宾道谢，请多关照，或者邀请客人下次再谈，等等。这样都可以密切主宾双方的关系，为下一步的良好合作奠定基础。

如果在特殊的情况下，只能作短促的交谈，此时宜事先声明，以便使对方有思想准备。在把握时间的同时，还可以多留意对方的表情。比如当对方因对谈话内容不感兴趣或因别的事需要告退，又不好直说时，往往会做出某些暗示，像频频改变坐姿，心不在焉，东张西望，心神不安，摆弄自己带的东西或不时地看看自己的表，对人家说的话也不做出积极的反应等，这时就该结束谈话了。如果置这些不顾再继续谈下去，就会使人产生反感了。

最后要注意的就是结束谈话后如何打招呼。谈话的结束，不是只道一声"再见"就了事了，临别前要给人留下良好的印象，要得体而不失礼，有时还要给下一次交谈留下伏笔。

如果遇到争论不休无法一致的情况时，我们可以转移话题，把有分歧的题目暂时放一放，如"咱们找机会再谈"。

与他人交谈时，随便中断对方的谈话是不礼貌的，但冗长而无重点的谈话也是令人厌烦的，如果不得不中断对方谈话，也要考虑在哪一个段落中断为好，同时也应照顾到对方，避免给对方留下不愉快的印象。

（1）直接以"好了，到此为止"这句话中断对方的谈话，但是，这句话仅限于用于对方的态度很强硬时。

（2）对方谈话告一段落时，自己立即接口谈自己的看法。

（3）以"现在没有时间了"、"我还有其他的工作"等理由来中断对方的谈话。

（4）以频频看表、打呵欠、伸懒腰以及摆出一副表示自己已不感兴趣的神情，暗示对方中止谈话。

（5）预先向对方打个招呼。如一见面即向对方表明态度"请你长话短说吧，我没有什么时间"。甚至也可以向对方表明自己"有急事"而中断对方的谈话。

第二十一章　说好"谢谢"不容易

说"谢谢"时，要真心诚意。如果不能表现得很真诚，反而将会显得虚伪，而且十分虚伪。

——卡耐基《沟通的艺术》

无论一个人在社会上扮演什么角色，充当什么身份，礼貌都是维持人际关系良好互动的规则。尊重别人就是尊重自己。一个有礼貌的人会处处受到欢迎，而一个粗鲁的人是很难得到别人的认同的。

精短的语句，如"对不住，麻烦你了，""费心，你可否……""谢谢你"——像这样的平常客气的话听上去就像每天在沉闷辛苦的生活轮齿上浇油润滑——而同时，这些都是礼貌的标志。

在人际交往中，有许多人很少用到这些礼貌的字眼。有的人认为没必要说"谢谢"，特别是亲朋好友之间，常常忽略使用这些词汇。也有一些人确实不会说"谢谢"，或者没有养成说"谢谢"的习惯。这些都会对人际交往造成不良后果。

所谓"感谢"，就是在对方对自己做出一些善意言行之后，自己的言辞上所做的一种情感回报。一句感谢的话看似简单，其中蕴含着很深的人际情感。

1. 表达感激之情。

人们在接受别人的善意言行之后，都会自然地萌生出一种感激之情，情动于衷，发于言辞。一句"谢谢"，常常是这种情感的自然流露。

2. 强化对方的好感。

人际交往是一个互动的过程，一方的善意行为必然引起另一方的回应，例如感谢。而这种"感谢"又将进一步使对方产生好感，并发出新的善意行为。这样，就使双方的人际关系进一步和谐融洽。

3. 调节双方距离。

适当的心理距离是成功的人际交往的一个必要条件，而感谢语言是调节双方距离的一种技巧。一句"谢谢"起着缩短双方距离的作用，但有的时候，感谢也可能会拉大双方的距离。有时在某些亲密的人际关系中，例如恋人、亲人、密友之间，我们会使用一些社交场合中标准的彬彬有礼的感谢语，来显示自己对对方的冷淡态度，这样就会拉大双方的心理距离。

说好"谢谢"是不容易的，需要注意：

1. 发自内心的"谢谢"最动人。

"感谢"是心中一腔感谢之情在语言上的自然流露，因此，感谢的最大要领也就是表达内心真挚的情感。有了这种真情实感，才能做到声情并茂，表情恰当。

说"谢谢"时，语调要欢快、明亮，而不能沉缓、喑哑；吐字要清晰，节奏应有抑扬，而不能含混不清；眼睛要看着被感谢的人，脸上应有诚恳、生动的表情，并配以恰当的手势动作。说"谢谢"时千万不能夸张、生硬、冷淡。

2. 在适当的场合对合适的人说"谢谢"。

当你与对方单独在一起时，对他（她）表示感谢，一般会有好效果；如果是在众人之中挑出某一个人来表示感谢，那就有可能冷落别人，也会使被感谢人难堪。"感谢"也要注意双方的关系。例如双方是一般熟人或同事关系，可以用直接感谢，"谢谢您"或"非常感谢"；但双方是至亲与好友时，一般应少用"谢谢您"或"非常感谢"之类的话，可用称赞语或陈述语来表达谢意。儿子对妈妈就可以说："妈妈，您真好，是天底下最好的妈妈。"

3. 感谢可以有不同的方式。

可以感谢某人的相助，也可以感谢群体的群策群力；可以有语言的感谢，有礼物的感谢；也可以有口头的感谢，有电话感谢，有信函感谢等。

会说"谢谢"是一个人礼貌的标志，礼貌是一个人的名片，"礼貌周全不花钱，却比什么都值钱"。日常生活中，商务交往中，适时、得体地说一声"谢谢"往往会收到很好的效果。

第二十二章　对客户不妨慷慨些

不要只是看在对方曾为你出过力的份儿上才帮忙，主动"预付"和"投资"是十分必要的。

——卡耐基《人性的弱点》

法国作家罗曼·罗兰曾经说过："心胸狭窄的人不会快乐。心胸狭窄的最简单的定义是太过分地专注于个人的利益，而容不下别人的利益。"但是，在现代商务交往中，双赢往往是双方追求的最大目标。

一位公司老板想为朋友在一家酒店订房，他平时常在那个酒店租房进行商务会谈，而且他和酒店老板也相熟很久了。接电话的是总经理秘书，她知道这是一位老客户，因此当即给安排了一间朝阳、景致俱佳的房间，而且答应房价优惠。

几分钟后，这位老板颇感意外地接到了一个回电，是酒店总经理亲自打来的，他已从秘书那里知道订房的事。他对公司老板说："亲爱的先生，这个周末我们正好住店客人不多。如果我可以向你的朋友提供一晚的免费住宿，我将深感荣幸。"

这位老板高兴得连声道谢，他感到的不仅是意外之喜，还感受到酒店总经理的慷慨大方。他对这家酒店的态度和印象变了，一般的业务生意关系也从此变得友好紧密了许多。他打算，以后的商务活动不再找其他酒店，到此地来的生意朋友也一概推荐到这家酒店去。

但是，一位年轻女画家感觉自己所受的待遇则与此完全相反。

她来到一家经营画框的商店，要求把自己的一帧广受赞扬的画用名贵的意大利木料镶框，并衬以特殊材料的底板。这笔生意的金额显然比店主平时惯常的数额要高出许多。因为，这里通常光顾的是些大学生，他们只付材料费买下便宜的框架，然后在一旁的桌上自己动手镶框。

等这幅画镶框完毕，店主如约用电话通知了这位女画家。让画家吃了一惊的是，这家店是要求自己上门取画的。她解释了一大通，说自己没有合适的运输工具，店主才同意叫运输公司送画。

等货送到，女画家发现，对方请的司机兼送货人是个身单力薄的妇女。看到要把沉重的画搬上没有电梯的旧式房子的二楼，送货人满脸不情愿。这位女画家无奈之下承担了一大半的搬运活。一切忙完之后，送货人从口袋里掏出一份单子，说："这是送货发票，画框店的老板说的，由你这边付费。"

和这笔镶框生意的总费用相比，这点市内运输费只是个很小的零头，但女画家肯定不会满意这笔生意。面对这样的大额业务，画框店老板居然还不肯支付一点微不足道的送货费。画家对这样的商店留下的最后印象自然只有劣质服务和"小气"了。

对客户慷慨并不意味着一定要给客户多少回扣多少好处费，也不意味着在经济上做出过分的让步或牺牲，或者说是闭上眼睛任人利用甚至宰割。

慷慨大度更多地体现在正常的交往中。聪明的商界人士不只为自己考虑，也常常为对方设身处地的考虑，考虑到他的利益和安康。慷慨大方的人经常能比对方期待的还多做一点，比对方要求的还多一些，并且以此为乐。当然，这也并不意味着一定要耗费多大的财力。

只顾眼前的利益，最后会掉进失败的深渊。而时常愿意吃一些小亏的人，往往是最后的赢家。

在商务交往中，有时也可以送一些精致的适宜的小礼品，这样会给对方留下一个美好的印象和感觉，会为双方搭建一座顺利通往下一次成功交往的"友谊之桥"。

克雷泽是一位成功的推销员，和客户会面，他有时会郑重其事地送给客户一枚带有棒球图案的小徽章，上面刻着"我爱你"。他也曾赠送一些心形的玩具气球给他的客户，并且说："很高兴跟您合作！"

客户或许想抽支烟，摸摸口袋却发现已经抽完了。

"请稍等一下。"克雷泽会这样说，并且很快从他的箱子里拿出十种不同牌子的香烟，"您愿意抽哪一种？"

"就要万宝路吧。"

"那好，给您。"克雷泽会打开一盒万宝路，递一支给他，再给他点燃，然后把剩下的全塞进他的衣袋里。

"克雷泽先生，真是谢谢你！"

"别，千万别这么说。"克雷泽回答道。

其实，克雷泽也没有为客户做多少事情，即便有，也是一些琐碎小事，但格莱克却因此获得了客户的好感。克雷泽就是要让准客户感到欠了他的人情！

实际上，克雷泽的那些人情小礼物和那些巨富的举动比起来，只能算是小巫见大巫。譬如，一些有钱人一掷千金，就为了一张超级杯赛或拳击锦标赛的门票！也有人为了达到个人目的，可以送豪宅名车。这种做法就使正常的商务活动偏离了正确的轨道，这当然是不可取的。

正常的商务交往中，人情礼物应当相对便宜一些，否则的话，客户会觉得像是收了贿赂。礼物太昂贵，客户有可能认为你想收买他。所以，一些对此敏感的公司会禁止他们的推销员花钱请客户吃饭。所以你在推销之前最好多做准备，不要让所送的礼物给顾客造成精神重压，要确认礼物能够被客户接受。

你想别人怎样对你，你就应该怎样对别人。你对自己的客户慷慨些，客户给你的将是超预期的回报。

第二十三章　珍视自己的诺言

有时即使我们是对的，别人是错的，如果让他过于丢面子的话，只能会让事情变得更糟。

——卡耐基《人性的弱点》

重信守诺似乎是老生常谈了，但即使在现代商务活动中，这仍然是一种美好的品格。如果人与人之间没有了信誉，即便有如簧巧舌，恐怕也没有人会相信你了。

不可随便立下诺言，假如你不能依时兑现。答应了的事情你就一定要去做，言而能行是做事的基本准则，言而不能行，只会招致别人的蔑视。

抗日战争时期，莱德勒少尉服役的美国海军炮艇"塔图伊拉"号停泊在重庆。这天，他兴致勃勃地参加当地举办的一种碰运气的"不看样品的拍卖会"。

那位拍卖商是以恶作剧而闻名遐迩的，所以当拍卖一个密封的大木箱时，在场的人都肯定箱里装满了石头。然而，莱德勒却开价30美元，拍卖商随即喊道："卖了!"打开木箱，里面竟是两箱威士忌酒——战时重庆极珍贵的酒。于是，众人大哗。那些犯酒瘾的人出价30美元买1瓶，却被莱德勒回绝了。他说他不久要被调走，正打算开一个告别会。

当时，在重庆的美国著名作家海明威也犯了酒瘾，他来到"塔图伊拉"号炮艇对莱德勒说："听说你有两箱醉人的美酒，我买6瓶，要什么价?"

莱德勒婉言拒绝了。

海明威掏出一大卷美钞，说："给我6瓶，你要多少钱都行!"莱德勒想了想说："好吧，我用6瓶酒换你6堂课，教我成为一个作家，如何?"作家做了个鬼脸，笑道："老兄，我可是花了好几年工夫才学会干这行的，这价可够高的。好吧，成交了!"如愿以偿的莱德勒连忙递上6瓶威士忌。

接着的5天里，海明威不失信用地给莱德勒上了5堂课。莱德勒很为自己的成功得意，他以6瓶酒得到美国最著名的作家的指点。海明威眨眨眼说："你真是个精明的生意人。我只想知道，其余的酒你曾喝下多少瓶?"莱德勒说："一瓶也没有，我全留着开告别酒会用呢。"

　　海明威有事要提前离开重庆，莱德勒陪他去机场。海明威微笑道："我并没忘记，这就给你上第 6 堂课。"在飞机的轰鸣声中，他说："在描写别人前，首先自己要成为一个有修养的人……"作家接着说，"第一要有同情心，第二能以柔克刚，千万别讥笑不幸的人。"莱德勒说："这与写小说有什么相干！"海明威一字一顿地说："这对你的生活是至关重要的。"

　　正在向飞机走去的海明威突然转过身来，大声道："朋友，你在为你的告别酒会发请柬前，最好把你的酒抽样检查一下！再见，我的朋友！"

　　回去后，莱德勒打开一瓶又一瓶酒，发现里面装的全是茶。他明白，海明威早就知道了实情，然而他只字未提，也未讥笑人，依然遵诺践约。此时，莱德勒才懂得，海明威教导他要做一个有修养的人的含义。

　　海明威不仅是一位著名的作家，而且是一个品德高尚的人。他不仅向莱德勒阐明了他的做人原则，而且还在与莱德勒的交往中努力地实践和发扬这些原则，以行动来教育和帮助莱德勒做一个有修养的人。

　　海明威在明白自己受骗之后，仍然信守自己的诺言，如数履约，表明他是一个守信之人；在得知莱德勒对"酒"的实情一无所知之后，不讥笑对方，这表明他是一个富有同情心的人；在临上飞机时，告诉对方实情，以免对方在告别酒会上出丑，这表明他是一个富有爱心的人。

　　答应了就要切实履行，如果因为某些不得已的事情而无法履行时，一定要及早通知人家，表达自己的歉意，希望他来得及另做打算，至少让人家不会因为你的失约而手足无措。

　　千万不要在失约之后为自己做无谓的辩护，即便是在极不得已的情况下，也应当坦诚自己的过失，真诚地道歉。

　　当然，最要紧的还是要珍视自己的诺言，大丈夫一诺千金，千万不要让人说"别听他的，他的话没谱"，要是给人家留下这样的印象，想挽回可就不容易了。

第二十四章　记住别人的名字是对他人的尊重

　　人们往往对自己的名字感到重要和关心。记住一个人的姓名，很自然地叫出口，就含有对他微妙的恭维、赞赏。相反，忘记他人的姓名，或者叫错了，不但令对方难堪，对自己也是很大的损害。

——卡耐基《人性的弱点》

　　与世上所有的名字相比，人们只对他自己的名字感兴趣。你能记住别人的名字并叫出来，这就是对他最有效的恭维。但如果你忘了或记错了别人的名字——你就是把你自己放在了非常不利的地位。所以，在商务场合，一定要准确迅速地记住别人的名字。

　　英国作家、批评家塞缪尔·约翰逊曾经说过："声名像一颗陨星，除了几个卓越的和不可战胜的名字之外，闪耀一下，就永远消逝了。"

　　每个人都以自己的名字为荣，为了让人们能够记住他们的名字，他们可以不惜任何代价。

　　几个世纪以来，贵族和富人们常资助一些艺术家、音乐家和作家，为的就是在他们创造的作品中留下一个名字。一个人最珍视的"私有财产"就是自己的名字。如果你能给以哪怕是细微的注意，他（她）都会对你产生好感。

　　多数人不记得别人的姓名，只因为他们没有下必要的工夫与精力把这些姓名牢记在心。他们给自己找的借口是：太忙！

　　但他们大概不会比罗斯福更忙，罗斯福甚至对所接触的机械师的名字也用工夫去记忆追想。克莱斯勒汽车公司为罗斯福先生制造了一辆特别汽车，张伯伦及一位机械师将此车送交到白宫。张伯伦在他的一篇回忆文章里这样记述："我教罗斯福总统如何驾驶一辆装有许多特别装置的汽车，而他教我许多关于处理人的艺术。"

　　当张伯伦到白宫访问的时候罗斯福非常愉快，总统直呼他的名字，使他感

到非常惬意。给张伯伦留下深刻印象的是，总统对他要说明及告诉他的事项真切注意。"这辆车设计完美，能完全用手驾驶，"罗斯福对围观的那群人说，"我想这辆车真是太奇妙了，你只要按一下开关，就可开动，你可不费力地驾驶它。我以为这车极好——我不懂它是如何运转的。我真愿意有时间将它拆开，看看它是如何发动的。"

当罗斯福的许多朋友及同仁对这辆车表示出羡慕时，他当着他们的面说："张伯伦先生，我真感谢你，感谢你设计这车所费的时间和精力。这是一件杰出的工程！"罗斯福赞赏辐射器、特别反光镜、钟、特别照射灯、椅垫的式样、驾驶座位的位置和衣箱内有不同标记的特别衣框。换言之，罗斯福注意每件细微的事情，他了解这些有关情况是费了许多心思的。他甚至还对老黑人侍者说："乔治，你特别要好好地照顾这些衣箱。"

当驾驶课程完毕之后，总统转向张伯伦说："好了，张伯伦先生，我想我该回去工作了。"

张伯伦带了一位机械师到白宫去，并把他介绍给罗斯福。这位机械师没有同总统谈话，他是一个怕羞的人，躲在后面，而罗斯福听到他的名字也只有一次。但总统在离开他们以前，找到这位机械师，与他握手，叫出了他的名字，并谢谢他到华盛顿来。他的致谢绝非草率，确是一种真诚，张伯伦能感觉得到。回到纽约数天之后，张伯伦接到罗斯福总统亲笔签名的照片，并附有简短的致谢信，还对张伯伦给他的帮忙表示感谢。总统如何有时间这样做让张伯伦感到惊奇无比。

罗斯福知道一种最简单、最明显、最重要的获得好感的办法，那就是记住他人的姓名，使他人感觉重要——但有多少人这样做呢？

很多时候，你会被介绍给一位陌生人，谈几分钟。在临别的时候，连那人姓什么都不记得。

一个政治学家的第一课就是："想起选举人的姓名是从政之才，忘记就是湮没。"

记忆姓名的能力在事业与交际上的重要性，同在政治上差不多同等重要。

法国皇帝拿破仑三世，即伟大的拿破仑的侄子，曾自夸说，虽然他公务很忙，但他能记住每个所见过的人的姓名。

他采用的是何种方法呢？其实很简单。如果他没有听清楚姓名，他就说："对不起，我没有听清姓名。"如果是一个不常见的姓名，他就说："告诉我是如何拼的？"

在谈话中，他费心地将姓名反复记忆数次，并在脑海中将姓名与这人的面孔、神色及其他的外貌联系起来。

如果这人很重要，拿破仑会更加注意。在他独处的时候，即刻将这人的姓名写在一张纸上，仔细观看，牢记在心，然后就将纸撕破。这样，他看到的印象与听到的印象就完全一样了。

爱默生说："良好的礼貌修养是从小事中积累起来的。"商务聚会中，遇到陌生人是很正常的，这时候你需要礼貌的请教，"请问你尊姓大名"，得到回复后，你要设法牢记对方的名字，并且立即使用这个名字称呼他。如果你碰到一个人，可你已经忘记他的名字，你可以表示抱歉，"您是……""我们好像……"意思是请对方主动补答，如果对方也很有经验，他会很自然地接下话题，这样，你就记住了他的名字。记住别人的名字，是对他人最好的恭维。

第二十五章　在异性面前应落落大方

在你表示赞美的时候，要确实百分之百的真诚。如果没有诚意的话，可能偶尔会骗过一两个人，却骗不了大部分人。

——卡耐基《沟通的艺术》

现代商务活动中，女士与男士往往起着平分秋色的作用。杯光交错的男士为主导的酒会上，职场丽人的出现已不足为奇，她们甚至成为众人瞩目的焦点。在佳丽纷呈的晚会上，出现几个男士的身影也不奇怪。不是有个词叫"跨界"吗？男士参加女士为主题的商务活动，女士参加男士为主题的商务活动已经越来越普遍了。但是，有的人难免在异性面前表现拘谨，甚至脸红心跳，无法应付自得。但是，我们也看到，很多人即便身处一群异性的包围中，仍然能够谈笑风生，呼风唤雨，这就要看此人的社交能力了。

一般来说，一位女士如果能和一大群男士相处，能插进男士的谈话当中，并和他们谈得兴趣盎然，使整个场面不冷场甚至能引导出中心话题，她就是一位成功的商务人士了。

丽萨是某公司新招聘的一位秘书，她年轻貌美，办事干净利落，但是有一个毛病，和一大群男士单独相处就显得浑身不自在，而且她工作的部门本来就男性居多。

受传统的家庭教育的影响，她觉得，一个女子待在一大群男人中，很难找到共同语言，而且还要随时对付某些不怀好意的男人。她常常拒绝参加这种聚会，或者拉个女伴一起去。但她意识到自己这个毛病应该改一改。

一天，丽萨参加了由她男友组成的一个讨论会。大家都以为晚餐后她要走，可她偏偏留了下来。一个朋友首先发言："我认为对付那些挑衅者就应该挥舞起我们的大棒，他们是越来越猖狂了。"

接着另一个人也发言了："假如我是罗斯福总统的话，立马就给他们点颜

色看看，号召全体美国人民起来战斗。"

丽萨却在这个关口插了一句：

"我觉得动武力是势在必行了，但我们如果能够争取和平的话，对美国人民会更好。"

大家都一齐把目光转向她，热切地注视她。当时丽萨紧张得都要窒息了，但还是定了定神，不紧不慢地把自己的观点有条有理地说了出来。

丽萨的观点博得了大多数人的赞同。渐渐地，大家把她看成了其中的一员，开始各抒己见，滔滔不绝地争论起来，有时甚至争得面红耳赤。

丽萨面带微笑地耐心听着每个人的高见，还不时地提出些问题来共同讨论。不知不觉地，她成为这次聚会的焦点。

当讨论结束的时候，大家似乎还意犹未尽，约定下次继续进行，并要求丽萨做主持人。一位朋友甚至还开玩笑说，下次他会买好大的一束鲜花献给丽萨，但前提是丽萨的男朋友不要找他报复。

聪明的女士，懂得什么样的话题能够引起男士的兴趣，而自己又可以适当地参与。千万不要在男士们面前高谈国际经济形势、外国武装入侵、石油危机之类重大话题的时候插话，打断他们的话。但是，怎样才能加入男人的话题呢？无疑是多获得一些信息。每天稍稍浏览一下当天各大报纸的标题新闻，或看一些时事杂志。自己心中有了底以后，就能和男士们谈论共同的话题了。

女士还应尽量使自己的观点和意见与男士们保持一致，并适时地提一些问题，引导男士们将话题引向深入，自己则微笑地倾听。这会使你受到男士的欢迎，就能很好地融入其中。

有一些女士喜欢在男士面前展示自己的才能，这本无可厚非。但大多数时候，男士更喜欢女士欣赏他们的观点，而不是主动欣赏女士的才学。所以，女士一定要学会倾听，懂得技巧的听众通常也会变成优秀的谈话者，因为听与讲不可分，一方面的技巧会加强另一方面的表现。

一位男士置身于一大群女士中间，通常是一件令人头疼的事。假如你平时很少跟女性交往，那你会觉得简直是一种受罪，她们会让你无法忍受，神经崩溃。但对于一个聪明的男士来说，处在一大群莺歌燕舞的女士群中，有时的确会显得无所适从，有的男士会智慧地使自己从她们中解脱出来。

德国作曲家勃拉姆斯参加一个晚会。不曾想，晚会上他遭到一群女人的包围，他边礼貌地应付，边想解脱的办法。忽然他心生一计，点燃了一支粗大的雪茄。不多久，他与那群女人便被一团团淡紫色的烟雾包围了。很快，有几个女人咳嗽起来，勃拉姆斯照样泰然地抽他的雪茄。终于有人忍不住了，对勃拉姆斯说："先生，你不该在女人面前抽烟啊！""不，我想，有天使的地方不该没有祥云！"勃拉姆斯微笑着回答。包围他的女人们只得散开去。就这样，勃拉姆斯大大方方地使自己从无奈的纠缠中解脱了出来。

勃拉姆斯的做法未免有些过分，但有的男士会凭借自己的口才进入角色，把女士们的思绪引入到自己的话题中。

一般来说，当一个男士和许多女士站在一起时，大部分女士是不会注意到旁边还站着一位男士的。她们会自顾自地大谈特谈时装款式、香水类型、丝袜颜色之类的话，因此男士要想插话不是那么容易的。

有修养的男士绝对不会说"你们怎么可以冷落我"之类的话，也不能强行插进去大谈中东政治、塔利班之类的话题，要知道女士们只关注她们的家庭、孩子，还有时尚。在那个时候，女士占了优势，她们对你所说的话题不感兴趣，因此谈话很容易陷入僵局导致不欢而散。即使你口才再好，她们也不会欣赏你。最好的办法就是找到一个既合适女士的话题，自己又能发挥一些想象的东西。

不要以为女人就知道唠叨她们感兴趣的那点事，聪明的男士懂得怎样把女士的话题转移到自己这方面，又不会受到她们的冷落。

无论是男士还是女士，正常的商务活动中，在异性面前都一定要表现得落落大方，而不是忸怩作态。

第二十六章　领导与下属之间的礼仪

批评毫无作用，它只能使人采取守势，并常常为自己的错误竭尽全力辩解。批评是危险的，因为它常常伤害一个人宝贵的自尊，伤害他的自重感，并激起他的反抗。

——卡耐基《人性的弱点》

领导与下属是最常见的一种关系。领导和下属的关系不仅体现在领导对下属应该怎样上，领导也是人，也需要下属的肯定和赞美。下属对领导的态度可以有以下几种：支持、尊重、配合领导，而不是吹捧领导；该请示的一定请示，但不能事事依赖领导；对工作要主动，敢于直言，但下属不能越权，更不能自恃高明，甚至阳奉阴违。

领导对下属的礼仪更加重要。每个人都爱面子，渴望得到别人的尊重。领导若恶语伤人，就会埋下人心涣散的隐患。

1863 年 7 月的前三天，葛底斯堡战役爆发。7 月 4 日晚，南方将领李将军开始南撤，当时全国暴雨倾盆，河水猛涨。当李将军带着部下来到波多马克河边的时候，在他们眼前出现的是水位上涨不能通过的大河，在他们后面的是乘胜追击的联军。李将军的军队被围困在河边，不能前不能后。林肯清楚这种形势，他知道这是一举俘获李将军军队的好时机，只要抓住李将军，战争就能结束。林肯充满了希望，他命令米德先不要召开军事会议，即刻出兵进攻李将军的军队。林肯先用电报发令，然后派特使前去要求米德即刻采取行动。

而米德将军是怎么做的呢？他所做的与林肯的命令正好相反，他违反林肯的命令召开了一个军事会议，他迟疑不决，找各种借口拖延时间。最后，他完全拒绝攻击李将军的军队。终于河水退下去了，李将军与他的军队逃过了波多马克。

林肯非常愤怒，在深切的失望下，林肯坐下来写了一封措辞严厉的信给米德。但米德从未见到那封信，因为林肯根本没有把那封信寄出去。这信是林肯死后在他的文件中找出来的。也许他在想："如果我寄出这封信，我的不快是可以解除，但米德将军，他将会为自己辩护。他会谴责我。那只会给大家带来不快，降低他以后做司令的威信，或许会逼使他离开军队。"

林肯把信放在一边，因为他痛苦的经验已经使他明白，尖锐的批评、斥责，其实是没有任何用处的。

所以，卡耐基告诫我们："如果你和我想激起别人对你的反抗，让人对你痛恨数十年，一直到死，你可以放任的去批评别人——不论我们的批评是如何的正确。"上下级之间的关系也是如此。

作为领导在处理与下级的关系时一定要讲究语言艺术，要有针对性，要注意对方的性别特征、性格特点、职业品位、文化程度以及心境等。此外，领导语言礼仪还要讲求适应性原则，要考虑时间、场合、身份等因素。领导语言要通俗易懂，要规范、大众化，善于运用比喻，而且要准确、简洁、有力量。领导只有运用幽默、委婉的语言并附以暗示，才能恰到好处，在员工面前保持威仪。

有一次，杜鲁门总统会见麦克阿瑟将军。谈话中，麦克阿瑟将军拿出烟斗，装上烟丝，把烟斗叼在嘴上，拿出火柴，当他准备好后，问杜鲁门总统："抽烟，你不介意吧？"显然，麦克阿瑟并不是真心征求意见，这种缺少礼貌的傲慢言行也让杜鲁门总统有些为难，然而，他看了一眼麦克阿瑟将军，自嘲道："抽吧，将军，别人喷到我脸上的烟雾，要比喷在任何美国人脸上的烟雾都多。"

像麦克阿瑟将军这样对待自己的上级的，毕竟是少数。绝大多数情况下，领导是处于强势的一方，所以，领导与下级相处要讲究策略，尽量不要责怪对方，要适当地加以赞美。任何一次表扬的火花，都将引燃一堆火，面对自信的天空而熊熊燃烧。真诚的赞美要言之有物，"年轻有为、前途无量、干得不错"等之类的公式化语言不会引起下级的自豪感。赞美一定要切合实际。随口称赞下级是"天才"、"智力超群"、"理论卓越"就更不靠谱了。无论什么时候，领导都应该抓住时机，给予恰当的批评和表扬。

领导要保持自己的威严，或者对下属也不够了解，对很多问题也不是全都了解，应该不断地学习提高。如果一味地故步自封，不向周围的人们学习，就会目光短浅，还有可能贻误市场机遇，做出错误判断，在员工心目中产生不信任感。学问有先后，术业有专攻。不可能每一个领导都全知全能，当遇到自己不了解的问题时，领导不妨放下架子，大胆地说不懂，并有策略地主动请教下属或员工，这丝毫不会产生不快，还可能增进彼此的交流，使以后的合作更加愉快。当然，上级请教下级或员工，也要保持必要的礼节，切不可让对方感到你是在考他们，或者给你机会解答问题是往你的脸上贴金的事。在求知的路上，大家都是平等的，没有上下级之分。

如今常常见到有的人，对下属似乎总是不满意，似乎在这个世界上找不到一个他们中意的人，下属换了一茬又一茬。殊不知，这样做是很伤人的，没有人是十全十美的。在与地位低于自己的人谈话时，要使他心境平和，使他觉得你正对他所说的话感兴趣，而且必须请他发表自己的看法。一个管理者只讲自己的事情很不好，尤其在谈话中要学会尊重，不能因为觉得谈话简单，就觉得说错话也没关系。

有的时候，也有可能会有下属请求帮忙办一些事情，而自己是无力或不好出面办的事情，这时候该拒绝一定要明确地拒绝。但是在说"不"之前，务必让对方了解自己拒绝的苦衷和歉意。要让对方知道，彼此的交流是一回事，以职务之便帮忙是另一回事。言谈间的态度要诚恳，语言要温和，切不可讽刺挖苦，让对方下不来台。拒绝一旦说出口，就应当果断，切不可有模棱两可的回答，给对方以寄托。比如说我再考虑考虑等，这种模棱两可的说法对双方都是不好的，因为这会令人误会不知你是真要拒绝还是另有所图，反而耽误了对方。此外，应该在此前就让对方了解自己的处世原则，真正让人了解自己爱莫能助，才能得到对方的理解。

开明的领导能够放开胸襟，不耻下问，抛弃愚昧的自尊。他们往往比较容易得到部属的爱戴、信任与合作。

下属犯了错误，领导一定要及时批评并加以指点，对下属大发脾气是不可取的。反之，如果下属犯了错误而没有给予必要的批评，而是暗中叮嘱反倒让人不舒服，因为这会给人一种错觉，以为你是有所图呢？

要明确这个观点，工作中的成功，功劳是属于大家的，尤其要让下属知道成功与他的努力工作密切相关。一旦遭遇失败了，领导要主动承担责任。领导的成绩离不开团队的努力，团队的成功也离不开领导的支持。

领导要把下属团结在一起，遇到困难同舟共济。世界上没有十全十美的境遇，满意的环境要靠自己去打拼，而你就是那个领路人，是船长，是带头人。光明正大的领导最受下属的欢迎和拥护，也最容易把属下团结起来。引入竞争机制是必要的，要让你的下属知道，只有付出一份努力，才会得到一份收获。竞争的手段要正大光明，下夹子使绊子要坚决杜绝。有的下属可能会有些方面比你突出，对你产生了竞争压力，不要嫉妒，不要打压。你要正视这个挑战，借这个机会你可以战胜自我，成为完善自我的动力。赢得下属的尊敬，对团队的整体利益会有助益。

领导待人要公平，不能以个人好恶来区分下属。林林总总的社会关系不应该也不允许带到工作中来，因为这是与国际礼仪相悖的。此外，对待下属应一视同仁，这才是真正的管理之道。芝麻大点的事情，明明打个电话就可以搞定的，没有必要把下属叫到你的办公室。而且下属接到电话，一定要扔下手中的工作，为你的一点小事浪费时间，这是得不偿失的。

在公司内应以职务称呼彼此，同事、客户间以先生、小姐等相称，未经同意不得随意翻看员工的文件、资料等。还是那句老话，尊重人比什么都重要。

领导对待上级或朋友要真诚，切不可随意拍马，否则将弄巧成拙。据说，法国作家大仲马到意大利，要看看当地的书店。书店老板得到消息后，马上让店员把书架上的书都换成大仲马的作品，万万没想到这引起了作家的不解。大仲马问这个书店老板："这么大的书店，怎么只卖我一个人的书，别人的书到哪里去了？"这个老板听后慌忙答道："都卖完了！"大仲马失望地离开了书店。可见，对上级或社会著名人士的态度不能过于吹捧，以至于搬起石头砸了自己的脚。

聪明的领导知道怎样对待每一位下属，在工作上是好领导，生活中是好朋友，上下级之间有一种融洽的气氛。

正如卡耐基所说的："假如你想引起一场令你至死难忘的怨恨，只需发表一点刻薄的意见即可。让我们记住：与我们相处的对象，并不是绝对理性的动物，他们也充满了情绪变化、成见、自负和虚荣。"

第二十七章　得体地参加社交宴请

要想在宴会中表现得体，受人尊敬和喜欢，就必须明知一点：宴会重在欢乐、友好、亲和的氛围。鲁莽、失礼、不体谅别人都可能破坏这种气氛。

——卡耐基《人性的弱点》

在重要的商务交往中，宴请活动是一种必不可少的礼节性活动，参加宴请的人一定要注重礼节，讲究礼仪。

得体地参加社交宴请，不仅能提高你在参与宾客心中的地位，同时也会给宴请的主人留下好印象。如果宴请的主人是你的上司，你得体的表现能提高领导在宾客心中的地位，很可能让你在公司中迅速得到提拔；如果主人是你的朋友、同事，下次宴请时，他自然还会想到你，因为你得体的表现让他在客人面前觉得体面；如果主人是商务交往的对象，你得体的表现令他钦佩你的气质修养和学识，也会为以后的商务活动打下好的基础。可见，得体的参加商务宴请有助于扩大交际范围，有助于事业的发展，有百利而无一弊。"得体"地参加宴请其实很容易操作：

接到宴会邀请后，能否出席要尽早答复，以便主人做出安排，万一遇到特殊情况不能出席时，要尽早向主人解释、道歉。

出席宴会的时间应根据活动的性质和当地的习惯掌握，迟到、早退、逗留时间过短是失礼的表现。席间有事确实需要提前退席，应向主人说明后悄悄退席，也可事先打招呼，届时退席。

到达宴会地点，先到衣帽间脱下大衣和帽子。步入宴会厅时，首先要跟主人打招呼。同时，对其他客人，不管相识与否，都要笑脸相对，点头示意或握手寒暄。一切都要自然真切，落落大方。

入席时，不要"捷足先登"。即使请柬上写明你的桌次和座号，也应以听主人的招呼和安排为好，给主人以"主人"的感觉，免得双方尴尬。如邻座是年长或女士，应主动协助他们坐下。

就座后，要坐姿端正。不要两腿摇晃或头枕椅背伸懒腰，也不要用双手托腮或将双臂肘放在桌上，不可玩弄桌上的酒杯、碗盘、刀叉、筷子等，不要用餐巾纸擦餐具。与客人交谈时，不要唾沫四溅，不要用手指指画画，大声说话，这都会给主人和其他客人"你很粗俗"的印象。

进餐前，可代主人向邻座传递杯碟，体谅主人的想法，协助主人避免难堪尴尬之事发生，这会获得主人的感激和赞赏。

席间要与来客互相谦让。对老人、小孩要主动照料，以增加宴会的谦和气氛。每道菜上桌时，除向端菜人致谢外，一般应等主人或长辈动筷后再去夹食；夹菜时动作要斯文，既不要畏畏缩缩，想夹又不敢夹；也不要只盯着自己喜欢吃的菜夹个不停；有人夹菜时，不可以转动桌子上的转盘；夹菜时不要碰倒杯盘，甚至将汤汁溅及旁人，弄得大家手忙脚乱，破坏宴会兴致。用餐时，不要发出怪异的声响，咳嗽、打喷嚏时记住把头扭向一边，离开餐桌，用手或

纸巾捂住口、鼻，切忌对着餐桌或客人咳嗽或打喷嚏，更不要不加控制地打饱嗝或随意剔牙。

商务宴请中，饮酒助兴，应该说一些健康有益的祝酒词来表达美好的祝愿。为何人何事祝酒等，都要根据主人、客人的身份、地位及个人爱好习惯而定。祝酒时注意不要交叉碰杯，碰杯时，要目视对方致意。饮酒要留有余地，要慢酌细饮，迎合宴会友好欢乐的气氛，同时不失礼仪和修养。如果你不善于饮酒，当主人向你敬酒时，可以委婉拒绝；如果主人请求你喝酒，则不应一味地推辞，可选淡酒或汽水喝一点作为象征，以免扫大家的兴。也不要一味地劝酒、灌酒、吆五喝六，非把人灌醉了不可，这些都是失礼的表现。

席间不要只顾着埋头吃。要适时地抽空和左右的人聊几句风趣的话，以调和气氛。话题不要太沉重，可以谈谈天气、谈谈新闻报道的事，或者谈谈彼此的故乡、毕业院校，这样更容易拉近距离，密切关系。不宜谈过于严肃的话题，更不能与人争执。说话时嘴里不能有食物，不能一边嚼着东西一边说话。

用完餐后，要轻轻放下碗筷，用纸巾或餐巾擦嘴。如果自己先吃完，要与其他人打招呼，再离开座位，如"您慢慢吃"或"大家请慢慢吃"，不要把碗筷一推，什么话也不说就离桌而去。

退席时要向主人致谢。"以后有机会，请您一定光临舍下"，谢过之后应及时离开，以免影响主人招呼别的客人。如果退席人较多，就省去客套寒暄，只需与主人微笑握手就可以了。无论宴会多么乏味，退席之前，绝不要不耐烦或流露出厌倦难耐的姿态，要体谅主人的难处。

餐桌上的礼仪要从一点一滴做起，一丝不苟，既大方知礼，又不显庸俗。

用餐一般在业余时间进行，对于长时间忙碌的人们来说，这也是比较看重的休闲时光。不同的国家有着不同的用餐习惯，中餐和西餐的习惯也是不一样的。比如吃西餐，用餐巾去揩拭刀叉，会令德国人极为反感，因为这表明刀叉不干净。李鸿章出使德国时，因为不懂德国的用餐习俗，闹了个大笑话——由于不懂西餐礼仪，他把一碗吃水果后洗手用的水端起来喝了。当时的德国首相俾斯麦为不使李鸿章丢丑，也将洗手水一饮而尽，其他参加宴会的官员只得忍笑奉陪。

第二十八章　别让醉酒影响你的形象

宴会本来是培养感情的快乐场面，如果与会者因不会挡酒而醉酒，结果可能会适得其反。

——卡耐基《人性的弱点》

2009 年，美国《时代周刊》评出了十大外交尴尬时刻，财政大臣中川昭一醉酒误事名列其中。在七国集团记者招待会上，中川昭一表现异常。当时，他口齿不清，意识模糊，甚至答错问题，好像刚刚睡醒一样。他否认自己处于醉酒状态，他将自己的糟糕表现归咎于吃了太多的感冒药，并且还有些晕机。但是无论什么原因，中川昭一都为此付出了丢掉工作的代价。历史上醉酒误事的例子也是举不胜举。

商务宴请时，适当地饮酒助兴，没有什么不可，而且有美酒助兴，往往还可以加强双方的合作，巩固彼此的友谊。因此，商务宴请、酒会上备一些酒水、点心款待来宾也越来越成为惯例。

但是，往往会有一些人控制不住自己，见酒就喝，没完没了，酒后失礼，制造麻烦，引人厌烦，醉酒成为最糟糕的境遇之一。怎样在宴会上既保护自己不喝醉，又能体现出必要的礼节呢？适当的准备可以减少醉酒的几率。

（1）在宴会开始前，应稍稍做一些准备，先吃点油性大的食品，如火腿、烤鸭、烧鸡等，喝一碗温热的粥也可以帮助你减少酒精对胃的刺激。喝酒时最忌空腹，因为胃壁空空，容易将酒精吸收进体内。如果胃壁上附一层油脂，酒精隔着油，就没有那么容易进入体内了。

（2）解酒和醒酒是两个不同的概念，咖啡和茶只能使麻痹的神经系统兴奋起来。就如同强心针，不能解决酒精造成的问题。不能依赖它们解酒，因为它们的作用最多只能是醒酒。因此不要在酒后饮茶和咖啡，解酒最好使用自然食物。

酒场中，大家兴致一上来，没有多少道理好讲，能否成功把酒挡下，让自己少喝一点儿，关键看言谈的技巧能否使对方折服。如果暂时不能避免多喝，要记住，饮酒时应该多喝汤，萝卜丝鱼汤最能发挥解酒功效。此外，在喝酒时最好多吃乳酪、蛋、肉类等蛋白质食物，这类食物都能帮助解酒，蜂蜜也是解酒的上品。

但是，不是每个人都能记住醉酒可能造成的坏影响，有的人在酒桌上拼命劝酒，令人尴尬甚至讨厌，酩酊大醉行为错乱的事也时有发生。醉酒会严重影

响人的形象。可能酒后失语，酒后无德，甚至恶语伤人。本来在宴会之前培养的感情，都可能在拼酒时败坏，最终走向快乐的反面。醉酒之后的尴尬还在喝酒之后，不仅会破坏健康的肤色，还可能影响交际审美。这几乎比太阳下的暴晒更糟糕。长期饮酒的人很可能得脂肪肝、肠炎甚至是胃溃疡，所以饮酒一定要有度。酒已经喝多时，一定要多喝热汤或大量饮用开水，用以冲淡酒精的浓度。

凡事要做到"礼"上，都会被对方理解。酩酊大醉不好，强硬地拒绝他人的敬酒也不好。酒精的作用难以预知，很可能令人失去自控，酒桌上打架的事绝不少见。最好的控制办法有几种：

（1）在宴会之前控制好酒的度数和数量，不要把白酒、啤酒、果酒一起上，掺在一起喝，这样更容易醉。

（2）应该在宴会前研究好要陪酒的对象，依酒量安排专人与对方的专人对饮，这是一种田忌赛马的好办法。

（3）适时地告诫对方，明天还有更重要的任务，只是这样的告诫一定要具体。

（4）如果一位客人已经不能自制，惹上麻烦，宴会的主人可以停止对他供应酒。如果是一位女士独立操办宴会，务必请一位熟悉他的客人帮忙，看住这位醉酒的客人，直到他清醒过来，并极力阻止他可能的极端行为。

喝酒本来是一件快乐的事，可是，喝多了喝醉了，不能自制了，就可能带来不利的后果，甚至使自己陷入被动，这是很遗憾的。

第二十九章　没有人喜欢强迫购物

没有人喜欢强迫接受推销，或被人强迫去做一件事。我们都喜欢按照自己的想法购买东西，或照自己的想法做事，我们很高兴别人征询我们的愿望、需求和意见。

——卡耐基《人性的弱点》

不论是零售店，还是代理商、批发商，或是销售员，要打开商品的销路，提高商品的市场占有率，与客户建立良好的人际关系是必要的。可是一部分人脑子里存在一种错误的认识，他们以为与客户交谈时沉默是一种缺陷。于是，他们总是喜欢抢先，好像自己先说了，就可以压倒对方，或者使对方觉得自己不是一个平凡人。还有一些人，一开口说话，就滔滔不绝，自以为长于口才，殊不知，早给人留下了恶劣的印象。

其实，恰当的长时间沉默不仅是允许的，而且也是受客户欢迎的。因为这样他们会感到放松，不至于因为有人催促而做出草率的决定。

推销过程中的沉默使人们想起打电话时被告知"请稍候"时的感觉，时间仿佛已经停滞，度日如年。在面对面的推销中，沉默通常令人感到压抑，很自然地会产生打破沉默的念头。虽然那种"谁先开口谁就输"的说法暗示着如果客户先开口，那他就输了，但那些做出了很好的、正确的购买决定的人都是赢家。然而，如果你——推销员先开口的话，那你就有失去交易的危险，所以，在客户开口之前一定要保持沉默。是的，沉默有时几乎会使人发疯，但无论如何，必须严格约束自己，保持沉默。

很多推销员都不能忍受沉默的压力，把短短的 20 秒钟视为很长的时间。他们因不能等待而犯下了愚蠢的错误，致使准客户改变其可能购买的决定。

其实，客户在决定购买之前往往要考虑一下，那你先别急，不要催促，马上给他时间去思考，这总比他告诉你"你稍后再来，我想考虑一下"要好得多。别忘了，当他保持沉默时，就是在为你思考了。

卡蒙去拜访一位出租车司机，这位司机坚决地认为卡蒙绝对没机会向他推销人寿保险。当时，他肯会见卡蒙只是因为卡蒙有部放映机可放彩色有声影片，而这正是他从没见过的。

这卷影片是介绍人寿保险的，并且在片尾提了一个结束性的问题："它将为你及你的家人做些什么？"放完影片，大家都静悄悄地坐着不语。两分钟后，这位出租车司机心中经过一番思想斗争，头转向卡蒙，并说："现在还能参加这种保险吗？"结果，他签了 1 万美元的人寿保险契约。

当需要别人在短时间内做出一项决定时，请你再耐心等上一分钟或者两分

钟，给别人思考的机会，不要让别人觉得有压迫感。你要给客户沉默和思考的余地，假如一上门就滔滔不绝地宣扬自己的产品如何的好，顾客对你如簧之舌、花言巧语只会产生反感，更不会轻易购买。

有一次，威廉突然想算算自己经手过多少部汽车。结果是 12 部汽车，这让威廉大吃一惊。

这些汽车正好也是 12 个推销员卖给威廉的。让威廉奇怪的是，这 12 个人中没有一人再和他联系过。他们这些人在卖车时大献殷勤，可把车钱拿到手后，就像空气一样消失了。

这是否有点不正常？威廉向周围的人问过，他们大多数也有这样的感觉。

是不是推销汽车和推销其他产品不一样呢？或是为了全力发展新客户而必须忘掉旧客户呢？而一个大公司给他的推销员们的忠告是：别忘了顾客，也别让顾客忘了你。

这家公司就是大名鼎鼎的雪佛莱公司。看看这家公司的销售业绩吧，在过去的 15 年中，他们有 13 年位居同行业榜首。

回想威廉从事推销的这些年，如果说有什么遗憾的话，那就是威廉没有对过去客户的利益表示过关心。说这话时威廉是真心的。

几年前威廉曾买了所大房子，房子虽说不错，可毕竟是一大笔钱，以至于付款后总有一种买贵了的感觉。就在全家搬进新居两三个星期之后，卖给他房子的房产商打来电话说要来拜访。威廉不禁有些奇怪。一天早上他来了，一进屋就祝贺威廉选择了一所好房子。之后他又和威廉聊起天来，给威廉讲了许多当地的小典故。他带着威廉围着房子转了一圈，把其他房子指给威廉看，说明威廉的房子何以与众不同。他还告诉威廉附近有几个住户大有名气，

这一番话让威廉疑虑顿消、豪情满怀。此时，这位房产商表现出的热情甚至超过卖房的时候。

房产商的热情造访让威廉大受感动，一颗不安的心也平静下来。威廉确信自己买对了房子，感到很开心。从此他们成为朋友，彼此间的关系远远超越了买卖关系。

房产商用了整整一个上午的时间来拜访威廉而没有利用这段时间去寻觅新的客户。他这么做吃亏了吗？不，一周之后，威廉的一位朋友对威廉房子旁边的一座房子产生了兴趣，威廉便介绍他去找那位房产商。威廉的朋友虽然没有买那座房子，却从那个房产商处买了更好的房子。

和曾经的客户保持联系，时时问候一下，甚至比你花费时间、精力寻找新客户还要重要。

热情具有极大的说服力，因为人都是有情感的，当我们"热"起来的时候，也会传导给对方，使对方的情绪也热起来。美国思想家爱默生说过："大凡无'热情'而完成大业者，未曾有之。"

热情是对待客户最好的礼貌。无论是售前还是售后，热情的态度应该是一样的。有的销售员认为成功地将自己的产品推销出去，是自己一个人的功劳，与顾客没有关系。所以，如果顾客留心一下，就会发现推销员几乎没有说过他很感激顾客的合作，有的人甚至根本不愿说一句"谢谢"。

大多数推销员都不肯做任何尝试和努力以表达自己的感激之情，他们好像觉得自己对顾客有一种垄断的优势。而出色的推销员从来不会忘记在成交后真诚地对顾客说："谢谢您！我想让您知道我是多么感激您的合作，我保证尽一切所能为您提供所有最好的服务，以此证明您从我这儿买车是一个正确的选择。"

优秀的推销员之所以继续推销是因为他想让顾客相信：他们做出了正确的购买决定。他不愿让任何顾客感觉到一旦生意谈成，他就抛开他们不管，转身

去向别的顾客兜售了。当顾客发觉你唯一的动机就是为了快点拿到佣金时，他们会产生被利用和被轻视怠慢的感觉，这也就难怪他们会热情骤减，突然后悔。但是我们没有理由指责他们这么做，应从自己身上找到原因。

在每一笔交易结束时自然而然地说一句"谢谢您"，不费任何力气，也不花一分钱。不要担心你把这句话说得太多，实际上，无论你重复了多少次，你每说一次都是在再次确认顾客做出了正确的购买决定。推销一种商品的时候，不仅要宣传自己的产品，更要为顾客着想，要给顾客留有思考的余地，尊重顾客的选择，这是日常交际中的一项十分重要的做人原则。没有尊重的交往是不可能持续下去的。

第三十章　谈判桌上的礼仪

> 向你的对手显示，你的意见和他信仰的某些观念很类似，他便不会拒绝你的意见了。
>
> ——卡耐基《沟通的艺术》

谈判是指有关各方为了各自的利益，通过接触与磋商，就某些性质的问题达成协议或者妥协。商务谈判更是一个复杂的过程，报价、竞价、查询、磋商、解决矛盾等每一个环境的礼仪都不可忽视。

1987年9月30日，中日双方关于中国进口日本产FP—418型货车损坏赔偿的谈判在北京正式举行。双方出席谈判的都是精兵强将，国家主管部门作为我方参加谈判的全权代表。中方在谈判前，进行了仔细的调查研究，并摸清了双方的各种有关情况，制定了数套谈判方案，做到了胸有成竹。双方代表步入豪华的谈判室，彼此见面时，彬彬有礼，谈笑风生，气氛轻松、自然。然而，在这友好自然的气氛背后，彼此都感到对方不凡，一根根心弦都绷得很紧很紧。因为这是关键性的一搏，结局如何，那不是十万八万的小数目，而是几亿十几亿巨额的得与失。人民在期待着，国际新闻界、贸易界也在关注着。经济权益和政治声誉双重担子压在中方谈判人员的身上。气氛缓和既是战略上的需要，也表现着一个国家的外交礼貌。而在战术上，来不得半点马虎和差错。此次谈判经过一次次激烈奋战，一次次沉默与冷战，一次次重新打破僵局，出现新的转机，最终，一起罕见的特大索赔案通过中方艰苦的谈判获得了成功。

商务谈判是斗智斗谋的竞智活动，成功的商务谈判是事业成功的前提。如果谈判者能够精确掌握并灵活运用谈判原则和技巧，就可以获得主动权，最终取得胜利。

成功的商务谈判，必须了解和掌握一些基本的礼仪要求。

1. 谈判前要做充分的准备。

要多渠道地了解对方的经济状况、信誉状况、生产能力、成本情况、花色品种、质量保证、交通状况、发展潜力，等等。还要制定谈判计划，相关资料预备齐全，明确自己在该次谈判中要达到一个什么样的预期，再通过别的渠道了解对手的谈判目标，做到知己知彼。

2. 相互尊重，互利互惠。

相互了解，相互尊重，平等互利是商务谈判的最起码的礼仪要求。在正式谈判时，首先把利益一致处提出来，请双方核实确认。对利益不一致的地方，要通过缜密的思考，想好对策，通过双方的"交锋"，实现各自的目标。在不损害自己利益的前提下，应当尽可能地为对方着想，主动为对方保留一定的利益。"平等维利，双赢互让，冷静尊重"，谈判者应该好好领悟这十二字方针。

3. 依法办事不感情用事。

商务活动所涉及的一切实质内容，必须从商业活动的实际出发，该怎么办就怎么办，不要认为对方代表是自己认识的人、关系密切的人就有求必应，不好意思拒绝，迁就对方。在对外的商务活动中，不能崇洋媚外，也不要轻信漂亮的言辞，一切以事实为根据，以法律为根据。

4. 按约办事，信誉第一。

信誉是商务谈判的核心，也是商务礼仪的中心。无信誉的商务谈判只能是一锤子买卖，不会长久。一旦订立合同，就严格按照合同办事，宁可自己赔本，也不可违约失信。在商务活动中，信誉比赚钱更重要。

5. 遵守时间。

严格遵守时间，要按照事前约定的时间准时到达谈判地点，必须树立时间意识。现实的经济活动中，往往是仅仅耽误了几分钟，就失去了一大笔生意。不是对方太刻板，而是你的信誉度，正是从一些细节上体现出来的。试想，连谈判时间都不能准时，还何谈严格遵守合同约定呢？

6. 慎重选择谈判词语。

语言在谈判中起着至关重要的作用。可惜，在谈判中，谈判者有时使用的某些语言不当，甚至有时因为用词不当还会把事情搞糟。有的参与者说话模棱两可，这样会被对方误解。比如，你说了一句"怎么人还没来呢"，那么已经到的其他人就可能会认为你不够重视自己。还有的谈判者喜欢说"我懂"，这个词包含着许多意思，有些人喜欢用这个词回答别人，以免使自己显得幼稚无知。岂不知，这正是自欺欺人，对方可能会以为你"很清楚"，你"答应了"，你"接受了"，这样就会产生误解。还有的谈判者喜欢说"这个大家都明白"，这句话显得很霸道，因为你明白，不等于对方明白；你有这种想法，不等于对方也有这个想法。谈判时应该多使用"有时"、"可能"、"一般来说"等字眼，避免使用那些没有回旋余地的字眼。

6. 注重个人形象。

有这样一个故事，有一位美国华侨，到国内洽谈合资业务，洽谈了好几次，最后一次来之前，他曾对朋友说："这是我最后一次洽谈了，我要跟他们的最高领导谈，谈得好，就可以拍板。"过了两个星期，他又回到了美国，朋友问："谈成了吗？"他说："没谈成。"朋友问其原因，他回答："对方很有诚意，进行得也很好，就是跟我谈判的这个领导坐在我的对面，当他跟我谈判时，不时地抖着他的双腿，我觉得还没有跟他合作，我的财都被他抖掉了。"不注意商务谈判形象，竟然抖掉了一个重要的合同。谈判桌上的不凡形象需要慢慢塑造。平时应经常读书、看报，博览群书，丰富自己的知识面，拓展自己的视野，提升自己的气质与修养。只有这样，才能在商界的谈判场合挥洒自如，更胜一筹。还要重视仪容与服饰，给人以端庄、干练、优雅、自信的形象。

7. 慎重处理谈判桌上的情感冲突。

人是有感情的动物，即便在谈判中，也不可避免地渗透情感的因素。假如

谈判对手刚刚做成一笔大生意，使他在谈判中不禁喜形于色，他的高昂的情绪可能使谈判进行得很顺利。但有时也会遇到一些情绪低落的对手，有时会情不自禁地发脾气，表现出愤怒的情绪，如果不加抑制，使矛盾激化，就会使谈判陷入僵局。双方为了各自脸面都不愿做出任何让步，结果合作就可能泡汤。

有经验的谈判专家面对这种情况，不会采取面对面的方式，硬碰硬的方式只会使冲突升级，最好的办法是对双方的情绪都有一定的了解。首先弄清楚对方为什么生气，是对方蓄意报复，还是因为个人家庭问题的干扰？是对方想通过发脾气使你让步，还是对方在一时情绪失控情况下的一种宣泄？弄清原因，不妨让对手发泄出来，你只要静静地倾听，直到他发泄完。

商业上，双方追求的是各自利益的最大化，无所谓情感的输赢，所以，不必过于计较谁是谁非，不妨引导他把心中的不满倾吐出来，在适当的时候与他握握手，请他吃顿饭，参加一些休闲活动，等等。对方一时的情绪宣泄总会过去的，再重回谈判桌，反倒更容易达成意见。

第三十一章 签约时千万别忽视礼仪

影响事业成功的诸多因素中，个性的重要性远大于智商。个性体现在商务活动的一切过程中，包括在合约的签订等方面。

——卡耐基《沟通的艺术》

签约，即合同的签署。它在商务交往中，被视为一项标志着有关各方的相互关系取得了更大的进展，以及为消除彼此之间的误会或抵触而达成了一致性见解的重大的成果。因此，它极受商界人士的重视。

经过长期洽谈之后，南方某市的一家公司终于同美国的一家跨国公司谈妥了一笔大生意。双方在达成合约之后，决定正式为此而举行一次签字仪式。

因为当时双方的洽谈在我国举行，故此签字仪式便由中方负责。在仪式正式举行的那一天，让中方出乎意料的是，美方差一点要在正式签字之前"临场

变卦"。

原来，中方的工作人员在签字桌上摆放中美两国国旗时，误以中国的传统作法"以左为上"代替了目前所通行的国际惯例"以右为上"，将中方国旗摆到了签字桌的右侧，而将美方国旗摆到签字桌的左侧。结果让美方人员恼火不已，他们甚至因此而拒绝进入签字厅。这场风波经过调解虽然平息了，但它给了人们一个教训：在商务交往中，对于签约的礼仪不可不知。

在商务交往的实践中，尽管君子协定、口头承诺、"说话算数"，在一定程度上有着作用，但是更有效的取信于人、让交往对象心安理得的，则是"口说无凭，立字为据"的文字性合同。

商务合同，是指有关各方之间在进行某种商务合作时，为了确定各自的权利和义务，而正式依法订立的、并且经过公证的、必须共同遵守的条文。在许多情况下，合同又被称为合约。而在另外一些时候，人们所说的合约则是指条文比较简单的合同。在商务往来中，带有先决条件的合同，如等待律师审查、有待正式签字、需要落实许可证的合同，又被叫做准合同。严格地说，准合同是合同的前身，也是最终达到合同的一个步骤。

根据仪式礼仪的规定：对签署合同这类称得上有关各方的关系发展史上"里程碑"式的重大事件，应当严格地依照规范，来讲究礼仪，应用礼仪。为郑重起见，在具体签署合同之际，往往会依例举行一系列的程式化的活动，此即所谓签约的仪式。

签约前，要布置好签字厅，要庄重、整洁、清静。

签约仪式上，双方参加谈判的全体人员都要出席，共同进入会场，相互握手致意，一起入座。双方都应设有助签人员，分立在各自一方代表签约人员的外侧。其余人员分立在各自一方代表身后。

助签人员协助签字人员打开文本，用手指明签字位置。双方代表在各自文本上签字后，由助签人员互相交换，代表再在对方的文本上签字。

签字完成后，双方应同时起立，交换文本，并相互握手，祝贺合作成功。其他随行人员应热烈鼓掌表示喜悦和祝贺。

第三十二章　迎来送往有礼数

　　人人都有受尊重的要求，不要听对方说请留步，就真的不送了。

——卡耐基《人性的弱点》

　　迎来送往是商务交往活动中最基本的形式和重要的环节，是表达主方情意、体现礼貌素养的重要方面。在商务交往中符合礼仪要求的迎接送别，能够大大提高社交活动的质量，从而为日后的交往搭建更稳定的平台。

　　交往中，得体的迎接是给客方良好的第一印象的最重要工作。迎接客人要有周密的部署。对前来访问、谈判、参加会议的外国、外地客人，应了解到达的车次、航班、安排与客人身份、职务相当的人员前去迎接。如果相应身份的主人无法亲自前往迎接，接替前去的主方应礼貌地解释。

　　主人应提前到机场、车站迎接客人，以免迎接来迟，给客人留下心理阴影。如果是接待重要来客，就要在此前做好充分的准备，穿着要清洁、整齐，必要时还要到机场、码头或车站迎接。宾主见面时，要遵守最基本的见面礼，有时还要安排献花仪式，但忌用菊花、杜鹃花、石竹花、黄色花等。

　　接到客人后，应首先问候"一路辛苦了"、"欢迎您来到我们这个美丽的

城市"、"欢迎您来我们公司",等等。然后向对方做自我介绍,可以主动为客人提行李。

主人应提前为客人备车、准备好住宿,帮客人办理好一切手续,将客人引领进房间,最好准备好市区图、旅游图、名胜古迹、地方土特产等介绍材料。

将客人送到住处后,可稍作停留,热情交谈一会儿。考虑到客人一路旅途劳顿,主人不宜久留,应让客人早些休息,分手时将下次联络的时间、地点、方式留给客人。

在必要的时候,还要特意布置接待室,使其有充足的光线,色调宜人,有适宜的温度和湿度,保持安静,卫生清洁,布置合理,最好还要有一定的艺术品位。如果是接待外宾,就要在对方面前展示本民族的艺术品,要洋溢着本国家的审美情趣,最起码也要给人以美的享受。此外,接待室的物品一定要有实用价值,要有必要的隔音设施。

一般的来访者往往都是为事而来的,他们可能都提前预约,如果不慎失约。也不要大发脾气,尽管失约是非常失礼的行为,但这发生在他人身上,不要让自己也产生失礼的举动。

如果有客人临时来拜访,听到敲门声,应回答"请进",或到门口亲自迎接;当客人进来时,应起立热情迎接。如果室内有些凌乱不够整洁,要做必要的整理,并向客人抱以歉意;接受客人的礼物,应该道谢;客人来时,自己刚好有事确实不能相陪,要先打招呼,致以歉意,并安排其他人员陪同。客人坚持要回去,不要勉强挽留;送客要到大门外,应该走在长者后面;与对方分手告别时,一定要真诚地说"慢走"等。

送别通常是在商务活动结束之后。道别一般是由来宾主动提出,当客人起身告辞的时候,一般都应热情地挽留。作为东道主,一定要热情相送,不要一出门,对方请留步,就真的不送了。因此,无论来访者是何人,无论对方多客气,都要礼貌地送对方一程,最好在对方的身影完全消失以后再返回。送客返身回屋后,不要将房门"砰"地关上,这种做法是极不礼貌的。很有可能因此而葬送客人来访时精心培植起来的感情。

临行话别也是很常见的。与来客话别的时间要讲究主随客便,二要注意预先相告。最好是在来客下榻的宾馆话别,也可以在接待方的会客室、贵宾室,或者专门为来宾举行的宴会上。话别时应表达惜别之意，听取来宾的意见和建议，了解来宾有无需要代劳之事，等等。

如果送客人到车站、码头或机场，千万不要心神不宁或频频看表，以免客人误解成你催他快离开。有话要与对方单独说，就更要送一程，临别时还可以说一句"请代向令尊令堂大人问好"、"一路顺风"、"旅途平安"，必要时赠送一份土特产或纪念品。

不要以为上面的做法是繁文缛节，因为从心理学的角度看，人人都有受尊重的要求。任何在来访者面前抬高和贬低自己的语言和行为，都不利于构建美好和谐的人际关系。要想获得别人的友谊或感情，首先不要担心别人是否喜欢自己，而是要用心去改善自己的态度，并增进能让别人喜欢自己的品质。

第三十三章　在舞会上展示迷人的魅力

积极踊跃地参加各种聚会。你只要向自己的周围望望便会发现，所有的商业、社交、政治、事业，甚至社区里的活动都要向前迈步、开口说话。除非你说话，不停地说，否则你永远不会知道自己会有怎样的进步。

——卡耐基《沟通的艺术》

一个转身、一次回眸、轻盈的舞步都在编织着思想的交流，伴随着音乐慢慢流淌，平静、自然……舞会总是有着令人着迷的魅力。

舞会有不同的种类，大致可以分为私人舞会、正餐舞会、晚餐舞会、募捐舞会、交谊舞会等几种。

私人舞会可以在家中或旅馆以及俱乐部租场地举办。确定了时间和地点之后，就要考虑选用哪家乐队的事情了，并确定客人名单，同时发送请柬。舞会的请柬通常以女主人的名义发出，邀请男宾应多于女宾，以免女宾无人伴舞而显得尴尬。因此，男宾可以请求带男伴，不能要求带另一女伴。女主人在舞会上要安排花商当场把鲜花送给每位客人。

正餐舞会一般习惯在傍晚举行，参加舞会的人最迟应于舞会开始后半小时

之内到达，一般依姓名卡入座。客人基本到齐就座后开始跳舞，男士应邀请坐在自己左侧的女士跳舞，然后再邀其他女士。第一次参加舞会的女士通常由父亲首先向她邀舞。在一个小时之后开饭，晚餐上的菜上得都很慢。餐后上各种饮料、咖啡一般放在桌子上，其他饮料则随时叫服务员端送。参加者可以持续到午夜时分，那时，侍者还可能提供少量的三明治或蛋糕。正餐舞会如果在家里举行，晚餐可以搞成自助餐，参加者在桌旁可以自主选择谈话的伴侣。

晚餐舞会开始和结束的时间要晚得多，大致时间在晚上 10 ～ 11 点开始，到次日凌晨结束。晚餐舞会上只是从午夜 12 点或翌晨 1 点吃点简单的食物，因为参加者此前都已用过餐。舞会没有固定的座位，只在舞厅和隔壁房间设置足够多的椅子，供参加者临时休息。晚餐舞会允许参加者迟到一个小时，而且可以随时离开，传统舞会上的最后一遍华尔兹跳过后就可自行安排。

募捐舞会是靠组织舞会来赚钱的商业性活动，许多慈善组织和基金会都靠举行一年一度的募捐舞会来增加收入。当然，募捐舞会的收入用来救济贫民、帮助外国移民或办慈善事业。很多人特别是具有宗教情怀的人都对这类募捐舞会很热心，乐于慷慨解囊。

交谊舞会是指以社交为主要目的而举办的舞会。在商务交往中，交谊舞会一向被视为高雅而重要的社交联谊活动之一。交谊舞会既可以单独举办，也可以作为宴会、晚会的压轴节目。交谊舞会一般应在晚间举办，每场晚会以两个小时

为宜，不宜延长到午夜。如遇重大节日，也可以通宵达旦。参加舞会的人员一般应为来宾、主人和工作人员。邀请每位来宾时，须同时请其邀请一位异性同来，以确保全体参加者在性别上大体成比例。舞会的主人不应是单身，可以约请一位异性届时与之合作。作为东道主，男、女主人的穿戴应当尽可能地向自己的身份靠拢。

值得注意的是，无论是在哪种舞会上，都要遵守相应的礼仪。

1. 得体的服饰仪表。

男士要服装干净整洁，梳理好头发，剃去胡须。男士一般应穿西服套装或长袖衬衫配西裤，出席较隆重的舞会应穿着晚礼服或燕尾服。女士应做好发型，认真化妆，选好首饰，应穿着晚礼服。为防止体味可适当喷一些香水，但不要太浓，留一些淡淡的香气即可。

2. 邀约舞伴要得法。

舞场上的女士都不能主动邀请男士伴舞。无论多么想与对方进入舞池，也得等到对方的召唤。男士邀请已婚女士跳舞，应该首先得到其丈夫的许可。在跳舞进行中，允许换舞伴，但绝不可以男士与男士、女士与女士共舞。如果女士不愿继续跳舞，可以找一个借口推辞，男士不可勉强。特别需要提醒的是，当拒绝了一位男士的邀请后，就不能在一曲未完时又接受另一位男士的邀请。

舞会如果在家里举行，男士应主动邀请女主人或主人的女儿跳舞，以表示敬意。要尊重妇女，尊重长者。不允许在他们面前胡言乱语，行为嚣张。不允许对妇女、长者动手动脚、打打闹闹。

3. 保持兴致。

参加各类舞会，除了化妆打扮上特别适合舞会的气氛外，最重要的是应保持你的兴致，使你周围的人也跟着快乐起来。

第三十四章 高尔夫的礼仪

> 也许，你花费几个小时只是为了告诉我如何挥动高尔夫球杆，我可能会对此感到厌烦。可是，如果你站起来表演怎样把球击下球道，那我就会全神贯注地听了。
>
> ——卡耐基《沟通的艺术》

不论在任何时代，就算是公事公办的商务活动，也是有可能交到志趣相投的朋友的，除了在正常的公务中，我们完全可以拿出一些时间与商务伙伴进行一些轻松的休闲运动。这样不仅能缓解工作带来的紧张感，也能通过这些有益的活动交到朋友。

商务人员有可能经常接触的健身活动有游泳、滑雪、网球、保龄球、高尔夫球等。高尔夫是现今高层商务社交中的一环，高尔夫充分地体现了能量与美丽、力量与优雅、运动与品位的完美平衡。随着现代商务活动的深入展开，高尔夫成为最有价值的建立商业关系的工具，当挥动球杆的那一刻，你也在尽情体味球场上建立商务关系的艺术。

球场上得体的礼仪礼节，可以为自己在人际或商务上加分。因此高尔夫球的礼仪不仅不容忽视，而且有必要好好学习。

（1）高尔夫球是项绅士运动，所以要打高尔夫球就需有绅士形象。打高尔夫球对着装有特别的规定，这是长期历史发展沿袭下来的高尔夫文化的一部分。所以，无论是在国内还是国外，如果是第一次去某个球场打球，最好先打个电话询问一下俱乐部对球员下场打球的服装是否有特殊规定。

（2）高尔夫球重在友谊，也是发球社交的一种形态，所以在友谊赛的挥杆之间、赛后都应该与参与者主动分享经验和心得，也可以聊聊日常生活的点滴，甚至国家大事、时事要闻，让参与者充分了解你的想法，你也更好地了解他们。不要试图立竿见影地在球场上与别人达成交易。邀请他人与自己一道去

打高尔夫球，必须以本人精通此道为前提。

（3）最好平时能不断地自我注意、自我修正，不仅要主动学习一些高尔夫球的知识，还要养成容忍异议的风度，这样会使你成为一名受欢迎的球友。

（4）为了防止损害场地，上场打球的球员都一定要穿专用的高尔夫球鞋。打球时使用的高尔夫球、球杆、球装、旗杆、球车，通常都是特制的。

（5）保护场地。在球场内驾驶球车时，只能在专用的车道上行驶，不得四处乱开。每车一般只宜坐两人，并放置两个球袋。

（6）在试杆或者击球前，一定要提前检查周边地带。地面上的石块、树枝等硬物，都要捡走，不然就可能在挥杆击球时被顺势带起来伤人。安全在高尔夫运动中是如此之重要，如果球员对球和球杆的坚硬程度没有足够的认识，球场将会变成一个危险之地。

（7）开球时，习惯以同组中社会地位最高的人带头开球，如果彼此地位相近，也不必一直谦让。最好的办法是使用抛球座的方式，将球抛在球友中间，其尖指向谁就由谁优先开球，其余的依顺时针方向依次开球。单独一人的球员没有优先权，应让其他比赛的球员优先通过。打18洞完整的比赛者优先。凡赢得前一洞者，对下一洞有先打的权利。成绩相同时，可选择赢得某一洞者先打。

（8）打完球后，应用干净的水管将鞋底的草皮屑、泥土等冲洗干净，再进入球友的服务中心室内。

第三十五章　工作餐的礼仪

　　工作餐既不同于正式的宴会，也不同于亲友之间的会餐，而是一种商务聚会，制造一种轻松、和睦、愉快、友好、融洽的气氛是非常重要的。

——卡耐基《沟通的艺术》

　　一个熟悉的客人来到公司商议合作事宜，到了中午，该休息就餐了，很多公司会安排一个轻松随意的工作餐，既给客人适当地安排了午餐问题，还融洽了关系，又没有浪费双方的时间，一举多得。现代商务活动中，工作餐已经越来越普遍了。

　　工作餐实际是商务沟通活动的延续，是在现代商务交往中具有业务关系的合作伙伴，为进行接触、保持联系、交换信息或洽谈生意，而假借用餐的形式所进行的一种商务聚会，也就是利用进餐时间，边吃边聊工作。工作餐属于非正式的会餐，它重在创造一种融洽随意的氛围，但工作餐往往是以另外一种形式继续的商务活动。工作餐通常是在午间举行，这个时间通常是工作间歇的时间，也有工作早餐和工作晚餐。

　　工作餐可以随时随地举行，只要宾主双方感到有必要坐在一起交换一下彼此之间的看法，或是就某些问题进行磋商，大家就可以随时随地举行一次工作餐。工作餐形式比较灵活，一般不排座次，不带配偶，也不邀请与工作无关的人员参加。工作餐一般由提议者出面做东，也有实行"AA制"的，由就餐者各自付费。如果实行"AA制"付费，一定要有言在先。

　　工作餐首先要有的放矢。商务人员可以会晤客户，接触同行，互通信息，共同协商，洽谈生意。此外，也可以以之接待新朋友和面试应聘者，但前提应是有要事要办，要能够解决实际问题。

　　工作餐的时间绝对不应当被安排在周末或其他节假日，而应当是在工作日举行，以使就餐者不会因时间问题而感到不便，不必为了公事儿占用私人时

间，也可以保证双方的工作效率。如果没有特殊情况，每次工作餐的进行时间以一个小时左右为宜，最多不要超过两小时。

工作餐的地点可以随意，只要双方认为有必要坐到一起就合作事宜和项目交换意见，就可以就近找个地方举行工作餐，饭庄、宾馆、风味餐厅、咖啡厅、快餐店都可以。如果主人打算在共进工作餐之际与客人初步达成某种意向，最好选择在宁静、优雅之处用餐，使双方免受外界干扰，专心致志地达成协议。

应邀参加工作餐的人员，要准时赴约，有始有终，没有特殊情况不能失约，谈话时不要频频看表，不可中途退席。

因为工作餐的性质，所以一起共进工作餐的人士应当在同一张餐桌上就餐，尽量不要分桌就座。座次往往不分主次，但主人不应率先就座，而是应当落座于主宾之后。工作餐的菜肴大可不必过于丰盛，以干净、优雅、无干扰为要。点餐时，应充分注意到客方的习惯，注意回避和尊重他们的禁忌，最好事先征求他们的意见，特别是那些少数民族客人或有宗教信仰的外商，要尊重他们的民族习惯。

工作餐时间的商务洽谈，应以宾主双方所拟议进行的有关实质性问题为主，通常开始得宜早不宜晚。待主宾用毕主菜之后，主人便可以暗示对方交谈能够开始了。在点菜后、上菜前，亦可开始正式交谈。宾主在交谈之中应围绕实现拟好的话题，不宜偏离正题。谈话不宜录音、录像，或是布置专人进行记录。非有必要进行笔录或使用计算器、便携式电脑时，应先向交谈对象打招呼，并求得对方首肯。在交谈期间，有关人员均不宜中途无故离去，也不宜离座与其他人交谈。也不可轻易过问客人的私生活或单位的商业隐私。

当有人用餐尚未完毕，或是有人正在发表见解时，一般不宜提出终止用餐。在就餐期间不告而辞，或者在中途借故离去，都是不礼貌的。

第三十六章　餐后付账的礼仪

习惯在变，男女约会时应灵活操作，并不是所有情况下都由男士付账。关键一点在于，事前是怎么约定的。

——卡耐基《人性的弱点》

凯瑟琳是一位成功的商界精英，拥有高学历，人也长得非常漂亮，在华尔街的一家投行做高管，在业内有着非常好的口碑。作为一名女性商务人士，她

积极努力，工作做得风生水起。她的商务交往也非常频繁，有的时候，她非常强烈地自己主动付账，有时让她身边的男士有点受不了。要知道，跟她交往的男士也是精英啊。

大多数中年人仍会记得以前的习惯，通常是男士付账。如果由身边的女士付账，他们大都会觉得面子上有点过不去。但是随着妇女经济地位的日益提高和强大，许多女子认为总是男子付钱反而让她们觉得心理失衡。她们觉得老习惯是可以改变的，女人也可以付账，尤其是经济上独立的、自信、自尊的职业女性。比如，我们刚刚提到的凯瑟琳。

但在很多地方，约会时女子仍然期待男子付账，并认为男子支付一切费用是男子绅士风度的体现。这种认为天经地义应由男子出钱的观念，既不合理也不公正。一般来说，可以根据地区、年龄及约会者自己的情况来灵活操作。比如年龄大的一方应付约会的各种费用。还在学校求学的年轻人聚会时，通常是各人付各人的，即所谓"AA"制，合理而且公平。青年好友间约会时，通常由提出建议的人来付账，也可以由其中一位经济状况好些的人主动付账。

有时候是女方请男方，而该男性又从未请过女方，但女方对男方有兴趣，则应由女方来付账。如果在约会过程中，男方对女方有特别的好感和认识，则男方可以主动抢着付账。这会使女方非常感激，并产生更大的好感。

一旦女方出钱让双方度过了一个颇为惬意、计划周密的夜晚，那么下次男方要主动发起约会，并由男方付费。

如果女方经济十分宽裕，又性格敏感孤傲，交往中男士尽可客随主便。她要抢着付钱你就让她一回，男士可以在约会中把绅士风度发挥好，让女士满意愉悦。如果男方经济状况明显优于女方，那么愉快的晚餐结束，男士理应主动付账。

如果是一群人糊里糊涂的前去聚餐，事先没有商定谁付账，到了付账时男士借故上洗手间，这是很没风度的表现。应该有人主动付账或是大胆问一句："谁先付了？待会大家和他算账。"在整个敏感的经济问题中，关键一点是：事先是怎样商定的。

在商务应酬中，一般应有主方付账，而不必过分计较是男士或者是女士。

通常说来，用餐完毕准备离去时，要利用服务人员经过你身边的机会，轻声唤住他，很有礼貌的告诉他："请帮我们结账。"如果一时没有服务人员走近，不妨耐心地多等一两分钟。有许多人，吃饭可以吃一两个小时，结账等一两分钟却不耐烦，往往四周没有服务人员，便提高嗓门大叫买单，或者手握钞票，举得高高的挥来挥去。这样的做法不仅是对服务人员的不尊重，也使自己在客人面前丢面子。另外，坐在你餐桌四周其他桌的客人，他们也是消费者，如果你大声吼叫，也会影响其他人用餐的情趣与安宁。

用完餐结账还有一点需要注意，那就是结账的工作，不管是由男士还是女士付钱，一般由男士招请服务人员结账。这一习惯是餐饮的基本规则，一定要注意。

除非餐厅有特别的规定，一般来说，买单应该坐在自己位子上买。如果跑到柜台前面掏出钱来结账，既不雅观，也不合乎餐厅礼节的规定。

【世界经典文学珍藏版】

李志敏⊙编著

卡耐基经典全集

◎尽览世界经典文化的博大精深 ◎读传世典籍，赢智慧人生——

受益终生的传世经典

卷二

民主与建设出版社
·北京·

第三十七章　恐惧是演讲的死对头

即使登台的恐惧一发不可收拾，思想滞塞、言语不畅、肌肉痉挛无法控制，严重影响你说话的能力，你也没有必要绝望。这些症状在初学者中很常见，只要你多下工夫，就会发现这种恐惧很快就会减少到最低的程度，这时，它就是一种助力，而不是一种阻力了。

——卡耐基　《演讲的艺术》

没有任何人是天生的大众演说家。在古希腊、古罗马时代，当众演讲是一门精致的艺术，必须谨遵修辞法和优雅的演说方式。一个出色的演讲家往往也是一位杰出的政治家，比如西塞罗、德摩斯梯尼、恺撒等等。随着时代的发展，现在的演讲，从某种意义上讲，其实就是一种扩大了的交谈。

那种充满激情的演讲方式固然可以振奋人心，但随着人们交往的扩大，演讲已经不再局限于讲坛上。事实上，与人共进晚餐，看电视，听收音机，各种各样的交谈方式，都可以归纳到口才上。

当众演讲不是一门封闭的艺术，并不像许多的教科书要我们相信的那样，只有经过多年努力地美化声音，及与修辞学的奥秘奋战之后才能成功。

但是，很多人对演讲充满了恐惧。美国一位年轻的议员在向一位年老的有经验的议员请教时说："我在演说之前心里老是'扑通扑通'的直跳，这是不是异常？"年老的议员回答："那是因为你对于你要说的话进行着认真的考虑，这是必然的。即使你到了我这个年龄，也难免会出现这样的情况。"

据说，美国有位播音员，起初每次临近播音的时候，都要先到浴室洗个澡，否则就不能镇定自若。如果碰到外出进行现场直播，他就不得不提前到达目的地，并在直播现场寻找浴室。

这说明，对演讲的恐惧不是个别现象，每个人都会因为当众演说而产生恐惧的心理。

戴尔·卡耐基经过多年的调查得出一个统计数据："有80%～90%的学

生，对上台说话感到困扰，而已经步入社会的成年人，则100%地恐惧公开发表演说。"幽默大师和演讲家马克·吐温，在描述自己最初演讲时的心理感受时说："嘴里像是塞满了棉花，脉搏跳得像是在争夺赛跑奖杯。"古罗马时期伟大的演讲家西塞罗也说："演说一开始，我就感到面色苍白，四肢和整个心灵都在颤抖。"类似的体验林肯和丘吉尔也有。林肯说他在演说时，"也有一种畏惧、惶恐和忙乱"。丘吉尔说他在演讲时，"心窝里似乎塞着一个几寸厚的冰疙瘩"。英国首相狄斯瑞黎甚至公开承认："他宁愿带一支骑兵冲锋陷阵，也不愿首次去国会上发表演说。"

可见，恐惧心慌是初登讲台者的普遍心理，即使世界一流的演说家也未能幸免。但我们必须战胜它，正如罗斯福总统所言："我们唯一要害怕的，就是害怕本身。"

成功学大师卡耐基曾讲述一个真实的例子。

家庭医生克狄斯大夫有一次前往佛罗里达州度假。度假地离著名的巨人棒球队的训练场地不远。克狄斯大夫是一位铁杆球迷，他经常去看他们练习，渐渐地他就和球员们成了好朋友。一天，他被邀请参加球队的一个宴会。吃饭前，宴会的主持人请他就棒球运动员的健康状况谈一谈自己的想法。

克狄斯是专门研究卫生保健的，他行医也已30多年。对主持人提出的这个问题，他根本不用任何准备就可以侃侃而谈。可是，让他当着众人的面发表谈话，他还是第一次。当听到主持人提到他的名字时，他的心跳就加速了，他简直不知所措。他努力想使自己镇静下来，可无济于事，他的心脏仿佛就要跳出胸膛。这时参加宴会的人都在鼓掌，全都注视着他。怎么办？再三思虑之后，他摇摇头，表示拒绝。但却引来了更热烈的掌声，听众也自发地呼喊起来。

克狄斯心里清楚，在这种极其沮丧的情绪支配下，自己一旦站起来演讲，肯定会失败，更可怕的是可能连五六个完整的句子都讲不出来。他只好站起来，背对着朋友，默默地走了出去。

自此之后，克狄斯便参加了卡耐基口才培训班，经过一个月的培训和他自己的刻苦努力之后，他的恐惧感渐渐消失了。后来，他成为演讲名家，并到各地演讲，传授他的健康经验。为此，他还结交到了许多朋友。

既然人人都有恐惧心理，那么怎样战胜这种心理呢？

第一，要弄清楚为什么会恐惧。几乎所有的演讲者都有过怯场，都有过相同的恐惧心理：一切会正常无误吗？我会不会漏词？听众会喜欢我的主题吗？有恐惧心理是人体器官正常动作的一种先兆。当一个人处于大庭广众之下，或见到意想不到的陌生面孔后，五官感受到了，随后便做出反应，明显的症状便是脸红心跳、语无伦次、词不达意，等等。如果此刻演讲者想："我该说什么啊？"他的头脑里就会一片空白，就会因慌张而说不出话。如果他当时想："假如别人遇到这么大的场面，说不定还不如我呢！"那他心里可能就会慢慢踏实起来，很快恢复镇定。

第二，有些人在演讲的时候恐惧，是因为他太在意自己。这样的人总担心自己根底浅，一旦面对大众讲话，自己的短处就暴露了，觉着不说话更稳妥些。可是，现代社会是高度社会化的，一个人总免不了要和社会接触，与他人接触，而语言是最重要最普遍的交往工具。不习惯语言交流的人慢慢也许就会被遗忘了。不如做这样的设想："尽管我有一些缺点，但我也有更多的优点，我为什么不通过在大众面前的讲话把我的优点展现出来呢？"如果你能这么想，恐惧便会离你而去了。

第三，有些人不愿意演讲，是因为他不知道怎样组织内容。有的人总觉得自己掌握的东西不少，可就是不知道从哪儿开始说起，不知道怎么把自己要说的东西好好地串联起来，在有限的时间里更好地把自己展现给他人。如果是这样，那就比较好办了，你只需提前多做些准备就够了。演讲大师林肯总统曾指出："即使是有实力的人，若缺乏周全的准备，也无法做到有系统、有条理的演说。"对那些经验不足和实力欠缺的人来说更是如此。而经过充分的准备，可以确保演讲的成功，还会使演讲者本人增加自信心。自信当然是战胜一切恐惧的最好武器。

第四，陌生环境造成心理恐惧。当我们置身于不熟悉的环境和气氛中，站在不经常站的讲台上，以少有的角度、距离和方式，面对众多的人，紧张的感觉是不可避免的。这时，演讲者会不由自主地产生"孤独感"和"危机感"，甚至会想："我怎么会在这里，我要干什么？"于是，大脑一片空白。

第五，消极心理作祟。日本学者多湖辉在《奇妙的自我心理暗示》一书中说："人因悲伤而哭泣，但往往因哭泣而悲伤。世界上有许多被不安、自卑感所苦恼的人，他们总以为自己对任何事情都无能为力，这显然是陷入了副作用的自我暗示的陷阱中。"怯场的深层原因是一些削弱自信心的消极心理暗示在作怪。如担心自己知识不够、经验不足，听众评价自己的演讲浅薄、荒唐；怕演讲中出现意外，自己不能应付自如；看到前面的演讲者从容不迫、滔滔不绝时，更加心虚和胆怯；估计自己形象欠佳，可能无法取悦听众等。消极心理暗示，使人保守地评估自我，对自己的体面和虚荣采取过分的防护态度。

第六，来自听众的压力。人聚成众，众则有势，势则生威。即使听众对演讲者不构成任何危险和威胁，也会令演讲者承受一种无形的心理压力，使其不适而生惶恐。假如演讲者确信听众比自己更了解演讲的主题，或者对自己抱着不友好的态度，就更易形成直接的心理压力，从而使演讲者产生迅速逃避的意向："赶快讲完算了。"

当众演讲应该是现代人必备的一种技能，如果你是一个不善言辞的人，人家对你可能并没有太高的期望值，那你就更不应该紧张了。而见识广博、经验丰富的演说家，常常因为大家寄予的厚望而身负压力，并且心情更加紧张，只不过他们掩饰得好，别人没有看出来罢了。

当然，最终能不能克服恐惧，还是像卡耐基告诉我们的那样："要克服当众说话那种天翻地覆的恐惧感，最好的方法是以获取成功的经验做后援。"

第三十八章　时刻不忘自己的目标

　　当众演讲的训练，是帮助你培养自信的好方法。因为你一旦发现自己站在公众面前仍然能够伶牙俐齿、条理清晰地对着他们说话，那么，你在和别人交谈时，必定会更有信心和勇气。

——卡耐基　《演讲的艺术》

　　法国哲学家萨特曾说，他所掌握的口才的技巧带给他莫大的快乐，这也正是他之所以能取得成功的原因。

　　曾任美国国家现金注册公司理事会会长，联合国教科文组织主席的艾林在《演讲季刊》中写了一篇题为《演讲与领导在事业上的关系》的文章。他在文中指出，在从事商业这行的历史中，有不少人是借着讲坛上的杰出表现而得到器重的。许多年以前，有位青年，当时是堪萨斯州一处小分行的主管，在做了一场十分精彩的演讲之后，成为公司的副总裁，后来又成为国家现金注册公司的总裁。

　　能从容不迫地站起来面对听众侃侃而谈，这样的好口才会使人的前途无可限量。美国汉弗公司的总裁亨利·伯莱斯通认为："和人们进行有效的交谈，并赢得合作，是每一个正在努力追求上进的人所必须具备的一种能力。"

　　想一想，当你充满自信地站起来与听众共同分享自己的思想和感受时，是多么满足和舒畅。其实，用语言的力量影响全场听众的那种愉悦感，是其他任何事物都无法比拟的。它能带给人们一种力量和强劲感。有人曾经这样说过，发表演讲的最初两分钟即使挨鞭子也无法开口，但到临结束前的两分钟，宁可吃枪子儿也不愿意停下来。

　　现在就请闭上眼睛想象一下：面对着很多的听众，充满自信地迈步走上讲台，听听你开场后全场的鸦雀无声，感觉一下你深入浅出、一语中的的听众的全神贯注，感受你离开讲台时掌声的热烈与温馨，并微笑着接受大家对你的赞赏。

练习好口才，其好处不仅仅是可以做正式的公开演讲。事实上，即使一个人一辈子都不需要正式的公开演讲，但接受这种训练的好处仍然是多方面的。例如，当众演讲的训练，是帮助人们培养自信的方法。

因为如果一旦发现自己能够站起来，口齿伶俐、头头是道地对着人群说话，那么在和别人交谈时，一定会更有信心和勇气。

大西洋城的外科医师兼美国医药学会的前会长大卫·奥默博士，曾为当众演讲的好处，开列了如下处方：

为了能够让别人走进你的脑海和心灵，一定要培养一种能力。试着面对单独的人或者在众多人面前清晰地表达自己的思想和理念。当你通过这样的努力而不断进步时，便会发现，自己正在塑造一种崭新的形象，这种形象会让周围的人大吃一惊。

从这个处方中，你会得到双倍的好处。当你开始对人讲话时，你的自信心也会随之增强，而性格也会越来越温柔和美好，这将意味着你的情绪已渐入佳境。身体自然也会跟着好起来。在这样一个竞争如此激烈的年代，无论男女老少，都需要当众讲话。他十分清楚它给健康带来的好处。只要有机会便对几个人或更多的人说话，这样就会越说越好，同时也会感到神清气爽，感觉自己完整无缺。这些都是训练之前体会不到的。这是一种畅快、美妙的感觉，没有任何药物能给你这样的感觉。

集中全力，时刻不忘自信与谈笑风生的说话能力对你有多重要：想想因此而结交朋友，在社交上对你的重要性；想想自己服务人群、社会、教堂的能力将会大增；想想它在你事业上将会产生的影响。简言之，它会为你未来的发展而铺路。

哈佛大学最杰出的心理学教授威廉·詹姆斯曾写过六句话，这六句话很可能会对你一生产生深远的影响。这六句话是阿里巴巴勇敢的开门口诀："几乎不论任何课程，只要你对它满怀热忱，就可确保无事。倘使你对某项结果足够关心，你自然一定会达成。如果你希望做好，你就会做好。假若期望致富，你便会致富。若是你想博学，你就会博学。只有那样，你才会真正地期盼这些事情而心无旁骛，并不会费许多心神再去胡思乱想许多不相干的杂事。"

因此，想象自己成功地做着目前自己所害怕做的，全心全意地想着自己能够当众说话，并获得接纳时会有怎样的好心情。牢记威廉·詹姆斯的话："倘使你对某项结果足够关心，你自然一定会达成。"

要取得演讲的成功，就要学习以自我为主的技巧，不要心里老想着要依赖什么。依赖演讲稿和别人都不能使自己成功。所有的胜利都是自己努力的结果，只要你对自己负责，对自己充满信心和热忱。因为无论是谁，心中都会有一些热忱，这种热忱实际上是一种可贵的能量，用你的火焰去点燃别人内心热忱的火种，那么你就完成了一次成功的演讲。

第三十九章　相信自己一定会成功

从今天开始，你一定要积极地思考，自己的这番努力一定会换来成功的，你一定要对自己在众人面前说话的努力结果持轻松乐观的态度。要在每个词句、每项行动上烙下决心的印记，全力培养自己的这种能力。

——卡耐基　《演讲的艺术》

过度的紧张有害无益，而适度的紧张不仅无害，反而有益。心理学家斯皮曼说得好："不是要消除紧张，而是要消除慌乱。"戴尔·卡耐基也说过："少许的恐惧是有利的，可以加强临场感和说服力。"心理学研究证明：人们的紧张水平与活动效率呈"U"形曲线关系。这就是说，过低或过高的紧张都不利于活动，只有在适度的紧张状态下才会有好的效果。我们经常采取考试、评比、检查、竞赛等手段促进活动，其目的也在于促使人们产生紧张感，产生"活化效应"。适度的紧张会促使人体内肾上腺素的大量分泌，不仅能增加体力，也能大大促进人们的思维活动、注意能力、记忆能力等，"急中生智"与"急中生力"就是例证。适度的紧张还能激励人们认真地、审慎地对待活动，而不至于盲目自信、草率从事。

当众演讲并不是我们想象的那样不容易。试想一下，当你从容不迫地站在讲台上，充满自信地面对听众，当你说出第一句话时，全场安静无声，人们都在全神贯注地倾听你生动的演讲；请你也想象一下，在你演讲结束时，听众给你的雷鸣般的掌声和欢呼声；会议结束时，听众热情地围过来对你大加赞美，你会是怎样的兴奋和激动啊。

从现在开始，就培养自己的这种能力吧，当然，首先要相信自己一定能成功。接下去，就是要训练自己的能力。

在演讲中，人们最注重的就是自我形象，成功的演讲必须要向自己的怯场心理挑战，不轻易放弃每一个锻炼的机会。英国现代剧作家和评论家乔治·萧伯纳，也是一位出色的演讲家。有人问萧伯纳，他是如何做到铿锵有力地当众演说的，他回答说："我是用自己学会溜冰的方法来做的——我固执地让自己一个劲儿地出丑，直到我习以为常。"萧伯纳年轻时，是伦敦最胆小的人之一，他常常是在外面徘徊 20 分钟或更多时间，才有勇气去敲别人的门。他承认："很少有人像我这样因为单纯的胆小而痛苦，或极度地为它感到羞耻。"

后来，他无意间用了最好、最快、最有把握的方法来克服自己的羞怯、胆小和恐惧。他决心把自己的弱点变成最有利的资产。他加入了一个辩论学会。伦敦一有公众讨论的聚会，他就会参加。萧伯纳全心投入社会运动，为该运动四处演讲。借此，他熟悉了各种场合下的情景，取得了实际经验，也消除了人人都会有的紧张恐惧感。结果，他成为 20 世纪上半叶最自信、最出色的演说家之一。

西方有句格言："诗人是先天的，演说家是后天的。"既然是后天的，当然就要训练。

第一，先将条理安排好。

准备演讲有没有一个正确的方法呢？有，而且很简单。首先，你可以根据

你的经历和感悟，总结出一些经验，然后汇总由此得来的领悟和思索。确定你的主题，然后加以思想的延伸，条理清晰地罗列出来。很多年前，查尔斯·雷努·勃朗博士在耶鲁大学做演讲时说："将主题深思熟虑，直至立意饱满，面面俱到，然后把这些想法以短语的形式记录下来……再依照你的条理，将这些片断写在纸上，这样整体大意明确而不纷杂，演讲时就可以很容易地把它们串联起来，而不致遗漏。"听起来不难吧？当然！它只需要花费你一点专注和思考就能完成。

第二，把听众当做朋友或客人。

跟亲密的朋友说话，相信谁都不会担心怯场。那么假如你在走上讲坛之前，把你面对的听众当成朋友或客人，你的紧张感就会消失了。据说日本有一位滑稽演员，每次上场前，会在自己手心上写一个"客"字，就是把观众当客人，这样就不会担心了，表演就会成功。

第三，脑子里经常浮现成功的情景。

想象别人的成功情景，你就会深受感动，你可以想象"我成功了"、"听众都在全神贯注地听着我演讲，一定是我的演讲吸引了他们"、"看他们那么热烈地鼓掌我真感动"……这些积极的暗示一定会给你以成功的信心。

第四，给自己打气。

不要想"这下我又要失败了"、"我腿都哆嗦了"、"我的题目没有刚才那位的好，听众肯定不喜欢"……这些负面的暗示只会把你引向糟糕的境地。要知道除非怀有某种远大的目标，并觉得自己在为此奉献生命，否则任何一位演说者都会对自己的主题产生怀疑。他会问自己，题目是否合适，听众是否会感兴趣等。很可能一气之下便把题目改了。这种时候，消极思想很有可能完全摧毁你的自信心，你应该为自己做一番精神激励，告诉自己，我的演讲很适合自己，因为那是我的经验，是我对生命的看法，我比听众中任何一位都更有资格来做这番特别的演讲。这样积极的暗示会对你的成功起到意想不到的激励作用。

第五，要训练自己说话的胆量。

很多人，别说在大庭广众之下做一番演讲，就是在一个陌生人面前都很难开口。不是他们不想说，而是不敢说。怎么办？要抓住一切机会，训练自己。要不断树立自己说话的信心，增强说话的魅力，真正做到既不盲目自信，也不妄自菲薄，既不焦躁狂傲，也不低三下四。

对我们每个人来说，说话的机会比比皆是，你不妨参加些组织，从事那些需要你讲话的职务。在公众聚会里站起身，使自己出个头，即使只是附议也好。开会时，千万别默不作声。尽量多说话！积极踊跃地参加各种聚会。你只要向自己的周围望望便会发现，所有的商业、社交、政治、实业，甚至社区里的活动都要向前迈步、开口说话。除非你说话，不停地说，否则你永远不会知道自己会有怎样的进步。

第六，在朋友面前预讲，是个很不错的方法。

演讲内容准备好了以后，你是否应该预讲一次呢？最有效的办法，就是在同事或朋友碰面时，把你打算演讲的主题表述出来。你可以在进餐时，装作无意地说起一个话题："乔，你知道吗？有一天我遇到了一件奇妙的事……"乔也许对你的故事很有兴趣，你要注意观察，看他有什么回应和感受，也许能带给你新的非常有价值的启发。虽然他并不知道你在练习演讲，但他可能觉得谈话很有意思。

著名的历史学家爱兰·尼文思曾经给作家们提出相似的建议："把你的构思给感兴趣的朋友详细说说，能够帮助你拓宽思路，拾遗补缺，还能帮你决定最为适宜的叙事方式。"

第七，运用积极的心理暗示。

运用积极的心理暗示，即尽量避免种种使人沮丧的因素，一上台只把注意力集中在眼前的动机和效果上，至于过后怎样评价，在演讲过程中是可以不加考虑的。正如华盛顿所说："我只知道眼前的听众，而我说的词，正是眼前的听众说的。"与此同时，利用内部语言不断地进行自慰、排解和鼓励，如：

"别人能行，我也能行。"

"别人能讲好，我可以讲得更好。"

"我准备得很充分，我一定能讲好。"

"我就是所谈问题的专家和权威，只有我最有资格发言。"

"讲得好坏没有关系，只要我按照准备的讲下去就是胜利。"

"听众是不会注意我讲的每句话的。"

"听众常常分心，他们爱想自己的事情。"

少做"我不如你"的自我否定。日本人甚至主张"把听众当傻瓜"。古希腊演讲巨匠德莫西尼在取得成功之前屡遭失败，朋友为其总结教训时说："你败于怯场。现在看来，你要设法越过心理障碍。我想，可以助你达到此目的的办法只能是：你应该在讲台上目中无人，权且把你的听众都当作驴！"虽然他这种说法不文雅，却让德莫西尼产生了积极的心理暗示，使其跨过心理障碍，最终取得了成功。

第四十章　用真诚赢得信心

当你把想要表达的意愿发自内心地、真诚地表达出来时，演讲才更具说服力。我们首先要让自己有信心，才可能尽力说服他人。

——卡耐基　《演讲的艺术》

一场成功的演讲源于真诚。只要你捧出一颗恳切至诚之心，一颗火热滚烫之心，怎能不使人感动？怎能不动人心弦？

成功的演讲者知道怎样用真挚的情感竭诚地叩击人们的心扉，使人们振奋、激动、感化。对真善美的热情讴歌，对假恶丑的有力鞭笞，让喜怒哀乐溢于言表，使黑白褒贬泾渭分明，用自己的心去弹拨他人之心，用自己的灵魂去感动他人的灵魂，你的演讲就是成功的。

在演讲上，美国总统林肯为我们树立了极好的榜样。他告诉我们："我展开并赢得一场议论的方法，是先找到一个共同的赞同点。"这正是一场成功的演讲的秘诀之一。

一次，一群男女发现自己置身于风暴通路上。其实，倒不是真正的风暴，但多少可以这样比喻了。清楚一点说，这风暴是个名叫毛里斯·高柏莱的人。他们这样描述：

他起立讲话时，人人都目不转睛地望着他。

我们围坐在芝加哥一张午餐桌旁。我们早听说这个人的大名，说他是个雷霆万钧的演讲者。他起立讲话时，人人都目不转睛地望着他。他安详地开始讲话——是个整洁、文雅的中年人——他感谢我们的邀请。他说他想谈一件严肃的事，如果打扰了我们，请我们原谅。

接着，他像龙卷风一样吹袭过来。他前倾着身子，双眼牢牢地盯住我们。他并未提高声音，但我却似乎觉得它像一只铜锣轰然爆裂。"往你四周瞧瞧，"他说，"彼此瞧一瞧。你知不知道，现在坐在这房间里的人，有多少将死于癌症？55岁以上的人4人中就有一个。4人中就有一个！"他停下来，但脸上散发着光辉。"这是平常但严酷的事实，不过不会长久这样下去，"他说，"我们可以想出办法，寻求进步的癌症治疗方法，研究它们发生的原因。"他神情凝重地看着我们，眼光绕着桌子逐一移动。"你们愿意协助努力吧？"在我们的脑海中，这里除了"愿意！"之外，还会有别的回答吗？"愿意！"我想。事后我发现别人跟我一样。一分钟不到，毛里斯·高柏莱就赢得了我们的心。他已经把我们每个人都拉进他的话题里，让我们站在他那一边，投入为人类谋求幸福的运动中。不论何时何地，获得赞同，是每个讲演者的目标。高柏莱先生有非常充足的理由要我们有这样的反应。他和他的兄弟拿桑，赤手空拳建起了一个连锁性百货事业，年收入超过一亿美元。历经长年艰辛之后，他们终于获得了神话般的成功，不料拿桑却在短短的时间里，因癌症辞世。这之后，毛里斯特意安排，让高柏莱基金会捐出第一个 100 万美元，给芝加哥大学进行癌症研究，并把自己的时间——他已从商场退休——致力于提醒大众对抗癌工作的关切。这些事实加上高柏莱的个性，赢得了我们的心。真诚、关切、热情——这是火一样的热烈的决心，让他在几分钟的时间，把他长年累月献给这个伟大目标的所有因素横扫过我们，让我们产生同意讲演者的感情，一种对他的友谊和甘心被关切、甘心被感动的意愿。

古罗马雄辩家昆提连把演讲者描述为"一个精于讲话的好人"。他指的是真诚和个性。本书已经说过和将要说的一切，没有一个能取代这个必要的条件。皮尔朋特·摩根说，信心是获取信任的最好方法，同时也是获得听众信心的最好方法。

亚历山大·伍科德说："一个人说话时流露的真诚会令他的声音有着不同凡响的感染力，这一点是虚伪的人所做不到的。"

真诚是一场演讲成功的必要前提。如果不是发自内心的真诚，就等于欺人、愚人，若轻信他人不实之词，可能会耽误大事。林肯总统正是用自己的真诚赢得了美国人民的支持，最终领导美国人民取得了南北战争的胜利。他曾说："一滴蜂蜜比一加仑胆汁能吸引更多的苍蝇。人也是如此，如果你想赢得人心，首先让他相信你是最真诚的朋友。那样，就像有一滴蜂蜜吸引住他的心，也就是一条坦然大道，通往他的理性彼岸。"

1858 年，林肯在一次竞选辩论中说："你能在所有的时候欺瞒某些人，也能在某些时候欺瞒所有的人，但不能在所有的时候欺瞒所有的人。"让我们记住林肯的格言，贯穿于我们的演讲中。要相信，真诚是我们能给予听众的最好的态度，我们也将因此获得听众对我们的热情回报。

第四十一章　获得听众的赞同

把你真实、明确的事例和感受讲述给他们听，当他们赞同你所说的这一切时，你的观点自然也就成为他们的观点。

——卡耐基　《演讲的艺术》

沃尔特·迪尔·史科曾是西北大学的校长，他曾指出："任何概念，建议或者结论，除非认为它们都是认可真实的，才能进入脑海，一旦受到阻碍，那思想中必然已存有与其相反的理念。"也就是说，要让听众赞同你，和你的想法达成一致。哈利·奥弗斯崔教授曾在纽约高级中学针对社会研究问题演讲作过深刻的心理剖析：

熟练的演讲家，会从一开始就获得听众的赞同。他巧妙地通过心理方法让听众一步一步跟着他前进，就像撞球游戏一样，当你将它推往一个方向，如果要让它变换一点角度，就需付出较大的力量，要是想把它推到完全相反的方向，那需要的力度更要加倍。

当一个人发自内心地说"不"的时候，那意味着他不仅仅是发出一两个单调的音节，而是将整个身体——神经、肌肉、器官全部收紧密闭，呈现拒绝接受的状态。此时他身体的外在也会发生微妙的变化，有时比较明显，表明了他的抗拒之心。反过来说，要是一个人发自内心地说"是"，那他的身体就会呈现积极、开放、接纳的状态。因此，我们要设法在一开始就获得更多的"是"，这样听众的注意力就会更多地投放在演讲上，并更容易赞同你最后的结论。

得到"是"的肯定，实在是一个很简单的技巧，但大多数人对此不以为然，在他们看来，为了显示自己的重要性，一开始就应该采取对抗的态度。所以，当激进党和保守党人士一起开会时，要不了一会儿，会场的气氛就变得紧张了。为什么会是这样，难道只是觉得好玩吗？如果仅仅是这样也许可以原谅他们。如果他是想达成什么目标，那这么做就太愚蠢了。

无论是学生、顾客、孩子、丈夫或妻子，如果在一开始就令对方说了"不"字，再想把这斩钉截铁的否定给扭转过来，那恐怕就要借助魔法的力量了。

如何从一开始就赢得听众的"赞同态度"？非常简单。"我在一场论战中得胜的方法，"林肯说，"首先是找到一个令对方赞同的观点。"林肯发现对奴隶制的存废问题争论非常激烈。《明镜》报曾经这样报道林肯的一场演讲："在演讲一开始的半个小时里，他说的每个词都是反对者赞同的。他以此为基础，一点点引导他们，不知不觉中，反对者们已全数进入了他的围栏里。"

一开始演讲者就表明自己的态度，只会引起听众的逆反心理，把他们放在"对立面"上，他们绝不会按照你希望的去改变他们的观点。当你自负地说"我要证明我是正确的！"的时候，听众的抗拒之心不是都在发出无声的呼喊吗？"别得意得太早！"

先从听众都认可的事情谈起，然后再提出问题，引起他们的思考和兴趣。这难道不是对你最有利的方法吗？在与他们一起探寻的过程中，把你真实明确的事例和感受讲述给他们听，当他们赞同你所说的这一切时，你的观点自然也就成为他们的观点。最好的争论方法，看起来就像是一场说明一样。

在每一场辩论中，无论观点分歧有多大，在争论时，总能在演讲者和他面对的每一个听众之间找到共同的意见。

1960 年 2 月 3 日，当时的南非政府还在奉行种族隔离政策，英国首相哈罗德·麦克米伦来到南非国会两院发表演讲，主题是关于英国不存在种族歧视。他没有一开始就指出完全对应的观点，而是赞扬南非的经济成就以及对全世界的重要贡献。然后，他低调地提出有分歧的观点，但他清晰地表明，相信无论何种观点都是出自内心真诚的信念。他的言辞坚定，态度始终温和，他说："作为一位英国公民，我想说我们始终对南非予以关注和支持。请诸位对我所言不要过于介意，我们正努力让所有自由人在我们国家的土地上，都享有平等的权利，这是我们坚持的信念。在支持和帮助诸位的同时，我们也不能违背自己的信念。我想，抛开信念的分歧不谈，我们应该永远是朋友，我们共同承认一个事实，那就是，在今天的世界上，我们之间仍有分歧。"

面对这样诚挚的演讲，即使分歧再大的对立者，也会相信演说者所持的公

正之心。

你可以试想一下，麦克米伦首相一开场就直指双方政治观点的分歧，而不找出彼此承认的共同点，将会造成什么样的局面？詹姆士·哈维·罗宾逊教授在其《思想的酝酿》一书中，解析了人的这种心理：

有时我们会发现，我们自己常常在不知不觉中改变了想法。但要是有人说我们的想法是错误的，我们就会感到愤怒，并且立马抱定自己的想法决不撒手。我们对信仰形成的过程并无察觉，但一旦遇到有人怀疑或否定我们的信仰，我们反而会狂热地坚持自己的信仰。很可能，不是担心与其说我们在乎信仰本身，而是我们太在乎自己宝贵的自尊……"我"字虽小，却构筑了人类事物中最重要的是非，看清这一点并以之为思考前提，才是智者所为。不论是我的晚饭、我的爱犬、我的家庭、我的信仰，还是我的祖国、我信奉的上帝，都是一样的。我们反感别人指责我们手表时间不准，或是我们的汽车太破，也讨厌别人指责我们的火星论，或者说我们的声调总是怪怪的……我们持续地相信自己已经接受的事实或者理念。一旦被直截了当地指出我们是错误的，那我们内心激起的愤恨会让我们坚定地找出一切理由抗拒。其结果是，我们就会用一大堆话来巩固自己原来的信念。

第四十二章　把你的热忱传递给听众

高明的演讲者热切地希望听众能够感觉到他所感觉的东西，同意他的观点，做他以为他们该做的事，分享他的快乐，分担他的苦闷。以听众为中心，而不是以自我为中心。他明白自己演讲的成败不由他来决定，而是由听众的脑袋和心决定。

——卡耐基　《演讲的艺术》

没有哪一位成功人士，无论是政治家、军事家、社会活动家都十分重视发挥自身的演讲技巧。革命导师列宁不仅是一位非凡的政治家、理论家，也是一位热忱的演说家。斯大林赞扬列宁具有非凡的说服力，简短通俗的词句，没有半点矫揉造作的色彩。我们一再提及的林肯总统也是这样一位成功的政治家，当然也是成功的演讲家。

如果演讲者能用感性的语言介绍自己的观念，并把自己的热忱传递给听众，通常这样是不会引起对立看法的。所谓的"热忱传递"指的就是这一点。这种热忱会把一切否定和对方的观念统统都赶走。假如你志在说服听众，要记住，鼓励大家的情绪要比引发思考有用得多。情绪要比冷静的思维更具威力。要想把群众的情绪鼓动起来，演讲者必须把自己的热情传递给听众。他的内容虚构也好，蹩脚也好，或者他的声音与手势运用得是否恰当，如果他不够真诚，一切都是虚有其表。如果你想给听众留下一个好的印象，你必须先给他人留个好印象。你的精神会通过眼睛发出光芒，通过声音传递热情，每一个动作都是在展示自己的魅力，与听众直接沟通。

每次你要说服对方的时候，你的所有表现都会影响到对方的态度。假如你提不起精神，你的听众也不会有什么精神；假如你的态度不严谨或不宽容，你的听众也会如此。亨利·华德·比彻说过："假如教徒在听道的时候睡着了，只有一样事情可以做——马上敲传道人一棒。"

哥伦比亚大学曾举办过一次演讲比赛。当天一共三个裁判。参加比赛的大学生约有六七名，他们每个人都受过良好的训练，并且准备在当天好好表现一番。遗憾的是，他们所有的精力都用在了赢取那面奖牌，没有人注意去说服听众。

他们选择的题目显然并非个人兴趣所在，而是基于演讲技巧的发挥。因此，每一个演讲只不过是演说艺术的操练而已。

他所讲的每个字都充满强烈的情感，而不仅仅是展示演讲技术。

只有一位来自祖鲁的王子是个例外。他演讲的题目是《非洲对现代文明的贡献》。他所讲的每个字都充满强烈的情感，而不仅仅是展示演讲技术。他所讲的都是生活中的事实，完全发自内心的信念和热忱，他好像成了祖鲁人民的代表，在为自己的土地发言。由于他的智慧、高尚品格和善意，他向我们传达了那块土地人民的希望，并期待我们的了解。

裁判把奖牌颁给了他。虽然他的演讲技巧比不上其他人，但由于他的演讲充满了真诚，燃烧着真实的火焰。这样比较，其他人的演讲看起来只不过是煤气炉微弱的火苗而已。

诺曼·文森特·皮尔博士这样说过："每个人都希望得到他人的爱和尊重。每个人的内心深处都有一份价值意识，他们希望被重视，希望维护自己的自尊。如果你伤害了这些特质，你就永远失去了这个人。因此，假如你用自己的爱和尊重对待一个人，他不但能借此更加茁壮，也会还你以爱和尊重。"

皮尔博士讲过这样一件真实的事：

有一次，我同一位娱乐界人士一同参加一个节目。我与这位娱乐界人士相交并不深，但自从参加那次节目之后，我知道他颇难相处，也知道原因何在。

那天，我一直安静地坐在他旁边，等待上台演讲。"你很紧张，是吧?"他问道。"是啊!"我回答，"每次我要站起来演讲的前几分钟，都会有点紧张。我一向尊重每一位听众，也尽量不让他们失望，因此不免就会紧张。难道你不会吗?""没什么好紧张的。"他回答，"听众很容易爱上各种东西，他们只不过是一群笨蛋!""我不同意你的说法。"我说，"他们是你至高无上的裁判，我尊重他们每一个人。"

后来，皮尔博士听说这人的名气逐渐衰退。他知道，那是由于此人的态度所致。

1995 年 11 月 4 日，以色列外交家拉宾做了一场演讲，表达了他对和平的真心实意的渴求：

首先，请允许我说，对今天的场面，深为感动。我要感谢在这儿的每一个人。今天，你们从四处赶来，表明你们反对暴力，支持和平的立场。我本人，还有我的朋友西蒙·佩雷斯，有幸领导的这个政府，决心给和平一个机会。这个和平将能解决以色列面临的大部分问题。

我曾在军中服役 27 年。我战斗了这么多年，是因为没有和平的机会。但是我相信，现在有了一个机会，一个极好的和平机会。为了所有今天来到这儿的人，也为了许许多多今天没能来到这儿的人，我们必须抓住这个机会。

我始终相信，大多数的人民是希望和平的，并且甘为和平而蒙受风险。今天，你们来到这儿，表明你们是真诚地希望和平，反对暴力。还有许多没能来到这儿的人，他们也是同样的立场。暴力会侵蚀以色列民主的基础，它必须受到谴责，遭到孤立。暴力不是以色列国的道路。在民主制度中，可以有不同意见，但最后的决定必须通过民主投票，就像 1992 年的选举那样。那次选举，授权给我们去做目前正在做的事，并且要继续做下去。

此刻，来自与我们和睦相处的邻国——埃及、约旦、摩洛哥的代表们正和我们站在一起，以后也将继续和我们站在一起。为此，我感到自豪。是他们，给我们开通了引向和平的道路。我要感谢埃及总统、约旦国王和摩洛哥国王，感谢他们在通向和平的征途中和我们一起前进。然而，更重要的是，本届政府成立以来的三年多时间里，以色列的人民证明了，和平是可能达到的，和平为更繁荣的经济和更美好的社会打开了大门。和平不仅仅是一个普通的祈祷，它是所有祈祷中最重要的一个，它还是犹太人民的渴望，对于和平的真诚的渴望。

然而和平也有敌人，他们正试图伤害我们，以破坏和平进程。我愿坦率地说，在巴勒斯坦人中间，我们也找到了和平伙伴，那就是巴勒斯坦解放组织。他们曾是我们的敌人，但现在已停止实施恐怖主义。没有和平伙伴，就没有和平。为了解决以色列——阿拉伯冲突中最复杂、最长久、感情色彩最强烈的一个，即巴勒斯坦——以色列冲突，我们将要求他们为和平作出他们的贡献，就像我们将作出我们的贡献一样。

这是一条充满艰难和痛苦的道路，在以色列面前，没有一条道路是没有痛苦的。但和平的道路总比战争的道路要好些。作为过去的军人，今天的国防部部长，我向你们说这些话。我目睹过以色列军队战士们家庭的痛苦。为了他们，为了我们的儿女们，就我的情形而言，是为了我们的孙儿辈们，我希望本届政府能利用一切机会，竭尽所有可能，以促成全面的和平。即使与叙利亚，和平也是可能达成的。

今天这个集会，必须向以色列人民，向全世界的犹太人，向阿拉伯世界的各国人民，也就是向整个世界，传达一个信息：以色列人民希望和平，以色列人民支持和平！谢谢各位。

好莱坞的电影擅长煽情，一些文学作品也含有大量的煽情情节，对于演讲而言，恰到好处的煽情、煽起听众的激情，并与听众进行心与心的交流，也是成功的关键。拉宾的这篇演讲就做到了这一点。他的演讲不仅能与以色列人民进行心灵的交流，也在以色列人民高涨的渴求和平的激情上，再加了一把火，所以，尽管拉宾的演讲中没有华丽的辞藻和过多的演讲技巧，但却有震撼人心的强大力量。

俄国诗人马雅可夫斯基说过，语言是人的力量的统帅。如果说眼睛是心灵的窗户，语言则是心灵的阳光。热情的语言会使迷惘者清醒，沉沦者振作，徘徊者坚定、观望者行动，先进者更加奋进。一个满腔热忱投入演讲的人必将得到听众的热情回应。

第四十三章　以友善的态度开始

　　说服别人，或想让别人对你的话留下印象的最好方法就是：把你的观念植入他们的心灵，不要让对方产生敌对情绪。能做到这样的人，在演讲时一定能发挥自己最大的力量去影响别人。

——卡耐基　《演讲的艺术》

　　一位无神论者要威廉·佩里承认，宇宙中并不存在什么超自然现象。佩里一语不发地取出随身佩戴的挂表，打开盒面，然后说道："假如我告诉你，这些杠杆、齿轮和弹簧都是自己形成的，而且自己聚合在一起，开始很有规律地运作，你是不是以为我疯了？那些星球，它们中的每一颗都在自己的轨道上运行——卫星和行星环绕着恒星运行，每天的速度超过了一百万英里。每一颗恒星都有一群环绕着它的星群，自成一个星系，就好像我们这个太阳系一样。它们如此有规律地转动，并不互相碰撞，不互相妨碍，更不会走出轨道。一切是那么安静、有序。你比较相信这是一种偶然的存在，还是有一种超自然力使它们这样呢？"

　　试想一下，假如佩里先生一开始便以反驳的态度对待这位无神论者，如："什么，没有神？别蠢得像头驴一样。你根本不知道自己在胡说些什么。"你想结果会如何？毫无疑问，一场唇枪舌剑将像狂风暴雨一样袭来。那位无神论者会像一头暴怒的狮子一样，用恶毒的话回敬佩里先生，尽力维护自己的主张。为什么呢？因为就如同奥维奇教授所指出的：那是"他的"主张。他宝贵的、绝对必要的自尊受到了伤害，他的尊严濒临危机了，所以他要反抗。

　　自尊在人的自然天性中是如此极富爆炸性。所以，假如我们能使这个特质与我们合作，不是比让它与我们为敌要好得多吗？但要我们怎么做呢？就像佩里教授所说的，向你的对手显示，你的意见和他信仰的某些观念很类似，他便不会拒绝你的意见了。这个方法一般不会引起对方产生对立的情绪和意见。

　　佩里教授洞察人类心灵。大多数人缺乏这种敏感性，以致很难进入对方充满防卫的心底。人通常都有个错误观念，以为要进入那个根据地，就必须发动正面的攻击，猛烈摧毁那块基地。但结果怎样呢？对方会开始产生敌意，心灵也开始关闭封锁起来。然后，穿着铠甲的武士抽出长剑——一场言语之战就开始了，双方都不免伤痕累累。结果通常是两败俱伤，谁也说服不了谁。

我的方法并不是什么新的发现，古代的圣保罗就已经用了这个方法。他在马斯山向雅典人发表的那篇永垂不朽的演讲，便很熟练、很巧妙地运用了这个方法。保罗是个受过完整教育的人，改信基督教之后，他在演讲方面的才能对他传教有很大的帮助。一天，他来到雅典，那时，雅典已经由鼎盛时期开始走向衰落。《圣经》上描述这时的情形是这样的："雅典人和住在那里的异乡人都不喜欢别的，只喜欢说说或听听新近发生的消息。"

没有收音机，没有通讯设备，没有传播新闻的渠道，那些雅典人每天下午不得不奔走到各地打听消息。这时，保罗来了，这里有一些新事情。他们围着保罗，既新鲜又好奇，便把他带到阿罗巴古去。他们对保罗说："你讲的这些我们也可以知道吗？你把一些奇怪的事告诉了我们，我们愿意知道这些事是什么意思。"

换句话说，他们是在邀请保罗发表演讲，保罗当然很愿意。事实上，这正是他来到这里的目的。于是，他可能是站在一块木板或是石头上面，而且像许多优秀的大演说家一样，刚开始可能还有点紧张。也许他还搓了搓手，清了清喉咙，然后开始演讲。

因为保罗并不十分同意那些雅典人邀请他上台演讲的理由，"新道……奇怪的事……"那是错误的，他必须把这些观念纠正过来。这是一块能接受不同意见的土地，但保罗仍不愿把自己的信仰描述成一种奇怪的、异质的事物。他要把自己的信仰和他们原有的信仰结合起来，这样就能更好地消除敌对情绪，让对方接受自己。但要怎么做呢？他想了一会儿，忽然灵光一闪，便开始了这篇不朽的演讲："众位雅典人哪，我看你们对神很是敬畏。"

有些是这样转译的："你们都非常虔诚。"我认为这样说比较好，也更加恰当。这些雅典人参拜许多神祇，而且非常虔诚，他们自己也都以此为荣。保罗称赞他们，他们听了更是非常欢喜，跟保罗也更亲近了。这正是有力演说艺术的重要法则之一。保罗又说："因为我经过这里的时候，看到你们所参拜的一座神坛上面写着：给未知之神。"

这证明了雅典人是非常虔敬，任何一位他们所不认识的神祇也不会疏忽，便将一座祭坛献给未知之神。这就像某些综合保险囊括了所有可能的保险一样。保罗提到那座祭坛，表示他的赞美并非阿谀之辞，而是通过观察得到的结论。

接着，保罗便十分巧妙地引入正题："你们所不认识而敬拜的神，我现在告诉你们……"

"新道……奇怪的事?"一点也不。保罗仅仅解释了关于他们误解的上帝的真实，便把自己的信仰与雅典人的原有信仰连接起来，你看这种方法实在太巧妙了。

保罗又提到救赎和耶稣复活的事，也引用了一些古希腊的诗句，演讲圆满结束了。当然有人不免会说些嘲弄的话，但也有不少人说："我们还要听你再讲一些这样的故事。"

说服别人，或想让别人对你的话留下印象的最好方法就是：把你的观念植入他们的心灵，不要让对方产生敌对情绪。能做到这样的人，在演讲时一定能发挥自己最大的力量去影响别人。

几乎每天你都得面对一些和你持有不同意见的人，并且就某些话题与人们相互讨论。你是不是想尽力去说服这些人，让他们同意你的看法？无论是在家里、办公地点或其他社交场合都如此？你使用的方法，是否还有改进的必要？要怎么开始？是用林肯模式还是麦克米伦模式？如果真这么用心，你就真是兼具外交手腕和敏锐判断能力的可贵人才了。

请记住伍德罗·威尔逊总统的话："假如你对我说：'让我们坐下来讨论讨论。如果我们意见不同，不同在哪里，问题症结在哪里？'我们就会发现，其实我们只有少部分观点不同，大部分观点还是一致的。只要彼此耐心、坦诚，我们便一定能沟通。"

第四十四章　无需通篇背诵

许多演讲者为了保证演讲时说得头头是道，就事先写好演讲稿，然后通篇背诵下来。这种方式并不可取，不但浪费时间，也容易使演讲变得枯燥无趣。

——卡耐基　《演讲的艺术》

只有演讲的渴望当然不足以成功地发言。拥有卓越口才的人一定会在发言内容方面也做到有备而来。演讲是需要责任感的，更需要付出心血，即使是闲谈也不应该信口开河。林肯的著名演说《在葛底斯堡国家烈士公墓落成典礼上的演说》一共只有十句话，但他却整整准备了两个星期，甚至在马背上时也不忘构思这次演说的内容，直到演讲前的最后一分钟。

缺乏准备的发言一定会让人陷入被动，出现难堪的局面。有了充分而周全的准备，即使稍有紧张，也很快就会克服。你的发言几乎可以说是十拿九稳了。充分而周全的准备可以确保你和听者都不会疑惑你到底想说什么，这会逐渐强化你自己的自信心。

假如你想培养自信，为什么不去做好那些在你演讲时能给你安全感的准备呢？使徒约翰说："完全的爱，会置恐惧于度外。"完全的准备也可以做到这样。丹尼尔·韦伯斯特曾说，他如果没有准备就出现在听众面前，跟没有穿衣服的感觉是一样的。

当然，"充分的准备"并不意味着你要通篇背诵演讲稿。H．V．卡特伯恩是美国著名新闻评论家，他还是哈佛的大学生时，曾经参加过一次演讲比赛。赛前，他选择了一篇名为《绅士们，陛下》的文章，并一字一句地把全

绅士们，陛下……

文背了下来，还练习预演了几百次。可到了正式比赛时，他一登上台，只说出："绅士们，陛下……"就一个字也想不起来了，脑子里空荡荡的。他眼前一片漆黑，幸好还能保持镇定，于是，他干脆把那个故事用自己的语言讲述出来。最后，他惊讶地听见，自己居然获得了第一名。从那天起，他再也没有背诵过一次演讲稿，他从事广播行业时也是如此，只在纸上写一些摘要，然后对着听众娓娓道来。

一个人如果在他演讲前先写好演讲稿，再反复背诵，浪费时间和精力不说，也很容易把演讲搞砸。每个人平时讲话都很自然，不会费心地琢磨，话语随着思想的流动而自然说出。

英国首相温斯顿·丘吉尔也从中得到过教训，那时他还年轻，一直是先写好演讲稿再把它背下来。有一天，他在英国国会作演讲，正背着讲稿，突然忘记了下一句词，他重复了上一句，可大脑依然一片空白。他难堪极了，满脸通红，沉默地坐回到位置上。从那以后，温斯顿·丘吉尔再没有试图背诵过演讲稿，而他写的演讲稿总是能打动人心，特别是在第二次世界大战时，他的那些演讲给予了英国人民战胜敌人，渡过难关的决心。

即便我们一个字一个字地背诵了很多遍，当我们面对听众时，也难免会遗漏一些，就算通篇一字不落，我们的演讲听起来也会很机械、不自然。为什

么？因为你是在背诵讲稿，是出于记忆，而非发自你的内心。平日里，我们和人聊天，总是想到什么就说些什么，不会刻意地注意修辞、造句。为什么到了演讲的时候，不能这么做呢？

要是你还执意要写演讲稿并背诵记忆，那就有可能落得和范斯·布希内一样的境地。

范斯毕业于巴黎波欧艺术学院，后来成为位列世界最大保险公司之一的衡平人寿的副总裁。在他刚加入衡平公司两个年头时，因为他如此巨大的成功，而受到重视，因此那一年，在弗吉尼亚召开的两千人"全美衡平人寿代表大会"，特意安排他作20分钟的演讲。

范斯非常激动，他感觉那是对他的鼓励。可惜的是，他采取了写好演讲稿背诵的方式，对着镜子他练习了不下40次，就连语气停顿、手势和表情都精心排练好，直到他自己觉得非常满意为止。

可是，终于要站到讲台上时，突然之间，他被恐惧牢牢控制住了，只说了一句话："我是这样计划……"他的头脑一片空白。惊慌的他情不自禁地后退了两步，可是脑子里还是一片空白，他又后退了两步，如此三番。讲台有4英尺高，没有围栏，和后面墙距离5英尺，就在他第四次后退时，一脚踩空，掉到了讲台和墙之间的空当里。听众们一阵哄堂大笑，甚至有一个人笑得太厉害，从椅子上摔了下来。衡平公司的老员工们一直对此事念念不忘。更搞笑的是，还有人认为这是公司为助兴有意安排的娱乐节目。

这件事的主角范斯·布希内认为那是他这辈子最丢脸的时刻。他感到没办法再面对公司同仁，就递交了辞职信。

后来在上司的安抚和鼓励下，范斯·布希内重新树立了自信，多年后，他竟成了公司里最擅言辞的人。他再也没有背过演讲稿。他的经验足以让你引以为鉴。

有很多人喜欢背记讲稿，但事实上，当他们抛开演讲稿之后，演讲反而更生动、更有趣。这样的演讲，或许会遗漏一两点东西，但是更加人性化，更具吸引力。

亚伯拉罕·林肯曾说："我无法欣赏一板一眼、乏味至极的演讲，我喜欢像在和蜜蜂搏斗一样的演讲者。"林肯说他最喜欢听自由、流畅的演讲。但是，如果你心里总是想着你演讲稿的下一句，你又怎能让你的演讲表现得自然、激昂、有动感呢？

第四十五章　清除拘谨、紧张的心态

你突然发现的这种自由，正像一只小鸟从拘禁的笼子里出来展翅高飞。你知道人们为什么会蜂拥着上剧院、上电影院吗？因为在那里他们可以看到自己的人类毫无拘谨的表演，在那里可以看到人们坦白地展露真情。

——卡耐基　《演讲的艺术》

有的人在跟老朋友聊天的时候往往兴致勃勃，而一旦碰到陌生人，或者让他发表一场演讲时，他会顿时不知所措，不知怎么开口了。这是因为我们和老友之间已经建立了相当程度的感情，我们彼此熟知各自对事物的看法，大家已经相互习惯了，在一起就觉得无拘无束、无障碍。但是让我们发表演讲，情况就不一样了。

应该怎样改变这种状况，除了要重视你的听众，关心他们的兴趣所在，做认真周全的准备外，还要有意地进行这方面的训练。

戴尔·卡耐基认为："只要遵循正确的方法，做到周全的准备，任何人都能成为出色的演讲家。反之，不论年龄及经验多么老到，若没有适当的准备，任何人都会在演讲中出窘。"多少年来，"他们一无所知"成了演讲界的一句名言。尽管这只是一种假设，却从一个侧面说明了有准备的优势。听众不可能"一无所知"，但对于演讲的主题、题材不熟悉，更没有经过广泛收集、反复比较、深入钻研、精心提炼，即使是专家，由于事先无准备，也应该比演讲者逊色。从这个角度讲，假设听众一无所知是可行的，它能有效增强演讲者的自信心。因此，在时间许可的情况下，演讲者要尽可能写出讲稿、提纲或打好腹稿，设法进行试讲，不断完善演讲内容和演讲技巧；了解可能影响演讲的某些外部情况，如环境地点、听众水平等，并考虑相应的对策。

我们知道，使我们与外面的世界发生接触的方式有四种，而且只有四种，人们正是以这四种接触方式来对我们加以评量、进行归类的。它们是：我们做

要想在听众面前保持自然，的确不容易，这需要反复练习才能达到，演员们最能体会这点。

了些什么，我们看起来是什么样子，我们说了些什么，以及我们怎么说。那么，我们该怎么说呢？

1912 年，也就是"泰坦尼克号"油轮在北大西洋冰海沉没的那一年，卡耐基就开始设班教授当众演讲的课程。

在刚开始教演说课程时，卡耐基曾花费很多时间在发声练习上。主要是教导学生们利用共振，训练他们增大音量，并使尾音更加轻快活泼。但是，不久他就发现教导成年人如何在鼻窦中发音，以及如何形成"透亮"的母音，根本就是徒劳的。这项训练，对那些靠花三四年时间来改进声音表达技巧的人而言，确实是一种非常好的方法。然而卡耐基更清楚自己的学生也只有将就使用自己天生的发音装置了。他还发现，假使把先前用以协助学生练习"横膈膜式呼吸"的时间和精力用在更重要的目标上——帮助他们从怎样都不敢放手去做的自我抑制中解脱出来，将会达到十分明显且恒久的惊人效果。于是，卡耐基就这样去做。

在卡耐基的课程里有几门课，目的是解除成人的拘谨和紧张。他请求学员们从害羞的龟壳里出来，自己见识一下这个世界。只要他们愿意走出来，这个世界会热情欢迎他们。像法国马绍尔·福煦元帅谈论战争的艺术时说："概念极为简单，但不幸的是，执行起来很复杂、很困难。"最大的绊脚石，当然是拘谨紧张，不仅是身体上的，还有心理上的。它随着年龄的增长而变得更牢固。

要想在听众面前保持自然，的确不容易，这需要反复练习才能达到，演员们最能体会这点。不过，当你还是孩子时，比如 4 岁时吧，你也许可以登上讲台，伶俐地讲话！可是等到 24 岁时，或 45 岁时，会怎样？你还能有 4 岁时那种不知不觉的自然吗？有这可能，但多半变得拘谨、矜持而又呆板，并且像只乌龟，很快缩回壳里去了。

成人发表演讲的重点，主要是排除障碍，做到本能的反应。

不知有多少次，卡耐基在他们的演讲过程中打断他们，请他们"讲得像个人"。不知有多少个夜晚，他设法训练学生说话自然些，弄得自己回家时精神和神经都疲惫不堪。

卡耐基要求学生们表演对话里某些部分，有些人非常惊慌地发现，自己像个傻子，可是在表演时，自己感觉还不错呢。而对另一些人表现出的表演能力，惊叹不已。所以，一旦你能在人群面前安然随意，就不会再退缩。不论是对上级或在普通人群面前，都能以正常的方式来表达自己的意见。

消除拘谨、紧张的情绪，还要求我们不要太在意自己，不要过于追求完美，要知道不完美有时也是一种魅力，会让听众感觉离你更近一些，而不是把你当做高高在上的圣人。

第四十六章　不要模仿他人

任何智力正常、能自我控制的人，都能够发表令人接受、有时还是很精彩的演讲。但你要相信你是独一无二的，不要模仿别人而失去自己的个性。

——卡耐基　《演讲的艺术》

我们都很羡慕有些演讲家，他们把表演融入演讲中，毫无负担地表达自己，毫无畏惧地使用独特的、个人的、富于幻想的方式说出他们要对听众说的话。

　　第一次世界大战结束后，卡耐基在伦敦遇到罗斯·史密斯爵士和凯恩·史密斯爵士两兄弟。他们刚完成从伦敦到澳洲的首次飞行，获得澳洲政府颁发的5万元奖金。他们在大英帝国引起很大的轰动，国王给他们颁赐爵位。

　　胡利上尉是位著名的风景摄影家，和他们两兄弟一块儿飞过一段路程，摄制一些影像。卡耐基帮助他们做了一场以画面解说为主的旅游演讲，并指导他们怎样表达。他们在伦敦的"爱乐厅"每日演讲两场，早晚每人一次，他们描述他们并肩飞过的半个世界，发表几乎相同的演讲。可是每一场听起来都不一样。

　　成功的演讲除了词句外，还有别的重要因素。那就是表达词句的特有个性——演讲时的态度。说什么和怎么说不是一回事。

　　一次公开的演奏会上，当著名钢琴家帕德列夫斯基弹奏肖邦的一首马祖卡舞曲时，一位年轻小姐拿着曲谱在看。她感到很困惑：帕德列夫斯基的手指敲击的音符，跟她弹奏同一舞曲时敲击的完全一样。然而她的表现很普通，而帕德列夫斯基却很吸引人，美得难以形容。她其实不知道其中的关键并不在于音符，而是弹奏的方式。帕德列夫斯基在弹奏时加进去的感觉、艺术才能以及个性，构成了凡人与天才之间的差别。

　　同样在俄国大画家布鲁洛夫修改了一个学生的习作时，学生惊奇地看着改变了的图画，大叫："为什么！你才动了那么一小点儿，可是它整个儿都不一样了！"布鲁洛夫说："艺术就开始于那一小点儿啊。"

　　演讲与绘画，与帕德列夫斯基的演奏都是一样的！

同样的道理，也适用于人们的说话态度。英国国会里有句老话，说一切听凭演讲的方式而定，而不根据事情而定。这是很久以前昆提加说的，那时英格兰还是罗马的殖民地。

"所有的福特轿车完全相同。"亨利·福特这样说，但是，没有两个人是完全相同的。每一个新生命，都是太阳底下的一件新事物——之前没有和他相同的东西，之后也绝不会有。年轻人应该培养这种观念，应该寻求独特的个性，让自己与众不同，并发掘自己的价值。社会和学校可能企图改造他，他们习惯把人们放入同一个模式，但我不会让个性的火花消失，这是你的重要、唯一而且真实的凭证。

无疑，这样的话对演讲者来说是正确的。这个世界上，没有另外一个人是和你相同的。几十亿人都有两个眼睛、一个鼻子和一张嘴，但没有一个人是跟你完全相同的，也没有一个人有和你相同的思想及想法。很少有人能够像你一样自然地谈话和表达自己的意见。这就是你有独特的个性特点。作为一名演讲者，这就是你最宝贵的财产。抓住它，珍惜它，发挥它，这点火花将让你的演讲产生力量与真诚。"这是你个性的唯一而且真实的凭证"。拜托你，千万别试图把自己装进模子里，失去自己的个性。

洛吉爵士的演讲与众不同，因为他是与众不同的人物。他的说话态度，是他的特点之一，和他的胡子、秃头是他的独特商标一样。但如果他想模仿洛依德·乔治，他看起来就感觉虚假，就会失败。

美国有史以来最著名的一场辩论发生在1858年伊利诺大草原上的一个城镇中。辩论双方是道格拉斯参议员和林肯。林肯个子高，动作笨拙，道格拉斯稍矮，举止优雅。这两个人外表迥然相异，个性、思想和立场也完全不一样。

道格拉斯是上流社会人士，林肯却有"劈柴者"的绰号，他往往穿着短袜子就走到大门口去接见民众。道格拉斯十分优雅，林肯则有些笨拙；道格拉斯完全没有幽默感，林肯则是有史以来最伟大的故事家；道格拉斯难得一笑，林肯经常引用事实及例子作为说明；道格拉斯骄傲而且自大，林肯谦逊而且宽宏大量；道格拉斯说起话来好像狂风暴雨，林肯则比较平静，表现从容不迫。

一样是声名卓著的演讲家，都具有无比的勇气与良好的感性。但如果其中某个人企图模仿对方，就一定会输得很惨。他们每一个人都把自己独特的才能发挥到极点，因而显得与众不同，更具说服力。

"发挥自己的长处"，说起来很容易，但是不是也容易遵循呢？那就不容易了。福熙元帅说战术"概念极为简单，不幸的是，执行起来却很复杂、很困难"，这是一样的道理。

第四十七章　良好的演讲态度

演讲时的态度是演讲中一个重要的组成部分，"你的态度，比你说了些什么更加重要"。

——卡耐基　《演讲的艺术》

在大学校园里举办的演讲比赛中，那些获胜的演讲者并不一定是演讲内容特别好，而是因为良好的演讲态度，使得他原本简单普通的题材发挥出了惊人的效果。

英国政治家埃德蒙·拜柯写的演讲稿，无论是结构、逻辑还是文理都是世人学习的典范之作，直到现在，世界上的不少大专院校，还将他的演讲稿作为学习的样本。遗憾的是，埃德蒙·拜柯却没有将自己讲稿完美表达出来的能力，他是一位失败的演讲者，以至于被起了个绰号，叫做英国下议院的"晚餐铃"。因为但凡他站起来发言，别的议员不是聊天、打牌，就是睡觉，要不然就干脆互相邀约，三五成群地走出会场，一起去吃晚餐了。

从埃德蒙·拜柯身上，我们可以看到，演讲态度无疑是演讲成败的关键所在。

第一，与你的听众交谈。

在瑞士阿尔卑斯山的穆伦休假地，一位著名的英国小说家进行了一场演讲，她的演讲题目是"小说的前景"。她一开始就告诉听众，题目是由主办方指定的。可能正因为如此，她对这次演讲没什么兴趣，只是写了一点笔记拿来读。她漫不经心地看看笔记，抬头望着天花板，或是别的什么地方，唯一不看的就是正在听她演讲的听众们。她的神情茫然缥缈，言语空洞无趣——她把她的听众带到了枯燥无味的太虚之中。

　　这算不上是一场演讲，那么枯燥，不如说是小说家自己的"呓语"更为贴切，没有沟通和交流的演讲欠缺了演讲的重要条件，听众丝毫不能从她的演讲中获取一点她心灵或思想的信息。这样的演讲更适于在空无一人的沙漠中进行，反正她看上去也像是在对着空气说话，而不是一群活生生的人。

　　第二，正确、良好的态度。

　　如今，传统演讲技巧已经不符合时代的需求，不论是十几个人的商业聚餐会，还是上千人的大型会议，现在的听众都希望演说者能够像平常说话那样说出自己的看法和观点，而他的演讲态度，也要和平日里和朋友聊天一样亲切自然。态度要和平日里一样，不过演讲者要使出更大的气力，以便让在场所有的人都可以听到。就好像安置在建筑物上方的塑像必须要按比例做得很大，当人们站在地上向上看时，才会感觉塑像和真人大小无异。

　　马克·吐温有一次在内华达州的一个矿上发表演讲，在结束之后，有一位老矿工走过来问他："你平时说话也是这种声调吗？"

　　听众想要的就是这个——"你平时说话的声调"，只需提高一些就可以。

　　勤加练习是达到这种效果的唯一方式。当你在练习时，发觉自己说话有些造作，就立即停下来，默默提醒自己："这样说是不对的！要自然！再自然一些!"你也可以从听众里面挑出一个对象——或是坐在最后排的人,或者是那个看上去心不在焉的人,想象自己正在和他聊天,他问了一个问题,只有你知道答案,并且解释给他听。他站起来和你交谈,而你此时也是站着交谈。这样的想象,会让你的演讲逐渐变得自然平实,就保持这样的态度一直说下去吧。

你可以在演讲中提出问题,并且作出解答。比如,在你的演讲中间,你可以说:"各位是不是在想:我这样说的依据是什么?我先对此说明一下……"接着,你就回答自己提出的这个问题。这样一来,演讲就不再是你一个人在说话的局面,而更像是和老朋友们愉快地聊天、探讨问题。

第三,谈别人感兴趣的东西。

许多人只谈论自己感到有兴趣的事情,而这些事情却让其他人感到无聊透顶。所以他无法成为一名讲话好手。你可以反过来做:引导他人谈论他的兴趣、他的事业、他的高尔夫成绩、他的成就——或者,如果对方是位母亲的话,谈谈她的孩子们。专心聆听他人的谈话,你会带给他人很多乐趣。那么,你将被认为是一位很好的谈话好手——即使并没有这么讲。

来自费城的哈罗德·杜怀特,在上学时举行的宴会上进行了一场非常成功的演讲。他依次谈到围坐在餐桌旁的每个人。说刚开始的时候,自己是怎样的不会讲话,而现在他进步多了。回忆起同学们所做过的演讲,讨论过的题目,他夸张地模仿其中一些人,逗得大家开怀大笑。拥有这样的素材,是不可能使他失败的,是谈话很理想的题材。杜怀特先生真是通晓人的天性,不会有别的题目更能使大家感兴趣了。

约翰·西德达曾主持杂志《有趣人物》的一个专栏。他认为人都是自私的,他们只对他们自己感兴趣。他们并不十分关心政府是否应该把铁路收归国有,但他们却希望知道如何获得晋升,如何得到更多的薪水,如何保持健康,如何保护牙齿、如何洗澡,如何在夏天时保持凉爽,如何找工作,如何应付员工,如何买房子,如何增强记忆力,如何避免文法错误,等等。人们总是对别人的生平故事感兴趣,如何在房地产事业上赚取上百万美元,一些著名的银行家及大公司的总裁们是如何从低层奋斗到有权有利的地位的也是人们非常乐意听到的。

西德达刚当上总编辑时,杂志的销路很小,是一本失败的杂志。西德达立即按照他自己的构想开展工作。结果怎么样?杂志的销售量急速上升,达到

20万份、30万份、40万份、50万份。因为它的内容是一般民众需要阅读的，没多久，杂志的月销售量就达到100万份，但销量并没有就此停住，而是持续不断地上升。西德达满足了读者们的自私兴趣，也就获得了杂志的成功。

假如你在做演讲，你要想到你的演讲是不是对听众有用——只要能对他们有用，演讲就有成功的指望。演讲者如果不考虑听众自我中心的倾向，便很快会使听众烦躁不安。他们会局促不安、表现腻烦，不时抬起手看手表，并且渴望着离开。

第四，多说"你"少说"我"。

要想使听众的注意力保持在巅峰状态，要用代名词"你"，而不要用"他们"。这种方式可以使听众保持一种自我感知的状态。演说者巧妙地把"你"这个字，连同听众带进了自己演讲的话题之中，会使听众的注意力既热情又不中断。不过有些时候，使用代名词"你"也是很危险的，它不会在听众和演讲者之间建立桥梁，而是造成分裂。在我们似乎以行家居高临下的口吻对听众讲话或对他们说教时，这种情形便会发生。这种情况下，最好说"我们"，而不要说"你"。

当你对听众发表完一场演讲，如果听众认为你曾受过演讲的专业训练，这并非是一场成功的演讲。一场成功的演讲应该是轻松、自然、没有演讲的痕迹，令听众一点也看不出你居然受过"正式"的演讲培训。就像一扇窗户，它本身没有光芒，只是阳光透了进来。演讲者也应如此，声音开放而且态度自然，他希望听众因他的态度而更深地认识他的观点，但对他的态度不必过多关注。

发自内心的真诚和热情能够帮助你提升自我意识，让你的心灵摆脱束缚，变得自然而不扭捏，你的言谈举止也必然变得自然生动起来。这就要求你一定要全心全意地投入演讲。

第四十八章　让你的演说更加自然

在面对听众时，你就要全心全意投入演讲之中，发挥你的全部能力，你会

表现得比书本里所教授的更加有感染力。

——卡耐基 《演讲的艺术》

演说要自然，就是使你的演讲更为清楚，也更为生动。不要这样说："呀，这些你不说我也会明白，不就是让我强制性地按你所说的去做吗？"不是的，事实并非如此。如果强迫你自己这样去做，那你将会像木头一样僵硬不堪，更会像机器人一样毫无表情。

事实上，这些东西也没什么神秘的，当你与人交谈时，你实际上已经使用过这些原则中的绝大部分，而且你也许还一点也没有感觉到你曾使用过它们，就如同你将晚餐进食的食物消化掉那般自然。这正是你使用这些原则所要采用的方法，并且也是唯一的方法。在演说方面，要想达到这种境界，事实上也别无他法，唯有练习，别无他途。怎样练习呢？

第一，对要点不断地重复，将不重要的部分跳过去。

在日常谈话中，我们应将一些重要的字加强语气，对其他的字则匆匆跳过去。对整个句子的处理也是这个办法，这样就能将那些重要的字词句凸显出来。这种处理办法其实极为普通，也毫无特殊之处。只要稍微留意一下，你便能发现，你四周的人在谈话时就是这样做的。你自己昨天可能也是这样去表达的，而且你过去已上百次，甚至上千次地这样做过。毫无疑问，你明天还将会这样继续下去。

下面是拿破仑的一段话，请大声朗读，加引号的词读重一点，其他的词则迅速念过去。感觉一下，效果如何？

我只要是决定去从事的工作都能"成功"，因为我已"下定决心"。我从不"犹豫不决"，因此我能超越世界上其他的人。

当然，这并不是朗读这段话的唯一方法，换一位演说者也许会念得跟你不一样。如何强调语气，并没有一定的成规，需视情况而定。

以热情的态度大声念念下面这首小诗，试着使诗中的含义明确表达出来，并且要具有说服力。看看你自己是否会对那些重要的词句加以强调，同时将一些不重要的词句快速念过去。

如果你认为你已被打败，不错。

如果你认为你未被打败，你就不会失败。

如果你希望胜利，却又认为胜不了，

可以肯定，你一定不会取得胜利。

在生活中并不一定是强壮或速度快的人获胜，

最后获胜的一定是那些自认为自己一定能获胜的人。

在一个人的个性中，也许没有比坚定的决心更为重要的了。

一个小男孩若想将来成为一名伟大的人物，或是打算日后出人头地，必须下定决心：不仅要排除成百上千道障碍，而且要在历经上千次的挫折与失败之后，仍能坚信自己必胜无疑。

第二，让你的声音听起来更加有力。

在我们与听众交流思想时，需要运用到我们的声音和身体的多个部分。我们会抬高声音、改变语速和腔调，还会皱眉头、挥手、耸耸肩。这样可以完善演讲的效果，我们的情绪和精神状态的变化会直接影响到声音的变化。这也是我们一再强调要充满热诚的熟悉自己感兴趣的题目，并与观众热切交流的缘故。

大部分人随着年龄的增长，都不复童年的天真和率直。我们的思想和声音不知不觉地变得刻板而保守。我们很少用肢体语言表达情感，我们的言语之间日益缺少活力，我们的声调也不再随着情绪上扬或下落。在用词上如果稍不留意，我们的演讲就会变得散乱和疏忽大意。又是自然这个词，在本书中它已经出现了许多次。所谓的自然，就是请你将自己的想法用完全属于你自己的思想表达出来。当然，这并不意味着你不需要注重修辞、不需要增加词汇量，不需要丰富自己的想象。这是任何一位出色的演讲家都不会放弃的进一步的修炼。

你可以利用录音机测评一下自己声音的音量、语调和语速，或者求助于朋友。要是能够得到专业人士的指点，那效果会更好。不过，这些都是你在面对听众之前的自我练习。相比较而言，演讲时的技巧和态度更为重要，在面对听众时，你就要全心全意地投入演讲之中，发挥你的全部能力，你会表现得比书本里所教授的更加有感染力。

第三，改变你的声调。

当我们在与人交谈时，声音往往从高到低，并且这种高高低低的状态会不断重复下去，就像大海的表面一般起伏不定。这是为什么呢？恐怕没有人知道，而且也没有人对此表示关心。但这种方式令人感觉愉快，而且也是一种很自然的方式。我们永远不必去学习，就会这样表达。我们从孩提时代起就已经会这样起伏着说话了，我们用不着去追求，就这样不知不觉地学会了。但是，一旦要我们站起来面对观众，我们的声音却一刹那会变得枯燥、平淡而且单调乏味，就如同内华达州的沙漠一般。你若发现自己正以一种单调的声音——通常是又高又尖的声音——发言时，不妨停下来歇一会儿，对自己说："我现在说话的样子就像木头雕成的印第安人。对台下的这些人说话要有人情味，要自然一点。"

已经到了如此窘迫的情景还对自己说这些话是否有任何帮助呢？可能有一点。至少稍微停顿一下，会对你有所帮助。但你平时必须多加练习，以研究出自己的解决之道。

你可以将你挑选出的任何句子或单词突出来，就让它们像你门前院子里的那棵青绿的月桂树那般突出。你只要在说到这些突出的句子时突然提高或降低声调，就可以达到这个目标。纽约布鲁克林著名的公理教会牧师卡德曼博士就经常这样做，奥利佛·罗吉爵士、布里安及罗斯福等人也经常这样做。几乎每一位著名的演说家都会这么做——这是演说中一条千古不变的法则。

下面列出三段名人语录，你可以试着念一遍，但在念到引号内的字时，要把声音降得特别低。看看效果如何？

我只有一项长处，那就是"永不绝望"。（福熙元帅语）

教育的最大目标并不在于知识，而是"行动"。（斯宾塞语）

我已活了86岁，我曾亲眼看到，人们登上成功之巅，这些人达几百人之多，他们获得成功的重要因素很多，"但最重要的就是信心"。（吉本斯主教语）

第四，变化说话的速度。

小孩子说话的时候，或者是我们平常与人交谈时，总是不停地变换我们说话的速度。这种方式令人听了很愉快，很自然，不会令人有奇怪的感觉，而且具有强调的作用。事实上，这正是把某项要点很突出地强调出来的最好方法。

沃特·史蒂文斯在他那本由密苏里历史学会发行的《记者眼中的林肯》一书中告诉我们，以上所说的这种方法也就是林肯在强调某一要点时最喜欢用的方法之一：

他会以很快的速度说出几个字，当来到他希望强调的那个单词或句子时，他会让他的声音拖长，并一字一句说得很重，然后就像闪电一般，迅速把句子说完……对于他所要强调的单词或句子，他会把时间尽量拖长，说这一句话的时间几乎和他在说其余五六句不重要句子的时间一样长。

再试试下面一个实验：很快说出 3000 万美元，口气要显得平淡，这样让人听起来就像这只是一笔数目很小的钱。接着，再说一遍 3 万美元，速度要慢，而且要充满沉重的感觉，仿佛你对这笔金额庞大的钱感到印象极为深刻一般。这样听起来，是不是觉得 3 万美元反而比 3000 万美元更多呢?!

第五，在要点前后停顿一下。

林肯经常在谈话途中停顿一下。当他说到一项他认为的重要之点，而且也希望他的听众在脑海中留下极为深刻的印象时，他会倾身向前，直接对视着对方的眼睛，足足达一分钟之久，但却一句话也不说。这种突如其来的沉默，具有与突然而来的嘈杂声相同的效果。即，它能够吸引人们的注意力。这样做，会使得每个人提高注意力，变得警觉起来，并注意倾听对方下一句将说些什么。例如，在林肯与道格拉斯那场著名的辩论快接近尾声之际，所有迹象都表明他已失败，他为此而感到很沮丧，他那种痛苦的神态侵蚀着他，这反倒为他的演说词增添了不少悲壮感人的气氛。在他的最后一次演说中，他突然停顿下来，默默站了一分钟，望着他面前那些半是朋友半是旁观者的群众的脸孔，他那深陷下去的忧郁的眼睛跟平常一样，似乎满含着未曾流下来的眼泪。他把自己的双手紧紧并在一起，仿佛它们已太疲累了，无法应付这场无助的战斗，然后，他以他那独特的单调声音说道："朋友们，无论是道格拉斯法官还是我自己被选入美国参议院，那是无关紧要的，一点关系也没有；但是我们今天向你提出的这个重大的问题才是最重要的，远胜过任何个人的利益和任何人的政治前途。朋友们，"说到这儿，他又停了下来，听众们屏息以待，唯恐漏掉一个字，"即使在道格拉斯法官和我自己的那根可怜、脆弱、无用的舌头已经安息在坟墓中时，这个问题仍将继续存在、呼吸及燃烧。"

替他写传记的一位作者指出："这些简单的话，以及他当时的演说态度，深深打动了每个人的内心。"林肯在说完他所要强调的话之后，经常会停顿一下。他以保持沉默的方式来增强这些话的力量，同时也使它们的含义进入了听者的内心，让对方产生巨大影响。

奥利佛·罗吉爵士在演说当中会经常停顿下来，这种时候一般被放在一些重要的段落前后。有时，一个句子可能被停顿三四次，而且他在这样做时往往表现得很自然，不易被人察觉。没有人会注意到这一点，除非有人在专门分析罗吉爵士的演说技巧。

大诗人吉卜林说："你的沉默，道出了你的心声。"在说话中聪明地运用沉默，可使沉默发挥最大的功用。它是一种强而有力的工具。它太重要了，你切不可忽视。然而，初学演说者却往往将其忽略了。

下面这一段是从荷曼的《生动活泼的谈话》一书中摘录出来的，已经注明了应在哪儿停顿。当然这并不是说，所标的这些地方是演说者应该停顿的唯一地方，或者说是停顿的最佳地方。这只能说是停顿的方式之一。应该在什么地方停顿，并不是一成不变的，应该视其意义、气氛及感觉来确定。你今天演说时在某一个地方停顿了，但当你明天再作相同的演说时，可能就要在另一个地方停顿了。

先把下面这段话大声念一遍，不要停顿。然后再念一遍，在注明的地方停顿一下。看一看，停顿到底有什么效果呢？

销售是一场战斗！（停顿，让"战斗"这个念头深入听众脑海中）只有战斗者才能获胜。（停顿，让这一点深入听众脑海中）我们也许不喜欢这种情况，但我们既无力创造它们，也无法改变它们。（停顿）当你踏入销售界时，要鼓起你的勇气。（停顿）如果你不这样做，（停顿，把悬疑的气氛拉长一秒钟）每一次你出击时，都将被三振出局，除了一连串的零蛋，什么分数也得不到。（停顿）对投手心存恐惧的打击者，永远到不了三垒。（停顿，让你的说词深入听众心中）这一点要切切记住。（停住，让它更深入一层）能够把球击得老远，或甚至让球飞过网子，造成全垒打的人，通常是这样子的球员；他在踏上打击位置时，（停顿，且把悬疑的时间拉长一点，使大家聚精会神地聆听你将如何介绍这位杰出的打手）心中已坚强地下定了决心。

把下面几段名人语录大声有力地读一遍。注意你会在什么地方自然地停顿。

美国的大沙漠并不位于爱荷华、新墨西哥或亚利桑纳，而是位于普通人的帽子底下。美国大沙漠是一种心理上的大沙漠，而不是实质的大沙漠。

——J. S. 克诺斯

世界上没有治疗百病的万灵药，只有广告略微接近。

——福士威尔教授

我必须对两个人特别好——上帝和加菲尔德。我此生必须与加菲尔德共同生活，死后则和上帝在一起。

——詹姆斯·加菲尔德

一个人的自然的日常谈话，需要进行改善的地方很多。因此，先使你的日常谈话达到完美自然的境界，然后把这个方法带到讲台上去，你就成功了。

第四十九章　改变你的语言表达习惯

从书本中学习！它就是取得成功的秘诀。一个人要想增加及扩大自己的文字存储量，他就必须经常让自己的头脑受文学的洗礼。

——卡耐基　《演讲的艺术》

世界上全新的事物很少，最伟大的演讲者，也要借助阅读的灵感和来自书本的资料。要扩大文字储量，必须让自己的头脑常常接受文字的洗礼。

一位又穷又没有工作的英国人，走在费城的街道上找工作。他走进大商人保罗·吉彭斯的办公室，要求和吉彭斯先生见面。吉彭斯先生用不信任的眼光

看着这位陌生人。他衣衫褴褛，衣袖底部全磨光了，全身上下到处透着寒酸气。吉彭斯先生一半出于好奇，一半出于同情，答应接见他。吉彭斯只打算听对方说几秒钟，但随即几秒钟却变成几分钟，几分钟又变成一个小时，而谈话依旧进行。谈话结束后，吉彭斯先生打电话给费城的大资本家之一的狄龙出版公司的经理罗兰·泰勒先生，邀请他和这位陌生人共进午餐，然后罗兰·泰勒先生为他安排了一个很好的工作。

这个外表穷困潦倒的男子，怎么能在这样短的时间影响了如此重要的两位人物？

秘诀其实就一句话：他的英语表达能力。事实上，这个人是牛津大学的毕业生，到美国从事一项商业活动不幸失败，他被困在美国，有家难归。他在美国既没有钱，也没有朋友。英语是他的母语，所以他说得准确又漂亮，听他说话的人立即忘掉了他那双沾满泥土的皮鞋，褴褛的外衣，和那不修边幅的脸孔。他的辞藻立即成为他进入上流社会的护照。

这名男子的故事虽然有点不寻常，但它说明了一个真理：我们的言谈，随时会被别人当成评价我们的依据。我们说的话，显示我们的修养程度，它能让听者知道我们怎样的出身，它们是教育和文化的证明。

我们和这个世界只以四种方式接触。旁人是根据四件事情来评估我们，并把我们进行分类的：我们做什么，我们看起来什么样子，我们说些什么，我们怎么说。

然而，很多人稀里糊涂地过了一生，离开学校后，不知道要努力增加自己的词汇，不去掌握各种字义，不能准确而肯定地说话。他习惯了使用那些已在街头和办公室过度使用的、意义虚幻的词句，就难怪他的谈话缺乏明确性和个性特点了，也难怪他经常发音错误、弄错文法了。有很多大学毕业生满口的市井流氓的口头禅——连大学毕业生也犯这种错误，我们怎能期望那些因经济能力不足而缩短了教育时间的人甚至没有受到过教育的人不这样呢？

有一次，卡耐基来到罗马的古竞技场参观。一位来自英国殖民地的游客向他走来。他先自我介绍一番，然后大谈在这个"永恒之城"的游历经验。不到 3 分钟，"You was""I done"就纷纷脱口而出。那天早晨出门时，他特意擦亮了皮鞋，穿上一尘不染的漂亮衣服，企图维护自己的自尊，可是他忘了装饰他的词汇，以便能够说出优美的句子。他向女士搭讪时，如果未脱下帽子，他会感到很惭愧；但却不会惭愧——他甚至连想都没有想到——他弄错了文法，冒犯了别人的耳朵。他的话，整个儿把自己暴露出来，等待旁人的评断和分类。他的英语表达能力真的很可怜，就像在不断地向这个世界宣告，他是一个多么没有修养的人。

艾略特博士在哈佛大学担任校长有三分之一个世纪后宣称："我认为，在淑女或绅士的教育中，只有一门课是必修的，就是能准确、优雅地使用他的本国语言。"这是一句意义深远的声明，值得我们深思。

但是，你也许会问：我们如何才能同语言发生亲密的关系？我们如何以美丽而且正确的方式把它们说出来？卡耐基先生告诉我们，我们所要使用的方法没有任何神秘之处，也没有任何障眼法。这个方法是个公开的秘密。林肯就是使用这个方法获得了惊人的成就。除了林肯之外，还没有其他任何一位美国人曾经把语言编织得如此美丽，也没有人像他那样说出如此具有无与伦比的音乐节奏的短句："怨恨无人，博爱众生。"

从林肯的身世来看，他可没有如此高贵，他的父亲只是位懒惰、不识字的木匠，他的母亲也只是一位没有特殊学识及技能的平凡女子，难道是因为他特别受上苍垂爱，赋予了他善用语言的天赋？我们没有证据支持这种推论。当他当选国会议员后，他曾在华府的官方纪录中用一个形容词"不完全"来描述他所受的教育。在他的一生当中，受学校教育的时间不超过 12 个月。那么，谁是他的良师呢？有的，他们是肯塔基森林内的萨加林·伯尼和卡里伯·哈吉尔，印第安纳州鸽子河沿岸的亚吉尔·都赛和安德鲁·克诺福，他们都是一些巡回的小学教师。他们从一个拓荒者的屯垦区流浪到另一个屯垦区，只要当地的拓荒者愿意以火腿及玉米来交换他们教导小孩子们读、写、算，他们就留了下来。当然，林肯也只从他们身上获得了很少的帮助及启蒙，他的日常处境对他的帮助也不多。

此外，他在伊利诺伊州第八司法区所结识的那些农夫、商人、律师及诉讼当事人，也都没有特殊或神奇的语言才能。好在林肯并没有把他的时间全部浪费在这些才能与他相等或比他低的同伴身上——你必须记住这一重大事实。相反，他和当时一些头脑最好的人物——跨时代的最著名歌手、诗人——结成了好朋友。他是怎样与这些并不同处一个时代的人结交的呢？看了下面的故事，你就明白了。

他可以把伯恩斯、拜伦、布朗宁的诗集整本整本地背诵出来。他还曾写过一篇评论伯恩斯的演讲稿。他在办公室里放了一本拜伦的诗集，另外还准备了一本放在家里。办公室的那一本，由于经常翻阅，只要一拿起来，就会自动摊开在《唐璜》那一页。当他入主白宫之后，内战的悲剧性负担消磨了他的精力，在他的脸上刻下了深深的皱纹。尽管如此，他仍然经常抽空拿一本英国诗人胡德的诗集躺在床上翻阅。有时候他会在深夜醒来，随手翻开这本诗集，当他凑巧看到使他得到特别启示或令他感到高兴的一些诗，他会立刻起床，身上仅穿着睡衣，脚穿拖鞋，悄悄找到他的秘书，甚至把他的秘书从床上叫醒，把一首一首的诗念给他听。在白宫时，他也会抽空复习他早已背熟了的莎士比亚名著，还常常批评一些演员对莎剧的念法，并提出自己对这部名著的独特见解。他曾写信给莎剧名演员哈吉特说："我已经读过莎士比亚的某些剧本了。我阅读的次数可能和任何一个非专业性的读者差不多一样多。《李尔王》《理查三世》《亨利八世》《哈姆雷特》，特别是《麦克白》，我认为，没有一个剧本比得上《麦克白》，真是写得太好了！"

林肯热爱诗句。他不仅在私底下背诵及朗诵，还公开背诵及朗诵，甚至还试着去写诗。他曾在他妹妹的婚礼上朗诵过他自己写的一首长诗。在他的中年

时期，他就曾把自己的作品写满了整本笔记簿。当他对这些创作还不是信心十足时，甚至连他最好的朋友也不允许去翻阅。

罗宾森在他的著作《林肯的文学修养》一书中写道："这位自学成才的伟人，用真正的文化素材把自己的思想包扎起来。他可以被称为天才或才子。他的成长过程，同爱默顿教授描述的文艺复兴运动领导者之一伊拉斯谟的教育情形一样。尽管他已离开学校，但他仍以唯一的一种教育方法来教育自己，并获得成功。这个方法就是永不停止地研究与练习。"

林肯是一名举止笨拙的拓荒者，年轻时候经常在印第安纳州鸽子河的农场里剥玉米叶子及杀猪，以赚取一天三角一分钱的微薄工资。但就是这样一个貌不惊人的人，后来却在葛底斯堡发表了人类有史以来最精彩的一篇演说。当时曾有 17 万大军在葛底斯堡进行一场大战，大约 7000 人阵亡。著名演说家索姆奈在林肯死后不久曾说过，当这次战斗的记忆自人们脑海中消失之后，林肯的演说仍然活生生地印在人们的脑海深处。而且即便这次战斗再度被人们回忆起来，最主要的原因还是因为人们想到了林肯的这次演说。我们有谁能够否认索姆奈这段预言的正确性呢？

著名政治家爱维莱特也曾在葛底斯堡一口气演讲了两个小时。他所说的话早已被人们所遗忘，而林肯的演说却不到两分钟，有位摄影师企图拍下他发表演说时的照片，但等这位摄影师架起他那架老式的照相机及对准焦距之时，林肯已经结束了演说。

　　林肯在葛底斯堡的演说全文已被刻印在一块永不腐朽的铜板上，陈列于牛津大学的图书馆，作为英语文字的典范。研习演说的每一位后生，都应该把它背下来：

　　八十七年前，我们的祖先在这块大陆上创立了一个新的国家，它孕育于自由之中。他们主张人人生而平等，并为此而献身。

　　现在，我们正从事一场伟大的内战，这是一场考验这个国家或者任何一个像我们这样孕育于自由并奉行其主张的国家是否能长久存在的战争。我们聚集在这个伟大的战场上，将这个战场上的一块土地奉献给那些在此地为了这个国家的生存而牺牲了自己生命的人，作为他们的安息地。我们这样做是完全应该和正确的。

　　可是，从更广阔的意义上说，我们并不能奉献——不能圣化——更不能神化这片土地。因为那些在此地奋战过的勇士们，不论是还活着的或是已死去的，已经使这块土地神圣了，远非我们微薄的力量所能予以增减的。世人将不大会注意，更不会长久记住我们在这里所说的话，然而，他们将永远不会忘记这些勇士们在这里所做的事。相反的，我们活着的人，应该献身于勇士们未竟的工作，那些曾在此地战斗过的人们已经把这项工作英勇地向前推进了。我们应该献身于留在我们面前的伟大任务——我们要从那些勇于牺牲的战士身上汲取更多的奉献精神——我们要在这里下定决心使那些死去的人不致白白牺牲——我们要使我们的祖国在上帝的护佑下，获得自由的新生——我们要使这个民有、民治、民享的政府永世长存。

　　一般认为，这篇演说稿结尾的那个不朽的句子是由林肯独创出来的。真的是由他自己想出来的吗？事实上，林肯的律师合伙人贺恩登在葛底斯堡演说的几年前，就曾送过一本巴克尔的演说全集给他。林肯读完了全书，并且记下了书中的这句话："民主就是直接自治，由全民治理，它属于全体人民，并由全体人民分享。"不过巴克尔的这句话也有可能是从韦伯斯特那里借用来的，因为韦氏在巴克尔讲这句话的4年之前就曾在一封给海尼的复函中说过："民主政府是为人民而设立的，它由人民组成，并对人民负责。"如果进一步追根溯源的话，韦伯斯特则可能是从门罗总统那里借用来的，因为据考证，门罗总统早在韦氏讲此话的三分之一世纪之前就发表过相同的看法。那么门罗总统又该感谢谁呢？在门罗出生的500年前，英国宗教改革家威克利夫就已在《圣经》

的英译本前言中说："这本《圣经》是为民有、民治、民享的政府所翻译的。"远在威克利夫之前，在耶稣基督诞生的400多年前，克莱温在向古雅典的市民发表演说时，也曾谈及一位统治者应用"民有、民治及民享"的制度来治国。至于克莱温究竟是从哪位祖先那儿获得的这个观念，那就无从考究了。

在这个世界上，真正货真价实的所谓全新的事物实在是太少了。纵使是最伟大的演说家，也要借助阅读的灵感及得自书本的资料。

从书本中学习！它就是取得成功的秘诀。一个人要想增加及扩大自己的文字存储量，他就必须经常让自己的头脑受文学的洗礼。约翰·布莱特说："我一进入图书馆，就会感到一阵悲哀，因为自己的生命太短暂了，我根本不可能充分享受呈现在我面前的如此丰盛的美餐。"布莱特15岁时离开学校，到一家棉花工厂工作，从此就再也没有机会上学了。令世人惊奇的是，他却成为他那个时代最耀眼的演说家。他以善于运用英语文字而闻名。他对那些著名诗人的长篇诗句反复阅读，潜心研究，还详细地做笔记，并能将其中的一些精彩句子倒背如流。这些诗人包括拜伦、弥尔顿、华兹华斯、惠特尔、莎士比亚、雪莱等。他每年都要把弥尔顿的《失乐园》从头到尾看一遍，以增加他的词汇及文学素养。

英国演讲家福克斯通过大声朗诵莎士比亚来改进他的风格。格雷史东把自己的书房称为"和平殿堂"，有15 000册藏书，他承认因为阅读圣奥古斯丁、巴特勒主教、但丁、亚里士多德和荷马等人的作品而获益匪浅，荷马的希腊史诗《伊利亚特》和《奥德赛》使他很着迷，他写下了六本评论荷马史诗和他的时代背景的书。

英国著名政治家、演讲家皮特年轻的时候，经常阅读一两页希腊文或拉丁文作品，然后翻译成英文。他十年如一日，每天这样做，结果"他获得了无人能比的能力：在不需事前思考的情况下，就能把自己的思想化成最精简、最佳排列的语言"。

古希腊著名演讲家、政治家德摩斯梯尼抄写了历史学家修昔底德的历史著作八次，希望能学会这位历史学家的华丽高贵又感人的措辞。结果两千年后，威尔逊总统为了改进自己的演讲风格，就特别去研究德摩斯梯尼的作品。英国著名演讲家阿斯奎斯发现，阅读大哲学家伯克莱主教的著作，是对自己最好的训练。

英国桂冠诗人但尼生每天都研究《圣经》，大文豪托尔斯泰把《新约福音》读了又读，最后竟然背诵下来。罗斯金的母亲每天逼他背诵《圣经》的章节，又规定每年要把整本《圣经》大声地朗读一遍，"每个音节，一词一句，从创世纪到启示录"一点也不能少。所以，罗斯金把自己的文学成就归功于这些严格的训练。

RIS 被公认是英国文字中最受人喜爱的姓名缩写，因为它代表了苏格兰著名作家史蒂文森，他可以算是作家中的作家。他是怎样获得让他闻名于世的迷人风格的呢？他这样讲述他的故事：

每当我读到特别让我感到愉快的一本书，或一篇文章的时候——这书或文章很恰当地讲述了一件事，提出了某种印象，或者它们含有显而易见的力量，或者在风格上表现出愉快的特征——我一定要马上坐下来，模仿这些特点。第一次不会成功，一般都这样；我就再试一次。常常连续几次都不会成功，但至少从失败的尝试里，我对文章的韵律、各部分的和谐与构造等方面，有了练习的机会。

我用这种勤奋的方法模仿过海斯利特、兰姆、华兹华斯、布朗爵士、迪福、霍桑及蒙田。不管喜不喜欢，这就是学习写作的方法。不管我有没有从中获得收获，这就是我的方法。大诗人济慈也是用这种方法学习，而在英国文学上再也没有比济慈更优美的诗人了。这种模仿方法最重要的一点是：模仿的对象，总有你无法完全模仿的特点。去试试看，一定会失败的。而"失败是成功之母"的确是一句古老又十分准确的格言。

我们举出很多的成功人物的例子，这个秘诀已经完全公开。林肯在给一位渴望成为名律师的年轻人的信上说："成功的秘诀就是拿起书本，仔细阅读及研究。工作，工作，工作才是最重要的。"

你可以从班尼特的《如何充分利用一天的二十四小时》开始。这本书和洗冷水浴一样对你会有很大的刺激。它告诉你很多你感兴趣的事情——你自己。它向你显示，你每天浪费了多少时间，又该怎样制止这种浪费，怎样利用你省下的时间。这本书只有 103 页，可以在一周之内轻松地看完。每天从书上撕下 20 页，放在你的口袋中。然后把每天早上看报的时间缩短成 10 分钟，而不是习惯性地一看就是 20 或 30 分钟。

杰斐逊总统写道："我已经放弃了阅报的习惯，而是改为阅读古罗马历史学家塔西佗和古希腊史学家修昔底德的著作。我发现，在做了这一调整以后我自己也变得快乐多了。"如果你也学学杰斐逊的做法，把阅报的时间至少缩短一半，几周之后，你也将发现你自己比以前更快乐、更聪明了。你相信吗？你难道不愿意如此尝试一个月，并把你由此省下来的时间用来阅读更有持久价值的一本好书？你在等待电梯、巴士、送餐、约会的时候，何不取出你随身携带的那20页来看看呢？

你在读完这20页之后，把它们放回书本中，再撕下另外的20页。当你以这种方式读完全书之后，用一根橡皮筋套住封面，以避免那些脱落的书页四处散落。以这种方式来肢解及拆开一本书，岂不是比把它原封不动地摆在你书房的书架上毫无用处更好吗？

第五十章　丰富你的词汇

逐渐地，不知不觉地，但必然地，你的辞藻将会开始变得美丽而优雅。慢慢地，从你身上将开始反映出你这些精神伙伴的荣耀、美丽及高贵气质。德国大文豪歌德说："告诉我，你读了些什么，我将可以说出你是哪种人。"

——卡耐基　《演讲的艺术》

在你读完《如何度过一天二十四小时》以后，你可能会对同一位作者的另一部著作产生兴趣。那就试试《人类机器》。这本书将会帮助你学会如何更圆熟地与他人打交道。它也将协助你将自己潜藏着的镇静与泰然自若的优点发掘出来。

我们在此推荐这些书，不仅是推荐它们的内容，也推荐它们的表达方式，因为它们一定能增加及改进你的词汇。

另外，几本有帮助的书也一并介绍如下：弗兰克·诺里斯的《章鱼》和《桃核》，这是美国有史以来最好的两本小说。前者叙述发生在加利福尼亚的动乱与人类悲剧；后者描述芝加哥交易所股票市场经纪人的明争暗斗。托马斯·哈代的《苔丝》，这是写得最美的一本小说。希里斯的《人的社会价值》，以及威廉·詹姆斯教授的《与教师一席谈》，是两本值得一读的好书。法国名作家摩路瓦的《小精灵，雪莱的一生》，拜伦的《哈洛德的心路历程》以及史蒂文森的《骑驴行》，这些书也都应该列入你的书单中。

请爱默生每天与你做伴。你可以先阅读他那篇评论《自恃》的著名论文。让他在你耳边轻声念出像下面一些如行云流水般的句子：

说出隐藏在你内心深处的信念，它应该是世界性的；因为最内部的通常会成为最外部的——我们最初的思想经由最后审判的喇叭声传回我们身上。思想的声音对每个人都是很熟悉的，我们认为，摩西、柏拉图和弥尔顿等人的最大功绩就是，他们不受制于书籍及传统，他们不仅说出人们所说的，也说出他们所想的。每个人都该学会侦测及注意自内部闪现过他脑海的光芒，而不必去注意所谓贤者及智者的开导。然而，他却不知不觉地放弃了他的思想，因为那是他的思想。在每一位天才的作品中，我们往往会发现被我们遗弃的思想，他们带着某种疏远的高贵气质又回到我们眼前来。伟大的艺术作品不会对我们构成比这更有影响的教训。它们教导我们，以良好脾气的不妥协态度忠于自然地出现在我们脑中的印象，而不是像我们大多数时间那样，将来自我们脑海深处的声音置于一旁。否则，明天就有一位陌生人以良好的感性，正确说出我们所想的一切，同时，我们随时要被迫羞辱性地从别人那儿去获知我们自己的意见。

每个人的教育过程中，总有一段时间他会发现，嫉妒是无知的行为；模仿是自杀；不管是好是坏，他必须自己承担；虽然这个世界慈悲为怀，但每个人必须辛勤耕种分配给他的那块土地，才能获得粮食。存在于他身上的那股力量，是自然界的新事物。除了他自己之外，没有人知道他能够干什么，而他自己也要亲自尝试过之后才会知道。

但我们把最好的作者留在最后。他们是谁呢？有人请亨利·欧文爵士提供一份书单，列出他认为最好的100本书，他回答说："面对这100本好书，我只会专心去研究其中的两本——圣经和莎士比亚。"亨利爵士说得对。你必须到英国文学的这两个伟大的泉源取水喝。要经常去喝，而且要尽量多喝。把晚报丢到一边去，说道："莎士比亚，到这儿来，今晚和我谈谈罗密欧和他的朱丽叶，谈谈麦克白以及他的野心。"

如果你这样做，你会得到什么回报呢？逐渐地，不知不觉地，但必然地，你的辞藻将会开始变得美丽而优雅。慢慢地，从你身上将开始反映出你这些精神伙伴的荣耀、美丽及高贵气质。德国大文豪歌德说："告诉我，你读了些什么，我将可以说出你是哪种人。"

我上面所建议的这项阅读计划，只需要花费很少的意志力，而且只需利用谨慎节省下来的少数时间……你只需每本花上 5 美元，就可买到爱默生论文集及莎士比亚剧本集的普及版。

马克·吐温如何发展出他对语言文字的灵巧而熟练的运用能力的呢？他年轻时，曾搭乘驿马车，一路从密苏里州旅行到内华达州。旅程缓慢，且相当痛苦，必须同时携带供乘客及马匹食用的食物——有时候甚至还要准备饮水。超重可能代表了安全与灾祸之间的差别，行李是按每盎司的重量收费的，然而，马克·吐温却随身带了一本厚厚的《韦氏辞典大全》。这本大辞典伴随他翻山越岭，横渡荒凉的沙漠，走过土匪及印第安人出没的一片广袤土地。他希望使自己成为文字的主人，凭着独特的勇气及常识，他努力从事达成这项目标所必须做的工作。

皮特和查特罕爵士都把辞典读了两遍，包括每一页，每一个词。白朗宁每天翻阅辞典，替林肯写传记的尼可莱和海伊从辞典里面获得很多的乐趣和启示，他们说，林肯常常"坐在黄昏的阳光下"，"翻阅着辞典，直到他看不清字迹为止"。

这些例子并不特殊。每一位杰出的作家及演讲家都有过相同的经验。

威尔逊总统的英文造诣很高。他的一些作品——对德宣战宣言的部分——在文学史上也有一席之地。他说他学会运用文字的方法是：

我的父亲绝对不允许家中的任何人使用不准确的字句。任何一个小孩子说溜了嘴，必须立即更正，任何生词得立即解释清楚。他鼓励我们每一个人把生词应用在日常的谈话中，以便把它牢牢记住。

纽约一位演讲家，以句子结构严密、文辞简洁优美得到很高的评价。他最近的一次谈话，透露了他准确、有力地使用文字的秘诀。每当他在谈话或阅读时发现不熟悉的词，就立刻把它抄在备忘录上。然后在晚上就寝之前先翻翻辞典，彻底弄清楚那个生词的意思。如果白天没有碰到任何生词，就阅读一两页费纳德的《同义词、反义词和介词》，研究每一个词的准确意义，日后当做最好的同义词使用。一天一个新词——这就是他的座右铭。这也表示，一年他至少增加 365 个额外的表达工具。这些新词全记在一个小笔记本上，有空闲的时候就取出来复习。他发现一个新词使用三次后，就会成为他的词汇里永恒的一分子。

使用辞典不仅是为了了解某个词的准确意义，也是为了找出它的来源。在英文辞典里，每个单词的历史和来源，通常都列在定义后的括号内。可不要认为这些每天都在说的单词只是一些枯燥、冷漠的声音，其实它们充满了色彩，有着浪漫的生命。比如说"打电话给杂货店，叫他们送些糖来"。即使是这样平淡的两个句子，我们仍然使用了许多从不同文字借用的词。"telephone"（打电话）是由两个希腊字组成的，"tele"的意思是"远方的"，而"phone"意味着"声音"。Grocer（杂货商）是法文里一个历史悠久的词 grossier 借用过来的，而法文又是从拉丁文 gross – arius 演变而来，意思是指零售和批发商人。Sugar（糖）来自法文，法文又源于西班牙语。西班牙语又从阿拉伯文借用，阿拉伯文又脱胎于波斯文，波斯文里的这个词 shaker 是梵文 carkara 一词的演变，意思是"糖果"。

再如，你可能在某家公司上班或是自己有了一家公司。公司 company 源于法文的一个古字 companion（伙伴）；而 companion 由 corn（与）和 pani（面包）两个词组成。你的伙伴 companion 就是和你共享面包的人，一家公司 company 就是由一群想共同赚取面包的伙伴组成的。你的薪水 salary 指你用来买盐 salt 的钱——古罗马士兵可以领到买盐的一些津贴，后来有一天一位士兵把他的整个收入称为 salarium（买盐钱），成为一个广为流传的俚语词，最后却又成为一个非常受尊敬的英语单词。你现在手中拿着一本书 book，这个词的真正意思是指一种树木 beech（山毛榉）。因为很久以前，盎格鲁·撒克逊人都把他们的字刻在山毛榉树干上，或是刻在用山毛榉木做成的桌面上。放在你口袋中的 dollar（美元），实际上的意义是 valley（山谷）。因为最早的钱币是 6 世纪在圣卓亚齐姆的山谷中铸造的。

再看 janitor（看门人）和 January（1 月）这两个词，都借用意大利西部古国伊楚里亚的一名铁匠的姓氏。这位铁匠住在罗马，专门制造一种特殊的门的锁和门闩。他死后被奉为异教徒的神，有两张脸孔，能同时看到两个方向，代表了门的开启与关闭。因此，介于一年的结束和另一年开始之间的那个月份，就被叫做 January 或是 Janus（这位铁匠的姓氏）。当我们谈到 January（1 月）或一位 janitor（看门人）时，我们等于是在纪念一位铁匠。他活在耶稣诞生的 1000 年前，娶了一位名叫 Jane 的妻子。

同样，一年里的第 7 个月份 July（7 月），是根据古罗马的 Juliu Caesar（恺撒大帝）命名的。奥古斯都大帝为了不让恺撒专美于前，就把下一个月份命名为 August（8 月）。而且在当时的 8 月份只有 30 天，奥古斯都大帝不甘心以他的姓氏为名的月份竟然比以恺撒为名的月份少了一天，他就从 2 月抽出一天，加入 8 月里。这种自负心理的痕迹很明显地呈现在你的日历上。真的，你将发现，每个单词都有着这样迷人的历史。

试着从大词典里寻找这些单词的来源：Atlas（地图册）、Boycott（联合抵制）、Cereal（谷类食品）、Colossal（巨大的）、Concord（和谐）、Curfew（宵禁）、Education（教育）、Finance（财政）、Lunatic（疯人）、Panic - stricken（惊慌失措）、Palace（皇宫）、Pecuniary（金钱）、Sandwich（三明治）、Tantalize（逗引）。找出它们背后的故事，这将让它们更加多姿多彩，更加有趣。你会更觉有滋味和乐趣使用它们。

试着正确说出你的意思，表达你思想中最微妙的部分，这不见得是容易办得到的——即使是有经验的作家也不一定办得到。美国著名的女作家芳妮·赫斯特曾经说过，她有时候把写好的句子一改再改，通常要改 50 次到 100 次。

她说，有一次，她还特地计算了一下，发现一个句子竟被她改写了 104 次之多。另一位著名女作家沃伦坦诚地说，为了从一篇即将在各报纸联合刊登的短篇小说中删去一到两个句子，有时甚至要花掉整整一个下午的时间。

美国政治家莫里斯曾经述说过美国著名作家戴维斯为了找出最合用的词是如何辛勤地工作的：

他写的小说中的每一个词，都是他从他所能想到的无数单词中精挑细选出来的。他所选用的词，都是依据他一丝不苟的判断，且都必须是最能经得起考验的词。每个词，每个句子，每一段落，每一页，甚至整篇小说，都是写了一遍又一遍。他采用的是一种"淘汰"的原则。如果他希望描述一辆汽车转弯驶入某院大门，他首先要作冗长而详细的叙述，任何细节都不放过。然后，他开始一一删除他痛苦思索出来的这些细节。每做一次删除，他都要问问自己："我所要描述的情景是否仍然存在？"如果答案是否定的，他就把刚刚删除的那个细节又放回原处，然后，试着去删除其他的细节，如此一一删除下去。在经过如此千辛万苦的努力工作之后，最后呈现在读者面前的就是那些简洁而明澈的片断。正是有了这一过程作铺垫，他的小说与爱情故事才会一直受到读者的喜爱。

我们大多数人，都没有花如此多的时间也没有如此尽力去辛勤地寻找那些合意的字眼。我们之所以在此举出这些例子，是要向你表明，成功的作家是十分重视用正确的语言来表达自己的思考的。我们同时期望，这样做能够使学习演说的学员们对语言及文字的运用更感兴趣。当然，一个演说者不应该到了演说途中停顿下来，支支吾吾地，以求找出他渴望表达的意义的正确语言。不过，他应该每天练习，以对自己的意思做最正确的表达，一直到这些语言能够很自然顺畅地从头脑中涌出为止。要想成为一个成功的演说家，你是应该这样做的，但你这样做了吗？没有，你并没有这样做。

大文豪弥尔顿在他的作品中共使用了 8 000 个单词，莎士比亚作品使用的词汇达 15 000 个。一本标准的辞典词汇为 45 万个。但根据最普通的估计，一般人只要认识 2 000 个词，在讲话时就足以运用自如了。一般人通常只懂得一些动词，以及把它们串联起来的一些连接词，再加上一些名词，以及一些被已经滥用了的形容词。一般人在精神方面也相当懒散，或是太过于专心于事业，因此无暇学习如何将意念做最正确的表达。其结果怎样呢？且让我举个例子吧。我曾经在科罗拉多的大峡谷边度过终生难忘的几天。在有一天下午，我听见一位女士竟以一个相同的形容词来形容一只狗、一段管弦乐曲和一位男士的脾气，以及大峡谷本身，那就是，他们全都很"漂亮"。

那么，她到底用的是哪一个形容词呢？因为英国语言学家罗杰在"beautiful"（漂亮）下面列出了许多的同义字。你能猜得出她所使用的到底应该是其中的哪一个吗？

同时，一定要避免使用老掉牙的表达方式。你不仅要努力做正确的表达，也要尽量使自己的表达具有新鲜感与创意。要有勇气把你对事情的看法说出来，因为"事情本身就是上帝"。例如，在《圣经》记载的诺亚大洪水之后不久，一些最富创意的人首先使用了这个比喻："冷得像条黄瓜。"这个比喻真是太好了，因为它极具新鲜感。即使是在后来的贝尔夏加的著名盛宴上，这个比喻仍可保有它的原始新鲜感，并值得在一场宴会后的演说中使用。但是到了今天，我们这些以拥有创造力而自负的人，如果还在重复使用这个比喻，你难道不感到羞愧吗？

下面是 12 句用于表示寒冷的比喻。它们岂不跟那个陈腐的"黄瓜"比喻具有同样的效果，不仅更新鲜，也更能为人所接受吗？

冷得像青蛙。

冷得像清晨的热水袋。

冷得像坟墓。

冷得像格陵兰的冰山。

冷得像泥土。

冷得像乌龟。

冷得像飘雪。

冷得像盐巴。

冷得像蚯蚓。

冷得像黎明。

冷得像秋雨。

趁你现在还有这份兴致，可以想想你自己的比喻，用以表达寒冷的感觉。要有与众不同的勇气，并把它们写在下面。

女作家凯瑟琳·诺利斯曾就如何才能发展出自己独特的风格来，做如下的回答："阅读古典散文与诗集，并严厉地删除你的作品中无意义的词句及陈腐的比喻。"

一位杂志编辑每当发现投来的稿子中有两三处陈腐的比喻时，他就立即把稿子退还给作者，以免浪费时间去看它。在他的心目中，一个没有表达创意的作家，将无法表现任何有创意的思想。

第五十一章　充分的休息让你的精神更加饱满

在做一场重要的演讲前，尽量吃得简单，要是条件允许，最好小憩片刻。你的身体、大脑和思想都需要一点休息来恢复状态。

——卡耐基　《演讲的艺术》

风格和个性是演讲成败与否的关键因素。想要获取听众的信任，你必须保持自然和热诚。

卡耐基技术研究所曾经作过一次智力测验，测验对象是 100 位著名的商业人士。研究所根据这次测验得出的结果向社会宣布：影响事业成功的诸多因素中，个性的重要性远大于智商。

这无疑是一项重大的发现，对于商界人士，有着极为重要的意义。不仅如此，它对于任何职业的人士而言，都具有重大的意义。而对于演讲者来说，同样是一个非常重要的好消息。

个性在演讲中的重要性，恐怕只比预先准备要少一点。就如埃波特·胡帕德所说："在演讲过程中，获取听众信任的不是演讲者的语言，而是他的态度。"个性究竟是什么呢？仿佛你看得到，却又不能十分肯定，有些模糊但似乎又很清楚。大概就如同紫罗兰的香气那般令人无法分析。个性是一个人作为个体的综合：包括生理、心理、精神状态，还有遗传、爱好、修养、经历、体会、锻炼等所有与个体有关的情况。其复杂程度几乎可与爱因斯坦的相对论相比，也只有极少部分的人可以明白。

对个性塑造起重要作用的是环境和遗传因素，个性是很难再改变的，我们可以用一些方法使个性加强变得更有威力、也更吸引人。我们要尽可能地利用自己独一无二的资源。

首先，充分的休息，是保证你的个性发挥充分的一个必要条件。试想一下，一位神色疲倦的演讲者会让听众有何感想？人们最常犯的错误：把准备工作和计划的事情都拖到最后一分钟，不得不做的时候才急忙完成它。请你切记，一定不要这样做，因为这样会对健康造成负面影响，大脑也会过度疲劳，会减弱你的活力和能量，让你的思想变得迟钝。

要是你下午4点钟将做一个重要的演讲，那午餐尽量吃得简单，要是条件允许，你可以小憩片刻。你的身体、大脑和思想都需要一点休息来恢复状态。

姬尔拉婷·法拉有一个习惯，常常会令新结识的朋友感到不解，因为她会在大家谈兴正浓的时候，早早地道晚安，然后留下自己的丈夫和朋友们继续谈天说地，自己去睡觉。她的这种习惯源自她对自己艺术工作的充分了解。

发表重要的演讲之前，还要注意不要吃得太饱，学学那些圣徒，稍稍吃上一点。每周日下午5点，亨利·毕丘往往只吃一些饼干、喝点牛奶，不再吃其他任何东西。

墨芭夫人说："如果准备在晚上演唱，我就不吃午餐，只在下午5点时吃一点儿鸡肉，或鱼肉，或甜面包，一个苹果和一杯水。所以，每次从歌剧院或音乐厅回家后，都发现自己饿得不行了。"

墨芭夫人和毕丘的做法很明智。经验告诉我们，当你吞下饭前的酒和汤，以及牛排、炸薯片和沙拉、蔬菜、甜点，然后要站上一个小时，你不但不能达到身体的最佳状态，也不能让演讲得到尽情的发挥，原因是本来应该输送到脑里的血液，全集中到了胃部去同牛排及炸薯片战斗去了。著名音乐家帕德列夫斯基说得对，他说，他若在演奏会之前随心所欲地大吃一顿，那么他身上的兽性将会占据上风，甚至还会渗进他的指尖，而使他的演奏遭到破坏及变得呆板。

所以，演讲之前，一定不要大吃一顿，弄得肚子鼓鼓的，喘气都费劲，就更别提进行一场成功的演讲了。

第五十二章　不要忽略你的衣着和态度

得体的衣服会使他们增加信心，使他们的自信心大增并提高他们的自尊心。他们发现，当他们的外表显得很自信时，他们的思想也比较容易顺畅，他们的表达也更容易取得成功。这就是衣装对穿着者本人所产生的影响。

——卡耐基　《演讲的艺术》

衣着是演讲者给听众的第一印象，包括头饰、面饰、服饰等身体外表的装饰打扮，演讲是一门综合艺术，既要求有美的激情、美的声音、美的结构和美的内容，也要求有美的仪表，如此才能给听众留下美的视觉享受。适度地讲究仪容仪表，既能增强演讲者的信心，也有助于取得听众心理上的认同。

有一次，一位担任大学校长的心理学家向一大群人发出问卷，向他们询问，衣服对他们产生什么影响。结果，被询问者几乎一致表示，当他们穿戴整齐、全身上下一尘不染时，他们能清楚地知道自己穿得很整齐，而且也可以感觉得到，这表明衣服会对他们产生某种影响。这种影响虽然很难解释，但十分明确，十分真实。得体的衣服会使他们增加信心，使他们的自信心大增并提高他们的自尊心。他们发现，当他们的外表显得很自信时，他们的思想也比较容易顺畅，他们的表达也更容易取得成功。这就是衣装对穿着者本人所产生的影响。

演讲者的衣着会对听众产生什么影响呢？你可能已经注意到了，如果演讲者是位不修边幅的男士，穿着宽宽松松的裤子、变形的外衣和鞋子，自来水笔和铅笔露在胸前口袋外面，一张报纸、一只烟斗或一罐烟草把西装的外侧塞得凸了出来；如果演讲者是一位女士，带着一个样子丑陋的大手提包，衬裙还露在外面，听众对这样的一位演讲者根本就没有信心，就如同演讲者对自己的外表也没有信心一般。看了他或她那个乱糟糟的样子，听众岂不是也认为，这位演讲者的头脑一定也是乱七八糟的，就如同他那头蓬乱的头发、未经擦拭的皮鞋，或是胀得鼓鼓的手提包一样。

当罗伯特·李将军代表他的军队前往阿波麦托克斯镇投降时，他穿着一套整整齐齐的制服，腰边还佩戴着一柄很珍贵的长剑。与他形成鲜明对照的是，受降的格兰特却未穿外套，也未佩剑，只穿着士兵的衬衫和长裤。格兰特后来在他的回忆录中写道："相较之下，我一定是个十分怪异的对象，而对方则是一名衣着漂亮的男士，身高6英尺，服饰整齐。"没能在这个历史性场合穿上合适得体的服饰，这也成为格兰特将军一生中最大的遗憾之一。

美国农业部曾在其实验农场上养了几百箱的蜜蜂。每一个蜂巢都被装上一面很大的放大镜，只要按下按钮，蜂巢内部就会被电灯照得通明。这样，在任何时候，不论是白天或夜晚，这些蜜蜂的一举一动都能被很细密地观察到。演说者的情况也与此类似。他也像被安置在放大镜下，被聚光灯所照射，所有的眼睛都在看着他。在众目睽睽之下，他个人外表上哪怕是最微小的不调和之处，立刻会像科罗拉多的帕克山峰那般醒目。

演讲者的打扮不在于华贵和时尚，而在于大方和得体，自然而协调。具体说来，头饰要简单庄重、雅而不俗，切忌披头散发，蓬头垢面，仓促上阵。面饰以清秀、淡雅、自然、和谐为主，切忌浓妆艳抹。服饰应端庄大方，与演讲者的年龄、身份、容貌、身材乃至演讲的内容、环境、气氛协调，切忌雍容华贵、矫揉造作。

演讲者要情绪饱满，言辞恳切，要有说服力，要有时代感，要知识渊博而态度和蔼、真诚，而且要面带微笑。

卡耐基先生曾替《美国杂志》撰写过一篇关于纽约一位银行家的生平故事。这位银行家认为自己成功的最重要因素，在于他那迷人的微笑。乍听之下，这种说法可能显得有点儿夸张，但这是千真万确的。其他的人——可能有几十个甚至几百个，可能拥有更丰富的经验，而且也具备更为优越的财经判断力，但这位银行家却不同，他拥有他们所没有的一种额外资产：最随和的个性。在这种个性中，他那温暖、受人欢迎的微笑，则是其中最大的特色之一。这种微笑能使他立即赢取别人的信心，使他立刻获得别人的好感。只要是与他有过一面之交的人，都愿意看到他获得成功，而且都十分乐意对他表示支持。

中国有句成语叫"和气生财"。在观众面前展露笑容，岂不是与在柜台后面的笑容一样受人欢迎吗？有位学生参加了由布鲁克林商会主办的演讲训练班。当他出现在观众面前时，全身都散发出一股气息，仿佛在向台下的人表明他很高兴能来到这儿，他很喜欢他即将进行的演说工作。他总是面带微笑，而且显得十分乐意地面对着他的听众。他的这种情绪很快感染了台下的每一位听众，人们立即觉得他十分亲切，而他也大受欢迎。

与之形成鲜明对照的是，有一些演讲者以一种冷漠、造作的姿态走上讲台，以一种很不情愿的神态来发表这次演说。等到演讲完了，好像完成一个苦差事似的，谢天谢地的。我们这些当观众的，也会很快被他的这种情绪所感染，会十分沉重地听完他的演讲。

奥佛·斯特里特教授在《有影响力的人类行为》一书中写道：

喜欢产生喜欢。如果我们对我们的听众有兴趣，听众也会对我们产生兴趣。如果我们不喜欢台下的听众，他们不管在外表或内心，也会对我们表示厌恶。如果我们表现得很胆怯而且慌乱，他们也会对我们缺乏信心。如果我们表现得很无赖，而且大吹其牛，听众们也会表现出自我保护性的自大。经常的，我们甚至尚未开口说话，听众就已评定我们的好或坏了。因此，我有充分的理由指出，我们必须事先确信我们的态度一定会引起听众的热烈反应。

第五十三章　把听众聚集在一起

当一个人置身于一大群听众之间时，他会不由自主地随大众的气氛时而开怀大笑时而热烈鼓掌。但当他处于分散的人群中时，由于气氛太冷清，他会对之无动于衷。

——卡耐基　《演讲的艺术》

身为一名成功的演讲者，卡耐基经常会在下午对稀稀落落分坐在大厅内的一小群听众发表演说，或是在晚间对拥挤在一个狭小空间内的一大群人发表演讲。他注意到，在不同时间，听众对演讲者的反应是不一样的，对同一个话题，晚上，听众们听了会开心地哈哈大笑，对每一段落都报以热烈的鼓掌，到了下午，却只能使听众们的脸上露出浅浅的微笑；到了晚上，听众们毫无反应。

这是为什么呢？其中一个原因是，下午的听众大多是年老的妇人或小孩子。他们当然比不上晚上那些精力充沛且比较有辨识能力的听众那般对讲题有那样热烈的反应。但这只是一部分的原因而已。

更真实的原因是，当听众分散开来时，他们不易受到相互感染。世界上再也没有比听众与听众之间那些空着的椅子更能浇熄听众热情的东西了。

亨利·比彻在耶鲁大学发表有关讲道的演说时说："人们经常问我：'你是不是认为，对一大群人发表演说，要比向一小群人演讲更有意思？'我的回答是否定的。我可以向12个人发表精彩的演说，同样，我也可以向1 000个人发表同样精彩的演说，对于前一个群体只要这12个人能够围坐在我的身边，紧紧地靠在一起，并且彼此可以碰到对方的身体。同样，对于后一种情形，如果1 000个人分散而坐，每两个人还相隔4英尺之远，那也像在一间空无一人的房子里一般糟糕……把你的听众紧紧聚集在一起吧，你只要花一半的精神，就能令他们大为感动。"

当一个人置身于一大群听众之间时，他很容易有一种失去自我的感觉，因为他成了这些听众中的一分子，这当然比他单独一个人时更容易受到影响，他会不由自主地随大众的气氛时而开怀大笑时而热烈鼓掌。但如果他只是听你演说的五六个听众中的一个，虽然你对他说的仍然是同一内容，由于气氛太冷清，他会对之无动于衷。

当人们成为一个整体时，你很容易使他们发生反应，相反，如果你要使一个独处的人有所反应，就比较困难了。例如当男兵们前往战场时，他们一定会采取世界上最不顾一切后果的行动，他们希望大家聚成一团。在第一次世界大战期间，大家都知道德国士兵上战场时，彼此要紧握住同伴的手不放。

如果我们要向一小群人发表演讲，就应该去找一个小房间。把听众聚集在一个狭小的空间，好过让他们分散在宽广的大厅里。

如果你的听众坐得很分散，就请他们移到前排来，坐在靠近你的位子上。你一定要坚持让他们移过来后才展开你的演讲。

除非听众相当多，而且确实需要演说者站到讲台上去，否则不要这样做。你可以下台去和他们站在同一高度，站在他们身边，这样可以不拘形式，同听众们亲切地打成一片，这能使你的演说和日常谈话一样轻松、自然，令人信服。

把听众聚集在一起，还要求演讲者要以听众为友。演讲者不能蔑视听众，更不能敌视听众。因为没有听众的配合，再精彩的演说也难以为继。只有真心实意地把听众当朋友，把演讲视为一次扩大了范围的交谈，才可能取得理想的演讲效果。正如马克·吐温所说："听众的反应，决定演讲的成败。把他们当作'企业里的伙伴'，谦逊地包容，便掌握了打开心扉的钥匙。"

与此同时，还要善于在众多的听众中寻找强有力的支持者。一次多、长距离的演讲，常使初登讲台的人产生孤立无援的感觉，此时可以不理会那些冷漠呆板的表情，而有意识寻找热情友好的目光，以获得精神上的鼓励。曾经有一位演讲获奖者在谈及此方面的体会时说："我在那次演讲中，起先心理很紧张，我就尽力克制自己，但效果不大。这时，我看见我们班好多同学都坐在会场左边的中排。他们个个脸带微笑注视我。当即我的心情非常愉快。我知道，他们正期待着我演讲成功。于是，我鼓足勇气讲完了开场白。这时，听众中爆发出一阵热烈的掌声，我看见我班的同学鼓得最起劲。此刻，我早已忘记了害怕，我对演讲的成功充满了信心。"

第五十四章　别让演讲场所的环境干扰你

让你演讲的场合干净整洁，让光线恰到好处地照在你的脸上，别让其他额外的因素分散听众的注意力，这些都是你应该事先考虑到的。

——卡耐基　《演讲的艺术》

首先要保持空气的新鲜。演讲过程中，氧气是很重要的东西。不管是怎样动人的演讲，或者音乐厅里怎样美丽的女高音，都无法让身在恶劣空气中的听众保持清醒。如果你是演讲者之一，在开始演讲之前，不妨请听众们站起来休息两分钟，同时把窗户全部打开。

詹姆斯·庞德少校曾在美国和加拿大各地旅行，担任亨利·毕丘的经理。当时这位著名的布鲁克林传道师正受到大家的欢迎。庞德经常在信徒到来之前，去察看毕丘要传道的地点，认真检查灯光、座位、温度和通风情况。庞德是个退伍陆军军官，他很喜欢运用权威，大吼大叫。如果传道场所太热，空气不流通，而他又打不开窗子，他会拿起《圣经》，一下子把窗户玻璃砸得粉碎。他深信："对于一位传道者来说，除了上帝的恩典，最好的东西就是氧气。"

灯光也是影响演讲成不成功的另一要素。除非你要在听众面前表演招灵术，否则就应尽可能让房里光线充足。要在一个像热水瓶里一样昏暗的房间里激起听众的热烈情绪，那简直是像要去驯服野鹌鹑那样困难。

如果你看过著名制片商比拉斯科有关舞台的著作，你就会发现，一般的演讲者对于灯光的重要性，简直没有一丝一毫的观念。

让灯光照在你的脸上，人们希望能看清楚你。应该让你脸上任何一点微妙的变化都能够清楚地呈现在观众面前，这是自我表现的一部分，也是最真实的一部分。这种呈现有时比你的言语更能表达你自己。如果你站在灯光的正下方，那你的脸部会产生阴影；如果你让灯光从你的后脑勺照过来，你的脸也一定掩藏在阴影中。所以在你演讲之前，先要找一个有最好光线的地点，难道这不是一种很明智的做法吗？也不要躲在桌子后面，听众同样希望看到演讲者的全身。他们甚至会从座位上探出头来，把你的整个人看个清楚。好心的主持人一定会替你预备一张桌子，一个水壶和一个杯子。但是你不能要水壶或杯子，不能要那些放在讲台上的毫无用处又难看的废物。如果你的喉咙很干，那就找一点儿盐含在嘴里，或尝一点柠檬，这会让你的唾液流出来，而且比尼亚加拉瀑布还多。

百老汇大道上的各种品牌的汽车展览室都布置得十分漂亮、整洁、干净、赏心悦目。法国巴黎名牌香水和珠宝店的办公室，也是那么高雅豪华。为什么要这样子？因为这些都是高级的商品，顾客看到这些展览室布置得如此美丽之后，会对这些产品更为尊敬，更有信心，也更羡慕。

相同的理由，一名演讲者也应该有赏心悦目的背景。理想的布置应该是完全没有什么家具，演讲者的后面也不能有任何足以吸引听众注意力的东西，两边也不能有——也就是说，除了一幅深蓝色的天鹅绒幕布，你什么东西都不要。

但是，一般演讲者的背后常常都有些什么东西呢？地图、图表，也许还有一堆积满灰尘的椅子。这是什么效果？一种粗俗、凌乱，很不和谐的气氛。你一定要把没用的东西全部清除掉。

亨利·毕丘说："演讲中最重要的东西是人！"

如果你是演讲者，一定要很突出地表现出来，要像少女峰白雪覆盖的峰顶与瑞士的蔚蓝天空相互辉映那样突出。

有一次，加拿大总理在安大略省的兰登市演讲。他演讲的时候，有一个工人拿着一根长木棒从这个窗户走到另一个窗户，一一调整窗子。结果听众几乎一时忘记了台上的演讲者，专心致志地看着那位工人，仿佛他正在表演什么魔术似的。

不管是听众或观众，他们都无法抵抗——或者说，他们不愿意抵抗——望向移动物体的诱惑。演讲者只要能够记住这一真理，那么他就能让自己避免一些困扰和不必要的烦恼。

第一，他应该克制自己，不去玩弄自己的手指、拨动衣服或是做些会削减听众对他的注意力的一些紧张的小动作。一位很有名的纽约演讲家在演讲时，用手玩弄讲台上的桌布，结果听众们全都专心地望着他的手，足足有半小时。

第二，如果可能的话，演讲者应该把听众的座位做适当的安排，使他们不会看到迟到的听众进来，如此可以防止他们分散注意力。

第三，演讲者不应该安排贵宾坐在讲台上。雷蒙·罗宾斯曾在布鲁克林发表一系列的演讲，他邀请卡耐基和另外几位贵宾一起坐在讲台上。卡耐基拒绝了，理由是这样做对演讲者没有任何的好处。事实真的是这样，在第一天晚上，卡耐基就注意到有好几位贵宾移动身子，把一条腿放到另一条大腿上，然后又放下来，等等；他们只要有任何人稍微移动一下，听众就会把眼光从演讲者身上移到这位贵宾身上。第二天，卡耐基把这种情形告诉了罗宾斯先生。在后来的几个晚上，他就很聪明地单独一个人站在台上了。

有的演讲者不允许舞台上放置红色的鲜花，因为会吸引太多的注意力。那么，演讲者又怎么能允许在他演讲时让另一个动个不停的人面对观众坐着？不应该这样做，只要他稍微聪明一点的话。

第五十五章　借自嘲摆脱窘境

当令人难堪的事实已经发生，运用自嘲，能使你的自尊心通过自我排解的方式受到保护，并且还能体现出你大度的胸怀。

——卡耐基　《演讲的艺术》

邦斯太太时常参加一个家庭主妇的聚会活动，参加聚会的是整个街区的形形色色的主妇，大家在聚会上交流各自的持家之道。不知出于何种原因，詹姆斯太太总是给邦斯太太难堪。

这一次，詹姆斯太太竟当着众人的面大声说："大家知道吗，邦斯太太从不害怕灰尘，灰尘是她的生活伴侣。我去她家做客时几乎灰尘过敏了……"

虽然邦斯太太确实并非一位勤劳的主妇，但是情况也决不像詹姆斯太太说得那么糟糕。况且，对于这样的当众评价，没有人会不感到恼火。不过邦斯太太压住了怒火，微笑着说道："是啊，说不定我真的是世界上最糟糕的主妇呢。我每年要报警一次，为的是让警察进来取指纹以便帮我打扫一下灰尘。"在场的主妇们听了她的话都哈哈大笑。

邦斯太太的这句话带给听者这样的感觉：詹姆斯太太的话不过是开玩笑而已，并且这真的很有趣。实际情况不会是那么糟糕的。

主妇们都觉得邦斯太太是个"很有趣"的人，认为她是值得交往的人。有些人还希望到她家里做客，因为她们觉得她可不是那种对人刻薄的人，在她家里一定轻松而自在。

邦斯太太用自嘲化解了同伴的嘲讽，也给别人留下了好印象。

无论是工作还是生活，都难免会遇到一些令人尴尬的事情，这就需要你有随机应变的本领。那么，如何做到机智应变呢？你不妨采用自嘲的方式。因为自嘲在交谈中具有特殊的表达功能和使用价值。

自嘲，即自我嘲弄。然而，醉翁之意不在酒，自嘲表面上是嘲弄自己，而背后的潜台词却别有韵味。

在与人交谈时，当对方有意无意地触犯了你，使你处于尴尬境地时，借助自嘲摆脱窘境，是你恰当的一种选择。

适当地运用自嘲，还能使你的自尊心通过自我排解的方式得到保护，同时还能体现出你大度的胸怀。

当别人有求于你时，你想拒绝，又不想伤害对方，可以运用自嘲的方式，既能表达自己的拒绝意图，又能使对方乐于接受。

有一次，美国一家报纸的编辑部为了制造声势，邀请林肯出席他们报纸的编辑大会。但是林肯觉得自己不适合出席这次会议，因为身份不符。

于是林肯采取了自嘲的方式，他给报纸编辑部的人讲了这样一件事情：有一次，他在树林中遇到了一个骑马的妇女。他停下来让路，可是她也停了下来，目不转睛地盯着他的面孔看。

那位妇女说："我现在才相信林肯是我见到过的最丑的人。"

林肯对她说："你说对了，说得对极了，但是又能有什么办法呢？"

但那位妇女说："当然你生来就是这副丑相是没有办法改变的，但你还是可以待在家里不要出来嘛！"

大家听完了之后，不禁哑然失笑，同时也领会了林肯讲话的意图。

在演讲中，假如遇到了意外情况，不妨采取自嘲的方式缓解一下紧张尴尬的气氛。但是自嘲要避免采取玩世不恭的态度，更不能贬低自己。积极的自嘲，包含着自嘲者强烈的自尊、自爱。自嘲是所采取的一种貌似消极、实为积极的促使交谈向好的方向转化的手段。

自嘲就是"自我开炮"，被称为幽默的最高境界，就是讲述关于你自己的笑话，你讲述关于你自己的笑话，听者不会反对，恰到好处的表达还会拉近你与听者之间的距离。

戏剧大师卓别林说："要得到真正的笑声，你必须学会忍受痛苦并把它玩弄于股掌之间。"当然，自嘲并不需要你忍受痛苦，而是反映你快乐的心境和你的自信心。自如地使用自嘲的方式，需要你有广博的知识、豁达、乐观、超脱、调侃的心态和胸怀。可想而知，自以为是、斤斤计较、尖酸刻薄的人是难以运用这个技巧的。

在演讲里，用诙谐的语言巧妙地表达自己的观点，使听众感到亲切，缩短与听众间的距离是每个演讲者追求的目标。为了实现这个目标，小小地自嘲一番，既不失自己的尊严和体面，又赢得了听者的好感，何乐而不为呢？

第五十六章　周全的准备

一个头脑清醒的人，不会毫无计划地建造房屋，这是人人都懂的道理。当一个人对演讲毫无准备甚至不清楚自己要谈什么主题的时候，他怎么能够进行成功的演讲呢？

——卡耐基　《演讲的艺术》

没有什么人是真正不能拥有卓越口才的，也没有什么人是真正不善于当众说话的。然而，确实有许多人无法在众人的面前顺利开口，原因其实只是他们内心的恐惧。事实上，即使是职业演说家也不可能彻底克服当众演讲的恐惧感，说话前充分而周全的准备是获得当众说话自信最有力的保障。对于成竹在胸的演讲者来说，没有什么是值得害怕的。

1912 年以来，因为职业需要，卡耐基先生每年都要对 5 000 多次演讲进行评鉴。这些演讲者使他认识到：只有准备充分的演讲者才能有完全的自信。试着想想，如果一个人上战场带的是不能用的武器，身上没有半点儿弹药，还谈什么攻克恐惧的堡垒呢？美国总统林肯说："我相信，我若是无话可说时，就算年纪一大把、经验一大堆，也免不了要为此难为情的。"

要想拥有出色的演讲，事先必须有充分的准备。只有准备充分的演讲者才有完全的自信，才能获得成功。

林肯说："即使年纪一大把，经验一大堆，如果无话可说，也免不了要为此难为情。"

丹尼尔·韦伯德也说："如果没有准备就出现在听众面前，这和裸体没什么两样。"

在演讲之前，必须做好周全的准备。许多演讲的计划与安排，所花费的时间，并不会比煮一碗爱尔兰炖菜多。

拿破仑说："战争艺术是门科学，未经计划、思考，休想成功。"这句话，值得漆成鲜红的一尺高的大字，悬挂在地球上所有演讲课的课堂门口。

初学演讲的人，很少想到去计划。事先的计划需要时间和思索，更需要有坚强的毅力。用大脑思考问题是一个痛苦的过程。发明大王爱迪生在他工厂的大墙上，抄下了雷洛特爵士的一段名言："成功之道，只有用心思考，才是捷径。"

可是，没有经验的人，经常依赖的是他自己所谓的灵感，结果发现"误入歧途，并且路上充满诱惑与陷阱"。

已故的洛斯克利弗爵士曾说，法国哲学家帕斯卡说过的一句话对他的成功最有影响，这句话是："领先计划就能领先。"正是这句话，帮助他从一个周薪微薄的小职员做起，一路努力而成为大英帝国最富有、最具影响力的报业老板。帕斯卡的这句话，完全可以放在我们的书桌上，成为我们的座右铭。

当你准备演讲的时候，你要预先计划好演讲方式。这时听众的头脑还是空白一片，你的每一个字都能给他们留下深刻的印象。因为在演讲过后，就没有任何事情来左右听众了，所以一定要预先计划给听众留下什么样的印象。

所以，准备演讲，就是把"你的"思想，"你的"念头，"你的"想法，"你的"原动力集合在一起。

如果你真正地拥有这些思想和原动力，白天它们总在你的脑海中，夜晚它们又会出现在你的睡梦中。你生命里时时刻刻都在感受着新的事物，收集着新的经验。准备就是回忆，选择思考最吸引你注意力的事物，然后加以修饰，使他们成为一个统一的整体，这个整体就是你思想的精华。这个准备并不是很困难，只要你对某一特定目标，稍予专心、注意及思考即可。你可以遵循以下这些步骤去准备演讲，获得听众热切的注意。

第一，限制题材。

演讲题目选好以后，接着就要确定自己题目所包含的范围，并且做到不越雷池一步；不要企图去讲一个包罗万象的话题，那是徒劳无益的。大部分的演讲之所以失败，都是由于范围涵盖太多的内容和论点，以至无法抓住观众的注意力而失败。因为人的注意力不可能一直跟随一连串单调的事实。倘若你的演讲听起来像世界年鉴，那你根本就不可能长久地抓住听众的注意力。

演讲往往都规定时间。在短短的不超过 5 分钟的演讲时间里，你只能期望说明一两点而已。即使是 30 分钟的时间，你要想讲完包含 4 个或 4 个以上重要概念的内容，成功的人也很少见到。

第二，发展预备力。

做浮光掠影，只作表面的演说，要比深力挖掘事实容易得多。

只是如果选择容易的路，听众便仅能获得很少的印象，甚至全无印象。题目缩小之后，下一步问自己一些问题，加深自己的了解，使自己准备充分，而能以权威的口吻来讲述自己选择的题目："我为何相信这个？在现实生活中，我何时见过这一点并证实无误？我确实想要证明什么？它到底是怎样发生的呢？"

像这一类的题目所需要的回答，可以提供你预备力。这种力量能使人们正襟危坐，分外留意。

一个高明的外科医生可以在 10 分钟之内教会一个普通人取出盲肠，可要教会他应对差错的方法，却需要花 4 年的时间。

演讲也是如此。必须周密准备，以应付各种变化。如：你可能要重复前一位演讲者的观点，而不得不改变自己的观点的重心，或在演讲后的讨论时间里，要针对听众更多关注的问题做出回答。

你若能尽快地选好题目，就能获得预备力。千万别拖至要讲前的一两天。如果很早决定好题目，你的下意识便能为你发挥作用。如每天工作后的零星时间里（驾车、等候公车、乘地铁等其他时间）你便可以深入探究题材，使要传达给听众的思想精炼化。

第三，尽量使用描述性的语言。

古希腊思想家亚里士多德曾称古传记为"懦弱思想的避难所"，真是一针见血地指明了人们写古传记常用许多意思不明确的概括性语言的方法。现代传记的写法则要举出具体的事实，语句要清晰、自然、明白。

老式传记的作者说，乔·杜伊有"穷苦但诚实的父母"。新式传记则说，乔·杜伊的父亲穷得买不起鞋套，所以下雪天只能用麻布袋把鞋子包起来，以保持两鞋的干燥和暖和。但是，尽管如此贫穷，他也从不在牛奶中加水，也不曾把生病的马当好马出售。试比较一下这两种说法，哪一种好呢？

几年前，有两人同时参加了纽约的一个口才培训班。一个是街区的一名流动小摊贩，他年轻时曾在英国海军待过，性格豪爽并且粗鲁。一个是一位哲学博士，任大学教授，他温文儒雅。可令人奇怪的是，在训练过程中，那位大学教授的演讲，却远远比不上这位流动摊贩的演讲更能吸引人。这是因为，这位流动摊贩一开口，就立即抓住问题的核心，内容很明确，而且具体、实在。再加上他那充沛的男子汉活力，以及新奇的词句，使他的演讲十分吸引人。而那位大学教授，正好相反。他用精美的词汇发言，台风温文儒雅，讲话条理清楚，但他唯一缺少了演讲的一个重要因素：具体化。他的讲话太不明确，太过空洞了，所以就不吸引人。

只有具体而且生动的语言，才具备吸引别人的能力。如，我们说马丁有时"既倔强又顽皮"。但如果我们说马丁承认，"他的老师经常打他的手心，有时在一个上午要打上 50 次之多"，这样是不是更有趣，更好？"既倔强又顽皮"这样的字眼很难吸引听众的注意力，但如果说打了多少下，听起来就具体多了。

路道夫·佛烈其在《畅达的写信艺术》一书中写道："只有故事才能真正畅达可读。"他接着以《读者文摘》和《时代》杂志为例印证他的观点。他分析指出在这两份雄踞畅销排行榜首位的杂志里，所有的文章都是纯粹的记叙，文章里都写满了奇闻轶事。演讲也一样，必须具有驾驭听众注意力的力量。没有人可以否认这一点。

如果你在演讲中总是谈观念问题，很可能令听众感到厌烦。如果你谈论的是人的问题，那么绝对可以吸引听众的注意力。

没有人会喜欢听人说教，要记住，要吸引听众的注意力，一定要让他们感到愉快和有趣。同时也要记住，世上最有趣的事情之一，莫过于精练雅致、妙语生辉的名人轶事。所以，请告诉他们你所认识的几个人的故事，告诉他们为何其中一个会成功，而另一个则失败，他们会很高兴去听。同时，他们或许还能因此例而影响一生。

诺曼·温瑟·彼尔牧师的布道，曾经通过收音机和电视机让无数人接受。他说自己在演讲中最爱举例子，以此来证明自己的观点。《演讲季刊》的编辑采访他时，他说使用真实的事例，是他所知道的最好的方法。这样不但能使观点清楚有趣，而且更具说服力。他为了证明一个论点，通常都同时使用好几个

事例。

　　演讲中加入富含人情味的故事，能引人入胜。演讲者应叙述少数重点，然后以具体的事例为引证。这样建构演讲的方法，一定会吸引听众的注意。

　　当我们在演讲时，如果只注意自己能够得到多少注目，能不能享受热烈的掌声，那你永远不会是一个成功的演讲者。因为，演讲的真正目的，并不是让演讲者感到有成就感，而是让所有的听众觉得自己受益良多。

第五十七章　赋予演讲生命力

　　　　生命力、活力、热情是讲演者必须具备的条件。听众的情绪完全受讲演者左右。

——卡耐基　《演讲的艺术》

　　有位波士顿的律师，得天独厚，仪表出众，说话畅达，但是他讲演完之后，人们都说："好个精明的家伙。"因为他给人一种虚浮的表面印象。在他满口华丽的辞藻后面，仿佛没有一点真情。而一个保险公司的职员扎伊尔品，个子很小，毫不起眼，说话不时地停下来思索接下来该说什么，可是当他说话时，没有人会怀疑他不是出于真心。

要想做精彩的讲演，维系听众的注意力，就要把你的热情和活力加入讲演中。

听众的情绪是演讲者自身情绪的反射，想让听众充满激情，首先要点燃自己对题目的狂热。

对自己的题目要有深切的感受，这一点很重要。除非对自己所选择的题目怀着特别偏爱的情感，否则就不要期望听众会相信你那一套话。道理很明显，如果你对选择的题目有实际接触与经验，对它充满热情——像某种嗜好或消遣的追求等；或者你对题目曾做过深思或有过深切的体会因而满心热诚，那么就不愁讲演时会不热心了。

马丁·路德·金（1929—1968）是著名的美国民权运动领袖，1964年度诺贝尔和平奖获得者，有金牧师之称。金在成为民权运动积极分子之前，是黑人社区必有的浸礼会的牧师。为黑人谋求平等，金发动了美国的民权运动。1963年，为了使世界人民关注美国种族隔离问题，金会同其他民权运动领袖组织发起了历史性的"向首都华盛顿进军"的运动，在这次斗争中，金发表了他著名的演说《我有一个梦想》。这篇演讲寄托着这位民权运动领袖的美好期待，他在自己的演讲中也倾注了极大的热情：

　　我有一个梦想：有一天，甚至连密西西比州一个非正义和压迫的热浪逼人的荒漠之洲，也会改造成为自由和公正的青青绿洲。

　　我有一个梦想：有一天，我的四个孩子将生活在一个不是以他们的肤色，而是以品格的优劣作为评判标准的国家里。

　　今天，我有一个梦想！

　　我有一个梦想，有一天，亚拉巴马州会有所改变——尽管该州州长现在仍滔滔不绝地说什么要对联邦法令提出异议和拒绝执行——在那里，黑人儿童能够和白人儿童像兄弟姐妹一样地携手并行。

　　今天，我有一个梦想！

　　我有一个梦想，有一天，每一个峡谷将升高，每一座山丘和高峰被削低，曲折的道路化为坦途，曲径成通衢，"上帝的光华重现，普天下生灵将同时看到。"

　　这是我们的希望。这是我将带回南方去的信念。

　　有了这个信念，我们就能从绝望之山开采出希望之石。

　　有了这个信念，我们就能把这个国家的嘈杂刺耳的争吵声，变为充满手足之情的悦耳交响曲。

　　有了这个信念，我们就能一同工作，一同祈祷，一同斗争，一同入狱，一同维护自由。因为我们知道，终有一天我们会获得自由。

　　我相信终会有一天，上帝的所有孩子都能以新的含义高唱这首歌：

　　我的祖国，可爱的自由之邦，我为您歌唱。您是我先辈逝去的地方，您是早期移民的骄傲，让自由之声，响彻每一座山冈。

　　如果美国要成为一个伟大的国家，这个梦想必须实现。

　　让自由之声在新罕布什尔州的巍峨高峰响彻吧！

　　让自由之声在纽约州的巍巍群山响彻吧！

　　让自由之声在宾夕法尼亚州的阿拉格尼高峰响彻吧！

　　让自由之声在科罗拉多州冰雪皑皑的洛基山响彻吧！

　　让自由之声在加利福尼亚州的婀娜群峰响彻吧！

　　不，不仅如此；

　　让自由之声在佐治亚州的石峰上响彻吧！

　　让自由之声在田纳西州的每一道山丘响彻吧！

让自由之声在密西西比州的一座座山峰，一个个土丘响彻吧！

让自由之声响彻每一个山冈！

当我们让自由之声响起时，当我们让自由之声响彻每一个村庄，每一个州和每一个城镇时，我们就能加速这一天的到来。那时，上帝的所有孩子，黑人和白人，犹太教徒和非犹太教徒，耶稣教徒和天主教徒，将手挽手同唱那首古老的黑人圣歌：

终于自由了！终于自由了！

感谢全能的上帝，我们终于自由了！

几十年过去了，马丁·路德·金的这篇不朽演讲仍在耳边回响，让人们仿佛听到一个伟大灵魂的呐喊。

在华盛顿的训练班里有一位叫夫林的先生，刚参加训练时，他从一家报社所发行的一本小册子里仓猝而肤浅地搜集了一些关于美国首都的资料，然后演讲。他虽然在华盛顿住了许多年，但却不能举出一件亲身经历来证明自己喜欢这个地方。所以，他的演讲听起来枯燥、无序、生硬，他讲得很痛苦，大家听得也很难过。

两周后，发生了一件事。夫林先生的新车停放在街上，有人开车将它撞得粉碎，并且逃逸无踪，他当时非常生气。但这件事是他的亲身经历，当他说起这辆被撞得面目全非的汽车时，讲得真真切切，滔滔不绝，怒火冲天，就像维苏威火山喷发一样。两周前，同学们听他的演讲时还觉得烦躁无聊，在椅子上坐立不安，现在却给了他热烈的掌声。

如果题目选对了，那么演讲时定能成功。例如谈自己的信念这一类的题目。你对自己的生活一定有一些强烈的信仰，所以你不必四处去找材料。它们就在你的意识表层，你时常会想到它们。

在美国的一档电视节目中曾播出了立法委员就死刑而进行的听证会。当时有许多人被召出席，对这个被人争论不止的问题提出正反两方面的意见。其中一个证人是洛杉矶警员，他有 11 位警察同事，都在与罪犯的搏斗中牺牲，他对这个问题已思考了很多，他产生了立法需要死刑的强烈愿望。他饱含真情，从心底相信自己有万分的理由。历来雄辩都来自于讲演者的信念和感觉，真诚建立在信仰之上，而信仰则出于内心对自己所要说的事的热爱，出于头脑的冷静思考。

对于自己认为很好的题目，除了要想方设法地多了解一些之外，还应该重视自己对题目的感觉，倾注自己的热心。不要抑制自己真诚的情感，也不要在自己真实感人的热情上加个闭气闸。让听众看看，你对自己谈论的题目有多热心，如此，他们的注意力才会紧跟着你。

演讲者总是在捕捉听众的意愿，听众也总是在满足自己的需求。如果演讲者感觉到每个听众都在思考你的问题，那么就说明你的演讲讲得不错。"为什么我会关心这个演说？"在每位听众的心中都会提出这样的问题。一位成功的演讲者应该总是在寻找这样的关注点去影响听众的思想："我能够满足这些听众的哪些需求呢？"

假如你想把自己在路上遇到大堵车，而你又急着去参加一个谈判会的故事告诉听众，你不要以一个旁观者的态度来讲述。这件事发生在你身上，因此你一定会有某种感受，这种感受会使你的讲述更明确，表达更有效果。第三人称的讲述，是不会给听众留下什么印象的。你越是详细清楚地描述当时的情景，或是反映出当时的感受，你便越能生动逼真地表达自己。

我们去看话剧、电影的原因之一，就是想要看到或听到感情的真实表露。有时我们很害怕当众吐露自己的感情。因此，去看话剧、电影，以满足这种感情流露的需要。

当你走上台去要对听众演讲时，应该是满心期盼的神态，而不是像个要登上绞刑架的人。轻快跳跃的脚步也许大部分是装出来的，但是却可以为你制造奇迹，并会令听众觉得你有自己非常热切想要谈的事情。那么，在开始讲话之前，深深呼吸一下，不要靠着讲桌，头抬高，下颌扬起。你要告诉听众一些有价值的事情，因此你全身每一个部分都应该清楚无误地让他们知道这一点。

就像威廉·詹姆斯所说的，就算是表现得好像是这样也行。如果能把声音传遍整个大厅，这样的音效定会让你信心倍增。杜那特和爱林洛·瑞尔特把这些描述成"预热我们的反应。"他们在《有效记忆的技巧》一书中，指出罗斯福总统"活泼愉快地度过了一生，带着活力、冲撞和热情，这些是他的标记。他总是对每一件事都兴味浓厚，浑然忘我，或者他装得很像这个样子"。正如威廉·詹姆斯所说的那句哲言："表现热烈，你便会感到热烈。"

不要奢望所有的听众对你演讲的话题都会表现出同样的热情，演讲者必须尽力去激发他们的兴趣。无论你认为自己已经付出多少努力，你的激情都是远远不够的，你必须不断地提升听众的热情。事实上，所有人都是潜在的怀疑论者，你的任务就是打消他们的疑虑。因为你无法说出涉及话题的每一点细节，所以你必须说出听众想知道的那一部分。

演讲从来都不是一个人的事情，选择一个独具匠心的主题，周全地准备，倾注你的热情，激发听者对你演讲的欲望，使演讲顺利地进行下去，这是一场演讲是否成功的关键因素。

第五十八章　增强语言感染力的技巧

在辩论或交谈中有很多高超的语言技巧，优秀的演讲者都善于利用一些技巧，来增加语言的感染力，其中，引用熟语和运用数字是人们善于运用的三种技巧，巧妙地加以运用能收到意想不到的奇妙效果。

——卡耐基　《演讲的艺术》

在辩论或交谈中有很多高超的语言技巧，优秀的演说者都善于利用一些技巧，来增加语言的感染力。引用熟语、运用数字、去掉赘语是人们善于运用的三种技巧，巧妙地加以运用能收到意想不到的奇妙效果。

熟语包括成语、俗语、谚语、歇后语等，在辩论中或交谈中巧妙地运用，能大大增加语言的感染力。

我们来看一看两位总统是如何运用熟语的。

1988 年 5 月，美国和前苏联两个国家的领导人举行会谈。在欢迎仪式上，戈尔巴乔夫说："总统先生，听说你很喜欢俄罗斯谚语，我想在你收集的谚语里再补充一条，那就是'百闻不如一见'。"

在场的人都知道戈尔巴乔夫指的，当然是宣称他们在削减战略武器上有行动了。

当然，里根总统也不示弱，他彬彬有礼地回敬道："是足月分娩，不是匆忙催生。"

里根的谚语形象地说明了美国政府不急于和前苏联达成削减战略武器等大宗交易的既定政策。

两国领导人经过紧张磋商，在某些问题上还存在分歧，都表示要继续对话。戈尔巴乔夫担心美国言而无信，于是便在谈话中用谚语加以提醒："言必信，行必果。"那时里根也送给戈尔巴乔夫一句谚语："三圣齐努力，森林就茂密。"

在演讲中，运用熟语以增加语言的表现力是一种有效的办法，但是常言道：美味不可多用。

熟语就好比是调味品，必须用得准确，恰到好处，才能起到"调味"的作用。用得多了，就会流于肤浅和滑稽，令人生厌。

数字在言谈中也具有很大的威力。在一般人眼里，数字是枯燥乏味的。其实不然，数字本身具有一种非凡的力量，如果能够巧妙地加以利用，照样能发挥出意想不到的作用。

几十年前，美国纽约的一位女议员贝拉·伯朱格曾进行过一次呼吁男女平等的演讲。她的演讲极具说服力，其中有一段是这样的：

"一个月前，我在国会倾听总统对全国发表讲话，在座的有700多人。我听到总统在说：'这里聚集了美国政府的全体成员，有众议员、参议员，还有最高法院的成员和内阁成员。'我环顾四周，在700多名政府要员中只有17人是女性；在435名众议员中只11人是女性；100名参议员中只有1个女性；内阁成员中没有女性；最高法院中也没有女性。"

贝拉·伯朱格的话简练而精确，极具说服性，因为她懂得数字的威力。不管你是谁，也不管你是否同意她的观点，在这几个确凿的数字面前，你不得不承认在生活中的确存在着性别歧视。

可见，对比性的数字显然比无比较地罗列数字，具有更大的说服力。我们在言辞中应善于将有关数字对比性地表述出来。

赘语是演讲中最忌讳的。那些已经成为有些人演讲习惯的赘语，实际上在最初的时候只是思维过程和紧张心理的反映。当然听者并不知道演讲者心理多么紧张，他们也看不到演讲者内心的焦虑，他们只会对那些赘语厌烦，并且对演讲者的实际能力产生怀疑甚至低估。那些赘语，正像有人说的那样："第一次用花来比喻女人是最聪明的，第二次再使用的人是最愚蠢的。"

威利向他的上司说明他调整办公室人员的想法："我……呃……认为……也许把乔治……呃……调到其他部门去……呃……会更……好……呃……因为我们这里……呃……不再需要他了。"

威利把"呃"字挂在嘴边，一件用简单的话语就可以表达的事，被他这些赘语给弄得支离破碎，听者听着也会很不舒服，也许上司对他在其他方面的能力也产生怀疑了，也许希望他也能离自己远点呢。

演讲时，有节奏的停顿是必要的，甚至可以用短暂的沉默吸引听众的注意力，加强说服的效果。然而，有损于语言能力的赘语，只会使你演讲的吸引力大打折扣。

一定要注意：诸如"你知道吗"、"事实上"、"……的话"、"我觉得"、"我相信"、"坦率地说"、"老实说"、"然后"等，这些词在一段话中反复出现，纯粹是令人生厌的废话，既然是废话，不如干脆不用。

第五十九章 合理运用幽默的力量

幽默是一个人最应该掌握的工具，尤其是在演讲中，显示一个人的聪明智慧以及随机应变的能力。幽默既不是毫无意义的插科打诨，也不是没有分寸的卖关子，耍嘴皮。幽默要在入情入理之中，引人发笑，给人启迪。

——卡耐基 《语言的突破》

在发表演讲这个极为困难的领域里，没有什么比引起听众发笑更为困难、更为难得的事情了。每一位演讲者在演讲时总幻想着马克·吐温的精彩幽默能降临到自己的身上。为了使自己的演讲表现得好笑，他可能会以一个幽默的故事来开头。然而，他的本性是严肃的，古板得犹如教科书。因此，他的笑话多半不会生效，这种临时改变的态度，会使他的演讲产生一种沉闷的气氛。这正好印证了哈姆莱特的不朽名言："不新鲜的，老套的，平淡而且毫无益处。"

假如一个演员在一群花钱入场观看表演的观众面前，这样失败过几次，观众一定会打开汽水，而且大叫"下台去!"在演讲中，或许一般听众都极富同情心，所以，他们出于纯粹的慈悲心肠，通常都会尽量发出笑声。但同时，在他们的内心深处，定会为这个"幽默"演讲者的失败而大加怜悯。他们本身也觉得极不舒服。

林肯早年在伊利诺伊州第八司法区的酒店讲了许多故事，当时人们甚至要赶几里远的路去听。人们整晚都听他讲故事，却丝毫也不觉得累。据当时在场的一些听众说，他的故事有时令人兴奋得高声大叫，从椅子上跳下来。

这里有一个林肯曾说过的笑话，他每次说完后，听众总会哈哈大笑。我们

不妨来看一看：

"有位迟归的旅行者，走在伊利诺伊草原的泥泞路上，他急着要赶回家去，但不幸的是遇上了暴风雨。夜色漆黑如墨，倾盆大雨犹如天堂的水坝泄洪，雷声怒吼，就像炮弹爆炸，闪电击倒了路旁的好几棵大树。最后，在传来一阵这位可怜的旅客一生中从未听见过的可怕的雷声后，他立刻跪倒在地，喘着气说：'哦，万能的上帝，倘若对你来说没有什么差别的话，请你少给我一点雷声，多给我一点闪电吧！'"

也许你就是那种具有难能可贵的幽默感的幸运儿。假如真是这样，那你一定要尽全力去培养它。无论你到什么地方演讲，一定会因此而大受欢迎。但倘若你的才能是在别的方面，那你不必故作幽默。

每一个仔细研究过林肯等人的演讲的人，都会意外地发现，他们很少会在开场白里加入幽默笑话。著名演讲家卡德尔说："我从来不会单纯地为了幽默而说出好笑的故事。"他所说的幽默故事，一定有其观点，对人有所启示。幽默就像蛋糕表面的糖霜，它只是蛋糕层与层之间的巧克力，而不是蛋糕本身。

美国当代著名的幽默演讲家古利兰有个规矩：绝不会在演讲的最初 3 分钟里说笑话。既然他已经证实这个规矩很有效，那么很多人都不会反对的。如此说来，是不是开场白就一定要十分庄重而且极度严肃呢？也不是。假如你办得到的话，也许能博得听众一笑。你可以说说跟演讲场合有关的事，或是就其他演讲者的观点说几句，极力夸大一些不对头的地方。这种笑话，比一般有关丈母娘和山羊的陈旧笑话更有效几十倍。

其实制造欢乐、融洽气氛的最简单有效的方法，就是拿自己开玩笑。叙述自己所遭遇的一些尴尬而荒谬的情景，这才是幽默的真实本质。

杰克·班尼是在广播中最早作弄自己的笑星之一。他把自己当笑柄，取笑自己的吝啬、自己的年龄和自己的小提琴技术。他亦庄亦谐，妙语联珠，使收听率居高不下。

听众对竭尽巧思、不骄矜自负，而又能幽默风趣，不讳言自己的欠缺和失败的人，自然会敞开心扉。相反，制造吹牛皮的形象，或无所不知的专家形象，听众当然要排斥他。

著名作家基卜林在向英国一个政治团体发表演讲时，在开场白中讲了一个笑话，结果引得听众捧腹大笑。下面就是他讲的那个笑话，让我们看看他是怎样聪明地引人发笑的。

各位女士、先生们：

我年轻时，曾在印度当记者，专门替一家报社报道犯罪新闻。因为这项工作使我认识了许多骗子，所以我认为这是一项很有趣的工作。有时，在我报道了他们以后，我就到监狱去看望这些正在服刑的老朋友。我记得有一个人，他是因为谋杀而被判无期徒刑的。他是一个聪明、说话温和而有条理的家伙，他自称要把他的生活教训告诉我。他说，以他为例，一个人一旦做了不诚实的事，就很难自拔，只有一件接一件地不诚实地做下去。到最后他发现，必须把某个人除掉，才能恢复自己的正直。目前，我们的内阁正是如此。

他讲述的是自身的一些经验，而不是一些陈旧的轶闻往事，并且好像开玩笑一样强调了其中不对劲儿的地方，自然就收到了意想不到的效果。

幽默是一种一触即发的事，跟个人的特点和性格有很大的关系。在发表演讲的这个极为困难的领域里，还有什么比引起听众发笑更困难、更为难得的呢？记住，故事本身并没有太大差别，听众所感兴趣的是说故事者的叙述方式。

英国作家哈里兹特说："幽默是说话的调味品，而不是食品。"所以，使用幽默的表达方式一定要分清场合、对象。法国文学家德哥勃拉评论说："幽默是比宇宙力更麻烦的问题，是文艺批评上的不规则的多边形！永远没有人能够分析一个幽默作家的心理，这种心理使人捉摸不定，好比生物学家追赶的蝴蝶，当你刚以为捉住了它的时候，它却逃走了。"

尽管幽默是这样不可捉摸，但是在演讲中加入恰到好处的幽默还是必要的。

幽默不仅反映出一个人随和的个性，还显示了一个人的聪明智慧以及随机应变的能力。但需要注意的是，幽默既不是毫无意义的插科打诨，也不是没有分寸的卖关子，耍嘴皮。幽默要在入情入理之中，引人发笑，给人启迪，这需要一定的素质和修养。幽默是引人发笑的，但并不是幽默的目的，真正的目的在于使人们在笑声中得到深刻的哲理，发现一些有价值的东西，从而得到启迪。那些古今有名的大演讲家几乎都是"笑的哲人"，正如英国大戏剧家莎士比亚所说的那样："幽默风趣是智慧的闪光。"

第六十章　即席演说的技巧

情急之下，一个人具有整理自己的思想并发表谈话的能力，有时候，要比经过长时间努力准备后的演讲更重要。现代的商业需要，以及现代人口头沟通的自在随意，使这种即席发言的能力不可缺少。

——卡耐基　《演讲的艺术》

在情急之下，能够收拢自己的思想并发表谈话，就某些方面而言，比要经长时间努力准备之后才能演说，更为重要。一般来说，即席演讲有以下几个特点。

一是话题集中，针对性强。即席演讲一般是由近期或眼前某种特定的场景和特殊的时境引发的，因此话题内容选取角度较小，说明议论求准、求精、求新。

二是临场发挥，直陈己见。即席演讲无法事先拟就讲稿，完全依靠演讲者的阅历、知识和才能，当场捕捉信息，展开联想，即兴表达自己的思想、观点和情感。这就要求演讲者在极短的时间内明确观点，组织语言，编制提纲或打好腹稿；说情况，讲道理，表看法，提意见，言简意赅，要言不烦，不模棱两可，不晦涩艰深。这种边想边说的演讲方式，难度较大，对演讲者的综合素质要求很高。

三是生动活泼，短小精悍。即席演讲贴近生活实际，短小精悍，简明扼要，时间一般控制在 1～5 分钟之内，有的甚至只有寥寥几语，要亲切感人，具有一定的思想性、趣味性、知识性，切忌冗长杂散、罗嗦重复、不着边际的官话空话。

四是以小见大，借题发挥。即席演讲常常以点带面，从现象究本质，阐述具有普遍意义的人生道理、生活哲理或社会真理。

即席演讲分为主动式即席演讲和被动式即席演讲两种。

主动式即席演讲是指被现场的情景所感染而主动发表的演讲，多在讨论会、酒会及各种聚会上遇到。演讲者往往由别人的一席话产生联想，或触景生情引发讲话的冲动。这样的演讲通常感情激昂真挚，态度坚定自信，内容丰富充实，有很强的说服力和感染力。

被动式即席演讲是指演讲者原本不准备演讲，但被主持人或组织者临时邀请所发表的演讲，如赛场点评、获奖感言等。这种演讲一定要切合主题，紧扣主题，不枝不蔓，不偏不倚，题材新颖，与众不同。

现在的商业需要，以及现代口头沟通所必需的自在随意，使得即席发言的能力不可短缺，我们要能迅速调动思想并流畅地遣词造句。

即席演讲也有很多技巧，掌握了这些技巧，就可以帮助你应对情急时的尴尬，使你能流畅地表达自己的意念。

第一，练习即席演讲。

任何智力正常、拥有相当程度自制力的人，都能发表一场令人接受，甚至很精彩的即席演讲。有几个方法，可帮助你在突然被人邀请说几句话时流畅地表达自己。

几年前，道奇拉斯·弗潘科曾为《美国杂志》写了一篇文章，文章叙述的是一种智力游戏。这个游戏在出现短短的两年时间里，查尔斯、卓别林、玛莉、彼克福等人几乎每天都玩。其实，这种智力游戏不仅仅只是游戏，它也包含演讲技巧里的"站着思考"。下面是弗潘科所介绍的此游戏的玩法：

每人各在一张小纸条上写一个题目，然后把纸条折起，混合起来，再每人抽出一题，要求马上站起来用抽到的题目演讲一分钟。同一题目不能重复使用。

一天晚上，道奇拉斯抽到了一个说"灯罩"的题目。假如你认为容易，那你就试一试，还好他总算过关了。

最重要的是，自从他们玩了这个游戏以后，他们全都发觉自己机敏多了。而对于那些五花八门的题目，他们也了解得更多。但重要的是，他们在游戏中学会了怎样站着思考。

即席演讲的训练有以下作用：

1. 它可以使人们相信自己能够站着思考，增强信心。

2. 这种经验让他们在做有准备的演讲时也不慌不忙，并且更有十足的信心。即使做有准备的演讲，也有大脑突然一片空白的时候。但是，如果有了即席演讲的基础，这样的糟糕情况就会好转。

在这种游戏中，抽签结果常会这样：会计师要讲话剧，而广告员要讲幼儿教育；教师要讲银行业务，而银行家要讲学校教学；伙计要讨论生产，而生产专家则被指定谈运输。

他们从来没有因为困难而放弃过。他们从不把自己当做是这方面的权威，而是经过深思熟虑后，把题目与自己熟悉的知识联系起来。刚开始时，他们讲得也不好，但他们有勇气站起来，并且敢开口说话了。其中有些人觉得简单，而有些人又觉得困难。但他们说这是一种兴奋和刺激！

即席演讲的联结技巧，是常用的另一种方法。就是在拿到一个题目之后，尽可能地以能想象出来的最奇妙的方法，开始叙述一个故事。例如："几天前我正架着飞机飞行。突然，一大群飞碟向我靠近，并且向我开火，我被迫下降……"铃声响起，这个人的时间到了。接着另一个人继续把故事接下去。等到学员们都讲完了，这个故事或许在国会的大厅里结束，也可能结束在某一个星球上。

培养即席演讲的能力，用这种方法效果很好。一个人获得这样的练习越多，那他在正式发表演讲时，就越能发挥自己，从而自如地应付各种突发情况。

第二，做好即席演讲的心理准备。

在毫无思想准备的情况下，当被邀请发言时，你所希望的就是自己能对某个属于你的领域内的题目发表一些观点。因此，重点是要能够有面对的勇气，并且在短时间内理清讲话的内容。心理上的准备是应对这一情况的良药。

心理上随时准备在各种场合做即席演讲，这是做好即席演讲的第一步。有了心理上的这种准备，你就应当不断地思考，这是最难的事情。但是事实上任何有即席演讲家名号的人，都会分析他所参加过的各种公开场合，来准备好自己的演讲。这就像一个飞行员，不断地向自己提出各种问题，以便随时准备在危急情况下做出冷静而精确的反应。没有一位备受关注的即席演讲员，不是在做过多次从未发表过的演讲后，才把自己训练成功的。

第三，采取适时适地原则。

如果你事先毫无准备，主持人突然请你讲几句，你的心思肯定会乱，这个时刻最需要的是保持冷静。你可以先向主持人致意，说上几句，借以缓和一下气氛。然后最好讲讲和听众有密切关系的话题，因为听众大都只对自己或自己正在做的事感兴趣。有三个来源可以供你撷取意念，作为即席演讲之用。

1. 听众本身。如果你想要让演讲轻松进行，就一定要记住这点。

谈谈自己的听众，说说他们是谁，正在做什么，特别是他们对社会和人类做了什么贡献，最好用几个事例来说明。

2. 选准话题，找准切入点。既快又准地选择话题，对即席演讲非常重要。

从自己熟悉的人或事入手，切入正题，往往可以达到事半功倍的效果。

比如，从现场找话题。你可以讲讲造成这次聚会的情况缘由，是周年纪念日？或是表扬大会？或是年度聚会？或是政治集会？阐明其象征意义，表现演讲主题。

下面是英国首相丘吉尔在美国度圣诞节的即席演讲：

各位为自由而奋斗的劳动者和将士：

我的朋友、伟大而卓越的罗斯福总统，刚才已经发表过圣诞节前夕的演说，已经向全美国的家庭致友爱的献词。我现在能追随骥尾讲几句话，内心感觉无限的荣幸。

我今天虽然远离家庭和祖国，在这里过节，但我一点也没有异乡的感觉。我不知道，这是由于本人的母系血统和你们相同，抑或是由于本人多年来在此所得的友谊，抑或是由于这两个文字相同，信仰相同，理想相同的国家，在共同奋斗中所产生出来的同志感觉，抑或是由于上述各种关系的综合。总之，我在美国的政治中心地——华盛顿过节，完全不感到自己是一个异乡之客。我和各位之间本来就有手足之情，再加上各位欢迎的盛意，我觉得很应该和各位共坐炉边，同享这圣诞之乐。

但今年的圣诞前夕，却是一个奇异的圣诞前夕。因为整个世界都卷入一种生死博斗中，正在使用科学所能设计的恐怖武器来互相屠杀。假若我们不是深信自己对于别国领土和财富没有贪图的恶念，没有攫取物资的野心，没有卑鄙的念头，那么我们在今年的圣诞节中，一定很难过。

战争的狂潮虽然在各地奔腾，使我们心惊肉跳，但在今天，每一个家庭都在宁静的肃穆的空气里过节。今天晚上，我们可以暂时把恐惧的忧虑的心情抛开、忘记，而为那些可爱的孩子们布置一个快乐的夜会。全世界说英语的家庭，今晚都应该变成光明的和平的小天地，使孩子们享受这个良宵，使他们因为得到摘自父母的恩物而高兴。同时使我们自己也能享受这种无牵无挂的乐趣，然后我们担起明年的任务，不惜一切代价，使我们孩子所应继承的产业不致被人掠夺；使他们在文明的世界中所应有的自由生活，不致被人破坏。因此，在上帝庇佑之下，我谨祝各位圣诞快乐。

丘吉尔发表这篇演讲的时候，正值 1944 年 12 月，此时第二次世界大战还在进行中，他在演讲中，成功地把政治议论与节日祝愿融为一体，既表现出对侵略战争的谴责和对和平的关注，又尽量避免冲淡节日气氛，而又能做到语言优美，意境深远，实在是一篇即席演讲的范例。

1987 年 8 月的一天，又闷又热。美国海军陆战队司令凯利将军退役了，事先他精心构思了一篇出色的、篇幅较长的演讲稿。可是，当时气温高达50℃。面对已经在水泥场地上整装列队多时的全体官兵，凯利将军丢开了演讲稿，只说了句："没有比海军陆战队司令更值得自豪的指挥官了，我向你们致敬！"

那天在场的士兵发誓说，这是他们听过的最伟大的演讲了。

如果人们乐意去听，何妨不指出对前一演说人所谈及的某一特殊事物特别感兴趣，然后将它扩大叙述一番。最成功的即席演讲都是真正的当场演讲。他们表达的，是演讲者对听众和场合的感想，他们适时适地，如同手和手套密切相合。他们是为了这个场合，而且是专为了这个场合而量身定做的。他们的成功也就在于此：它们自特殊的时刻里绽放，如极少开放的玫瑰，不多时便又萎谢不见。可是听众所享受到的愉快却连绵不绝，在你尚未想到之前，他们已将你当成即席演讲专家了。

第四，马上举例说明。

即席演讲没有长篇大论，它的时间都不会太长，在考虑场合问题之后，你要做的就是尽快地对题目进行迅速的思索。

让你马上举例说明的理由有三：

1. 因为经验很容易复述，即使是即席演讲也是这样，所以你可以从总是在考虑下一句该说什么的困境中解脱出来。

2. 它能够帮助你进入状态。起初你可能紧张，但这种紧张感很快就会消失，这时你就有机会把自己的题材考虑成熟，渐渐地进入演讲的最佳状态。

3. 因为事件——实例是立刻攫取注意力万无一失的方法，所以你可以立即获得听众的注意。

因此，在即席演讲时，可以经常采取举事例的方法。

第五，紧扣主题，要言不烦。

即席演讲要围绕中心，精心组织材料，材料来源，一靠平时知识的积累，二靠抓取眼前的人和事。联系现场的人和事，就能紧紧抓住听众的注意力。

1848 年，法国著名文学家维克多·雨果参加了巴黎市栽种"自由之树"的仪式并应邀发表了演讲：

这棵树作为自由的象征是多么恰如其分和美好呀！正像树木扎根于大地之中，自由之树是扎在人民心中的；像树木一样的自由长青不枯，让人民世世代代享受它的荫蔽……

这么简短的几句话，不仅非常切合当时的场合，用词也非常优雅。语言大师的用词方法是值得反复玩味的。

第六，要做即席演讲，切莫即席乱说。

即席演讲中切忌不着边际的胡扯瞎说，用不合逻辑的话把本不相关而无意义的事拉在一起。你必须围绕一个中心思想，把自己的意念合理归类。而这个中心思想，很可能就是你要说明的。你所举的事例应与这个中心思想一致。同时再提醒你一次，若能抱着至诚来讲演，你必然会发现自己当场演讲时，精力充沛且又效力无穷，这是有准备的演讲家不能企及的。

临时被要求发言，或多或少感到紧张是很正常的。只要不紧张到语无伦次甚或瞠目结舌愣在那儿，总还算是无伤大雅。适度的紧张有时反而有益，因为这样往往更清楚地流露出演讲者的坦率与热诚，因而更容易赢得听众的共鸣或赞许。毕竟，听众对即席演说者的期望是不那么严苛的。

第六十一章　命题演讲的技巧

一场演讲就像已经确定了目的地的旅行，也要按照路线安排，朝着目的地前进。没有规划，散漫的演讲，也就没有目标，最终将结束于散漫之中。命题演讲就是让你在演讲中，始终不偏离路线。

——卡耐基　《演讲的艺术》

命题演讲是根据指定题目或限定的主题，事先做了充分准备的演讲，一般都写好了讲稿并经过精心设计和反复演练，也有不写讲稿，只拟提纲或只准备腹稿的。命题演讲一般具有严谨、稳定、针对性强的特点。

第一，要有周全的准备。

众所周知，1863 年 11 月 19 日，林肯在葛底斯堡国家烈士公墓落成典礼上的演讲被尊为英语演讲史上的最高典范。那么，林肯是怎样成功的呢？

林肯是在举行典礼前两星期才接到通知的，主办者请他在埃弗雷特先生演讲之后"说几句话"。为此，林肯进行了精心的准备。在这两星期内，不论是在路上，还是在办公室，一有时间他就思考着他的演讲，在内容上、艺术上都做了整体的考虑。演讲的前一天晚上，他还在葛底斯堡旅馆的小房间里润色讲稿并高声试讲，请秘书提意见。最终，他的演讲获得了巨大成功。

可见，巨大的成功与演讲前的精心准备是分不开的。

首先，要研究听众。要了解听众的职业、身份、性别、年龄、文化程度、生活阅历、兴趣爱好及现时的心理活动，这样才能因人而异，达到吸引听众的目的。

如果演讲者是著名政治家、科学家、演讲家、学者、明星等，听众慕名而来，主要是为了一睹名人的风采，则不必过于计较演讲的水平，由于潜在的崇拜心理，名人的演讲往往能激起异乎寻常的强烈反响。

如果听众是为了求知而来，如学术讲座、技术辅导、国外见闻等，演讲内容一定要充实、条理清晰。

如果听众是为了欣赏而来，那么，演讲者要充分展示自己的口才魅力和表达技巧。

命题演讲首先涉及主题问题。要把握几个关键点：一是选择角度要新、要适度、要有时代感；二是选择自身的优势，使得选题既能应"口"，又能迎合听众的需求；三是主题要单一。演讲稍纵即逝，讲得太多、太杂，反而适得其反。正如德国著名演讲家海因兹·雷曼所说："在一次演讲中，宁可牢牢地敲进一个钉子，也不要松松地按上几十个一拔即出的图钉。"

第二，命题演讲也要讲究技巧。

新颖别致的开场白是必不可少的，是演讲者跟听众之间架起的第一座桥梁，是否成功和精彩，将直接影响整场演讲的效果。

开场白的设计应该是新颖别致，目的明确，耐人寻味，有声有势。真诚而热烈的感情才能打动人心，才能引起听众心灵的交汇和共鸣。典型的事实，丰富多彩的活生生的形象更能直接打动听众的思想和感情。引人入胜的内容和动人心魄的高潮，会使演讲达到出神入化的佳境。

1963 年 8 月 28 日，马丁·路德·金站在林肯纪念碑的台阶上发表了《我有一个梦想》的演讲。在高潮阶段，他高举双臂，以充满电力的嗓音高声朗诵一位老黑人的精神赞歌，借此呼唤黑奴的解放：

当我们让自由之声轰响，当我们让自由之声响彻每一个大村小庄，每一个州府城镇，我们就能加速这一天的到来。那时，上帝的所有孩子，黑人和白人，犹太教徒和非犹太教徒，耶稣教徒和天主教徒，将能携手同唱那首古老的黑人灵歌："终于自由了！终于自由了！感谢全能的上帝，我们终于自由了！"

这就是一场经典的成功演讲的最佳范例。

第三，锦上添花的态势语。

态势语也是传情达意的重要手段，演讲者在充分掌握并恰当运用有声语言的基础上，若能情绪饱满，动作自如，表情丰富、得体，就能取得理想的演讲效果。革命导师列宁在演讲时，两眼凝视听众，精神饱满，信心十足。他通常离开讲台讲话，身子不停地前俯后仰，左手大拇指习惯地插在背心肩口。右手总是在挥动着———"他的演说总是让你亲身感觉到真理是无可辩驳的"。

站姿最能显示演讲者的伟岸形象。比较好的站姿有两种：一是自然式站法。即双臂自然下垂或交叉放于胸前；两足平行，并拢或相距与肩同宽。二是

他的演说总是让你亲身感觉到真理是无可辩驳的。

前进式站法。即一脚在前一脚在后，两足间距成45°角，重心略侧于前足，身体稍微前倾。

面部表情最能迅速、充分地反映人类的各种情感，如高兴、悲伤、愤怒、恐惧等。沉着的表情，接近自然状态，给人以不慌不忙、成竹在胸之感，多用于上、下台之时。面带微笑，给人以温和、亲切之感，多用于演讲开始时。愤怒时，牙关紧咬，给人以疾恶如仇、爱憎分明之感，用于感情激动愤懑之时。悲哀时面色阴沉，肌肉微颤，声音哽咽，用于感情悲伤痛苦之时。神采奕奕的表情，给人以朝气蓬勃、奋发向上之感，多用于高潮和结束时。

眼睛是心灵的窗户，演讲者可以用眼神与听众进行持续性的目光交流，以增强感情联络，控制会场气氛。

手势能强调或演示演讲的信息内容，能生动地表达有声语言所无法表达的内容。

声音和态势的完美结合，能够更好地把演讲者的主张和见解这种内部语言传输给听众，把内部语言完美地转化为外部语言，并渗透着强烈的感情因素。

用抑扬顿挫的不同语调和急缓快慢的不同语速进行演讲，可使听众将分散的注意力又转移到演讲者身上，使演讲者始终处于听众注意的中心地位。

脱稿演讲，既有助于增强听众对演讲者的信服感，也有利于更好地和听众交流。

如果演讲过程中出现一些不利情况，如听众情绪欠佳，看书看报，昏昏欲睡，交头接耳等情况，演讲者应迅速分析个中原因，从容考虑应对措施，适当的幽默可以给听众提神；如果前面的演讲时间太长，则可删除一些无关紧要的材料等。演讲者应该努力营造一个让听众和自己完全融为一体的氛围，使自己的演讲达到预期的目的。

第六十二章　简短演讲的技巧

要记住，听众对你在台上的道歉或辩解不感兴趣，不论你在说这些话时是出于真心还是一种台面上的客气话。他们需要的是行动。

——卡耐基　《演讲的艺术》

演讲的目的概括起来，不外乎以下四种：

1. 说服听众，取得响应。

2. 说明情况。

3. 增强印象，使人信服。

4. 使人愉悦。

我们还是以亚伯拉罕·林肯总统一系列具体的演讲实例来说明吧。

很少有人知道，林肯曾经发明过一种可将搁浅在沙滩或其他阻碍物中的船只吊起的装置，并获得专利。他把这种装置的器械模型放在他的律师事务所的办公室里，当朋友看到这个模型时，他就会不厌其烦地向朋友讲解它的功能、制造方法，等等。这种讲解的主要目的，就是说明情况。

当他在葛底斯堡发表那篇不朽的演讲时，当他发表第一次和第二次总统就职演讲时，当亨利·克雷逝世，由他就其一生致悼词时，他在所有这些场合，演讲的主要目的就是增强听众的印象，使人信服。

因为许多演讲者都没能把自己的目标与演讲对象的目标相匹配，以至于在讲台上手忙脚乱，思维混乱，错误百出，最终招致失败。

是否有什么方法可以通过演讲材料的安排，使我们能一蹴而就地打动我们的听众，使他们乐意按我们的要求去行事呢？

第一，以自己生活中的事例来说明。

每天，我们的身边都会发生许许多多的事情。这些事情在你演讲中应占大部分。在这个阶段，你应该把你从中学到的描述出来。根据心理学家的说法，我们一般有两种学习方式：一种是习惯性的学习方式，许多相近的事件会塑造我们的行为模式；第二种方式是突发的方式。每一件特别发生的事件都会对我们造成影响，改变我们的行为模式。我们每个人都曾有过特殊的经历，不用苦思冥想，就可以从记忆中找到。这些亲身得来的经验会影响我们的行为举止，如果你把这些经历真实地再现，也可能会影响其他人的行为举止。之所以会达到这样的效果，是因为人们对真实的述说和亲历真实的事件的感受方式几乎是一样的。当你叙述时，要尽力让事例凸显真实可信，令听众感同身受，更要加入你的经验感悟增加趣味。

从你特殊的经历得出经验。发生在你身上并且令你永世难忘的特殊经验，是构成以说服为目的的演讲的首要组成部分。这样的事例，可以促使听众们思考并付诸行动——在他们想来，你遇到的事情，他们也可能遭遇，那就有必要记住你的经验和忠告，施以相应的行动，尽量避免。

第二，第一句话就直奔事例细节。

把事例放在演讲的开端，很重要的一个原因就是为了在第一时间抓住听众的注意力。一些演讲者不能在开场就赢得听众的关注，大多是先致歉意或者用一些泛泛之词，这是最让听众倒胃口的做法。"我还不习惯在这么多人面前演讲"，这话听起来更遭人讨厌。

1969年6月19日，美国"阿波罗11号"飞船点火升入太空，5天后，即6月24日，乘坐该飞船的两位美国宇航员首次在月球上登陆，开辟了人类历史的新纪元。当宇航员登上月球之际，时任美国总统的尼克松通过电视发表了一篇演讲：

因为你们的成就，使天空也变成了人类世界的一部分。而且当你们从宁静海对我们说话时，我们感到要加倍努力，使地球上也获得和平和宁静。

在这个人类历史上最珍贵的一刻，全世界的人都已融合为一体，他们对你们的成就感到骄傲，他们也与我们共同祈祷，祈望你们安返地球。

这篇演讲之所以闻名于世，不仅仅是因为它简短，只有几分钟，只有几句话；也不仅仅是因为它是一位地球人向登上月球的另两位地球人发表的首次讲话，而是因为尼克松抓住人类历史上一个值得纪念的珍贵时刻，把对宇航员的

讲话，扩大到以全体地球居民为对象，而且透过字里行间，让人感受到美国的科技实力，并且借机宣扬了美国的对外政策。

第三，用"从前"打开幻想之门。要是你在开头所说的话满足了下述问题其中之一：什么人？什么时间？什么地点？什么事件？如何发生的？因为什么而发生的？那你已经掌握了世界上一种最古老但最有效的赢得注意力的方法。"从前"就像打开魔法大门的咒语，它开启了人们幼年时的幻想之门，运用充满人情味的方法，你将轻松地引导听众对演讲的倾听之心。

第四，充满围绕中心的细节。

如果你围绕你的话题重点，用精彩的语言来渲染你的故事，确实是最好的方法。它可以帮助你重现当时的状况，让听众感觉历历在目。你就是要让听众看到你所看到的，听到你所听到的，感觉到你所感觉到的。要做到这一点唯一的方法，就是使用丰富而具体的细节。如同前面所指出的，讲清楚时间、地点、人物、事件和发生的原因五个要素和特定的语气来刺激听众的视觉想象。

第五，叙述时让经验重现。

在你以事例进行描述时，在其中加入越多的动作和激动的情感，就越能给听众留下深刻的印象。演讲不论多么的富于细节，若演讲者不能以再创造的热

情来讲述，演讲依然没有力量。你想给我们描述一场大火吗？那就把消防队与

火焰搏斗时人们感受到的激烈、焦灼、兴奋、紧张的感觉传递给我们。你想告
诉我们你同邻居间的一场争吵吗？把它再现在我们眼前，让它戏剧化。你想诉
说在水中作最后挣扎时袭上心头的惊恐感觉吗？就让我们感受到生命里那些可
怕时刻里的绝望吧！举例的目的之一，就是让自己的演讲被人们牢记不忘。只
有让事例深印在听众脑海中，他们才会记住你的演讲，以及你要他们做的事。

第六，指出问题的关键，直接向听众提出请求。

这一步通过三条法则而进行：

首先，重点简明扼要。

要简明扼要地告诉听众，你想让他们做什么。人们一般只会去做他们清楚
了解的事情。更为重要的是，你的请求一定要是明显的行动，可以看得见的，
而不是心理活动，那太含混了。

其次，重点简单易行。

不论问题是什么，是不是还争论不清，演讲者有责任把自己的重点和对行
动的请求讲得容易让听众理解和行动。最好的方法就是你的主张要明确。

再次，满怀信念地陈述重点。

主张，就是你谈话的全部主题，或是观点、要点，因此应该有力而信心十
足地陈述出来。就像标题的字母会特别显著突出一样，你对行动的请求也应该
通过激烈的演讲，直接强调。

第七，给出理由和听众付诸行动的好处。

推销员为了让你买他们的产品，可以一口气说出十好几个理由来，同样，你也能为自己的观点举出好几个理由，而且还全都与你的事例相关。不过，最明智的做法，还是选择一个比较特殊的理由或是好处，用简短明确的语言表述出来。

第六十三章　说明性演讲的技巧

每天，我们都要做很多次说明性的谈话，比如提出说明或指示，提出解释和报告。每星期在各地对听众所做的各种类型的演讲中，说明性的演讲仅次于说服获得行动响应的演讲。清楚说话的能力，其实也是打动听众去行动的能力。

——卡耐基　《演讲的艺术》

每天，我们要做很多次说明性的谈话，比如提出说明或指示，提出解释和报告。每星期在各地对听众所做的各种类型的演讲中，说明性的演讲仅次于说服获得行动响应的演讲。清楚说话的能力，其实也是打动听众去行动的能力。欧文·D·杨是美国工业巨子之一，他也强调清晰的表达重点在当今的必要。

当一个人具备了让人们了解自己的能力时，他也就获得了走向成功的有用的价值。

当然，在我们这个社会里，即使是最简单的事情，人们也应该彼此合作，所以，他们首先必须相互了解。语言是了解的主要传递媒介，所以我们必须学会使用它，不是粗略地，而是精确地。

第一，限制题材，以配合特定的时间。

威廉·詹姆斯教授有次在跟教师们谈话时指出，一场演讲，最好限定自己只讲一个论点。他所指的一场演讲，是指持续达一个小时的演讲。但令人奇怪的是一位演讲者在一开始时便宣称，他要在指定的 3 分钟内，提到 11 个论点，也就是每个论点只有 16 秒半的时间！真是不可思议！谁会做这么荒唐的事？

不错，这个例子是比较特殊，但纵使情况没有这么严重，对任何一个新手来说，论点太大也注定要出差错。这就好像导游想在一天之内带领游客游遍整个巴黎一样。当然这也不一定不可能，我们当然可以在 30 分钟之内走完"美国历史博物馆"，但是结果一定是既看不清楚，又无乐趣可言。许多演讲之所以讲不清楚，就是因为演讲人企图在指定的时间内创下世界纪录。他急切地从一个论点跳跃到另一个论点，敏捷、快速，就好像高山上的羚羊一般。

许多有经验的演讲人也时常犯下这种错误，也许是因为他们在其他方面的能力使他们忽略了这些错误的严重性。你一定不能像他们那样，一定要把握主题。假如你要使听众对你所讲的东西清楚明了，一定要让他们随时想到："我了解这个人，我知道他现在在何方！"

第二，概念条理清楚。

几乎所有的题材都可以因恰当的安排而增强效果，这包括时间、空间，或特殊话题的安排等。举例来说，在时间安排方面，你可以把材料就过去、现在、将来的顺序进行安排；或是先选定一个日期，然后就这个日期向前或向后叙述。此外，所有对事件的说明必须由第一手资料开始，然后经过各种制作过程生产出成品。当然这其中到底应安排多少细节，由你的演讲时间来定。

在空间安排方面，你可以把自己的概念先由中心点开始然后逐渐向外扩展，或是依照东、南、西、北四个方向逐一介绍。比如你想介绍美国首都华盛顿，不妨先从白宫谈起，然后根据方向，按顺序说明每一个值得介绍的地方。又假如你想介绍飞机引擎或汽车，最好也是按照它们的零件构造，逐一说明。

第三，依次说出自己的要点。

要想让整个演讲在听众心中留下鲜明简洁的印象，一个最简单的方法就是，在你说明的过程当中，把要点一个个地列举出来。

"我要说的第一个要点是……"你可以像这样简单明了地说出来。在你讨论自己的论点的时候，可以明白地向听众宣示这是你的第一个论点，然后是第二、第三……一直到最后。

拉尔夫·布切博士在担任联合国秘书长助理的时候，有次应邀到纽约罗切斯特的市政俱乐部发表演讲。他直截了当地这样说："今晚，我被选来讲述'人际关系的挑战'，理由有两个。第一……"然后，他又接着说："第二……"在整个谈话过程中，他都非常用心地让听众了解他的论点，然后才进入结论："因此，我们永远不要对人类行善的潜在力量失去信心。"

经济学家保罗·道格拉斯也喜欢用这样的方法，但是有点小小的改变：

"我的主要重点是……"他这样开始，"刺激经济复苏最简捷有效的方法是：减少中下阶层的课税——因为这些课税通常都会用尽他们所有的收入。

"其次……"他又继续说道。

"接着……"他继续说道。

"还有……"他继续说道。

"其中有三个主要原因。第一……第二……第三……"

"总而言之，我们必须尽快减少对中下阶层的课税，如此才能真正增加群众的购买力。"

第四，用大家熟悉的观念阐述新的观念。

一是将事件转化成图像。单从耳朵听来的印象并不容易记住。但眼睛的印象怎么样呢？在多瑙河畔可以见到一颗炮弹嵌在河堤上的一座老房子上——那是拿破仑在"乌尔姆战役"时发射的炮弹，视觉印象就如同那颗炮弹一样，产生了可怕的冲击力，嵌入人们的记忆里，并驱逐所有不利的建议，就像当年拿破仑驱逐当地的奥地利人一样。

二是避免使用专业术语。假如你是专业的技术人员，如律师、医师、工程师，或从事特殊的商业买卖的商人——在你为普通听众演讲的时候，请记住一定要用一般的日常用语，必要时还需详细解释一下。

第五，运用视觉效果。

想要让别人了解你，或是引起别人的注意，仅凭语言是不够的，你要借用一些戏剧化的方式，以达到良好的效果。最好的方式莫过于借用图画的形式，来表现对和错两种截然不同的观点，图表比文字有力度，而比图表更具说服力的就是图画了。

第六，使用展示物。

在听众面前，说出自己的想法，同时展示给他们看，这种视觉刺激将会带给听众记忆犹新的感受。当你使用展示物时，要注意下面几点：

不要让听众提前看到展示物，在真正需要时才展示出来。

展示物必须足够大，以保证最后一排的听众也可以清楚地看到，不然，听众又怎能从展示物中得到启迪呢？

继续演讲时，不要让展示物在听众手里传阅，这等于是给自己找了个分散听众注意力的对手。

将展示物举起，令所有人目光可及。

若是条件允许，可以在现场利用展示物作示范，那样会比举出 10 样物品的效果好上百倍。

不要盯着展示物讲话，你的沟通对象是听众，而不是它。

展示物使用过后，立即收起来，放在听众看不到的地方。

第六十四章 推销员的语言艺术

我听到推销员们说自己的销售业绩大大提高了，经理们则表示公司业务蒸蒸日上，主管们的管理协调能力强大得多了……一切成功都源于他们在工作中充分地发挥了语言的技巧。

——卡耐基 《演讲的艺术》

推销员的武器是语言，"工欲善其事，必先利其器"。一个推销员如果没有好口才是不可能取得好的推销业绩的。一个成功的推销员必定是口才专家。

一个好的推销员应该重视口才艺术，把握必要的推销语言技巧。

第一，设计好开场白。

推销员向客户推销商品时，一个有创意的开头十分重要，好的开场白能打破顾客对你的戒备心理。

临时交易时，因为不知道客户心中的想法，因而会面的开始非常重要。要引起听者的注意，接着让他产生兴趣，也就是有兴趣听你说话，必须把客户的注意力集中到自己身上。客户的心理，能够因为讲话的人高明的开场白而受到影响。换句话说，说者的第一句话最具有重要性，可以有力地吸引住客户的兴趣。

推销员所说的头一句话，就能使客户产生好感，无疑是成功推销的第一步。有人说推销员最好能在 10 秒钟之内把握住客户的心，其实这个时间越短越有利。

开场白一定要有创意，预先准备充分，掌握客户的相关资料，针对不同的客户，采取恰当的方式接近，使对方觉得你很尊重他，很重视他，这样，你就迈出了成功的第一步。投其所好，客户才会喜欢你；"心美"看什么都顺眼，客户才会接纳你。

有创意的开场白要注意避免一些敏感性、易起争辩的话题，如，宗教信仰的不同，政治立场、看法的差异，有欠风度的话，他人的隐私，有损自己品德的话，夸大吹牛的话等。

万事开头难，做推销更是如此，但是，作为一个职业推销员绝不能因此而放弃努力，应该在面对客户之前，做好充分的准备，设计一个有创意的开场白。

第二，以顾客为中心。

推销员最好能用顾客的语言和思维方式介绍产品，安排语言的先后次序，不要只顾着自己一股脑地说下去，而不顾顾客的感受。

以顾客为中心，设身处地地为顾客着想，急顾客之所急，主动说明顾客购买某种东西带来的好处，对产品做详细、生动、真实的描述，从顾客的角度想一想："如果是我，为什么要买这个东西呢?"做换位思考，就能深入顾客所期望的目标，也就能把握采用什么样的语言了。

保罗·默里夫是一位机械产品的销售人员，他十分善于从产品功能的角度突出说明产品可能给顾客带来的最大利益。他常常说："你们的公司如果使用了这种设备，就会将生产成本降低 30% 左右，这可是相当大的一笔开支啊。假如保持贵公司现在的产量，我们的设备可以为你们减少近 20 万美元的原材料成本，这绝对不是一个小数目呀。"等等。

保罗·默里夫把产品可能给客户带来的利益以明确的数据表达出来，完全是站在听者的立场上说话，这些其实也正是他的客户想听到的内容。从客户的角度配合实例来说服客户，听起来更可信。

有时，客户在听到保罗·默里夫的如上介绍后会说：

"虽然我们公司现在使用的机器旧了些，但还能够继续使用。当然要花些钱来修理和维护，不过这些费用绝对不会比换新机器贵。"

对此，保罗·默里夫的回答是："您说得很有道理，更换新设备的确要花费较多的钱。但是，我们不能不考虑到设备在工作时遇到意外的情况。当然了，您的公司可能不会出现任何意外。不过，我们都知道，机器使用时间久了，就可能发生意想不到的故障，从而影响到产品的质量，甚至造成停产，结果是给公司增添更多更大的麻烦。还有，旧的设备可能产生一些有害物质，影响人体的健康，这些无法挽回的损失大都是由于舍不得丢弃旧设备造成的。当然，选择权永远在您手中，我真诚地希望您好好考虑一下。"

保罗·默里夫在介绍产品时总是显得那么专业，并且信心十足。更重要的是，他表达出了另外一些至关重要的信息：我觉得您的想法也有道理，然而我完全是为了您好；您有自己的选择权；而且，您完全有能力做出最佳的选择。他永远是站在听者的立场上替听者分析情况，结果就是深深地打动了他们的心。如果你是一位推销员是不是也应该学习保罗·默里夫的经验呢？

第三，避免以"我"为中心的推销。

最能使人信服的是自我醒悟的道理，而非他人的说教，可通过一些语言技巧给顾客一定程度的自尊心理满足，诱导和激发顾客的购买行为。比如，"我认为……"可改为："您是否认为……""您的想法对吗？"可改为："您是怎么想的？""我想您肯定会买的。"改为："您真内行……"等，这样的语句，会使顾客陶醉于自己体会出的快乐心情中。

辛克劳斯先生在推销汽车时的辞令很值得我们学习，克劳斯先生对一位前来挑选汽车，却又对是否真的要买车犹豫不决的顾客说：

"您好，先生！您也许是在考虑，买了汽车以后既要交税，又要付燃料费、管理费，似乎比买车之前的麻烦更多了，这个想法很有道理。不过，您可以这样设想一下，假若您有购买一部汽车的经济实力，而且您也确实在工作和生活中需要它，只是因为想到购买汽车后可能会遇到的各种问题就放弃购买的想法的话，情况又会怎样呢？您每天上班时乘坐哪种交通工具呢？坐公共汽车和出租车，同样都需要车费支出，除非你的工作地点离住所非常近，可以以步代车。所以，解决您上下班困难的最好办法就是买一辆属于自己的汽车，这样能为您节省出不少时间和精力。况且，现在汽车的价格也有上涨的趋势，现在

不买，等到明年，车价不知又是什么样了。希望您能仔细考虑一下。"

保罗·默里夫和辛克劳斯先生都放弃了那个在人们的语言中出现次数最多的词——"我"，这个词会永远指导人站在他自己的立场上去考虑，而是站在顾客或者听者的立场上，这使听者更容易接受并产生被尊重的感觉。

第四，积极的语言预设。

我们可能都有这样的经验，当你说出肯定的话语时，你的意识将倾向于积极的响应态度模式；当你说出否定的话语时，你的意识则倾向于被动或者负面的响应态度模式。所以，推销员一定要尽力避免消极的语言预设。

比如，店员向顾客提问说："夫人，看来您是不喜欢红色的喽？"潜在的语言预设是，"你是绝对不会买红色的了"。顾客的回答自然就被设定为"对，我一定不会买红色的"。

但是，如果店员这样提问，"夫人，您也有可能接受红色对吗"，得到的回答则很可能是"是的，我也不是十分讨厌红色"。那么，你就很可能将一辆红色法拉利跑车卖给她。

所以，把肯定的、积极的预设放置在你的语言中，你就可能激发出肯定的答案。现在我们不是经常听到这样的话吗？"如果您今天购买，您就可以享受……的折扣"，"一旦您加入我们的俱乐部您就可以享受到……的待遇"，等等。这些语言都会帮助你得到有利于你的回应。

第五，多用请求式的语句。请求式的语句是以协商的态度征求顾客的意见，推销员谦虚的态度、和气的语句，会使听者感到受尊重并乐于接受建议。

采用命令式的语句，居高临下，态度生硬地要求顾客购买，怎么可能得到顾客的赞同呢？

第六，语言表达要其如其分，明白无误。

推销员必须发音清晰标准，只有这样对方才能听清楚；推销员要语调低沉、自然、爽朗，低沉而抑扬顿挫的语调最吸引人，语调偏高，甚至"唾沫横飞"会给人不舒服的感觉，女推销员更不要嗲声嗲气，给人不自重的感觉；推销员的语速要其如其分，不要自顾自地一味地讲了好长时间，不容对方说话，对方会感觉不被尊重，说话语速太慢，也会让听者着急；音量也要适当控制，音量太大，就像在喊，容易给人造成反感，音量太小，显得底气不足，没有自信，也很难影响顾客。

第七，电话推销以诚相见。

电话已成为方便、快捷、经济的现代化通信工具，已经广泛普及，电话推销业务也不断扩大，居民电话也正越来越多地运用于咨询和购物方面，推销员使用电话推销也越来越多。

电话推销虽然方便，但也有很多讲究。比如要选择打电话的时机，千万不要在对方很忙或者休息的时间打扰人家，打到单位的时间最好是上午10点以后和下午3点以后。电话推销要根据对方的需要，有针对性地介绍产品的特征、特点、功能、用途、价格优惠等。电话推销一定不要让人产生"被强迫"的感觉，这样你就可能失去和对方见面的机会。

原一平是日本有名的保险推销员。一次，他想通过电话与他的一位准客户的表哥约谈。

"你好，是某某电器公司吗？请您接总经理室。"

"请问你是哪里啊？"

"我叫原一平。"

"您稍等。"说着秘书将电话转到了总经理办公室。

"哪一位啊，我是总经理。"

"您好，总经理，我叫原一平，是明治保险公司的推销员。"

"嗯。"这一声"嗯"里明显地带着不屑一顾的感觉。

"前几天，我曾拜访过您的表弟，与他研究了继承权的问题，他感到很满意。我也是从您的表弟那里听说您对继承权方面的问题很有研究，所以今天冒昧地打电话给您，希望能与您就继承权问题再研究一番。我原本是想让您的表弟写一封介绍函给您，但那样似乎有点强迫的味道，而这个世界，没有人可以强迫谁，您说是吗？"

"嗯。"这一声"嗯"里可是多了不少亲切的成分。

"那么您能抽出一点时间吗？"

"那好，咱们约个时间谈谈也好。"

后来，这位总经理接受了原一平推销的保险。

要礼貌地询问对方的需要，态度要诚恳，推销结束时要向对方表示感谢，因为至少占用了人家的时间。

推销员最重要的就是语言能力，好的口才，会使推销员的业绩锦上添花，所以，假如你是一名推销员，一定要平时多读书，多学一些知识，对自己推销的产品有更深的认识，有意识地加强口才训练，这样才能培养自己的自信心。有了自信心，加上专业知识，就一定会成为一名出色的推销员。

第六十五章　求职的语言艺术

　　推销自己是一种才华，是一种艺术。有了这种才华，你就能安身立命，使自己立于不败之地。一旦学会了推销自己，你就可以推销任何值得拥有的东西。

——卡耐基　《演讲的艺术》

无论是刚从学校毕业的学生，还是等待谋求新职的人，都必定面临求职这一关。特别是现代社会给了人们充分发展的空间，求职面试在一个人的一生中可能会经历多次，掌握面试的一些必要的技巧，无疑会增大录取的可能行。正如富兰克林在其自传中所说："说话和事业的发展有很大的关系，你出言不慎，将不可能获得别人的同情、别人的合作、别人的帮助。"

求职面试如同一场试探性的战斗，战斗的双方就是面试单位的主考官和面试者。

参加面试之前，首先要了解一些必要的礼仪知识，要试想主考官会从哪些方面考核自己，比如，面试者的衣着、外表、仪态、行为举止、专业知识、口才、谈话技巧，等等。从面谈中，主考官会从中了解面试者的性格、人际关系、思维方式、人格成熟度、对工作的热情程度，等等。

也有的主考官会预设一些难题，考察面试者的各种能力。

> 我介绍给公司的工作伙伴坑了公司一大笔钱。

布伦特在面试的时候遇到了一个大麻烦。当主考官问他"在以往的工作中，你犯过的最严重的错误是什么"时，他居然自以为谦虚地说："我介绍给公司的工作伙伴坑了公司一大笔钱。"

这个回答给人的印象是：布伦特是一个缺乏头脑及必要的判断力的人。结果他因为这句回答与那份他向往已久的工作失之交臂。

人们在面试的时候，最可能遇到刁难性的问题。其实，在生活的每一个层面都可能遇到让你为难的问题。下面几位面试经历，对我们如何绕过难题也许有帮助。

爱丽丝小姐在应聘福特公司部门秘书一职时被告知，她很可能会被安排去做一些"打杂"的活儿。这时，她是这样表达对这份工作的看法的：

"我所看中的是福特公司人尽其才的用人理念。对于我的工作安排，我没有任何怨言，因为既然我来应聘了，我就做好了这方面的准备……我认为作为公司的员工，就应该服从工作安排。说实际点儿，我会每天把办公环境收拾得干干净净，让决策者们在更为舒适的条件下工作。当上司工作繁忙而劳累的时候，我会及时送上一杯咖啡的，这本身就是一件非常美好的事情，因为上司的业绩之中也有了我的一份辛劳。而且，许多大人物不都是从小事做起的吗？"

爱丽丝小姐以"我所看中的是福特公司人尽其才的用人理念"作为陈述的开头，把握住了问题的关键：也许主考官提出这个问题根本就是一次对她反应能力的测试。因为无论是在公司总部，还是其属下的任何一个部门，都会有一些诸如端茶倒水、清扫整理之类的繁杂事务，而这些很可能就是她今后工作内容的组成部分。

美国联邦保险公司对应聘者提出这样一个问题："对于那些说关于买保险的事要与太太商量一下的男人，你是怎样看的？"面试者艾伦是这样回答的：

"我认为无论在工作上，还是在家庭中，男人的最大目标都是要使自己活得有价值。虽然男人都很想通过工作来证实自己的能力，体现活着的意义，但是谁又能说那些有爱心、对家庭事务同夫人协商解决的男人地位低下、缺乏价值呢？"

美国联邦保险公司提出的这个问题，表面上看似乎只是想了解万一保险销售人员遇到要与妻子商量的客户时怎样处理。但其实却是想了解应聘者对工作与家庭的态度。他们自然非常希望员工既以事业为重，又拥有一个幸福美满的家庭。这既是体现一个员工的综合能力，也会使员工工作起来无后顾之忧。所以，艾伦的回答正符合美国联邦保险公司的期待。

卡罗琳小姐应聘财务经理一职，主考官提问："作为财务经理，如果我（总经理）要求你一年之内逃税100万元，你会怎么做？"

你也许以为卡罗琳小姐会当场思考一个周密的逃税计划吧？但是，她并没有这样做。因为提出这个问题的真正目的应该是测试她的职业判断能力和职业道德。所以，卡罗琳小姐镇定地回答说：

"请恕我直言，任何制度都有其合理性，但是不可能没有缺陷。不过，您是知道的，有些事情不得不视具体情况而定。所以，这恐怕很难讲。"

这真是一个完美的答案。首先，卡罗琳小姐的回答并没有明确表示自己有办法逃税，因为那将说明她不是一个遵纪守法的人，很可能缺乏诚信；其次，她也没有直截了当地说自己没有这种"本事"，因为她对财务制度十分熟悉，

况且"任何制度都不可能没有缺陷";第三,她表现出了灵活应变的能力,表明自己绝不是一个"死脑筋"的人;最后一点,也是最重要的一点,她并没有直接表达出总经理的这个要求是"违法的"这一否定性看法。应该说,她对这个刁难的问题回答得非常巧妙。

面试中,主考方可能预设种种语言陷阱,以探测你的智慧、性格、应变能力,以及心理承受能力。怎样在面试中最大限度地发挥自己的潜能,获得良好的结果呢?

第一,面试态度要积极要尊重主考官。

不可因为招聘者的学历、职称、年龄或资历不如你优越,你就轻视对方。要善解人意,无论对方提出什么问题,你都应该从积极的角度去理解,不要产生对立情绪,如果对方给你预设了一些难题,也不能认为是故意刁难你,更不能抱着"此处不养爷,自有留爷处"的态度面对每一次面试。更为重要的是,自己要有自信。求职过程中的自信表现,是在自大与自卑之间选择合适的一个度,既不过分张扬,也不过分卑下,围绕着求职、面试的主题,进行自我介绍并回答面试考官的问题,在适当的时候,借题发挥,进一步展示自己本身的能力与才华,但又不过分地炫耀自己的才华。

第二，注意聆听。

在面试过程中，要仔细聆听。为了表示你在耐心倾听，要伴随适当的肢体动作（如微微点头）或简单的附和语（如"嗯"、"是的"）。回答问题前必须确认已经听清、听准对方的提问，如果对讲话重点不是十分有把握，建议用复述性提问加以确认，比如，"您的意思是不是说……""如果我没猜错的话，您是想问我……"千万注意，不要在面试官讲述的过程中打断人家的谈话。

第三，表现要谦虚诚恳执著。

求职者的真实与诚恳是成功应聘的首要条件，在真实诚恳的基础上，还要力求使自己的就业意向与应聘行业的职业要求相一致，在面谈中尽量回避对自己不利的话题。

被称为"经营之神"的日本松下电器公司总裁松下幸之助，年轻时家庭生活贫困，9 岁时就不得不告别母亲，随父亲到大阪打工。14 岁时，瘦弱矮小的松下到一家电器工厂去谋职。他走进这家工厂，向总经理说明了来意，请求给他安排一项工作。

总经理看到松下衣着肮脏，又瘦又小，从心里不想要他，但又不能直说，于是找了个理由，说："我们现在暂时不缺人，你过两个月再来看看吧。"

这全是个托词，可是两个月后松下真的来了，总经理说："我们需要的是懂得电器知识的人，你懂吗？"松下诚实地说自己不懂。

回到家里，松下就买了不少电器方面的书，拼命地看，两个月后，他又来到那家公司，说："我已经学习了一些电器方面的知识，您看我哪方面还有差距，我一项项来弥补。"

总经理皱了皱眉头，说："出入我们公司的都是一些有绅士派头的人物，你穿着这样脏兮兮的衣服，我们怎能要你呢？"松下说："这好办！"

松下回去借了一些钱，买了一身整齐的衣服穿上又返回来。总经理盯着他看了半天才说："我干这行几十年了，头一次遇到像你这样找工作的。我真佩服你的耐心和韧性。"

松下幸之助终于进了那家公司，后来，松下又以超人的努力逐渐成为一个非凡的人物。

第四，使用正确的语言进行表达。

无论是描述自己过去的成绩，现在的情况，未来的意向，还是回答面试主

考官的问题，都是非常重要的。求职者也可以通过面试获得招聘公司的相关信息，只会答、不会问的求职者很难受到垂青，因为无法发问，无法进行双向的交流就意味着，一名求职者失去自我思考的能力，而无法达到面试考官的要求。

第五，适当的时候可以自己举荐自己。

为了引起主考官的注意，"单刀直入、毛遂自荐"不失为一种成功的求职方式。求职者可以开门见山，对面试主考官直截了当地表明自己的选择意向。如果面试主考官对你的能力或学历提出异议，别担心，这恰恰是给了你一个说明和展示的机会。你可以适时地用行动或语言展示自己的优点和长处，最终达到自己的求职目的。

第六，少用"我"字。

面试过程中，求职者的语言和意识往往会以"我"为中心。例如，"我"的理想、"我"的学历、"我"的才华、"我"的父母，以及"我"的条件……这样的表述可能会使对方认为你"以自我为中心"、"自我标榜"、"自以为是"、"自我推销"……尽管事实并非如此。

第七，灵活应变。

要想达到预期的求职目的，光有迎难而上的勇气是不够的，还要善于随机应变。面试是没有一定规则的，求职者也不必给自己设定条条框框，记住：在任何情况下，招聘单位都会垂青那些有较强角色意识和应变能力的人。而这种能力多半是书上没有的，要在实践中不断地锻炼，这就是为何有些招聘单位很看重工作经验的原因。

国外一家旅馆老板测试三名应聘侍者的男子，问：

"假如你无意中推开房门，看见女房客正在淋浴，而她也看见你了，这时你该怎么办？"

甲答："说声'对不起'，然后关门退出。"

乙答："说声'对不起，小姐'，然后关门退出。"

丙答："说声'对不起，先生'，然后关门退出。"

结果，丙被录用了，为什么呢？

因为他的这种故意误会的说法，维护了女房客的尊严，他用非常得体的语言表现出一名侍者应该具备的职业素质。

第六十六章　谈判的语言艺术

一定要把握主题。假如你要使对方对你所讲的东西清楚明了，一定要让他们随时想到："我了解这个人，我知道他现在在何方！"

——卡耐基　《演讲的艺术》

谈判，离不开一个"谈"字，谈判中最重要的工具就是语言，谈判双方必须利用语言来传播信息，交流情感，表达自己的意向。不管是和风细雨地劝说，还是理直气壮地唇枪舌剑，时时刻刻都离不开语言艺术。没有语言，谈判就无法进行。谈判语言关系到谈判的成败，只有运用各种语言技巧来突破对方的防线，谈判才能达到预期的目标。

第一，谈判不是硬碰硬的语言较量。

因为谈判大多涉及经济及利益之争，所以许多谈判人员在谈判之前就十分紧张，戒备森严，结果，谈判中"硬碰硬"，难免陷入僵局。谈判高手懂得"内紧外松"，内心保持高度的警惕，态度却显得轻松自如，幽默诙谐。轻松幽默的语言表达能使谈判对手不知不觉地受到影响，从而适当地作出让步，达成谈判目标。

第二，出其不意的攻防术。

谈判技巧是一种攻防术，如果谈判双方在实力上相差不多，双方又都不肯退让，期待通过口舌之辩达到目的的可能性极小。在这种条件下，可采用出其不意的方式，比如，态度突然变得强硬，甚至情绪失控，表示对方若不作出让步，将终止谈判，等等。

有一次，日本一家公司与美国一家公司进行一场许可证贸易谈判。谈判伊始，美方代表便滔滔不绝地向日方介绍情况，而日方代表则一言不发，认真倾听，埋头记录。美方代表讲完后，征求日方代表的意见，日方代表却迷惘地表示"听不明白"，只要求"回去研究一下"。几星期后，日方出现在第二轮谈判桌前的已是全新的阵容，由于他们声称"不了解情况"，美方代表只好重新说明了一次，日方代表仍然以"还不明白"为由使谈判不得不暂告休会。到了第三轮谈判，日方代表团再次易将换兵并故技重演，只告诉对方，回去后，一旦有结果便会立即通知美方。半年多过去了，正当美国代表团因得不到日方任何回音而烦躁不安、破口大骂日方没有诚意时，日本突然派了一个由董事长亲率的代表团飞抵美国，在美国人毫无准备的情况下要求立即谈判，并抛出最后方案，以迅雷不及掩耳之势催逼美国人讨论全部细节，措手不及的美方代表终于不得不同日本人达成一份明显有利于日方的协议。事后，美方首席代表无限感慨地说："这次谈判，是日本在偷袭珍珠港之后的又一重大胜利。"

第三，少发表自己的看法，多听对方的陈述。

在许多人看来，谈判中要多发言，这样才能把自己的意图说清楚，使另一方完全明白自己的观点、看法。其实，真正高明的谈判家并不这样做。他们采用的办法大多是"多听少说"。尽量少发表自己的看法，多听对方的陈述，这种听是主动的，既要谦虚地聆听，还要用心地去理解，探求对方的动机，积极做出各种反应。假如对方说的都是你已经了解的，可对方却谈兴很浓，你也应该保持耐心，不能表现出厌恶的神色，不能表现出心不在焉的神情。越是耐心倾听他人意见的人，谈判成功的可能性越大。

第四，避免自己的话被误解。

谈判中，有时人们说的话会被对方误解，这样的结果，轻则会使双方不愉快，气氛不和谐；重则会使谈判夭折，断送双方合作的前景。所以，应尽力避免这种误解。在谈判中，不要讲那些模棱两可的话，一定要把话说得具体、明确些，就算是拒绝的话也一定要讲清楚。讲话时，还要注意适当地停顿，使句子有节奏，话语明白，减少误解。

第五，善于提问，控制局面。

有一位教徒问神父："我可以在祈祷时抽烟吗？"他的请求遭到神父的严厉斥责。而另一位教徒又去问神父，"我可以吸烟时祈祷吗？"这个教徒的请求得到了允许，他悠闲地抽起了烟。这两个教徒发问的目的和内容完全相同，只是语言表达方式不同，得到的结果却相反。谈判也一样。采用适当的语言手段，巧妙提问，随时控制谈话的方向，并鼓励对方说出自己的意见，会获得更多的有用信息。当然，提问一定要掌握时机，不能随意打断对方的谈话，以免终止对方话题，使自己失去必要的信息。提问方式也要适当，应该尽可能多地使用选择性问句。如"您认为我们应该先讨论成品的价格问题还是零部件的价格问题合适呢？"这样可以给对方一个选择的空间，以免引起对方的反感。在谈判中必须坚决避免使用盘问、审问式的问句、几个问题连着问，这样会破坏谈判的气氛。

第六，随机应变才能最终达成妥协。

谈判是一个动态过程，瞬息之间，变化万千。尽管一般情况下，谈判双方事前都要做充分的准备，对谈判的内容、己方的条件、可能做出让步的幅度、对方的立场、对方可能采取的策略，都进行了研究，并对谈判过程进行了筹划。但是，谈判过程常常是风云变幻，复杂无常，任何一方都不可能事前设计好谈判中的每一句话。具体的言语应对仍然需要谈判者临场组织，随机应变。

第七，尽量避免正面回答。

谈判要懂得避实就虚。在谈判中，如何回答对方的问题非常重要，如果回答得不好，往往会掉进对方设置的"陷阱"，被对方牵着鼻子走。擅长回答的谈判高手，其回答技巧往往在于给对方提供的是一些等于没有答复的答复，等于是没有正面回答，这样可以防止泄露太多的信息。如果对方的问题很多，也不必一一给予答复，以免被对方控制思维。对于比较难于回答的问题，不妨含糊其辞，拖延回答，等考虑清楚了再回答也不迟。

第八，掌握拒绝的技巧。

谈判中，如果觉得对方的要求太过分，己方难以承受，千万不要在对方还没有把话说完，就怒火中烧，拍案而起，用尖刻的语言回击对方，那样会显得你不够耐心，没有城府。遇到这种情况，应平心静气地听对方把话说完，然后微笑地看着对方，说："我们完全理解您的要求，也希望双方尽量达成一致意见，但是我方的确承受不了这种让步，还希望你们能够理解。"这样委婉、真诚中透露着坚定的语气，不容对方置疑，既表达了自己的观点，也显得自己是个成熟的谈判者。当然，委婉地拒绝对方并不等于不拒绝对方，虽然说法委婉，但一定要让对方清楚是拒绝了他，以免引起误会。假如直接地拒绝对方会难以说出口，那么使用恰当的幽默方法会使拒绝不再尴尬，而且不失风度。拒绝是谈判中一项难度较大的技巧，谈判者需要仔细研究，才能做到得心应手。

第六十七章　介绍演讲者、颁奖和领奖

无论是介绍演讲者、还是发表颁奖辞、答谢辞，都要精心准备，都要倾注你的真心和热情，过度的赞誉不可取，随意贬低也是不合适的。

——卡耐基　《演讲的艺术》

当你被邀请当众讲话时，你可以推荐别人为自己做一个开场白，以对演讲作一个说明，或者说些活跃气氛的话。也许你是某个民间组织的节目主持人，或者是一个妇女俱乐部的议员，你的任务是介绍一下本次会议的主讲人，或是你期盼着要在当地的俱乐部上发表演讲，或是在自己的销售小组、工会聚会或政治组织里发表自己的意见。

约翰·马森·布朗是一名作家兼演说家。他活泼生动的演说在全国各地赢得了无数听众。一天晚上，他在同即将把他介绍给听众的那个人讲话。

"不用担心你的演讲，"那个人对布朗说，"放轻松，我从来不信演讲还需要准备！准备有什么用，准备会破坏整个演说的美感，也坏了兴致。这种场合，我只是等着站起来的一瞬间让灵感来找我，我这样做，还从来没出现过什么闪失！"

这些殷切的话使布朗相信他会对自己作一番很好的介绍，以有利于自己演讲时的气氛。但是谁料，这个人站起来之后的讲话却完全出乎意料，布朗在他的一本书里回忆说：

各位先生，请安静下来听我说好吗？今晚有个坏消息要告诉大家，我们本想请艾萨克. F. 马克松先生为我们演讲，遗憾的是，他病了，不能前来。（鼓掌）接着我们又想请参议员柏莱特基来为各位演讲……可是他太忙了。（鼓掌）最后我们只好请堪萨斯城的洛伊德·葛罗根博士前来给各位讲话，也不成。所以，我们只好由约翰·马森·布朗来替代。（鸦雀无声）

布朗先生回想起这场几近陷入灾祸的演讲时，只说了这样一句："至少我的这位朋友，那位大灵感家，总算说对了我的名字。"

当然，你看得出，那个确信自己的灵感可以解决一切的人，就算他原本有意这样做，也不会比他现在搞得更糟了。他的介绍有违他对他要介绍的演说人的职责，也有愧于他对听众要尽的职责。其实他的职责并不多，但却很重要。令人惊讶的是，许多节目主持人都不明白这一点。

一、介绍辞

介绍辞具有与交际介绍一样的作用。它使演说人和听众相会在一起，为他们塑造友好的气氛，并在他们之间建立起沟通的桥梁。也许有人说，作为介绍人，"你不必说什么话，你只需介绍演讲人即可。"如果这样认为的话，你可就把事情看得太简单了。没有哪一种因素会比介绍词对演讲造成的人为破坏更大了。一些人的介绍辞之所以会对演讲造成如此大的伤害，可能就是因为许多准备与作介绍辞的主持人太忽视了它的功效的缘故。

"介绍辞"——从其词义来讲，它是由两个拉丁文词素，即"intro"（至内部）与"duce"（引领）构成的。意思是，引导我们深入内部，使我们想要听听有关它的更深的讨论。同时，它也应该引领我们前去见识演讲者的内在事实，去见识能显示他足够胜任探讨这一特别题目的事实。换句话说，介绍辞应能把题目"推销"给听众，亦应将演讲人"推销"给听众，而且应尽可能在最短时间内把这些事情做完、做好。

这就是介绍辞所应该达到的效果。可是所有人都做到了吗？没有，百分之八九十的人没有做到。多数人的介绍辞都既拙劣，又软弱空洞，简直让人不可原谅。若是你在为演讲人做介绍时，要明白自己责任的重大，并用正确的方式去做，他一定很快就会成为大家争相邀请的典礼嘉宾或主持人了。

以下是一些建议，可帮你准备一套结构完备的介绍辞。

第一，精心准备每一句话。

介绍辞通常都很短，大约在一分钟以内，很难表达。但你也要精心地准备每一句话。首先要做的，是了解情况。主要是三个方面：演讲人的姓名、个人资料，以及演讲主题。通常也可以加上第四个方面，那就是怎样介绍主题，能让听众特别感兴趣。

要知道事前必须对演讲主题核对正确，并且对演讲者怎样进行阐述有个大致了解。这样才能避免在介绍中出差错，甚至被演讲者提出：介绍的内容有违演讲者的本意。介绍人的职责就是正确地介绍演讲者和演讲主题，并向听众介绍主题的价值所在。例如，你可以直接找演讲者取得相关材料，或者从其他人那里得知，但必须在正式介绍前向演讲者本人求证。

也许你最需要准备的介绍辞是演讲者的相关资料。如果演讲者是世界知名人士，你可以查阅《名人录》之类的书籍；如果演讲者是地方上的官员或名人，你可以询问有关部门；如果方便，也可以去拜访他的家人或朋友。一般来说，和演讲者关系较近的人都会乐于提供准确的信息给你。

准备介绍辞时，要注意语言的简洁流畅。比如你已经介绍说到此人是博士，就不必再提他的学士、硕士学位。在介绍对方时，也只需说出他最近担任或者曾经担任的最高职务。要把对方最突出的成就作为重点来介绍，其他成就可略为带过或不必提及。

有一次，一位著名演讲家介绍爱尔兰诗人 W．B．叶芝，当时叶芝准备朗诵自己的诗章，而且3年前，就获得了文学界的最高奖——诺贝尔文学奖。在场的听众大概有十分之九的人都不清楚诺贝尔奖的重要意义，那么，这应该是

介绍词中的重点才对。可是这位演讲家是怎么做的呢？他一个字也没提，直接就去谈希腊神话和传统诗歌了，全然不顾自己介绍的主角是诗人叶芝。

还有一点尤为重要，那就是演讲者的姓名，你要反复确认，并且练习正确的发音。约翰·马森·布朗回忆说，自己曾被介绍为约翰·布朗·马森，以及约翰·史密斯·马瑟。加拿大的幽默文学家史蒂芬·理科克，写过一篇幽默短文《我们今晚在此相会》，里面提到了一次主持人对他的介绍：

我们所有人都热切地期盼着李·罗特先生的到来，我们早已拜读过他的大作，对他已像老朋友那般熟悉。我想告诉李·罗特先生，毫不夸张地说，本城的民众对他早已耳熟能详。现在，我非常荣幸地为大家介绍——尊敬的李·罗特先生。

介绍辞必须准确无误，在此基础上，还要尽量明确生动，以使得听众集中注意力并对演讲者充满兴趣。大多数主持人没有事前准备，在介绍时往往使用模糊而套路化的语句：

这位演讲者闻名天下，是公认的——他从遥远的——赶来，是——方面的专家，我相信大家一定非常期待他对——问题的独特看法。现在，我非常荣幸地向诸位介绍——让我看一看，嗯，对了，正是——布兰克先生。

实际上，你只需花上一点点时间去准备，就不会发生这样难堪的情形。

第二，"题目——重点——讲者"三部曲。

对大多数介绍者而言，按照"题目——重点——讲者"去做准备，可以帮助你成功地完成大部分介绍词。

"题目"指的是说出演讲的正确主题，然后有针对性地稍加介绍。

"重点"就是介绍辞中的重要部分，这里要注重引起听众对演讲的兴趣。

"讲者"就是指演讲者。介绍演讲者的杰出成就，特别是和他所做演讲的主题有密切关系的资历。之后，准确清楚地告诉听众演讲者的姓名。

以这三步为基础，再充分发挥你出色的口才。

这里有一个例子，介绍辞不要被削减得索然无味。纽约市有位编辑荷姆·森，他曾将纽约电话公司主管乔治·维博姆介绍给许多新闻记者，这就是一次完美地将三部曲融会贯通的介绍：

演讲者的题目是《电话为你服务》。

在我看来，世界上有无数奇妙的事情，比如爱情，比如赌徒难以割舍的赌瘾，再比如，在打电话时遇到的意想不到的事情。

为什么给你转错了号码？为什么你从纽约给芝加哥打电话，却比从家里打到隔了一座山的地方还要快捷？这位演讲者可以告诉你为什么，他还能告诉你所有和电话相关的事情。他这20年的工作内容，就是将关于电话的所有问题整理总结，让更多的人了解电话行业。他因为工作勤勉，而获升为电话公司主管。

他今天想要对我们说的是，他的电话公司对我们提供的服务。要是各位对电话服务非常满意，那就把他看做是为我们提供便利的人，要是你对电话服务有些不满，那就请他对此解释和辩护。

各位女士、先生们，今天演讲的嘉宾就是纽约电话公司的主管——乔治·维博姆先生！

荷姆·森巧妙地让听众联想到电话，他所提出的问题，引发了听众的好奇心，接着，他表明了演讲的主要内容以及听众可能提出的问题。

我相信，荷姆·森并没有将介绍辞预先写好并背诵下来，因为整体介绍辞如讲话那般流畅自然。介绍辞也是一种演讲，当然也要遵循我们在前面提到的准则：不要通篇背诵。

一位会议主持人在介绍柯妮莉雅·奥蒂斯·史金纳的时候，突然忘记了预先备好的介绍辞，在深深吸气之后，他灵光一闪，介绍说："由于博德将军演讲要价太高，因此我们今晚请的是柯妮莉雅·奥蒂斯·史金纳。"最简单的介绍方式莫过于直接说出演讲者的名字，或者说："接下来，我要介绍的是——"然后说出他的姓名。

一些主持人的介绍辞太长，听众难免有些不耐烦，有的介绍人把自己当做重要主角，在演讲者和听众面前拼命表现自己的想法和口才。有的主持人随便扯出些粗俗的小笑话，还自以为很幽默，还有一些介绍人过于吹捧或贬低演讲者的身份或职业。当你发表介绍辞时，应注意避免犯这些错误。

这是另一个例子，埃格. L. 施纳蒂在介绍著名科普学者杰罗德·温特时，既运用了三部曲的原则，又显露出自己的个性风格：

演讲者的题目听起来很严肃，叫做《今日世界的科学》。这使我想起一个故事，有一位心理有问题的人坚持说自己肚子里面有一只猫，医生一直不能扭转他的想法，就想了一个主意，说为他做手术把猫取出来。给他打了麻药后，医生并没有做手术，而是找来了一只黑猫，在他醒来后，告诉他这就是他肚子里的猫，没想到他却反对说："医生，你一定弄错了，我肚子里的那只猫是灰色的。"

同样的是现在的科学研究。你本来打算找到一只叫做 U－235 的猫，可是，却找到了一群叫做 U－233 或者别的名字的猫。我们逐一战胜了它们，就好像对付芝加哥的寒冬那样成功。古代那位精通炼金术被称为第一位核能科学家的先生，曾经向上帝祈祷再给他一天的时间，让他探知宇宙的奥秘。可是，我们今日的科学家，却完成了宇宙间不可完成的奥秘。

今天我们请到的演讲者，是一位对现代科学的发展和前景有深刻的认识的人。他曾做过芝加哥大学的化学教授，宾夕法尼亚州立大学的校长，先后在俄亥俄州和哥伦比亚的巴德尔工业研究院担任院长。他还是政府特聘的科学家，同时还是一位著名编辑、作家。他出生于爱荷华州的戴温勃地区，在哈佛大学获得学位，曾在军工厂工作过，还走遍了欧洲各地。

这位演讲者编写了许多专业学科的教科书，在他担任纽约"世界博览会"科技部负责人时，出版发行了他最有名的一本著作——《未来世界的科学》。他还是《时代》、《生活》、《财富》和《局势》等著名杂志的特邀科学顾问。

也正因如此，人们常常会读到他撰写的科技文章。他在 1945 年，广岛被原子弹轰炸的 10 天之后，就写出了《原子时代》一书。在此我借用演讲者本人经常说的一句话："最好的终究会来到"自豪地向大家介绍这位极受欢迎的学者——《科学画报》的编辑主任，杰罗德·温特博士。

对演讲者适当地夸赞，会引发听众的关注和尊敬之情。但你要谨记过犹不及的道理，过分的赞誉和炫耀之词不但令听众萌生反感，更会令演讲者本人陷入尴尬之中。

汤姆·克林斯以演讲幽默而著称，他曾对《主持人手册》的作者赫伯·普洛西奥说起自己的感触："在演讲者想达到幽默有趣的效果时，千万不要一开始就对听众们信誓旦旦地保证，一定会让他们笑破肚皮，那这次演讲一定彻底玩完。要是主持人在介绍时大肆吹嘘你是什么威尔·罗杰斯第二时，那你干脆直接回家得了，因为你已经把自己给毁了。"

过度的赞誉不可取，但也不可随意贬低演讲者的身份。史蒂芬·理科克就有过这样别扭的经历，一位主持人这样介绍他：

这场演讲是本年度冬季系列的第一场。诸位大概都知道，之前的几场演讲反响都不太好。我们实际上非常困难，几乎负债才勉强完成上一系列演讲安排。因此，今年我们重新排定了计划，尝试邀请价格较为便宜的演讲家。现在，我给大家介绍今晚的演讲者理科克先生。

理科克无奈地说："如果是你，在站到台上面对听众时，身上贴着'价格便宜'的售卖标签，不知你会作何感想？"

第三，保持高度的热情。

介绍演讲者时，态度和介绍辞同样重要。你应该尽量友善，不用表现得自己有多高兴，只要在介绍时表现出真心的愉快就可以了。若能逐步酝酿，在即将结束、达到高潮的时候宣布演讲人的名字，听众的期待也就随之增加，并报以更热烈的掌声。听众的这种友好表示，也有助于刺激演讲人全力以赴。

当你宣布演讲者的姓名时，最好记住这些技巧——"稍停"、"分隔"和"力量"。"稍停"的意思是，在说出演讲人的名字之前给出一小会儿的沉默，直到听众的期待达到极限；"分隔"的意思是，在名字和姓氏之间稍停以示分开。让听众对演讲人的姓名有清楚的印象；"力量"的意思是，最后报出名字的时候应该说得高亢有力。

还有一件事要提出警告：当你宣布演讲者的名字时，请你不要转身面向他。该注视听众，直到最后一个音节说出后，再转向演讲人。

还有一件事要提出警告：当你宣布演讲者的名字时，请你不要转身面向他，该注视听众，直到最后一个音节说出后，再转向演讲人。因为他们转身面向演讲者，只为演讲者一个人宣布他自己的名字，留给听众的则是一片茫然。

第四，真心诚意。

务必要真诚，不可予以贬抑的评论或鄙俗的幽默。不认真的介绍常会被听众误解。要真心诚意，因为你当时所处的社交情况，需要最高度的技巧和策略。你可能与演讲人非常熟识，但听众可不一定，你的一些言语虽然没有恶意，却可能引来误解。

第五，要用礼貌用语。

在人际沟通中必须遵循礼貌、合作的交际原则。介绍语要文雅、有礼，切忌随便、粗俗。例如，"我给各位介绍一下：这小子是我的铁哥们儿，开小车的，我们管他叫'黑蛋'。"这段介绍中"小子"、"铁哥们儿"、"开小车的"、"黑蛋"这类词语显然与社交场合格格不入，太粗俗、不文雅，又把绰号当大名来介绍更显随便，不严肃。此外，介绍语常用一些敬辞、客套话、赞美语作为其表述语，在实践中应规范使用。如"我非常荣幸地向各位介绍XXX"，"我们有幸请来了大名鼎鼎的ＸＸＸ"，"能聆听他的讲话我们感到由衷的高兴"等。这些介绍语中的"荣幸"、"有幸"、"由衷"等都是敬辞，"大名鼎鼎"、"请"是客套语。这类典雅的语言再加之优雅得体的体态语就更显魅力了。介绍时一般起立，面带微笑，伸出一手，掌心向上，边说边示意。

二、颁奖辞

"我们已经证实，人类心灵最深挚的渴望是要求认可，要求荣誉。"作家玛格丽特·威尔森表达了全宇宙的感觉。我们都想一生与人和睦相处，受人称赞，别人的推荐，哪怕仅是一个字，更别说在正式场合里接受人家赠奖，也能使我们的精神神奇般的亢奋起来。

网球明星爱尔西亚·吉布森，就把这份"人类心灵的渴望"极其恰当地用在了自传的书名里。她称它为"我要做重要人物"。

颁奖辞是对接受者重新保证，他真是"重要人物"，他的某项努力已经成功，他应该得到赞誉，我们聚在这里为的就是给他这份荣耀。我们的颁奖辞应该简短，但却应经过仔细思考，对经常接受荣誉的人来说，这或许意义不大，可是对那些没那么幸运的人来说，却可能终生记忆鲜明了。

因此，我们在介绍这样的荣誉时，应慎选词语。这里有一套灵验的公式：

第一，说明为什么颁奖。是因为长时间的服务，或比赛获胜，还是因为某一重要成就。说明这个即可。

第二，讲述得奖人的生活和事迹，这是听众感兴趣的事。

第三，讲述这个奖多么应该颁给领奖人。

第四，恭贺得奖人，并转达大家对他前途的衷心祝福。

这场小小的演讲中，没有什么比真诚更重要了，不用细说，人人也都了解这一点。所以，如果是你为获奖者颁奖，你就已经像那位获奖者一样荣耀了，因为你的朋友们知道，将这份需要心思与头脑的任务托付给你，你是不会去犯某些演讲家所犯的那些夸大其词的过失的。

像这样的一个时刻，最容易犯言过其实地夸大某人的优点的错误了。如果确实值得颁奖，就应该实说，不必添油加醋。胡吹乱捧地折磨获奖者，这更说服不了心里明镜似的听众。

我们也应该避免夸大奖品本身的重要性，不要强调它的价值，而应该强调赠奖人的友善心境。

三、答谢辞

答谢辞应该比颁奖辞更短，当然，那不该是我们背下来的东西，不过心理先有准备比较好。假如事前预知自己要领奖，那么听了人家的颁奖辞，应不至于茫然无措、无以应答了。

只是含糊地说些"感谢各位"，"一生中最重要的日子"或者"我曾经历的最美好的事情"等，不能算好。这和颁奖辞一样，有夸张的嫌疑。"最大的日子"和"最美好的事情"，涵盖太广，中庸温和的语调更适合表达自己的感激之情。建议你试一下：

第一，对听众说"谢谢各位"时，要真心诚意。

第二，把功劳给那些曾帮助过你的人——你的同事、你的雇主、朋友或家人。

第三，叙说奖品或奖状对你的意义。若是包着的，就打开它，展示一下。告诉听众奖品多么美丽，你将如何使用它。

第四，再度真诚地表示感激，然后结束。

【世界经典文学珍藏版】

卡耐基经典全集

◎尽览世界经典文化的博大精深 ◎读传世典籍，赢智慧人生——受益终生的传世经典

李志敏⊙编著

卷三

民主与建设出版社
·北京·

第六十八章　生活在此时此刻

> "未来"永远只存在于今天，人类获得拯救的日子就是现在，一个总是为未来忧心忡忡的人，只会白白地浪费精力。好好关注一下自己的生活吧，关注你自己生活的每个侧面，养成一个良好的习惯，既不要沉湎于过去的失败中，也不必空想未来，就生活在此时此刻吧，你会感到生活是那么踏实而丰富。
>
> ——卡耐基《人性的优点》

1871 年春天，一个年轻人忧虑重重，他是蒙特瑞尔综合医院的一名学生。此时，他对自己的未来充满困惑：怎样才能顺利地通过考试？毕业后该做些什么？该到什么地方去？如何开展自己的事业？怎样才能谋生？

在极度迷茫中，他拿起一本书。他看到了 21 个字，正是这 21 个字使他——一个 1871 年毕业的年轻的医科学生，成为后来著名的医学家，他不仅创建了举世闻名的约翰·霍普金斯医学院，还得到了大英帝国医学界的最高荣誉——牛津大学医学院的讲座教授。另外，英王还授予他爵士的封号。他去世后，记述他一生经历的两卷大书长达 1466 页。

他的名字叫威廉·奥斯勒。可以说，正是他在 1871 年春天看到的这 21 个字，对他的前途产生了巨大影响，并使他度过了无忧无虑的一生。这 21 个字就是汤姆斯·卡莱里写的："最关键的是，做手边最清楚的事，而不是去看远处模糊的事。"

42 年后，一个温暖的春天的夜晚，威廉·奥斯勒爵士在开满郁金香的耶鲁大学校园中，给学生们做讲演。他说像他这样一个人，曾经是 4 所大学的教授，还出版过一本很受欢迎的书，看上去似乎有着一个"特殊的头脑"。但事实上，他的一些好朋友都说，他的头脑"非常普通"。

那么，威廉·奥斯勒爵士成功的秘诀是什么呢？

他认为是因为他生活在一个完全独立的今天。

"一个完全独立的今天。"这句话是什么意思呢？

　　在来这里演讲的几个月前，威廉·奥斯勒爵士乘坐一艘巨大的油轮横渡大西洋。他发现，只要船长在驾驶舱里按下一个按钮，机器经过一阵运转后，船的几个部分就立刻分隔开，成为几个防水的隔舱。"而我们每一个人，"奥斯勒爵士说，"头脑都要比船精密得多，所走的路程也远得多。所以，现在，我想奉劝各位，你们应该像那条大油轮一样，学会控制自己的生活，只有生活在一个完全独立的今天，才能确保航行中的安全。因为在驾驶舱中，每个分隔开的船舱都有用处，按下一个按钮，铁门就会隔断过去——就是那些已经度过的昨天，然后再按下一个按钮，铁门仍会隔断尚未出现的未来。现在，你就非常保险了，因为你拥有全部的今天。你们应该学会埋葬过去，只有傻子才会被它引向死亡之路，同时要将未来紧紧关在门外，就像对待过去那样，过去的负担加上未来的负担，必定会成为今天的最大障碍。好好关注一下自己生活中的每个侧面，养成一个良好的习惯，将前后的船舱统统隔断吧！你们应该生活在完全独立的今天里。"

　　那么，威廉·奥斯勒博士是否主张人们不应该为明天费心地做准备呢？不，当然不是。他继续鼓励耶鲁大学的学生们："集中你们所有的智慧和热诚，将今天的工作尽量做得完美，用这种方法迎接未来，无疑是最好的。在一天开始之前，你们应该吟诵这句基督祝词：'在这一天，我们将得到今天的面包。'"

请记住，在这句话中，仅仅要求"今天的面包"，并没有抱怨我们昨天吃的面包真酸。也没有说："噢，天哪，最近的气候非常干燥，我们可能会遭遇旱灾，到了秋天还有面包吃吗？万一我失业，上帝啊！我该怎样才能弄到面包呢？"

不，这句祝词告诉我们，只能要求今天的面包，而且我们能吃的也仅仅是今天的面包。多年以前，有个穷困潦倒的哲学家四处流浪。一天，他来到一个贫瘠的乡村，这里的老百姓生活非常艰苦。当人们走上山顶，聚集在他身边时，他说："不要为明天担心，因为明天自有明天的烦恼，今天的难处留在今天就够了。"这句话虽然只有短短的 26 个字，但却是有史以来引用次数最多的名言，它经历了好几个世纪，一代一代地流传下来，这句话正是耶稣说的。

但是，很多人都不相信这句话，他们把其视为东方的神秘之物，或当成一种多余的忠告。他们说："我一定要为明天计划，做好一切准备，为家庭买保险，努力存钱。这样，将来老了就不用担心了。"

一点不假，所有的一切都必须做。但实际上，这句话被译为英文是在 300 多年前的詹姆斯王朝，那时"忧虑"一词的含义与现在完全不同，它还包括了焦急的意思。在新译《圣经》中，这句话翻译的意思更为准确："不必为明天着急。"

是的，可以考虑明天，仔细地计划、做准备，但不要着急。

第二次世界大战期间，战斗中的军事领袖必须为下一步谋划，不过，他们绝不能带有丝毫焦虑。厄耐斯特·金恩曾是指挥美国海军的海军上将，他说："我所能做的，就是为最优秀的人员提供最好的装备，然后给他们布置一些看上去极其卓越的任务，仅此而已。如果一条船开始下沉，我无力阻挡；如果一条船沉了，我也不可能将其打捞上来。与其为昨天发生的问题后悔，不如将时间用在如何解决明天的问题上。更何况，如果我一直为过去的事操心，肯定支撑不了多久。"

不管是面对战争，还是日常的生活，好主意和坏主意的区别在于：好主意能对前因后果反复琢磨，并产生合乎逻辑、具有建设性的计划；而坏主意只能让人紧张，甚至精神崩溃。

亚瑟·苏兹柏格先生是著名的《纽约时报》的发行人，最近，我非常荣幸地拜访了他。在谈话中，苏兹柏格先生告诉我："当第二次世界大战的战火迅速蔓延到欧洲时，我非常震惊，每日都为前途忧虑不安，最后搞得自己彻夜难眠。虽然我对绘画一无所知，但经常半夜三更地从床上爬起来，找出画布和颜料，准备画一张自画像，为了消除自己的忧虑，我一直坚持画着。一天，我读到一首赞美诗，诗中说：

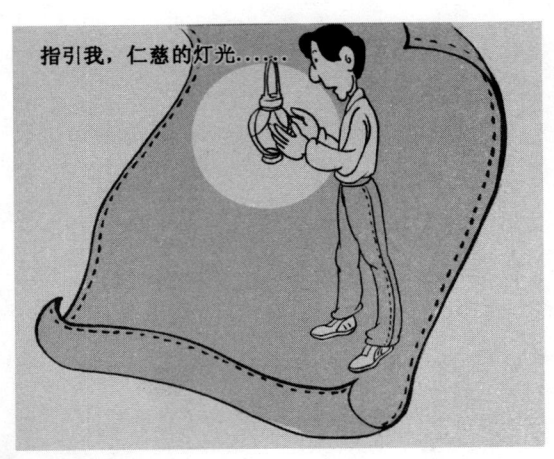

指引我，仁慈的灯光……

指引我，仁慈的灯光……
让你常在我脚旁，
我并不想看到远方的风景，
只要一步就好了。

就这样，我终于消除了忧虑，平静下来。从此，我将最后 7 个字作为自己的座右铭：" '只要一步就好了。'"

大概就在这个时候，有个当兵的年轻人也同样学到了这一课，他的名字叫做泰德·本杰明，住在马里兰的巴铁摩尔城——他曾经忧虑得几乎完全丧失了斗志。

"在 1945 年的 4 月，"泰德·本杰明写道，"我忧愁得患了一种医生称之为'结肠痉挛'的病，这种病使人极为痛苦，若是战争没有在那时候结束的话，我想我整个人就垮了。

"当时我整个人筋疲力尽。我在第 94 步兵师担任士官，工作是建立和维持一份在作战中死伤和失踪者的人名记录，还要帮助发掘那些在战争激烈的时候被打死的、被草草掩埋在坟墓里的士兵，我得收集那些人的私人物品，要确切地把那些东西送回重视这些私人物品的家人或是近亲手中。我担心我是否能撑得过去，我担心是否还能活着回去把我的独生子抱在怀里——我从来没有见过的16个月的儿子。我既担心又疲劳，足足瘦了34磅，而且担忧得几乎发疯。我眼看自己的两只手变得皮包骨。我一想到自己瘦弱不堪地回家，就非常害怕，我崩溃了，哭得像个孩子，浑身发抖……有一段时间，也就是德军最后大反攻开始不久，我常常哭泣，使得我几乎放弃还能再成为正常人的希望。

"最后我住进了部队医院，一位军医给我的一些忠告，使我的生活彻底改变了，在为我做完一次彻底的全身检查之后，他告诉我，我的问题纯粹是精神上的。'泰德，'他说，'我希望你把你的生活想象成一个沙漏，你知道在沙漏的上一半，有成千上万粒的沙子，它们都慢慢地且均匀地流过中间那条窄缝。除了弄坏沙漏，你跟我都没办法让两粒以上的沙子同时通过那条窄缝。你和我和每一个人，都像这个沙漏。每天早上开始的时候，有很多的工作，让我们觉得我们一定得在那一天里完成。可是我们只能每次做一件事，让他们慢慢而平均地通过这一天，就像沙粒通过窄缝一样，否则就一定会损害到我们自己的身体或精神了。'

"从值得纪念的那一天起，当那位军官把这段话告诉我之后，我就一直奉行着这种哲学。'一次只流过一粒沙……一次只做一件事。'这个忠告挽救了我的身心，对我目前在手艺印刷公司的公共关系及广告部中的工作，也起了很大的帮助作用。我发现，在生意场上也有像在战场上的问题，一次要做完好几件事情——但却没有充足的时间。比如我们的材料不够了，我们有新的表格要处理，还要安排新的资料、地址的变更、分公司的增开和关闭，等等。我不再紧张不安，因为我记住了那个军医告诉过我的话：'一次只流过一粒沙子，一次只做一件工作。'我一再对自己重复这两句话。我的工作比以前更有效率，做起来也不会再有那种在战场上几乎使我崩溃、迷惑和混乱的感觉。"

在目前的生活方式中，最可怕的一件事情就是，我们的医院里大概有一半以上的床位都是保留给神经或者精神上有问题的人的。他们都是被累积起来的昨天和令人担心的今天加起来的重担所压垮的病人。而那些病人中，大多数只要能奉行耶稣的话——不要为明天忧虑，或者是威廉·奥斯勒爵士的话——生活在一个完全独立的今天里，他们就都能走在街上，过上快乐而幸福的生活了。

你和我，在目前这一瞬间，都站在两个永恒的交会点上——已经永远地过去，以至延伸到无穷无尽的未来——我们不可能生活在这两个永恒之中，甚至连一秒钟也不行。如果想那样做的话，我们就会毁了自己的身体和精神。因此，我们就以能活在所能活的这一刻而感到满足吧。"从现在一直到我们上床，不论任务有多重，每个人都能坚持到夜晚的来临。"罗勃·史蒂文生写道，"不论工作有多苦，每个人都能做他那一天的工作，每个人都能很甜美、很有耐心、很可爱、很纯洁地活到太阳下山，而这就是生命的真正意义。"

是的，生命对我们所要求的也就是这些。然而住在密歇根州沙支那城的薛尔德太太，在学到"只要生活到上床为止"这一点之前，却感到极度颓丧和疲惫，甚至于想自杀。"1937 年，我丈夫死了，"薛尔德太太把她的过去告诉我，"我觉得非常颓丧——而且几乎身无分文。我写信给我以前的老板利奥罗区先生，请他让我回去做我以前的工作。我从前靠推销《世界百科全书》过活。两年前我丈夫生病的时候，我把汽车卖了，现在我又勉强凑足了分期付款的钱，买了一辆旧车，重操旧业，出去卖书。

"我原想，再回去做事或许可以帮我解脱我的颓丧，可是，一个人驾车、一个人吃饭，这几乎令我无法忍受。有些区域根本就做不出什么成绩来，虽然分期付款买车的数目不大，但也很难付清。

"1938 年春天，我来到密苏里州的维沙里市。这里的学校很穷，路也不好走，我觉得成功离自己很远，生活毫无乐趣。每天早上我都不愿意起床，因为新的一天即将来临，而我不想去面对生活，对一切都感到担心害怕。担心没有钱分期付款，担心交不起房租，担心自己会饿肚子，担心身体会被拖垮，而我没有钱看病。面对这种生活，我又孤独又沮丧，甚至想自杀。但我没有自杀的唯一原因是，我担心姐姐会因此而悲痛万分，而且她没有钱给我付安葬费。

"后来有一天，我看到一篇文章，里面有一句令人振奋的话：'对一个聪明人来说，每一天都是新的开始。'我永远永远感激这句话，因为它使我克服了消沉，振作起来继续生活。我将它打印下来，贴在挡风玻璃窗上，只要我开车，就能随时随地看见它。我发现，好好生活一天并不困难，每天清晨，我都告诉自己：'今天又是一个新的开始。'

"当我学会忘记过去、不考虑未来的时候，我成功地克服了曾经有过的孤

寂和恐惧，整个人变得快活起来，至于我的事业，还算成功。现在，我对生命充满了热爱，而且，不管再遇到什么问题，我都不会害怕，因为我用不着担心将来，只要做到过好每一天。对一个聪明人来说，每一天都是一个新的开始。"

猜一猜这首诗是谁写的：

这个人很快乐，只有他快乐；

因为他将今天称为自己的一天。

他在今天感到安全，

并说："明天，不管多么糟糕，我已经过了今天。"

这些话看上去颇具现代意味，不是吗？不过，它们是古罗马诗人柯瑞斯的作品，创作时间是耶稣诞生的30年前。

我觉得，人类最可悲的一件事情是，所有的人都拖拖拉拉，不肯积极地投入生活，他们向往天边奇妙的玫瑰园，但从不欣赏今天开放在窗口的玫瑰花。

我们为什么会变成这种傻子——这种悲惨的傻子呢？

"可怜的傻子！"史蒂芬·里高克写道，"我们生命中的每个历程多么奇特，小孩子总说：'等我长大以后……'可是，长大后又怎么样呢？大孩子常说：'等我成人以后……'结果，等他长大成人，他又说：'等我结婚以后……'结了婚又如何呢？他们的想法变成了'等我退休以后'，不过退休之后，当他回头看看自己经历的一切，似乎觉得吹过了一阵冷风，因为他在不知不觉中错过了所有，而这些，全部一去不复返了。我们总是无法尽快明白：生命就是生活中的每时每刻，就是现在。""生命就是生活中的每时每刻，就是现在。"用心感受今天的快乐，过了今天，明天必将迎来新一天的太阳。

爱德华·伊文斯先生曾经住在底特律城，现在已经去世。他在明白生命就是生活中的每时每刻之前，几乎忧虑成疾，差点自杀。爱德华的家庭非常贫苦，一开始，他以卖报为生，接下来的工作是杂货店店员，但家里有 7 口人靠他吃饭，他只好换了一份工作——助理图书管理员，尽管工资少得可怜，他也不敢轻易辞职。就这样过了 8 年，他终于鼓起勇气，筹足 50 美元，开创自己的事业。想不到时来运转，一年后净赚了两万美元。但遗憾的是，没多久，他存钱的银行倒闭了，他的全部财产化为乌有，还欠下 16 000 美元的债务。

他告诉我："我无法承受这样的打击，整天食不甘味，夜不能眠。我得了一种奇怪的病，一天我走路时，突然昏倒，从此只能躺在床上，身上的肉都腐烂了，以至于躺着都觉得痛苦不堪。医生说，我大约只有两个星期可活了。这个消息让我大为震惊，没办法，只好写下遗嘱，准备等死。到了这种地步，任何担心都是多余的了，于是，我放松下来，休息了几个星期。尽管依然睡不好——每天睡眠不到两小时，但精神十分安稳，那些令我疲倦的忧虑慢慢消失，胃口也好起来。又过了几个星期，我甚至能拄着拐杖走路了。6 个星期后，我重新找到一份推销挡板的工作。虽然以前的年薪高达 2 万美元，但现在这份每周 30 美元的工作让我很高兴，对过去不再后悔，对将来也不害怕，我将全部的时间和精力都放在目前的推销工作上。"

抱着这种思想，爱德华·伊文斯的事业迅速发展。没过几年，他成为伊文斯工业公司的董事长，从那以后，他公司的股票长期雄霸纽约市场。当你抵达格陵兰时，飞机一般都会降落在伊文斯机场——人们为了纪念他，特意用他的名字而命名的。如果他始终没学会"生活在完全独立的今天"，绝不可能如此成功。

在基督诞生前的五百年，古希腊的哲学家赫拉克利特教导他的学生："除了永恒的法则，任何事情都是可以变化的。"他说："你不可能两次踏进同一条河流。"

保罗·辛普森曾经长时间地过着忙碌的生活，精神高度紧张，总是不能放松。每天结束工作，回到家里时，总是筋疲力尽、情绪低落。这究竟是怎么回事呢？因为没有人提醒过他："保罗，你这是在折磨自己，何不放松心情，从容地做事情呢？"

每天一大早，他都是手忙脚乱，起床、剃须洗脸、穿衣服、吃早餐，一切都慌慌张张，然后又急忙开车去上班。他总是紧紧地握着方向盘，好像不那样做，它就会飞出车窗外。经过一天紧张繁忙的工作后，他又匆忙开车回家，就连上床睡觉，也感觉很紧张。

他也意识到自己这种紧张状态过于失常，于是他去找了一位底特律特别有名的心理专家。心理专家给他的建议是：放松步伐、缓和心态，并且随时提醒自己要放松——不论是在工作、开车、进餐、睡觉的时候，随时都让自己放松。这位专家警告说，不懂得调节放松自己，就等于是在慢性自杀。保罗·辛普森说：

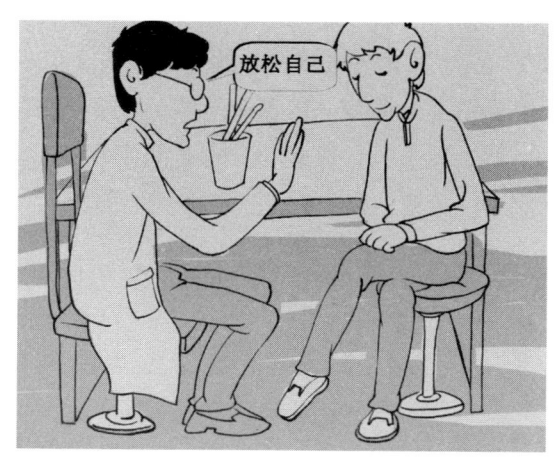

"从那时起，我开始尝试让自己放松一下。每天上床睡觉时，我并不急于入睡，而是调整自己呼吸，并彻底放松身体。第二天早上醒来时，我因为充足的睡眠而觉得神清气爽。这是我最大的转变，我不再像以前那样睡醒后还是觉得疲乏。现在，我开车、吃饭的时候，感觉也很轻松。为了保证安全，我开车时注意力总是非常集中，但现在我不再紧张了。尤其重要的是，我工作时也不再是匆匆忙忙的了，我会在工作一段时间后，有意识地停下来休息一会，看看自己是不是处在放松的状态下；电话铃声响起时，我也不再急忙接听；当和别人交谈时，我也不再紧张，而是让自己像熟睡的婴儿那样放松。这样做的结果如何呢？我发自内心地感觉到了轻松愉快，紧张和忧虑完全从我的生活里消失了。"

河流每时每刻都在变化，人也在变化，人的生活也在变。

今天是唯一的，为什么要破坏今天生活的美好而试图去解决未来的不确定的问题呢？或许没有任何一个人能预知未来。

有个古老的传说，用一句话概括了。事实上，可以用两个词来概括——"享受今天"或者"抓住今天"。是的，抓住今天，充分利用今天。

有个哲学家名叫洛威尔·托马斯，他也有这个想法，最近的一个周末，我是在他的农场里度过的。我注意到他在墙上挂了个镜框，上面写着一句诗：

这是耶和华订下的一天，

我们要高兴，

我们要欢喜。

我的另一位朋友约翰·罗斯金在他的书桌上放了一块石头，石头上只刻有两个字——"今天"。我的书桌上虽然没有放什么石头，也没有把警言挂在墙上，不过我的镜子上倒贴了一首诗，在我每天早上刮胡子的时候都能够看见它——这也是威廉·奥斯勒爵士放在他桌子上的那首诗——这首诗的作者是一位很有名的印度戏剧家——哈里达沙。在此，不妨把它贡献给读者。

向黎明致敬

看着这黎明！

因为它就是生命的源泉，生命中的生命。

在它短暂的时间里，

包含着你的所有幻想与现实，

成长的福佑，行动的荣耀，

还有成功的辉煌。

昨天不过是一场梦，

明天如同一个有希望的幻影，

但生活在美好的今天，

却能使每一个昨天成为一个快乐的梦，

使每一个明天都充满了希望的幻影。

好好看着这一天吧！

你要这样向黎明致敬。

所以，你对于忧虑所应该知道的第一件事就是：如果你不希望它干扰你的生活，就要像威廉·奥斯勒爵士说的那样——

用铁门把过去和未来隔断，生活在完全独立的今天。

为什么不问问自己这些问题，然后写出每个问题的答案呢？

1. 我是否忽略了现在，只担心未来？或者只追求所谓的"遥远奇妙的玫瑰园"？

2. 我是否经常为过去已经发生的事情而后悔，并因那些已经过去、已经做过的事情让现在过得难受？

3. 当我清晨起床时，是否形成了明确的意识——"我要抓住今天"，尽量利用这24小时？

4. 如果我真的做到威廉·奥斯勒爵士所说的"活在完全独立的今天"，我是否能够从生命中得到更多的东西？

5. 我应该从什么时候开始这么做，下个星期——明天——还是今天？

第六十九章　接受最坏的结局

心理上的平静能顶住最坏的境遇，能让你焕发新的活力。想一想，最坏的情况又会怎样呢？当你预测了最坏的结局并能坦然接受时，你就迈出了战胜任何不幸的第一步。

——卡耐基《人性的优点》

你是否想得到一种快速而有效地消除忧虑的灵丹妙药——那种使你不必再往下看这本书之前，就能马上应用的方法？

那么，让我告诉你威利斯·卡瑞尔所发明的这个方法吧。卡瑞尔是一个很聪明的工程师，他开创了空调制造业，现在是位于纽约州塞瑞库斯市的世界闻名的卡瑞尔公司负责人。这是我所知道的消除忧虑的最好方法，是我和卡瑞尔先生在纽约的工程师俱乐部吃午饭时从他那里学到的。

卡瑞尔先生向我讲述道："年轻的时候，我在纽约州巴法罗城的巴法罗铸造公司工作。那时，我必须到密苏里州水晶城的匹兹堡玻璃公司——一座花费好几百万美元建造的工厂去安装一架瓦斯清洁机，以清除瓦斯燃烧留下的杂质，使瓦斯燃烧时不会伤到引擎。这种瓦斯清洁方法是一种新的尝试，以前只试过一次——而且当时的情况很不相同。我到密苏里州水晶城工作的时候，很多事先没有想到的困难都发生了。经过一番调整之后，机器可以使用了，可是效果并不像我们所保证的那样。

"我对自己的失败非常吃惊，觉得好像是有人在我头上重重地打了一拳。我的胃和整个肚子都开始扭痛起来。有好一阵子，我担忧得简直无法入睡。

"最后，出于一种常识，我想忧虑并不能够解决问题，于是便想出一个不需要忧虑就可以解决问题的方法，结果非常有效。我这个抵抗忧虑的方法已经使用30多年了，非常简单，任何人都可以使用。这一方法共有三个步骤：

"第一步，首先，我毫不害怕而诚恳地分析整个情况，然后找出万一失败后可能发生的最坏情况是什么。没有人会把我关起来，或者把我枪毙，这一点说得很准。不错，很可能我会丢掉工作，也可能我的老板会把整个机器拆掉，使投下去的 2 万美元泡汤。

"第二步，找出可能发生的最坏情况之后，让自己在必要的时候能够接受它。我对自己说，这次失败，在我的记录上会是一个很大的污点，我可能会因此而丢掉工作。但即使真是如此，我还是可以另外找到一份差事。事情可能比这更糟。至于我的那些老板——他们也知道我们现在是在试验一种清除瓦斯的新方法，如果这种实验要花他们 2 万美元，他们还付得起。他们可以把这个账算在研究经费上，因为这只是一种实验。

"发现可能发生的最坏情况，并让自己能够接受之后，有一件非常重要的事情发生了。我马上轻松下来，感受到几天以来所没有经历过的一份平静。

"第三步，从这以后，我就平静地把我的时间和精力，拿来试着改善我在心理上已经接受的那种最坏情况。

"现在，我尽量找出一些办法，减少我们目前面临的 2 万美元的损失。我做了几次实验，最后发现，如果我们再多花 5000 美元，加装一些设备，我们的问题就可以解决了。如果我们照这个办法去做，公司不但不会有损失，反而可以赚 15 000 美元。

"如果当时我一直担心下去的话，恐怕再也不可能做到这一点。因为忧虑的最大坏处就是摧毁我集中精神的能力。一旦忧虑产生，我们的思想就会到处乱转，从而丧失作出决定的能力。然而，当我们强迫自己面对最坏的情况，并且在心理上先接受它之后，我们就能够衡量所有可能的情形，使我们处在一个可以集中精力解决问题的状态。

"我刚才所说的这件事，发生在很多很多年以前，因为这种做法非常好，我就一直使用。结果呢，我的生活几乎不再有烦恼出现了。"

那么，为什么威利斯·卡瑞尔的奇妙公式有如此神奇的价值，并且如此实用呢？从心理学上来讲，它能够把我们从那个巨大的灰色云层里拉下来，让我们不再因为忧虑而盲目探索。它可以使我们的双脚稳稳地站在地面上，而我们也都知道自己的确站在地面上。如果脚下没有坚实的土地，又怎么能把事情想通呢？

应用心理学之父威廉·詹姆斯教授在 1910 年就已经去世了，可是如果他今天还活着，听到这个解决最坏情况的公式的话，一定也会大加赞同。他曾经告诉他的学生说："愿意承担这种情况……能接受既成事实，就是克服随之而来的任何不幸的第一个步骤。"林语堂在他那本深受欢迎的《生活的艺术》里也说过同样的话。这位中国哲学家说："心理上的平静能顶住最坏的境遇，能让你焕发新的活力。"

这一说法一点也不错。接受既成事实，在心理上就能让你发挥出新的能力。当我们接受了最坏的情况之后，就不会再损失什么，这也就是说，一切都可以寻找回来。"在面对最坏的情况之后，"威利斯·卡瑞尔告诉我们说，"我马上就轻松下来，感到一种好几天来没有经历过的平静。然后，我就能思考了。"

他的说法很有道理，对不对？可是，现实中还有成千上万的人因为愤怒而毁掉了自己的生活。因为他们拒绝接受最坏的情况，不肯由此作出改进，不愿意在灾难之中尽可能救出点东西。他们不但不重新构筑自己的财富，还与经验进行了一次冷酷而激烈的斗争——终于变成我们称之为忧郁症的那种颓丧情绪的牺牲者。

你是否愿意看看其他人怎样利用威利斯·卡瑞尔的奇妙公式来解决问题呢？

好！下面就是一个例子。这是以前我班上的学生——目前是纽约的一位石油商——所经历过的事情。"我被勒索了，"这个学生开始讲述，"我不相信会有这种事情——我不相信这种事情会发生在电影以外的现实生活里——可是我真的是被勒索了。事情的经过是这样的。我主管的那个石油公司有好几辆运油的卡车和很多司机。在那段时期，物价管理委员会的条例管制得很严，我们所能送给每一个顾客的油量也都有限制。我起先不知道事情的真相，可是好像有些运货员减少了我们固定顾客应有的油量，而将偷来的油卖给一些他们的顾客。

"有一天，有位自称是政府调查员的人来看我，跟我索要红包。他说他拥有我们运货员舞弊的证据。他威胁说，如果我不答应的话，他要把证据转给地方检察官。这时候，我才发现公司有这种不法的买卖。

"当然，我知道我没有什么好担心的——至少跟我个人无关。只是我也知道法律规定，公司应该为自己员工的行为负责。还有，我知道万一案子打到法院去，上了报，这种坏名声就会毁了公司的生意。我对自己的事业非常骄傲——我父亲在24年前为此打下了基础。

"我非常忧虑，以至于生病了，三天三夜吃不下睡不着。我一直在那件事情里面打转。我是该付那笔钱——5000 美元——还是该跟那个人说，你爱怎么干就怎么干吧。我一直下不了决心，每天都做噩梦。

"后来，在礼拜天的晚上，我碰巧拿起一本叫做《如何不再忧虑》的小册子，这是我去听卡耐基公开演说时所拿到的。我开始阅读，读到威利斯·卡瑞尔的故事，里面教我：'面对最坏的情况。'于是我问自己：'如果我不肯付钱，那些勒索者把证据交给地方检察官的话，可能发生的最坏的情况是什么呢？'

"答案是：'毁了我的生意——最坏就是如此，我不会被关起来。所可能发生的，只是我会被这件事毁了。'

"于是，我对自己说：'好了，生意即使毁了，但我在心理上可以接受这点，接下去又会怎样呢？'

"嗯，我的生意毁了之后，也许得去另外找份工作。这也不坏，我对石油知道得很多——有几家大公司可能会乐意雇佣我……我开始觉得好过多了。两天三夜来，我的那份忧虑开始消散了一点，我的情绪稳定下来……让我吃惊的是，我居然能够开始思考了。

"我头脑足够清醒地看出第三步——改善最坏的处境。就在我想到解决方法的时候，一个全新的局面展露在我的面前：如果我把整个情况告诉我的律师，他可能会找到一条我一直没有想到的路子。我知道这乍听起来很笨，因为我起先一直没有想到这一点——当然是因为我起先一直没有好好考虑，只是一直在担心的缘故。我马上打定主意，第二天清早就去见我的律师——接着，我上了床，睡得像一块木头。

"事情的结果如何呢？第二天早上，我的律师叫我去见地方检察官，把整个情形告诉他。于是，我照他的话做了。当我说出原委之后，出乎意外地听到地方检察官说，这种勒索的案子已经连续好几个月了，那个自称是'政府官员'的人，实际上是警方的通缉犯。当我为了无法决定是否该把 5000 美元交给那个职业罪犯，而担心了三天三夜之后，听到他这番话，我真是大大地松了一口气。

"这次的经验给我上了一堂永难忘怀的课。现在，每当面临使我忧虑的难题时，我就把威利斯·卡瑞尔的奇妙公式派上用场。"

如果你认为运用威利斯·卡瑞尔公式也有烦恼，那请听下面这则故事吧。这是他在波士顿斯泰勒大饭店亲口告诉我的，他的名字叫艾尔·汉里。他得了胃溃疡。有一天晚上，他的胃出血了，被送到芝加哥西北大学医学院附属医院。他的病情很严重，医生警告他连头都不许抬。三个医生中，有一个是非常有名的胃溃疡专家，他们说他的病是'已经无药可救了'。他只能吃苏打粉，每小时吃一大匙半流质的东西，每天早上和晚上都要护士拿一条橡皮管插进胃里，把里面的东西洗出来。

最后，他做出了一个决定，一个简单又极好的决定："既然我只能活很短的时间了，"他说，"我不如好好利用剩下的一点时间。我一直想能在自己死前环游世界，所以如果我还想这样做的话，只有现在就去做了。"于是，他买了票。

医生们都大吃一惊。"我们必须警告你，"他们对汉里先生说，"如果你去环游世界，你就只有葬在海里了。""不，我不会的。"他回答说，"我已经答应过我的亲友，我要葬在内罗毕州我们老家的墓园里，所以我打算把我的棺材随身带着。"

"我去买了一副棺材，把它运上船，然后委托轮船公司安排好，万一我死了，就把我的尸体放在冷冻舱里，一直等我回到老家。就这样，我开始踏上旅程，那是充满了奇幻的旅程。"

啊，在我们零落为泥之前，
岂能辜负这一生的娱欢？

物化为泥，永寐于黄泉之下，

没有葡萄酒，没有弦歌，

没有歌女，没有明天。

当然，这并不是一个"没有葡萄酒"的旅行。"我喝高杯酒，抽雪茄烟，"汉里先生在给我的一封信里说，"我吃各种各样的食物——甚至包括许多奇怪的当地食品和调味品。这些都是别人说我吃了一定会送命的。多年来，我从来没有这样享受过。我们在印度洋上碰到季风，在太平洋上碰到台风。这种事情就只因为害怕，也会让我躺进棺材里的，可是我却从这次冒险中得到很大的乐趣。

"我在船上和他们玩游戏、唱歌、交新朋友，晚上聊到半夜。我们到了中国和印度之后，我发现我回去之后要料理的私事，跟在东方所见到的贫穷与饥饿比起来，简直像天堂与地狱之比。我中止了所有无聊的担忧，觉得非常舒服。回到美国之后，我的体重增加了90磅，几乎忘记了我曾患过胃溃疡。我这一生中从没有觉得这么舒服。我回去做事，此后一天也没再病过。"

艾尔·汉里告诉我，他发现自己下意识地应用了威利斯·卡瑞尔的征服忧虑的办法。"但是，我现在才意识到，"他最近平静地告诉我，"那是我下意识地运用了这些完全相同的法则。

"首先，我问自己：'可能发生的最坏情况是什么？'答案是：死亡。于是，我让自己准备好接受死亡。我不得不如此，因为没有其他的选择，几个医生都说我没有希望了。我必须想办法改善这种情况，而办法就是'尽量享受我所剩下的这一点时间'……如果我上船之后还继续忧虑下去，毫无疑问，我一定会躺在我自备的棺材里完成这次旅行了。可是我放松下来，忘了所有的忧虑。而这种心理平静，使我产生了新的体力，拯救了我的生命。"

所以，如果你有担忧的问题，并为此忧心忡忡，那么请应用威利斯·卡瑞尔的奇妙公式，做到下面三件事情：

1. 问你自己：可能发生的最坏的情况是什么？

2. 如果你必须接受的话，就准备接受它。

3. 镇定地想办法改善最坏的情况。

第七十章　忧虑最损害一个人的健康

谁不知道忧虑会使人英年早逝。

——亚历克西斯·卡莱尔

很多年以前的一个晚上，一个邻居来按我家的门铃，要我和家人去种牛痘，预防天花。他是整个纽约市几千名志愿去按门铃的人之一。很多吓坏了的人都排了好几个小时的队接种牛痘。在所有的医院、消防队、派出所和大工厂里都设有接种站，大约有 2000 名医生和护士夜以继日地替大家种痘。怎么会这么热闹呢？因为纽约市有 8 个人得了天花——其中 2 人死了——800 万纽约市民中死了 2 人。

到现在，我在纽约市已经住了 37 年，可是还没有一个人来按我的门铃，并警告我预防精神上的忧郁症——这种病症，在过去 37 年里所造成的损害，至少比天花要大 1 万倍。

从来没有人来按门铃警告我：目前生活在这个世界上的人中，每 10 个人就有 1 个会精神崩溃，而大部分都是因为忧虑和感情冲突引起的。所以，我现在写本章，就等于来按你的门铃向你发出警告。

曾经获得诺贝尔医学奖的亚历克西斯·卡莱尔博士说："不知道抗拒忧虑的商人都会短命而死。"其实不只商人，家庭主妇、兽医和泥水匠等都是如此。

几年前，我在度假的时候，跟戈伯尔博士一起坐车经过德克萨斯州和新墨西哥州。戈伯尔博士是圣塔菲铁路的医务负责人，他的正式头衔是海湾科罗拉多和圣塔菲联合医院的主治医师。当我们谈到忧虑对人的影响时，他说："在医生接触的病人中，有 70% 的人只要能够消除他们的恐惧和忧虑，病就会自然好起来。不要误以为他们都是一时生了病，我的意思是，他们的病都像你有一颗蛀牙一样实在，有时候还严重 100 倍。我说的这种病就像神经性的消化不良，某些胃溃疡、心脏病、失眠症、一些头痛症和麻痹症，等等。"

"这些病都是真的，我知道我这些话也不是乱说的，因为我自己就得过 12

年的胃溃疡。"

约瑟夫·蒙塔格博士曾写过一本名叫《神经性胃病》的书，他说过同样的话："胃溃疡的产生，不是因为你吃了什么而导致的，而是因为你忧愁些什么。"

梅奥诊所的 W．C．阿尔凡莱兹博士说："胃溃疡通常会根据你情绪紧张的高低而发作或消失。"

他的这种说法在对梅奥诊所的 15 000 名胃病患者进行研究后得到了证实。每 5 个人中，有 4 个并不是因为生理原因而得胃病。恐惧、忧虑、憎恨、极端自私，以及无法适应现实生活，这些才是导致他们得胃病和胃溃疡的深刻原因……胃溃疡可以让你丧命，根据《生活》杂志的报导，现在胃溃疡居死亡原因名单的第十位。

我最近和梅奥诊所的哈罗德·哈贝恩博士通过几次信。他在全美工业界医师协会的年会上读过一篇论文，说他研究了 176 位平均年龄在44．3岁的工商界负责人。他报告说，大约有 1/3 以上的人因为生活过度紧张而引起下列三种病症——心脏病、消化系统溃疡和高血压。想想看，在我们工商界的负责人中，有 1/3 的人患有心脏病、溃疡和高血压，而他们都还不到 45 岁，成功的代价是多么高啊！而他们甚至都不是在争取成功，一个身患胃溃疡和心脏病的人能算是成功之人吗？就算他能赢得全世界，却损失了自己的健康，对他个人来说，又有什么好处？即使他拥有全世界，每次也只能睡在一张床上，每天也只能吃三顿饭。就是一个挖水沟的人，也能做到这一点，而且还可能比一个很有权力的公司负责人睡得更安稳，吃得更香。我情愿做一个在阿拉巴马州租田耕种的农夫，在膝盖上放一把五弦琴，也不愿意在自己不到 45 岁的时候，就为了管理一个铁路公司，或者是一家香烟公司而毁了自己的健康。

说到香烟，我突然想起一个最知名的香烟制造商。最近，他在加拿大森林中度假，本想轻松一下，但心脏病突然发作，死了。或许，他牺牲了好几年的健康，来换取所谓的成功，在 61 岁时终于拥有几百万美元，但一下就死了。

在我眼里，他的成功远远不及我的父亲——他是密苏里州的农夫，身无分文，却活了 89 岁。

最后，著名的梅奥兄弟宣布："一半以上的病人患有神经病，当我们用最现代的强力显微镜给他们做检查时，却发现，他们的神经多半都非常健康。他

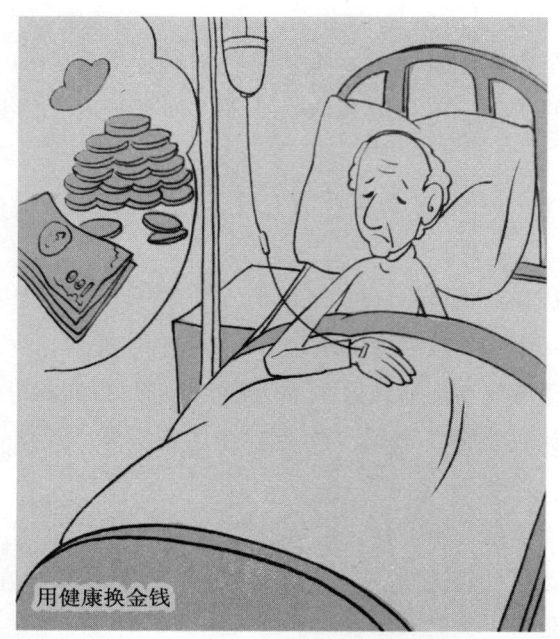

用健康换金钱

们神经上的毛病并非因为身体出现了反常，而是因为悲观、烦躁、焦虑、恐惧、颓丧等情绪。"

柏拉图曾说过："医生所犯的最大错误在于，他们只治疗身体，对精神却毫无办法。而事实上，精神和肉体是一体的，不能分开处理。"

但是，2300年之后，医药科学界才明白这个道理。现在，一门崭新的医学——心理生理医学出现了，它可以同时治疗精神和肉体。虽然现代医学已经消除那些由细菌、病毒引起的可怕疾病——它们曾将数不清的人带进坟墓，比如天花、霍乱，等等。但医生仍然无法治疗那些并非细菌感染，而是由于情绪上所引起的病症。令人担忧的是，这种情绪性疾病正日益加重，而且传播速度快得惊人。

据医生们估计：至今健在的美国人中，每20个人中就有一个在某段时期患过精神疾病。第二次世界大战爆发时，有很多年轻人应召入伍，但每6个人中就有一个患有精神失常，不能服役。

造成精神失常的原因到底是什么？至今无人清楚所有的答案，可是，在大多数情况下，极可能都是由恐惧和忧虑造成的。烦躁不安的人多半不能适应生活，他们会逐渐与周围的环境断绝所有的关系，缩回他们自己幻想的世界，希望借此能解决所有的烦恼。

我的桌上有一本书，是爱德华·波多尔斯基博士写的——《除忧祛病》，有几章提醒人们：

忧虑可能影响心脏；

忧虑会导致高血压；

忧虑引起风湿；

为了你的胃，不要忧虑；

忧虑会让人感冒；

忧虑对甲状腺有影响；

忧虑也影响着糖尿病患者。

卡尔·明梅尔博士的《自寻烦恼》是另一本关于忧虑的好书，它没有告诉你避免忧虑的方法，但却指出了一些可怕的事实让你明白，人们是如何用忧虑、烦躁、恼怒、懊悔等情绪来伤害自己的身心健康的。

即便是最坚强的人，忧虑也能让他生病。美国南北战争即将结束的最后几天，格兰特将军发现了这一点。

故事是这样的：当时，格兰特围攻了瑞奇蒙已经长达 9 个月了，李将军率领的部队被打败了，他们饥饿不堪，衣衫不整。有一次，好几个兵团的人开了小差，剩下的人在帐篷内祈祷、哭叫，看到了种种幻象。眼看战争即将结束，李将军的手下几乎崩溃了，他们放火烧了瑞奇蒙的棉花、烟草仓库和兵工厂，在烈焰升腾的黑夜中，他们弃城而逃。格兰特率领部队乘胜追击，从左右两侧和后方夹击南方联军，骑兵从正面截击。由于剧烈的头痛，格兰特的眼睛已经半瞎了，他无法跟上队伍，只好停在一家农户前。

"我在那里过了一夜，"后来，格兰特将军在自己的回忆录中写道，"我把双脚泡在加了芥末的冷水里，并在手腕和后颈上贴着芥末药膏，希望第二天能够复原。"

结果，第二天早上，他果然复原了，但让他痊愈的不是芥末膏药，而是一个骑兵，他带回了李将军的一封信，说他投降了。

格兰特说："当那个军官带着信来到我面前时，我的头本来疼得厉害，但我看了信之后，马上就好了。"

很明显，忧虑、紧张和不安导致了格兰特生病。一旦看到胜利在望，自信恢复，他的病立刻就好了。

70年后，罗斯福总统的财政部长亨利·摩尔索发现忧虑会导致他头昏眼花。他在日记里写道，为了提高小麦的价格，罗斯福总统下令在一天之内买进440万蒲式耳的小麦，使他感到非常忧虑。他说："在这件事情没有结果之前，我头昏眼花。回到家里，我吃完午饭以后只睡了不到两个小时。"

假如我想看到忧虑对人会产生什么样的影响，大可不必到图书馆或医院求证。只要从我们现在正坐着的家里朝窗外看，也许就能够看到在另一条街的一栋房子里，有一个人因为忧虑而精神崩溃；另外一栋房子里，有一个人因为忧虑而得了糖尿病——只要股票下跌，他的血和尿里的糖分就会升高。

法国著名的哲学家蒙田当选为家乡的市长时，他对市民们说："我愿意用我的双手来处理好你们的事情，可是我不想把它们带到我的肝和肺里。"

我的一位邻居却非要将股票市场搞到他的血液里，结果，差点要了他的老命。

如果我想记住忧虑对人会产生什么影响，大可不必去看我们邻居的房子，只要看看我们现在正坐着的这个房间，这栋房子以前的主人就是因为忧虑过度而进了坟墓。

忧虑会使你患风湿症或关节炎而不得不坐进轮椅。康奈尔大学医学院的罗素·西基尔博士是世界著名的治疗关节炎的权威人士，他列举了4种最容易得关节炎的情况：

1. 婚姻破裂。
2. 财务上的不幸和困难。
3. 寂寞和忧虑。
4. 长期的愤怒。

当然，以上几种情绪状况，并非是导致关节炎的唯一原因。但产生关节炎的最"常见的原因"，却正是西基尔博士所列举的这几点。

举个例子来说吧，我的一个朋友在经济不景气的时候，遭到了很大的损失。结果，煤气公司切断了他的煤气，银行没收了他抵押贷款的房子，他太太也突然患了关节炎——虽然经过治疗并加强了营养，他太太的关节炎却直到他们的经济条件改善之后才得以痊愈。

忧虑甚至会使你有蛀牙。威廉·麦克戈尼格博士曾在全美牙医协会的一次演讲中说："由于焦虑、恐惧等因素产生的不愉快情绪，可能会影响到一个人身体内部的钙质平衡，从而容易出现蛀牙。"麦克戈尼格博士还提到，他的一个病人原本有一口非常棒的牙齿，但后来他的夫人得了某种疾病，他开始担心起来。就在她住院的那 3 个星期之内，他突然有了 9 颗蛀牙——这些全都是由焦虑导致的。

你是否看见过一个人的甲状腺反应过度？我曾经看过。我可以告诉你，他们会发抖、战栗，看起来就像是吓得半死的样子——而事实上也差不多就是这样的情形。甲状腺的功能是调节生理平衡，一旦反常之后，人的心跳就会加速，整个身体就会亢奋得像一个打开了所有风门的大火炉，如果不动手术或治疗的话，就很可能会送命，很可能把他自己"烧干"。不久以前，我和一个患了这种病的朋友一同去费城。我们要去拜访一位专治这种病达 38 年之久的著名专家布拉姆博士。在他候诊室的墙面上，挂着一块大木板，上面写了他给病人的忠告。我把它抄在了一个信封的背面：

轻松和享受

最使你轻松愉快的是，健康的信仰、睡眠、音乐和欢笑。

要相信神，要学着睡得安稳，

喜欢好的音乐，从幽默的一面看待生活，那么，健康和快乐将都属于你。

他问我朋友的第一个问题就是："你情绪上有什么问题导致你出现这样的情况？"他警告我的朋友说，假如他继续这样忧虑下去，就很有可能会染上其他并发症、心脏病、胃溃疡或糖尿病，等等。这位名医说："所有这些病症，都互相有关联，它们甚至是很近的亲戚。"这话一点都不错，它们都是近亲——都是由忧虑所导致的疾病。

当我去访问女明星曼勒·奥伯恩的时候，她告诉我她绝对不会忧虑，因为忧虑会毁了她在银幕上的重要资产——她漂亮的容颜。

她告诉我说："当我第一次开始想要涉足影坛的时候，我既担心又害怕。因为我刚从印度回来，在伦敦一个人都不认识，却想在那里找到一份工作。我去找了几家制片厂，可是没有一个人肯用我。我仅有的一点点钱也慢慢用光了，后来整整两个星期，我只能靠一点饼干和白开水过活。因此那时候我不仅忧虑，还非常饥饿，我对自己说：'也许你是个傻瓜，也许你永远也进不了电影界。归根结底，你毫无经验，也从来没有演过戏。除了一张漂亮的脸蛋之

外，你还有些什么呢？'

"我照了照镜子。就在我望着镜子的时候，突然发现忧虑对我容貌的恶劣影响。我看见了因为忧虑而产生的皱纹，看见了我焦虑的表情。于是，我对自己说：'你必须立即停止忧虑，不能再忧虑下去。你能给别人的只有你的容貌，而忧虑会毁了它们。'"

再也没有任何东西会比忧虑更容易使一个女人老得更快，并摧毁她的容貌的。忧虑会使我们的表情难看，会使我们牙关紧咬，会使我们的脸上出现皱纹，会使我们一天到晚愁眉苦脸，会使我们头发变白，甚至会使我们头发脱落，忧虑还会使你脸上的皮肤长斑点、溃烂或粉刺。在第二次世界大战期间，大约有30多万人死于战场，可是在同一时间，心脏病却导致了200万人死亡，而其中有100万人的心脏病是由于忧虑和过度紧张的生活引起的。也正因为心脏病，尤利西斯·科瑞尔博士才说："不知道如何抗拒忧虑的商人，所付出的必将是短寿的代价。"

中国人和美国南部的黑人很少患这种因忧虑而引起的心脏病，因为他们遇事沉着。死于心脏病的医生要超过农夫的20倍，因为医生过着非常紧张的生活，所以才会出现这样的结果。

威廉·詹姆斯说："上帝可能原谅我们所犯的罪过，可是我们的神经系统却不会原谅。"这是一件令人吃惊而难以相信的事实：每年因自杀而死的人，比各种常见传染病致死的人还要多。

为什么呢？答案大多都是——因为忧虑。

在中国古代战争中，残忍的将军总是喜欢折磨俘虏。他们命人将俘虏的手脚捆绑起来，放在一个不断滴水的袋子下面，水一直滴着、滴着，夜以继日，从不停歇，到最后，俘虏们就会觉得，这些水滴声如同槌子敲击的声音，他们忍受不了这种折磨，多半都会精神失常。西班牙宗教法庭和希特勒纳粹集中营都用过这个办法。

忧虑也像这些不断滴下来的水，而那不停的"滴、滴、滴"的水声可以让人精神失常，甚至自杀。

小时候我在密苏里，经常听牧师形容地狱中的烈火，并被他吓得半死。但牧师从来没有说过，忧虑带来的生理痛苦也如同地狱烈火一样，而现在，我们必须面对。

比方说，如果你长期忧虑，总有一天，你会患上最痛苦的病症——狭心症。要是发作起来，天哪，你一定会痛得尖叫，与你的尖叫相比，但丁的《地狱篇》不过是个"儿童玩具园"。到了那个时候，恐怕你就会告诉自己："哦，我的上帝！如果我能好起来，永远都不再为任何事而忧虑了，永远不会。"如果你认为我太夸大其词了，那么，请你问问你的家庭医生是不是这样。

你热爱生命吗？你希望健康长寿吗？下面这个方法是你能做到的。在此，我要引用亚历克西斯·卡莱尔博士的话："在混乱的现代都市中，只有那些保持内心平静的人，才不会变成神经病。"

你能否在现代城市的混乱中保持自己内心的平静呢？如果你是个正常人，答案应该是："可以的"、"绝对可以"。事实上，我们大多数人比自己想象得更坚强，我们有很多从未发现的、潜在的巨大力量。梭罗在他的不朽名著《狱卒》中说："一个人如果下定决心提高自己的生活能力，这是件令人振奋的事，我不知道，还有什么比它更让人高兴……假使他能充满信心地向理想努力，下决心追求想要的生活，一定能收获意外的成功。"

我相信，很多读者都具备欧嘉·佳薇的那种意志力。欧嘉·佳薇住在爱达荷州，即便是面对最悲惨的情况，她发现自己依然能够克服忧虑。她说："8年多以前，医生宣称我很快就会离开人世，死于那种非常缓慢、非常痛苦的癌症，而且国内最有名的梅奥兄弟也证实了这个结果。当时，我觉得走投无路，死亡马上就会降临。我还年轻，不想这么死掉，在万般无奈之下，我给医生打了个电话，向他倾诉内心的绝望。他有些不耐烦地说：'欧嘉，你是怎么回事？难道一点斗志都没有吗？如果你继续哭下去，毫无疑问，你肯定会死的。不错，你遇上了最坏的情况，但你要面对现实，振作起来想点办法。'他的话让我战栗不已，我紧紧抓住胳膊，指甲深深陷入皮肤。就在这一瞬间，我发誓，我再也不要忧虑，不要哭泣，如果我还有什么想法，那就是我一定要活下去！

"在无法用镭照射的情况下，我只能接受 X 光照射，每天 10 分半钟，连续照射 30 天。但医生每天给我治疗 14 分半钟，连续照了 49 天。尽管骨头在消瘦的身体上如同荒山上的岩石，虽然两腿如同铅块一样沉重，但我从不忧虑，也不哭泣，始终面带微笑。不错，我勉强自己微笑。

"我不是傻瓜，以为微笑可以治疗癌症，但我相信，乐观的精神状态有助于抵抗疾病。总之，我创造了治愈癌症的奇迹。这些年来，我从未如此健康，可以说，这完全归功于麦克·卡弗瑞医生说的那句富有挑战性的话：'面对现实，振作起来想点办法。'"

吉姆·勃德索曾在弗吉尼亚州布莱克斯堡军事学院读书，那时，他被人称为"弗吉尼亚烦恼大王"。他的心中充满了烦恼和忧虑，因而常常生病，学校

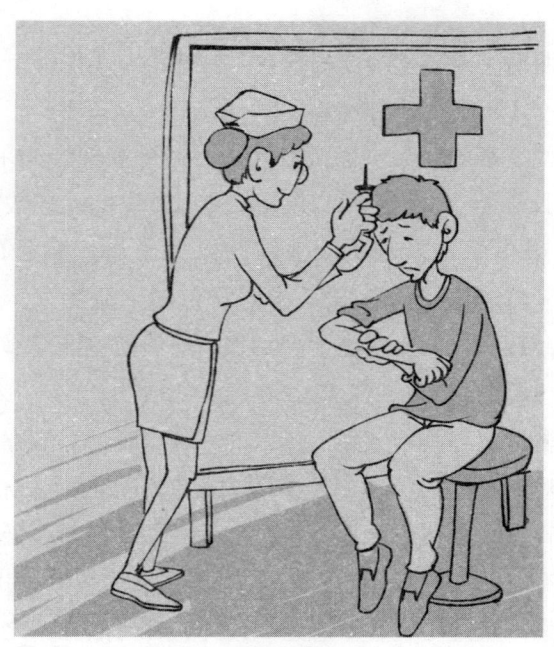

医院甚至经常为他保留一张病床。护士们一看到他上医院，就不由分说地为他

注射一针。

吉姆·勃德索为什么年纪轻轻就病魔缠身？他自己后来回忆说，那时的他对一切事情都充满了忧虑，有时候甚至忘记自己究竟为什么烦恼。他的物理学和其他几门课考试不及格，他知道只有平均分数维持在 75 到 84 分之间，他才不会因成绩太差而被学校开除；他担心消化不良、失眠会影响自己的健康；担心自己的经济状况不能维持自己的学业；担心自己无法经常买礼物送给女朋友，带她去跳舞，她会嫁给其他的同学……日日夜夜，他总在为许许多多无法解决的问题而烦恼。

绝望之余，他找到杜克·巴德教授诉说他的烦恼，巴德是企业管理学教授。与巴德教授见面的那 15 分钟，对他人生和身体健康的帮助，要比大学四年所学的东西多得多。他对吉姆·勃德索说："吉姆，你应该面对现实。如果你能将用于烦恼的一半时间和精力用来解决自己的问题，那么，你就不会再有烦恼了。以前，你只学会了烦恼这堂课。"

他帮助吉姆·勃德索订立了三项规则，由此打破烦恼的习惯。

规则 1. 正确了解自己烦恼的究竟是什么问题。

规则 2. 找出问题的原因。

规则 3. 立刻采取一些建设性的行动，来解决这些问题。

对于执行这三项规则的结果，吉姆·勃德索回忆说：

"经过这次会谈后，我拟定了一些积极的计划。我不再为物理学不及格而烦恼，而是反问自己为什么没有通过，因为我很清楚自己并不笨，那时我已经是校刊的总编。

"我终于明白物理考试没通过的原因，是我对物理压根儿没兴趣，之所以没兴趣，是因为我认为物理对我未来要做的工程师工作起不到什么作用。于是我提醒自己：要是学校要求学生必须通过物理考试才能取得学位，我怎能对他们的智慧表示怀疑呢？因此，我不再抱怨学习物理是多么的难，我下苦功努力学习，这一次我顺利地通过了物理考试。

"我积极寻找打工的机会——比如在舞会上售卖饮料——这缓解了我的经济难题。我还向父亲申请贷款，毕业没多久我就把贷款还清了。

"我的爱情难题也解决了，我向曾担心她会嫁给别人的女孩求婚了。如今，她已成为吉姆·伯德索夫人。

"我现在回想起来，发现当年自己最大的问题是不愿找到忧虑的根源，更缺乏面对的勇气。"

吉姆·勃德索的经历是不是对我们有所启发呢？

在这一章即将结束时，在这里，我要重复一遍亚历克西斯·卡莱尔博士的话："如果一个商人不知道如何消除忧虑，他的寿命会很短。"我希望阅读这本书的每个读者都能牢记它。

卡莱尔博士说的人是不是你呢？很有可能是的。

第七十一章　记住这六位诚实的朋友，就能战胜忧虑

记住这六位诚实的朋友——他们会教给我们想知道的一切；他们的名字是：什么，为什么，什么时候，怎样，哪里，谁。

——拉迪亚德·吉卜林

当你面对忧虑时，应该怎么办呢？答案是——我们必须学会下面三个分析问题的基本步骤，并用它们来解决各种不同的困难。这三个步骤是：

1. 认清事实。

2. 分析事实。

3. 作出决定，然后行动。

这是显而易见的答案吗？是的。这是亚里士多德所教的方法——他也使用过。如果我们想解决那些逼迫我们、使我们日夜像生活在地狱里一样的问题，我们就必须运用这几个步骤。

我们先来看看第一步：认清事实。弄清事实为什么如此重要呢？因为如果我们不能把事实弄清楚，就不能很明智地解决问题。没有这些事实，我们就只能在混乱中摸索。这一方法是我研究出来的吗？不，这是已故的哥伦比亚大学教育学院院长赫伯特·郝基斯所说的。他曾经帮助过20多万个学生解决忧虑的问题。他说，世界上的忧虑，一大半是因为人们没有足够的知识来做决定而产生的。他告诉我："混乱是产生忧虑的主要原因。比方说，如

果我有一个必须在下周二以前解决的问题，那么在下周二之前，我根本不会去试着做什么决定。在这段时间里，我只集中全力去搜集有关这个问题的所有事实。我不会发愁，我不会为这个问题而难过，我不会失眠，只是全心全力去搜集所有的事实。等星期二到来之时，如果我已经弄清了所有的事实，一般说起来，问题本身就会迎刃而解了。"

我问郝基斯院长，这是否意味他可以完全排除忧虑？"是的，"他说，"我想我可以老实地说，我现在的生活完全没有忧虑。我发现，如果一个人能够把他所有的时间都花在以一种十分超然、客观的态度去找寻事实上的话，他的忧虑就会在知识的光芒下消失得无影无踪。"

所以，解决我们问题的第一个办法是：弄清事实。

让我们仿效郝基斯院长的方法吧！在没有以客观态度搜集到所有的事实之前，不要去想如何解决问题。

可是，我们大多数人是怎么做的呢？如果我们去考虑事实——爱迪生曾郑重其事地说："一个人为了避免花工夫去思想，常常无所不用其极。"——如果我们真的去考虑事实，我们通常也只会像猎狗那样，去追寻那些我们已经想到的，而忽略其他的一切。我们只需要那些能够适合于行动的事实——符合我们的如意算盘，符合我们原有偏见的事实。

正如安德烈·马罗斯所说：

一切和我们个人欲望相符合的，看起来都是真理，其他的，就会使我们感到愤怒。

难怪我们会觉得，要得到问题的答案是如此困难，如果我们一直假定二加二等于五，那不是连做一个二年级的算术题目都会有问题吗？可事实上，世界上就有很多很多的人硬是坚持说二加二等于五——或者是等于五百——弄得自己跟别人的日子都很不好过。

关于这一点，我们能怎么办呢？我们得把感情排除于思想之外，就像郝基斯院长所说的，以一种"超然、客观"的态度去弄清事实。

要在我们忧虑的时候那样做不是一件简单的事。当我们忧虑的时候，往往情绪激动。不过，我找到了两个办法，有助于我们像旁观者一样很清晰、客观地看清所有事实：

1. 在搜集各种事实的时候，我假设不是在为自己搜集这些资料，而是在为别人，这样可以保持冷静而超然的态度，也可以帮助自己控制情绪。

2. 在试着搜集造成忧虑的各种事实时，有时候可以假设自己是对方的律师，换句话说，我也要搜集对自己不利的事实——那些有损于我的希望和我不愿意面对的事实。

然后，我把两方面的所有事实都写下来——我通常发现，真理就在这两个极端之间。

这就是我要说明的要点：如果不先看清事实的话，你、我、爱因斯坦，甚至美国最高法庭，也无法对任何问题作出很明智的决定。发明家爱迪生很清楚这一点，他死后留下了 2500 本笔记簿，里面记满了有关他面临的各种问题的事实。

所以，解决我们问题的第一个办法是：弄清事实。让我们仿效郝基斯院长的方法吧，在没有以客观态度搜集到所有的事实之前，不要去想怎么去解决问题。不过，即使把全世界所有的事实都搜集起来，如果不加以分析和诠释，对我们也丝毫没有好处。

根据我个人的经验，先把所有的事实写下来，再做分析，事情会容易得多。事实上，仅仅在纸上记下很多事实，把我们的问题明明白白地写出来，就可能有助于我们得出一个很合理的决定。正如查尔斯·凯特林所说的："只要能把问题讲清楚，问题就已经解决了一半。"

让我用事实来告诉你这种做法的效果吧，中国有句古话："百闻不如一见。"我要告诉你一个人怎样把我们刚刚所说的那些真正付诸行动。

以盖伦·利奇费尔德的事情为例——我认识他好几年了，他是远东地区非常成功的一位美国商人。1942 年，日军侵入上海，利奇费尔德正在中国，下面就是他在我家做客时给我讲述的故事。"日军轰炸珍珠港后不久，他们占领了上海，我当时是上海亚洲人寿保险公司的经理，他们派来一个所谓的'军方清算员'——实际上他是个海军将领——命令我协助他清算我们的财产。这种事，我一点办法也没有，要么跟他们合作，要么就算了，而所谓'算了'，也就是死路一条。"

"我只好遵命行事，因为我无路可走。不过，有一笔大约 75 万美金的保险费，我没有填在那张要交出去的清单上。我之所以没有把这笔保险费填进去，是因为这笔钱属于我们香港的公司，跟上海的公司资产无关。不过，我还是怕万一日本人发现了这件事，可能会对我非常不利。他们果然很快就发现了。"

"当他们发现的时候，我不在办公室。不过我的会计主任在场。他告诉我说，那个军官大发脾气，拍桌子骂人，说我是个强盗，是个叛徒，说我侮辱了日本皇军。我知道这是什么意思，我知道我会被他们关进宪兵队去。"

"宪兵队！就是日本秘密警察的行刑室。我有几个朋友就宁愿自杀，也不愿意被送到那个地方去。我还有些朋友，在那里被审问了十天，受尽苦刑之后，死在那个地方。现在，我自己也可能要进宪兵队了。"

"当时我该怎么办呢？我在礼拜天下午听到这个消息，我想我应该吓得要命。如果我没有可以解决问题的方法，我一定会吓坏了。多年来，每次我担心的时候，总坐在我的打字机前，打下两个问题，以及问题的答案：

第一个问题：'让我忧虑的是什么事？'

第二个问题：'我该怎么办？'"

"我以往都不把答案写下来，而在心里回答这两个问题。不过多年前我就不那样做了。我发现把问题和答案同时都写下来，能够使我的思路更清楚。所以，在那个星期天的下午，我直接回到上海基督教青年会我住的房间，取出我的打字机。我打出：

'我担心的是什么？'

'我怕明天早上会被关进宪兵队里。'

然后我打出第二个问题：

'我能怎么办呢？'"

"我花了几个小时思考这个问题，写下了四种我可能采取的行动，以及每一种行动可能带来的后果。

1．我可以尝试着去跟那位日本海军将领解释。可是他不会说英文，若是我找个翻译来跟他解释，很可能会让他火起来，那我可能就是死路一条了。因为他是个很残酷的人，我宁愿被关在宪兵队里，也不愿去跟他谈。

2．我可以逃走。这点是不可能的，他们一直在监视着我，我从基督教青年会搬出搬进都需要登记，如果打算逃走的话，很可能被他们抓住枪毙。

3．我可以留在我的房间里，不再去上班。但如果我这样做的话，那个日本海军将领就会起疑心，也许会派兵来抓我，根本不给我说话的机会，而把我关进宪兵队里。

4．礼拜一早上，我可以照常到公司去上班。如果我这样做的话，很可能那个日本海军将领正在忙着，而忘掉我那件事情。即使他想到了，也可能已经冷静下来，不会来找我的麻烦。要是这样的话，我就没问题了。甚至即使他还来烦我，我仍然还有机会去向他解释，所以应该像平常一样，在礼拜一早上到办公室去，好像根本没出什么事，可以给我两个逃避宪兵队的机会。"

"等我把所有事情都想过了，我决定采取第四个计划——像平常一样，礼拜一早上去上班——之后，我觉得大大地松了一口气。"

"第二天早上我走进办公室的时候，那个日本海军将领坐在那里，嘴里叼根香烟，像平常一样地看了我一眼，什么话也没说。六个礼拜以后——谢天谢地，他被调回东京去了，我的忧虑就此告终。"

"就像我前面所说过的，我之所以能捡回一条命，大概就是因为在那个礼拜天下午我坐下来写出各种不同的情况，和每一个步骤所可能带来的后果，然后很镇定地作出决定。如果我没有那样做的话，我可能会很混乱，或者是迟疑不决，而在紧要关头走错一步。要是我没有分析我的问题，作出决定，那整个礼拜天下午，我就会急得心乱如麻，当天晚上我也肯定睡不着觉，礼拜一早上上班的时候，一定会满面惊慌和愁容，光是这一点，就可能引起那个日本海军将领的疑心，而使他采取行动。"

"以后，一次又一次的经验证明，渐渐作出决定的确有很大的价值。我们都是因为不能达成既定目的，不能控制自己，老是在一个令人难过的小圈子里打转，才会精神崩溃和生活难过的。我发现，一旦很清楚、很确定地做出一种

决定之后，50％的忧虑就会消失，在我按照决定去做之后，还有40％的忧虑也会消失。"

"所以，我认为采取以下四个步骤，就能消除掉90％的忧虑：

1. 清楚地写下你担心的是什么。

2. 写下你想怎么做。

3. 决定该怎么办。

4. 立即行动，执行决定。"

盖伦·利奇费尔德十分诚恳地说："我的成功完全得益于这种分析忧虑、正视忧虑的办法。"

这种办法为什么如此有效呢？因为它直接有效地达到了问题的核心。最重要、最不可缺少的就是第三步：决定该怎么做。除非我们能马上采取行动，要不然看清事实和分析真相都失去了作用，纯粹是一种体力浪费。

1902年4月14日，一个口袋里只有500美元却梦想成为百万富翁的年轻人，在怀俄明州克莫勒开了一家绸布店——克莫勒是一个人口只有一千人的矿业小镇，位于西部开发时期必经的篷车道上。年轻人和妻子住在商店的半层阁楼上，用一个装绸布的大木箱当桌子，用另外一些小木箱当椅子。妻子用毯子将她的婴儿裹住，放在柜台底下睡觉，自己则站在柜台旁边，帮助丈夫招呼客人。然而今天，全世界最大的连锁绸布店就是以这个年轻人的名字命名的——J．C．潘尼百货店，共有1600家分店，分散在美国各州。最近，我十分荣幸地与潘尼先生共进晚餐，他将自己生活中最富有戏剧性的一段经历告诉我。

J．C．潘尼经历了人生最痛苦的一段岁月，陷入了烦恼和绝望之中。这些烦恼与公司业务无关，相反，当时公司业务十分稳定，而且蒸蒸日上。但是，由于他个人做出的一些不明智的行为，加上1929年美国大萧条到来之时，致使公司于1929年破产。

J．C．潘尼遭到众人的指责，心中充满了烦恼和担忧，常常整晚都无法入睡，久而久之变成一种疼痛难挨的疾病，即所谓"带状疱疹"——一种突发性的红疹。他向密歇根州巴托卫生局的伊格斯顿医生求助。医生认为他病得十分严重，必须躺在床上。这期间他接受了一次严格的治疗，但没有任何效果。他的身体越来越虚弱，精神和肉体濒临崩溃的边缘。他近乎绝望了，看不到一丝希望，觉得没有任何东西可以依靠，也觉得没有一个真正的朋友，甚至连家人都在反对自己。有一天晚上，伊格斯顿大夫给他服了镇静剂，但其效果很快就消退了，他在疼痛中醒来，想到这将是自己生命中的最后一天了，于是，走下床来，开始给妻子和儿子写遗嘱。他以为自己活不到天亮。后来怎样呢？J．C．潘尼先生说道："第二天清晨醒来，我惊异地发现自己仍然活着。突然间，我觉得自己仿佛被人从黑暗的牢笼引到了温暖、明亮的阳光中，从地狱步入了天堂。在此之前，我从来没有感受过上帝的威力。我恍然大悟，原来自己所有的烦恼都是自找的。我感觉到，上帝的爱就在那里帮助我。从此以后，一直到今天，我不再有任何烦恼了。我已经幸福快乐地活了71年。"

威廉·詹姆斯说："一旦作出决定，就要迅速付诸行动，不必理会责任问题，也不要关心结果。"

在这句话中，"关心"无疑是"焦虑"的同义词。詹姆斯的意思非常明确——一旦你以事实为基础，作出了谨慎的判断，就要立即实行。不要停下来重新思考，不要犹豫，以免怀疑自己，进而产生担心和其他的困惑。

怀特·菲利浦是俄克拉荷马州最成功的石油商人。一次，我问他："怎么才能将决心付诸行动？"他回答："我发现，如果超过了某种程度，我们还在不停地思考，肯定会引发忧虑，而且思绪混乱。当调查和仔细思考毫无益处时，就是下定决心付诸行动并且永不回头的时候。"

那么，你为什么不采用盖伦·利奇费尔德的四步法去解除自身的忧虑呢？

这四步法是：

第一个问题：你在担心什么？

第二个问题：有什么解决办法？

第三个问题：该如何选择？

第四个问题：什么时候开始做？

第七十二章 让工作变得更加高效率

没有中心的会议，无节制的天南地北的闲聊，没完没了的应酬，时间就白白地过去了，工作效率也随之降低。从现在开始，简化工作程序，做好工作计划吧，你会发现有计划地工作，会使工作变得更加高效率。

——卡耐基《人性的优点》

如果你是一个商人，也许你现在正在对自己说："这个话题简直是荒谬至极，我干这一行已经十几年了，如果说有谁知道这个问题的答案的话，当然非我莫属了。居然有人想要告诉我如何让生意上的忧虑减半——这可真是荒谬透顶！"

这话一点也不错。如果我在几年前看到这样的标题，也会有同样的感觉。这个题目好像能帮你解决很多事情——但这些空洞的语言根本一文不值。

让我们坦率地谈谈吧。也许我的确不能帮你减少生意上一半的忧虑，因为从我前面分析的结果来看，除了你自己之外，没有人能做得到这一点。可是我能做到一点，就是可以让你看看别人是怎么做的，剩下的就要看你自己的了。

也许你已经注意到了前面我曾经提过，闻名世界的亚历克西斯·卡莱尔博士认为：

"不知道如何抗拒忧虑的商人，所付出的将是短寿的代价。"

既然忧虑如此严重，那么，如果我能帮你减轻忧虑，哪怕只有 10% 的忧虑，你是不是会感到满意呢？会的？很好！那么，我下面就要告诉你一位商人是如何消除 50% 的忧虑，而且节约了以前用来开会、解决生意上的问题的 75% 的时间。

当然，我不会告诉你那些你无法查证的故事，关于"琼斯先生"或者"X 先生"或者"我认识的某一个男人"。这是一个非常真实的故事。故事的主人公叫李昂·席孟津，多年来他一直担任西蒙出版公司的高层主管，现在是纽约州纽约市洛克菲勒中心袖珍图书公司的董事长。

下面就是李昂·席孟津自己的经验之谈：

"15 年来，我几乎每天都要花一半的时间用来开会和讨论问题。

"讨论一下我们应该这样还是那样——还是什么都不管？我们这时会非常紧张，会在椅子上坐立不安，或在办公室里走来走去，彼此辩论，不停地绕圈子。到了晚上，我会被弄得筋疲力尽。我原以为我这辈子大概也就只能这样了。而且我干这一行已经有 15 年了，我并不觉得应该有更好的办法。如果有人告诉我，我可以减去 3/4 的会议时间，可以消除 3/4 的神经紧张，那么我会认为他是在痴人说梦。可是，我现在确实能够拟出一个恰好能做到这一点的计划。这个方法我已经用了 8 年，对我的办事效率、我的健康和我的快乐来说，都带来了意想不到的好处。

"这听起来好像是在变魔术——可是正如所有的魔术一样，一旦你弄清楚是怎么做的，就非常简单了。

"我的秘诀就是：首先，我立即停止 15 年来会议中一直使用的程序——那些令人恼火的同事总是先报告一遍问题的细节，然后问：'我们该如何解决？'其次，我订下一个新规矩：任何一个想讨论问题的人，必须先准备一份书面报告，上面要回答四个问题：

"问题 1. 到底出了什么问题？

（在过去的日子里，我们经常用一两个小时开会、讨论问题，但很少有人真正明白：问题究竟出在哪里。）

"问题 2. 问题的起因是什么？

（我吃惊地发现，即使浪费了很多时间用在各种各样的忧虑上，我依然无法清晰地找出问题的基本情况。）

"问题3. 有哪些解决办法？

（在过去的日子里，总是一个人提出建议，然后其他人和他辩论，结果常常跑题，我们常常对主题并不清楚，直到开完会也没有一个人把各种不同的问题写下来，我们不能做到有意识地解决问题。）

"问题4. 你觉得哪种建议最好？

（过去开会总是花几个小时为一种情况担心，不断地绕圈子，从未想过所有可行的方法，然后写下来：'这是我建议的解决方案。'）

"现在，同事们很少再来问我他们的问题。为什么？因为他们发现，只要认真地回答以上4个问题，最合适的方案就会自动跳出来，就像面包从烤箱中跳出来一样。即使一定要讨论，所花的时间仅仅是从前的三分之一，因为整个过程条理清楚，而且合乎逻辑，最后总能找到明智的解决办法，得出合乎理由的结论。"

我的朋友法兰克·毕吉尔是美国保险业的巨子，他也运用同样的方法消除了忧虑，并增加了不少收入。

"多年以前，"法兰克·毕吉尔说："我刚刚进入推销保险这个行业时，对工作充满热情。但后来发生了一点小事，我突然沮丧起来，看不起自己的职业，甚至想辞职。但是，在一个星期六的早晨，我冷静地坐下来，想找出忧虑的来源。

"1. 我首先问自己：'到底出了什么问题？'我拜访了很多人，但成绩并不理想。最初，我和顾客们聊得非常投机，但每当最后就要成交时，他们就会说：'我再考虑一下，以后再说吧！'结果我又要另外安排时间去找他，这种结果令我沮丧。

"2. 我又问自己：'有什么解决办法？'在得出答案之前，我当然要好好研究一下过去的成绩，我拿出 12 个月前的记事本，看了看上面的数字。我吃惊地发现，卖出的那些保险有 70% 是第一次见面就成交的，23% 是第二次见面成交的，只有 7% 的成交量出现在第三、第四、第五次见面。也就是说，我把几乎一半的工作时间浪费在 7% 的业务上。

"3. 答案是什么？答案是显而易见的，我应该马上停止两次以上的拜访，将多余的时间用于寻找新顾客。结果简直出乎意料，我在很短的时间内就将每次赚 2.70 美元的成绩提高到 4.27 美元。"

正如我们所说的，法兰克·毕吉尔成为美国最出色的保险业务员之一。如今，法兰克·毕吉尔每年的保险业务都超过 100 万美元。想想看，他几乎要放弃这份职业，承认自己的失败，可结果呢，他通过分析问题，最终走上了成功之路。

你能否接受这些解决商务困扰的建议，使你减掉来自生意上的 50% 的忧虑呢？再次重申一遍：

1. 问题是什么？

2. 问题的原因到底在哪里？

3. 有哪些解决办法？

4. 你觉得哪种建议最好？

第七十三章　从工作中找到乐趣

要不断地提醒自己，鼓励自己。如果你无法从工作中找到乐趣，那么，你恐怕很难从别的地方找到。每个人都要把大部分时间花在工作上，如果你经常给自己打打气，就会从中发现乐趣，或许会带来一些升迁和发展的机会。

——卡耐基《人性的优点》

烦闷会造成疲劳。以爱丽丝小姐为案例，她是一条街道上的打字员，工作结束之后，她常拖着疲惫不堪的身体回到家。她觉得自己腰酸背痛，几乎连饭

都不想吃，只想马上倒头就睡。她的妈妈劝说她，她才坐到餐桌旁。这时，电话铃响了，是她的男朋友，他邀请爱丽丝小姐去跳舞。刹那间，爱丽丝的眼睛亮起来了，她精神十足地换好衣服冲出门去。她一直跳舞直到凌晨 3 点才回来，但此时此刻，她一点儿也不觉得疲倦，恰恰相反，她兴奋得几乎睡不着。难道爱丽丝不想睡足 8 小时消除疲劳吗？她愿意看起来筋疲力尽吗？的确是这样，她傍晚回家时觉得疲劳，是因为工作让她烦闷，随之对生活也产生了厌烦感。在世界上，像爱丽丝这样的人成千上万，说不定你也是成千上万人中的一个。

许多年前，约瑟夫·巴马克博士曾在《心理学学报》上发表了一篇报告，里面记录着他的一次实验：他安排一大群大学生参加很多实验——都是他们不感兴趣的工作，结果表明，所有的学生都觉得疲劳，而且头疼、眼睛疼、打瞌睡、发脾气，甚至有几个人觉得自己得了胃病。巴马克博士通过化验得知，当一个人开始烦闷时，身体血液的流动和氧化作用会降低，如果人们觉得工作有趣，新陈代谢就会加速。也就是说，当我们从事自己感兴趣的工作时，状态一

般都很兴奋，很少出现疲劳感。

哥伦比亚大学的爱德华·戴克博士曾主持过关于疲劳的实验，他通过采用那些年轻人经常借以保持兴趣的方法使他们维持清醒的愉悦长达一星期之久。在经过多次调查之后，戴克博士表示："心情烦闷是致使工作效率降低的唯一真正原因。"

举个例子，最近我到加拿大落基山度假，在路易斯湖畔钓了好几天鲑鱼。在钓鱼的过程中，我要穿过茂密的、比人还高的树丛，跨越很多倒在地上的树枝，我来来回回折腾了 8 个小时，却丝毫不觉得疲倦。是什么原因呢？很简单，我抓到了 6 条个头很大的鲑鱼，我兴奋极了，觉得自己不虚此行。但是，如果我觉得钓鱼是一件令人讨厌的事，那么会出现什么后果呢？在海拔 7000 英尺的高山上来回奔波，我肯定会筋疲力尽的。

不过，即便是登山这样消耗体力的运动，也比不上烦闷带给你的疲倦多。

比方说，S．H．金曼先生是明尼纳卜勒斯农工银行的总裁，他讲述的一件事完全可以证明这一点。1953 年 7 月，为了协助威尔士军团做爬山训练，加拿大政府特意邀请了阿尔卑斯登山部的教练，金曼先生就是其中之一。教练们的年纪都在 42 岁至 59 岁之间，他们带领年轻的士兵越过冰河和雪地，然后利用绳索和一些简单工具爬上 40 英尺高的悬崖。他们在河谷里长途跋涉，翻越了很多高山，经过 15 个小时的登山训练，那些非常健壮的年轻人们全都累倒下了，尽管不久前，他们刚刚接受了 6 个星期的严格军事训练。

他们感到疲劳，是不是因为他们军事训练时肌肉没有训练得很结实呢？任何一个接受过严格军事训练的人都一定会对这种荒谬的观点嗤之以鼻。事实上，他们之所以会这样筋疲力尽，是因为他们对登山感到厌烦。他们中很多人疲倦得不等到吃过晚饭就睡着了。可是那些教练们——那些年龄比士兵要大两三倍的人——是否疲倦呢？不错，他们也感觉到了疲倦，但他们不会筋疲力尽。那些教练们吃过晚饭后，还坐在那里聊了几个钟头，谈他们这一天的事情。他们之所以不会疲倦到精疲力竭的地步，是因为他们对这件事情感兴趣。

如果你是一个脑力劳动者，使你感觉疲劳的原因很少是因为你的工作超量，相反是由于你的工作量不够。例如，你还记不记得星期一，你不断地受人打扰，一封信也没回，跟人家约好的事情一件也没有做，到处都是等待解决的问题，那一天所有的事情都不对头，你一件事情也没有做成，可是回到家时却已经精疲力竭，而且头痛欲裂。第二天，办公室里的所有的事情都进行得相当顺利。你所完成的工作是头一天的 40 倍，可是当你回到家里的时候，却神采奕奕。你一定有过这种经历，当然，我也有过。

我们可以从这一点上学到什么呢？那就是我们的疲劳通常不是由于工作所引起的，而是由于忧虑、紧张和不快。在写这一章的时候，我抽空去看了杰罗米·凯恩主演的音乐喜剧。剧中的主角安迪船长在一段颇有哲理的话里说："能做自己喜欢做的事情的人，是最幸运的人。"这种人之所以幸运，就是因为他们的体力更充沛，心情更愉快，而忧虑和疲劳却比别人少。同样，你兴趣所在的地方也就是你能力所在的地方。你如果陪着一路唠叨不休的太太走几条街，一定会比陪着你心爱的情人走 10 里路感觉要疲劳得多。

那么，怎么办呢？在这件事情上，你能有什么办法呢？下面就是一位打字小姐所做的事情，这位打字小姐在俄克拉荷马州托沙城的一个石油公司工作。她每个月有几天都得做一件你所能想象到的最没意思的工作：填写一份已经印好的有关石油销售的报表，在上面填上各种统计数字。这件工作实在没有什么意思，她为了提高工作情绪，就想出了一个解决办法，把它变成一件非常有趣的工作。她是怎么做的呢？

她每天跟自己竞赛。她点出每天早上所填的报表数量，然后尽量在下午去打破自己的纪录；然后再计算每一天所做成的总数，再想办法在第二天去打破前一天的纪录。结果怎样呢？她比同一部门其他的打字小姐都快了很多，一下子就把很多很没意思的报表填完了。这样做对她有什么好处呢？得到赞美了吗？没有。得到感激了吗？没有。得到升迁了吗？没有。加薪水了吗？没有。可是这样做却有助于防止她因为烦闷而带来的疲劳，使她能保持很高的兴致，因为她尽了自己最大的努力，把一件没有意思的工作变得有意思，她就能节省下更多的体力和精神，使她在休息的时候也能获得更多的快乐。我之所以知道这是个真实的故事，因为我就娶了这个女孩子为妻。

下面是另外一位打字员小姐的故事。她发现"假装喜欢"工作很有意思，会使人得到更多意想不到的报偿。她以前很不喜欢她的工作，可是现在却发生了改变。她的名字叫维莉·戈登，家住伊利诺伊州爱姆霍斯特城。下面就是她在信中告诉我的故事：

"在我的办公室里，一共有 4 位打字员，每个人都要负责替几个人打信

件，每过一段时间我们就会因为工作量太大而忙得不可开交。有一天，有一个部门的副经理坚持让我把一封很长的信重打一遍，令我大为恼火。我告诉他，这封信只要改一改就可以，不必重打一遍。而他对我说，如果我不想重打的话，他就去找愿意重打的人来再打一次。我当时气得怒火中烧，可是当我开始重新打这封信时，我突然发现其实有很多人都会跳起来抓住这个机会，来做我现在正在做的这件事情。再说，人家支付我薪水也就是要我做这份工作，这样一想，我开始觉得好了很多。这时候，我突然下定决心，尽管我不喜欢这份工作，但我要以假装喜欢它的样子去做。接着，我有了一个重大的发现：如果我假装很喜欢我的工作，那么我就真的能喜欢到某种程度；而且我也发现，当我开始喜欢我的工作的时候，我工作的速度就可以大大加快。因此，我现在加班的时候很少。这种新的工作态度，使大家都认为我是一个非常好的职员。后来，有一个单位主管需要找一位私人秘书，他就让我担任那个职务，因为他认为我很愿意做一些额外的工作而从不抱怨。这件事情证明心理状态的转变能产生巨大的力量。对我来说，这是非常重要的一个发现，它为我带来了奇迹。”

在这里，戈登小姐用了汉斯·维辛吉教授的“假装”哲学，他告诉我们要“假装”自己很快乐。

如果你“假装”对你的工作感兴趣，一点点假装就会使你的兴趣变成真的，并且可以减少你的疲劳、紧张和忧虑。

许多年前，哈兰·霍华德先生做了一个决定，结果这个决定使他的生活完全改变了，把一个很没有意思的工作变得饶有趣味。他那份工作的确很没有意思，就是在高中的福利社洗盘子、擦柜台、卖冰淇淋，而其他男孩子则在打球，或是与女孩子约会。哈南·霍华对这份工作很不满意，可是他又不得不接受这份工作，于是，他决定利用这个机会来研究冰淇淋是怎么做成的、里面有什么成分，以及为什么有些冰淇淋比别的好吃。他开始研究冰淇淋的化学成分，结果使他成为那所高中化学课的奇才。后来，他又对食物化学产生了极大兴趣，于是进了马萨诸塞州州立大学，专门研究食物营养学。后来，纽约的可可公司设立了100美元奖金，奖励关于可可和巧克力应用方面的论文征文，这是一次由所有大学生参加的公开征文比赛。你猜谁得了头奖呢？一点也不错，就是哈兰·霍华德。

后来，他发现找一份合适的工作非常不容易，于是他就在自己家里的地下室开了一间私人实验室。不久，当局通过一项新法案：牛奶里面所含的细菌必须计数。于是哈兰·霍华德开始为安荷斯特城14家牛奶公司统计细菌，为此他还需要再多雇佣两名助手。

25年之后，他将会发展到什么程度呢？是的，这几位现在还在从事食物化学实验工作的先生们，到那时候要么退休，要么已经过世了，但将会有许多现在刚刚开始学习并充满了热情的年轻人来接替他们的位置。25年之后，哈兰·霍华德很可能成为他这一行的领袖人物。而当年从他手里买冰淇淋的那些同学，却很可能穷困潦倒，甚至失业在家。他们只会责怪政府，说他们没有好的工作机会。而哈兰·霍华德若不是努力把一件很没有意思的工作变得有意思的话，恐怕也同样不会有什么机会。

几年前，一个年轻人在一家工厂里，因为整天站在一个车库旁边做螺丝钉而感到非常没有意思。他的名字叫山姆。他很想辞职不干，可是又怕无法找到其他的工作。既然他非要做这件没有意思的工作不可，他就决定使这个工作变得有意思。于是，他开始和旁边另外一个管机器的工人比赛，由其中一位先在自己的机器上做出大样来，另外一个人把它磨到规定的直径。他们偶尔互换机器，看谁做出来的螺丝钉比较多。他们的领班对山姆的工作速度和精确度非常欣赏，不久就把他调到一个较好的职位，而这只是他一连串升迁的开始。30年之后，山姆成了巴尔温火车头制造公司的董事长。要是他没有想到使他那个没有意思的工作变得有意思的话，或许他一辈子只能做一名工人。

H. V. 特波是著名的无线电新闻分析家，他曾给我讲述了一个很有趣的故事：

他22岁那年，在一艘横渡大西洋、运送牲畜的船上工作。每天，他的任务就是给船上的牲口喂水和饲料。没多久他就辞职了，然后骑着自行车周游全英国，走完后又来到法国。但是，当他抵达巴黎时，身上的积蓄已经花光了，只好卖掉随身携带的照相机，用这些钱在巴黎版的《纽约先驱报》上刊登了一个求职广告。最后，他成为一名推销员——专门卖立体观测镜。

应该说，特波做这项工作很不容易，他不会说法语，但挨家挨户推销了一年之后，他居然挣到了5000美元，成为当年法国收入最高的推销员。

他是怎样创造这样的奇迹的呢？是这样的。起初，他请老板用纯正的法语把他应该说的话写下来，然后背得滚瓜烂熟。他就这样去按人家的门铃。家庭主妇开门之后，他就开始背诵老板教的推销用语。他的带美国口音的法语使人觉得很滑稽，他趁此机会递上实物照片。如果对方问一些问题，他就耸耸肩说："美国人……美国人……"同时摘下帽子，把藏在帽子里的讲稿指给人家看。那个家庭主妇当然会大笑起来，他也跟着大笑，然后再给对方看更多的照片。

当特波向我讲述这些事情的时候，他很坦白地承认这种工作实在很不容易。他之所以能挺过去，就是靠着一个信念：他要把这个工作变得有乐趣。每天早上出门之前，他都要对着镜子自言自语说："特波，如果你要吃饭、继续生活，就必须做这件事。既然非做不可，何不做得开心点呢？你就假装自己是个演员，正站在舞台上表演，下面是数不清的观众，他们正热烈地注视自己。特波，你现在的工作就和在舞台上演戏一样，多么让人高兴啊！"

特波告诉我，他每天给自己打气的那些话，帮了他的大忙，他将一份又恨又怕的工作变成有意思的事情，同时也让他获得了丰厚的回报。

听了特波先生的经历，我问道："现在，有很多美国青年极度渴望成功，您可否给他们一些忠告？"特波先生说："很简单，每天早晨跟自己打个赌。大家都知道，早上起床后，我们常常需要一些运动，让自己从懵懂的状态中彻底清醒。但是，我们更需要一些思想上的运动，这样才能真正地活动起来。所以，每天早上给自己打打气！"

每天早上给自己打气是不是一件肤浅、冒傻气的事呢？当然不是，在心

理学上，这是非常必要的。1800 年之前，马可·奥勒留在《沉思录》中写道：“我们的生活是由思想创造的。”即便是现在，这句话同样是真理。

要不断提醒自己，鼓励自己。如果你无法从工作中找到乐趣，那么，你恐怕很难从别的地方找到。因为每个人的大部分清醒时间，一般都花在工作上。如果你经常假装对工作有兴趣，为自己打气，就会将疲劳降到最低限度，或许会带来一些升迁和发展的机会。即使没有这些好处，你至少减轻了疲劳和忧虑，这样就可以充分享受闲暇时间。

第七十四章　生命太短暂，不要为小事而垂头丧气

绝大多数人都能够很勇敢地面对生活中那些大的危机及困难的挑战，但是却常常被一些小事搞得垂头丧气、灰头土脸。生命太短暂，大风大浪都能过得去，还有什么可担忧的呢？

——卡耐基《人性的优点》

我要告诉你一个最具戏剧性的故事，主人公名叫罗勃·摩尔。他住在新泽西州。

"1945 年 3 月，我正乘坐一艘潜水艇，进入中南半岛 276 英尺深的海底。在这里，我学到了一生中最重要的一课。我是 S．S318 潜水艇上 88 名军人中的一员。当时，我们的雷达侦查出一支日军舰队正朝我们驶来。到黎明时分，我们奉命反击，我看到一艘驱逐护航舰、一艘油轮和一艘布雷舰。"

"我们发射了 3 枚鱼雷，但都没有打中。那些是工厂里粗制滥造出来的鱼雷，并非内行的它们没有有效地击中目标。接下来，我们准备打击最后一艘轮船。突然，布雷舰笔直向我们开过来，因为日本飞机用无线电探测到我们的位置。我们迅速潜入海底 150 英尺深处，以免被它发现。我们关闭了所有的冷却系统和所有的发电机，做好应付深水炸弹的准备。

"仅仅过了 3 分钟，我就觉得天崩地裂，6 枚深水炸弹在身边炸开，把我们逼到海底 276 英尺的地方。我们非常害怕。整整过了 15 个小时，攻击才停止，很明显，那艘布雷船用光了所有的炸弹才离开。

"即便如此，潜艇周围依然不停地发生爆炸，如果炸弹距离潜水艇少于 17 英尺，潜艇就会被炸出一个洞。当时，我们奉命躺在床上，目的是保持镇定。我吓得呼吸都停止了，我暗想，这下死定了。虽然潜水艇里的温度有华氏 100 多度，但我害怕得全身发抖，不停地冒冷汗。对我来说，这 15 个小时相当于 1500 万年，曾经的生活一一浮现在眼前。

"我想起自己干过的坏事，曾经担心的一些无聊小事，比如担心没钱买房

子、买车，没钱给妻子买漂亮衣服。我是多么憎恨我过去的老板，因为他总是不断地责备谁。我记得下班回到家，我经常为了一点芝麻小事和妻子吵架。我还为自己额头上的一个小伤疤———一次车祸留下的疤痕而发愁。

"多年以前，这些对我是多么大的忧虑。但是，当深水炸弹威胁到自己的生命时，我才明白，多年前令人发愁的事那么荒谬、那么渺小。我发誓：如果还有机会看到太阳和月亮，自己将不再忧虑，永远、永远、永远。可以说，这15 个小时让我学到的东西，远远超出了大学四年学到的知识。"

我们通常都能很勇敢地面对生活里那些大的危机———然后化解它们，但却会被那些小事搞得"头痛不已"，垂头丧气。举个例子说，撒母耳·派布斯在他的日记里谈到他看见哈里·维尼爵士在伦敦被砍头的事：当哈里爵士走上断头台的时候，他并没有要求别人饶恕他的性命，而是要求刽子手不要砍中他脖子上那块有痛伤的地方。

这也正是拜德上将在又冷又黑的南极洲的夜晚所发现的另外一点———他手下那些人常常为一些小事情而难过，但对于大事却没有足够的关心。例如，他们能够毫无怨言地面对危险而艰苦工作，在华氏零下 80 度的寒冷中工作。"可是，"拜德上将说，"我却知道他们之间有好几个同在一间办公室的人彼此不讲话，因为他们怀疑对方乱放东西，占了他们自己的空间。我还知道队上有一个讲究所谓空腹进食、细嚼慢咽的家伙，每口食物一定要嚼过28次才吞下去，而另外有一个人，一定要在大厅里找一个看不见这家伙的位子坐着，才可以把饭吃下去。"

"在南极的营地里，"拜德上将说，"任何类似的小事情都可能把训练有素的人逼疯。"

你也许可以加上这句，拜德上将那句"小事"如果发生在夫妻生活里，也会把人逼疯，甚至还会造成"世界上半数的伤心之事"。

至少，这话也是权威人士说的。比方说，芝加哥的约瑟夫·沙巴士法官在仲裁了4万多件婚姻案件之后说道："婚姻生活之所以不美满，最基本的原因通常都是一些小事情。"而纽约州的地方检察官弗兰克·荷根也说："我们的刑事案件里，有一半以上都是因为一些很小的事情：在酒吧里逞英雄；为一些小事情争吵而侮辱了别人；措辞不当；行为粗鲁等，就是这些小事情，结果引起伤害和谋杀。真正天性残忍的人很少，一些犯了大错的人，都是由于自尊心受到小小的损害。"据说伊莲娜·罗斯福刚结婚的时候，"每天都在担心"，因为她的新厨子手艺很差很差。"可是，如果事情发生在现在，"罗斯福夫人说，"我就会耸耸肩，把这事给忘了。"这才是一个成年人的做法。就连凯瑟琳——这位最专制的俄国女皇，在厨子把饭做坏了的时候，她也通常只是一笑了之。

有一次，卡耐基夫人和我到芝加哥一个朋友家里吃饭。分菜的时候，朋友出了一些小错。当时我并没有注意到，即使注意到了，我也不会在乎的。可是他的太太看见了，马上当着我们的面跳起来指责他，"约翰，"她大声叫道，"看看你在搞什么！难道你就永远也学不会怎样分菜吗？"随后她对我们说："他总是出错，根本就不肯用心。"也许他的确没有好好地做，可是我实在佩服他能够跟他太太相处20年之久。坦白地说，我情愿只吃两个抹上芥末的热狗——只要能吃得很舒服——也不愿一边听她唠唠叨叨，一边吃着山珍海味。

在那件事情之后不久，我夫人和我请了几位朋友到家里来吃晚饭。就在他们快来的时候，我夫人发现有3条餐巾和桌布的颜色不相配。

"我冲到厨房里，"她后来告诉我说，"结果发现另外3条餐巾送出去洗了。客人这时已经到了门口，我没有时间再换了，急得差点哭了出来。我当时

只想：'为什么我会犯这么愚蠢的错误，毁了整个晚上？'然后我又想到：'为什么要让它毁了我呢？'于是，我走进去吃晚饭，决定好好地享受一下。而我果然做到了，我情愿让我的朋友们认为我是一个比较懒散的家庭主妇，也不想让他们认为我是一个神经兮兮、脾气暴躁的女人。而且据我所知，根本没有人注意到那些餐巾的问题。"

众所周知，有一条法律名言："法律不会去管那些小事情。"人也不该为那些小事而忧虑，如果他希望求得内心安宁的话。

在大多数时间里，要想克服由小事情所引起的困扰，只需把着眼点和重点转移一下就可以了——那就是让你有一个新的、能使你开心一点儿的看法。我的朋友作家荷马·克罗伊是个作家，他告诉我，过去他在写作的时候，常常被纽约公寓热水灯的响声吵得快要发疯了。"后来，有一次我和几个朋友出去露营，当我听到木柴烧得很旺时的响声，我突然想到：这些声音和热水灯的响声一样，为什么我会喜欢这个声音而讨厌那个声音呢，回来后我告诫自己：'火堆里木头的爆裂声很好听，热水灯的声音也差不多。我完全可以蒙头大睡，不去理会这些噪音。'结果，头几天我还注意它的声音，可不久我就完全忘记了它们。"

"很多小忧虑也是如此。我们不喜欢一些小事，结果弄得整个人很沮丧。其实，我们都夸大了那些小事的重要性……"

19世纪的英国政治家迪斯累利说："生命太短促，不要关注恼人的小事。"

"这些话，"安德烈·摩瑞斯在杂志《本周》中说，"曾经帮助我克服了很多痛苦。我们常常被那些本该不屑一顾的小事弄得心烦意乱。人生只有短短的几十年，时间一去不复返，但我们会用很多时间担心一些小事，而这些事情，一年之内就会忘掉。所以，我们应该将时间用于值得做的行动上，比如伟大的思想、真正的感情。做我们该做的事情吧！生命太短促，不要理会恼人的小事。"

吉卜林是个名人，但是，他忘记了那句"生命太短促，不要理会烦人的小事"。结果呢？他和自己的舅舅打了一场维尔蒙历史上最有名的官司。这件事甚至还被写进了书里——拉迪亚德·吉卜林的维尔蒙世仇。故事是这样的：吉卜林娶了一个维尔蒙女子，他们在布拉陀布修建了一所漂亮房子，准备安度余生。他的舅舅比提·巴里斯特成了他最好的朋友，他们俩一起工作，一起游戏。

后来，吉卜林从比提·巴里斯特手里买了一块地，事先说好：每个季度，巴里斯特都可以从地里割草。一天，巴里斯特发现吉卜林在里面开了一个花园，他非常生气，不禁怒骂起来。吉卜林也反唇相讥，两人吵得天翻地覆，维尔蒙的绿山都蒙上了一层乌云。

几天后，吉卜林骑着自行车出去游玩，被巴里斯特的马车撞倒在地。此时，吉卜林完全忘了自己曾说过的"众人皆醉，你应独醒"，而把巴里斯特告上了法庭。这一消息从大城市迅速传到了小镇，不久就传遍了全世界。没有什么办法了。这场争吵导致吉卜林携着妻儿永远离开了美国度过他们的余生，而所有一切烦恼都不过是为了一车干草，一车干草而已。

下面是哈里·爱默生·福斯狄克讲过的一个故事，是关于森林里的一场战争胜负的故事。

科罗拉多州长山上躺着一棵大树，自然学家告诉我们，它有400多年的历史，在漫长的岁月中，它曾被闪电击中14次，至于狂风暴雨，几乎数都数不清，对于这些侵袭，它都能战胜。但最后，一些小甲虫使它永远倒在了地上。它们从根部开始咬，逐渐蔓延到内部，于是大树伤了元气，因为这些攻击虽然很小，却始终持续不断。就这样，一个森林里的巨人，岁月不能让它枯萎，闪电不能让它倒下，狂风暴雨不能让它动摇，却因为一些用手指头就能捏死的小甲虫，最终倒了下来。

难道我们不像这棵经风历雨的大树吗？我们也曾经历无数的狂风暴雨和闪

电，而且最终都挺过来了，却任凭忧虑的小甲虫——用手指就能捏死的小甲虫咬噬自己。

几年前，我在旅行时经过提顿国家公园，和一些朋友约查尔斯·西费德先生——他是怀俄明州公路局局长去参观约翰·洛克菲勒在公园里的房子。结果我的汽车拐错了一个弯，迟到了一个多小时，西费德先生早就到了，但他没有钥匙，只好在那个又热、蚊子又多的森林里等着。我们到的时候，蚊子已经多得让圣人发疯，而西费德先生正在吹笛子——他用白杨树枝做的。应该说，这个小笛子是个纪念品，纪念一个不被小事困扰的人。

如果你不希望忧虑毁了自己，就要改变这个习惯。不要让自己为小事而垂头丧气，它们本应该被丢开或忘记。

要记住："生命太短促。"

第七十五章　根据概率，不幸很少发生

人生会发生很多事，有些事是难以预测的。一个人往往会被各种盘根错节的事所缠绕，使自己的心无法安静下来。如果静下心来，好好想一想，无法预测的事终究无法避免，而你自己臆想的某些事情根据概率往往发生的可能性很小，那你还何必自寻烦恼呢？

——卡耐基《人性的优点》

小时候，我是在密苏里的农场长大的。一天，当在帮母亲摘樱桃的时候，我突然哭了起来。母亲问："戴尔，这个世界上有什么可以让你哭的呢？"我抽泣着说："我担心自己会被活埋。"

那时候，我心中充满恐惧。当雷电袭来时，我担心会被闪电击中；当艰难时刻来临时，我担心会没有足够的食物可吃；我是如此忧虑，甚至担心死后会进地狱；我曾经非常害怕一个大男孩，他叫山姆·怀特，担心他会割下我的耳朵，就像他曾威胁我的那样；我担心女孩们在我脱帽致敬时会取笑我；我担心没有女孩子会愿意嫁给我；我担心我们结婚以后我该对我的妻子说些什么，我想象着我们在某一个国家教堂里结婚，然后坐一辆带有顶棚的游览马车回到我们的农场。但是我们怎样才能在回农场的路上保持谈话呢？怎么办？怎么办？……我常常花很多时间去思索这些看似惊天动地的事情。

日子一天天过去，我渐渐发现，自己担心的那些事有99%都没有发生。

举个例子说，就像我已经说过的那样，我曾经一度受到雷电的惊吓，但是现在我知道我在任何一年里都有被雷电击中的机会，但按照国家安全理事会的说法，我被闪电击中的概率只有三十五万分之一。

我曾经担心我会被活埋，我不能想象。即便是发明木乃伊之前，它的概率也只有一千万分之一，但我却为此忧虑地哭过。

而8个人中有1个会死于癌症，所以，如果我一定要担心，也应该为自己可能患上癌症担心，而不是被活埋或被闪电击中。

　　确实，我说到的这些忧虑确实很荒谬，但很多成年人的忧虑也同样荒谬。你和我可以根据概率计算一下，如果我们根据我们曾经忧虑的那些事情计算一下，然后确定自己那些担心是不是值得，其结果是，我们90%的忧虑恐怕都会自然消除。

　　伦敦的罗埃德保险公司是世界上最有名的保险公司，它就是依靠人们担心一些根本不会发生的事情，而赚到了数不清的美元。罗埃德保险公司被称为"保险"，也不过是在和人打赌———一种以概率为根据的赌博。它向你保证所有灾祸的发生，但灾祸的概率并不像人们想象得那么常见。这家大保险公司已经存在了200年，而且记录良好，除非人的本性会发生改变，否则，从现在起，它至少还能继续维持五千年。通过投保鞋子、轮船、蜂蜡免于灾难，而它们真正发生的概率比人们想象的要低得多。

　　如果我们计算一下概率，我们通常会为自己所发现的事实而惊讶。举个例子说，我知道每隔5年就会发生一场战争，而且像葛底斯堡战役那样激烈，我肯定会被吓得半死，然后想尽办法增加人寿保险费用，写下遗嘱，并将财产变卖一空。我会说："或许我无法逃脱这场战争，所以最好是在剩下的日子里随心所欲地活着。"但是，事实是，按照平均概率计算，那确实是一种危险，而且可能是致命的，在50～55岁之间，每1000个人的死亡人数和葛底斯堡战役中的阵亡人数相等。我为什么要说这些呢？因为在和平时期，在50—55岁之间死亡的与在葛底斯堡战役中163000士兵中阵亡的人数是相当的。

　　一年夏天，我来到加拿大落基山区，在湖边认识了赫伯特·沙林吉夫妇。沙林吉一家住在旧金山太平洋林荫道2298号。沙林吉夫人非常平静沉着，她给我的印象是从来不会忧虑。一天晚上，我问她："你是否被忧虑困扰过？""困扰？"她说，"没那么简单，我的生活几乎被忧虑摧毁。在我学会克服忧虑之前，我在自作自受的苦海中度过了整整 11 年。那时候，我脾气暴躁，情绪非常紧张，我生活在恐惧之中。那时，我每个星期都要乘汽车从我家到旧金山的百货商店买东西。但是，即使在购物的时候，我也慌乱不已，担心电熨斗连接烫衣板，可能会引起火灾，也许我们的房子被烧了，也许佣人逃跑了丢下了孩子们，或者孩子们被自行车汽车撞死了。在我买东西的这段时间，这些担心常常折磨得我浑身直冒冷汗，最后不得不冲出商店跑回家，看看一切是否安好。在这种情况下，我的第一次婚姻结束了。

"我的第二任丈夫是个律师——很文静，有分析能力，从来没有为任何事情忧虑过。每当我神情紧张或焦虑的时候，他就会对我说：'不要慌，让我们好好地想一想……你真正担心的到底是什么呢？让我们看一看事情发生的概率，看看这种事情是不是有可能会发生。'举个例子来说，我还记得有一次，我们在新墨西哥州。我们从阿尔伯库基开车到卡尔斯巴德洞窟去，途中经过一条土路，半路上碰到了一场很可怕的暴风雨。汽车一直下滑着，我们没办法控制，我想我们一定会滑到路边的沟里去，可是我的先生一直不停地对我说：'我现在开得很慢，不会出什么事的。即使汽车滑进了沟里，根据概率计算，我们受伤的可能性也很小。'他的镇定和信心使我平静下来。

"有一年夏天，我们到加拿大的洛基山区的图坎山谷去露营。有天晚上，我们的营帐扎在海拔 7000 英尺高的地方，突然遇到暴风雨，好像要把我们的帐篷撕成碎片。帐篷是用绳子绑在一个木制的平台上的，在狂风暴雨中它不断地抖着，摇着，发出尖厉的声音。我每一分钟都在想：我们的帐篷会被吹垮了，吹到天上去。我当时真吓坏了，可是我先生不停地说着：'我说，亲爱的，我们有好几个印第安向导，这些人对一切都知道得很清楚。他们在这些山地里扎营都有 60 年了，这个营帐在这里也过了很多年，到现在还没有被吹掉，根据发生的概率来看，今天晚上也不会被吹掉。而即使被吹掉的话，我们也可以躲到另外一个营帐里去，所以不要紧张。'……我放松了心情，那天晚上，我睡得非常熟。

"几年以前，小儿麻痹症横扫加利福尼亚州我们所住的那一带。要是在以前，我一定会惊慌失措，可是我先生叫我保持镇定，我们尽可能采取了所有的预防方法：不让小孩子出入公共场所，暂时不去上学，不去看电影。在和卫生

署联络过之后，我们发现，到目前为止，即使是在加利福尼亚州所发生过的最严重的一次小儿麻痹症流行时，整个加利福尼亚州只有 1835 个孩子染上了这种病。而平常，一般的数目只在 200 到 300 之间。虽然这些数字听起来还是很惨，可是到底让我们感觉到：根据发生的概率看起来，某一个孩子受感染的机会实在是很小。"

"根据平均概率，这种事情不会发生。"这句话摧毁了我 90% 的忧虑，使我过去 20 年来的生活都过得令人有点意想不到的美好而平静。

当我回顾过去的几十年时，我发现，大部分的忧虑也都是因此而来的。吉姆·格兰特是纽约富兰克林市格兰特批发公司的老板，每次要从佛罗里达州买 10 车到 15 车的橘子等水果。他告诉我，他的经历也是如此。以前，他常常想到很多无聊的问题：比方说，万一火车失事变成残骸怎么办？万一他的水果滚得满地都是怎么办？万一车子正好经过一座桥，而桥梁突然垮了怎么办？当然，这些水果都是经过保险的，可他还是怕万一没有按时把水果送到，他可能就会有失掉市场的危险。他甚至怀疑自己因忧虑过度而得了胃溃疡，因此去找医生检查。医生告诉他说，他没有任何毛病，只是太过紧张了。

"这时候我才明白，"他说，"我开始问自己一些问题。我对自己说：'注意，吉姆·格兰特，这么多年来你送过多少车的水果？'答案是：'大概有 25

000多车。'然后我问自己：'这么多车次中有过几次车祸？'答案是：'噢——大概有5次吧。'然后我对自己说：'一共25 000辆汽车，只有5次出事，你知道这意味着什么？出车祸的概率是五千分之一。换句话说，根据平均概率来看，以你过去的经验为基础，你的汽车出事的概率是1∶5000，那么，你还有什么好担心的呢？'

"然后我对自己说：'嗯，说不定桥会塌下来呢！'然后我问自己：'在过去，你究竟有多少次是因为桥塌下来而损失什么了呢？'答案是：'一次也没有。'然后我对自己说：'那你为了一座根本从来也没有塌过的桥，为了五千分之一的汽车失事的概率居然愁得患上胃溃疡，不是太傻了吗？'"

"当我这样来看这件事的时候，"吉姆·格兰特告诉我，"我觉得以前的自己实在太傻了。于是我就在那一刹那决定，以后让发生概率来替我担忧——从那以后，我就没有再为我的'胃溃疡'烦恼过。"

当艾尔·史密斯在纽约当州长的时候，我常听到他对攻击他的政敌一遍又一遍地说："让我们看看纪录……让我们看看纪录。"接着，他就会把很多事实讲出来。下一次你和我要是再为可能会发生什么事情而忧虑，让我们学一学这位聪明的老艾尔·史密斯，让我们查一查以前的纪录，看看我们这样忧虑到底有没有什么道理。这也正是当年弗雷德里克·马尔施泰特害怕他自己躺在坟里的时候所做的事情。下面就是他在纽约成人教育班上所讲的故事：

"1944年6月初，我躺在奥玛哈海滩附近的一个战壕里。当时我正在999信号服务公司服役，而我们刚刚抵达诺曼底。我看了一眼地上那个长方形的战壕，就对我自己说：'这看起来就像一座坟墓。'当我躺下来准备睡在里面的时候，觉得那更像是一座坟墓，便忍不住对自己说：'也许这是我的坟墓呢。'到了晚上11点钟的时候，德军的轰炸机飞了过来，炸弹纷纷往下落，我吓得人都僵住了。前三天，我简直没有办法睡得着，到了第四还是第五天夜里，我几乎精神崩溃。我知道如果我不赶紧想办法的话，我整个人就会发疯。所以我提醒自己说：已经过了五个夜晚了，而我还活得好好的，而且我们这一组的人也都活得很好，只有两个受了点轻伤。而他们之所以受伤，并不是因为被德军的炸弹炸到了，而是被我们自己的高射炮的碎片打中的。我决定做一些有意义的事情来停止我的忧虑，所以，我在战壕中造了一个厚厚的木头屋顶以保护我不至于被碎弹片击中。我算了一下炸弹扩展开来所能到达的最远地方，并告诉自己：'只有炸弹直接命中，我才可能被炸死在这个又深、又窄的战壕里。'

于是我算出直接命中的比率，恐怕还不到万分之一。这样子想了两三夜之后，我平静了下来，后来就连敌机袭击的时候，我也睡得非常安稳。"

美国海军也常用概率统计的数字来鼓舞士兵的士气。一个以前当海军的人告诉我，当他和他船上的伙伴被派到一艘油船上的时候，大家都吓坏了。这艘油轮运的都是高辛烷汽油，因此他们都相信，要是这条油轮被鱼雷击中，就会爆炸，并把每个人送上西天。

可是，美国海军有他们另一套办法。海军总部发布了一些十分精确的统计数字，指出被鱼雷击中的 100 艘油轮里，有 60 艘并没有沉到海里去，而真正沉下去的 40 艘里，只有 5 艘是在不到 5 分钟的时间沉下去的。那就是说，有足够的时间让你跳下船——也就是说，死在船上的概率非常之小。这样对士气有没有帮助呢？"知道了这些概率数字之后，我的忧虑一扫而光。"1969 年，住在明尼苏达州圣保罗市的克莱德·马斯——也就是讲这个故事的人说："船上的人都觉得好多了，我们知道我们有的是机会，根据概率数字来看，我们可能不会死在这里。"

要在忧虑摧毁你以前，先改掉忧虑的习惯，不妨试着这样来做："检查一下以前的记录，问问我们自己，我现在所担心发生的事情，发生的概率有多大？这种担忧是不是可以避免？"大卫斯商业学院创办人 C. I. 布莱克伍德向我们讲述了他怎样战胜烦恼。

那是在 1943 年的夏天，世界上近乎一半的烦恼仿佛全落在我的肩上。

40 多年以来，我一直过着无忧无虑的平静生活，日常生活中所遇到的不过是做丈夫、父亲、商人经常碰到的小问题。遇到这些问题通常可以轻而易举地加以解决，但是突然间，六种难题突然同时向我袭来。我整夜辗转反侧，心中充满了忧虑，甚至害怕白天的来临。我所担忧的六大难题是：

1. 我一手创办的商学院濒临破产边缘，因为所有的男孩子都从军去了，而未受商业训练的女孩子在军火工厂工作，比在商学院受训毕业就职于商业公司的女孩子赚的钱还要多。

2. 我的大儿子正在服役，和天下所有的父母一样，我十分担心他的安危。

3. 俄克拉荷马市政府已开始计划征收一大片土地来建造机场，而我父亲留给我的房子就坐落在这片土地的中央。我了解到可能只能获得其总价十分之一的补偿金，而且更糟的是，当地房屋缺乏，在失去了自己的房屋之后，不知道是否能找到另一栋房子来供一家六口安身立命。我害怕住帐篷，甚至担心自

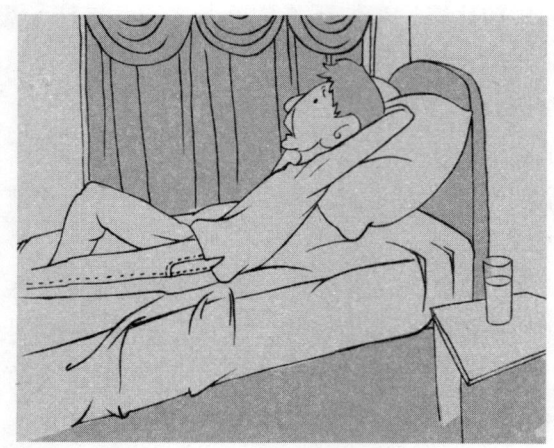

已是否有能力购买一顶帐篷。

4. 因为附近刚刚挖了一条大排水沟，我的土地上的水井变得干涸了。再挖个新井需要耗费 600 美元，而这块土地已被征收，这样做已毫无价值。连续两个月，我必须每天一大早就到很远的地方去提水喂牲口，我担心战争结束以前，我会天天如此。

5. 我的住处离学校有 10 里远，而我领取的是"乙级汽油卡"，这表示我不能购买任何新轮胎，为此，我很担心。万一我那辆老爷福特车的轮胎爆了，我可能就无法上班了。

6. 大女儿提前一年高中毕业，一心一意想上大学，可是我没有足够的经济能力供她上大学，我知道她一定十分伤心。

有一天下午，我呆坐在办公室里为这些难题发愁。我决定将它们全部写下来，我想没有人比我拥有的烦恼更多了。以前，只要有机会，我都会毫不在乎地花费时间精力来解决它们。但现在所有这些困难，在我看来似乎已完全失控了，已到了自己根本无法解决的地步。无可奈何之下，我只能用打字机把这些难题全部记录下来。几个月后，我已将这件事忘在脑后了。18 个月后的一天，我在整理文件时，碰巧又看到了这张单子，上面详列了一度几乎令我崩溃的六大难题。

我以极大的兴趣看了一遍，发现所有的困难都已经过去了。

1. 我发现，担心商学院破产关门简直是瞎操心。不仅男孩子、女孩子照样报名入学接受教育，而且政府开始拨款补助商业学院，要求代为训练退伍军人。我的学院很快又恢复了往日的热闹气氛。

2. 我发现，过分担心儿子在部队中的处境也是没有必要的。他历经枪林弹雨，身上却连一点擦伤也没有。

3. 我发现，关于土地被征收一事的忧虑也是多余的，因为在我农场附近一里远的地方找到了石油，建机场的计划遂告作罢。

4. 我发现，担心没有水井打水喂牲口也是不必要的，当我知道土地不再被征收之后，我就立刻花钱挖了一个新井，挖得更深，水流源源不断。

5. 我发现，担心轮胎破裂也是愚蠢的。我将旧轮胎翻新之后，小心驾驶，结果轮胎一直没坏。

6. 我发现，担心女儿的教育问题也是不必要的。在开学前 6 天，我得到了一个查账的工作机会——简直是一个奇迹——赚的钱使我能够及时送她上大学。

常常听人说，我们所担心的事情99% 不会发生，对这种说法我一直不以为然。一直到了 18 个月之后，当我找出那张单子时，才真正明白。99% 的事不会发生，那么也就只有 1% 的可能行了。何必为这 1% 的概率而不快乐呢？

对于以前自己种种无谓的烦恼，我心存感激，因为它给了我一个永难磨灭的教训，使我明白对于那些永远不会发生的事情而心生无谓的烦恼是悲哀的，也是愚蠢的。

第七十六章　　让你的忧虑 "到此为止"

成功的人不可能全靠机遇和运气，他们会遇到很多难以预料的困境。怎样战胜困难呢？成功人士的忠言是："在任何一件令人忧虑的事情上加一个'到此为止'的限制，结果好得出人意料。"

——卡耐基《人性的优点》

你是否想知道如何在华尔街上赚钱？恐怕至少有 100 万以上的人这么想过——如果我知道这个问题的答案，这本书恐怕就要卖 1 万美元一本了。不过，这里却有一个很好的想法，而且很多成功的人都应用过。讲这个故事的人叫查尔斯·罗伯茨，一位投资顾问。他告诉我说：

"我刚从得克萨斯州来到纽约的时候，身上只有两万美元，是我朋友托付我到股票市场投资用的。我原以为我对股票市场懂得很多，可是后来我亏损得一分钱不剩。不错！在某些生意上我赚了几笔，可结果我失去了一切。"

"要是我自己的钱都赔光了，我倒不会那么在乎！"查尔斯·罗伯茨解释道，"可是，我觉得把我朋友们的钱赔光了，是一件很糟糕的事情，虽然他们都很有钱。在我们的投资得到这样一种不幸的结果之后，我实在很怕再见到他们，可是没想到的是，他们不仅对这件事情看得很开，而且还乐观到毫不在乎的地步。"

"我开始仔细研究自己犯过的错误，并下定决心在我再进股票市场以前，一定要先了解整个股票市场到底是怎么一回事。于是，我找到一位最成功的预测专家波顿·卡瑟斯，他住在伯顿 S. 城堡，我跟他交上了朋友。我相信我能从他那里学到很多东西，因为他多年来一直是个非常成功的人，而我知道能有这样一番事业的人，不可能全靠机遇和运气。

"他先问了我几个问题，问我以前是怎么做的。然后，他告诉我一个股票交易中最重要的原则。他说：'我在市场上所买的每一只股票，都有一个到此

为止、不能再赔的最低标准。比方说，我买的是每股 50 美元的股票，我马上规定不能再赔的最低标准是 45 美元。这也就是说，万一股票跌价，跌到比买进价低 5 美元的时候，就立刻卖出去，这样就可以把损失只限定在 5 美元之内。'

"'如果你当初买得很聪明的话，'这位大师继续说道，'你的赚头可能平均在 10 美元、25 美元，甚至于 50 美元。因此，在把你的损失限定在 5 美元以后，即使你半数以上的判断错误，也能让你赚很多的钱。'

"我立刻实践这个法则，很快就能熟练运用，它给我的顾客挽回了几千几万美元。后来，我还发现，这个'到此为止'的限定原则也同样适用于任何其他方面，在任何一件令人忧虑的事情上加一个'到此为止'的限制，结果好得几乎出人意料。

"举个例子说，我有一个朋友，他很不守时，曾经有一段时间，每次我们相约共进午餐，他总要迟到很久。最后，我告诉他，以后等他的时间一定要有个限制。我说：'比尔，我等你的时间限制在 10 分钟内，如果你超过 10 分钟还不出现，那么到此为止，我们的午餐约会就算告吹，即使你来了，我也已经走了。'"

天哪！听了查尔斯·罗勃兹的话，我真希望自己在多年前就学会这个方法，并用它来限制自己的脾气、耐心、欲望、悔恨，以及所有精神、情感上的压力，为什么我没有估计到我所处的每一处境，而是用那些庸俗的想法毁灭我平静的思想呢？我应该常常告诫自己："瞧！戴尔·卡耐基，这件事只值这么多担心，不能再增加了。"我为什么做不到呢？

我在 30 多岁的时候，决定用我的生命从事写小说的事业。我一门心思地想成为弗兰克·诺里斯，或者杰克·伦敦，或者托马斯·哈代，并以写小说作为终生职业。对此，我充满自信。我在欧洲待了两年，在那里，我住在最廉价的未开垦的地区，打字机也是第一次世界大战时期的。我花了两年的时间写出一部杰作，我给她起名《大风雪》，这个名字取得妙极了，因为所有出版社对它的态度都像大风雪，冷飕飕的，如同刚刚刮过德克萨斯州大平原。当我的经纪人告诉我，这部作品一钱不值，我并不具备写小说的天赋和才能时，我的心跳仿佛停止了。要不是在俱乐部里他给我重重的一击，我几乎晕倒过去了。我彻底晕了。我意识到，自己正站在生命的一个十字路口，我必须做出重要的选择。我该做什么？我该转向何方？

　　过了几个星期，我才突然从茫然中惊醒，虽然我当时还没听说过那句"为忧虑订下一个到此为止的期限"的话，但现在回顾起来，我当时做的正是这件事。我把我自己两年来费尽心血写成的小说当成一个宝贵经验，然后到此为止。我重新回到教授成人教育班的老本行，如果有时间，偶尔写一些非小说类的书或传记，比如你现在正在读的这本书。

　　我做出那样的决定是不是很高兴哪？高兴！现在，每当我想起这件事，我都会感觉自己就像在跳舞一样兴高采烈。我可以坦诚地说，从那时起，我从来没有花过一天或一小时的时间去想象自己会成为什么"哈代第二"。在100多年前的夜晚，沿着沃尔登塘池塘的海岸森林里发出一阵刺耳的声音，亨利·梭罗拿着鹅毛笔，蘸着自己做的墨水，在他的日记中写道："一件事情的代价——就是我称之为生活的总值，它需要马上交换或最后付出。"

　　换一种说法就是，如果我们将生活作为代价，为某一件事付出太多，那我们就是个傻瓜。这也正是吉尔伯和苏里文在他们自己的生活中的悲哀：他们知道如何创作出快乐的歌词和曲子，但他们完全不知道如何寻找哪怕是微小的快乐。他们创作出许多世人非常喜欢的轻歌剧，可是他们却没有办法控制他们的脾气。他们有一次竟然为了一块地毯的价钱而争吵了好多年：苏里文受命为他们剧院买了一块新地毯，可是当吉尔伯看到账单时，竟然非常恼火。这件事后来甚至闹上了公堂，从此两个人到死都没有再说过话。

　　苏里文为新歌剧写完曲子之后，就把它寄给吉尔伯；而吉尔伯填上歌词之后，再把它寄回给苏里文。有一次，他们不得不同时上台谢幕，但是他们却站在舞台的两边，分别面朝着不同的方向鞠躬，这样才不至于看见对方。他们就不懂得在出现矛盾和不快的时候，划一个"到此为止"的最低限度，而林肯却做到了这一点。

在美国南北战争期间，有一次，林肯的几位朋友攻击他的一些敌人，林肯说："你们对私人恩怨的感受比我更多，也许我这种感觉太少吧。可是我向来以为这样很不值得。一个人实在没有必要把时间花在争吵上，要是那个人不再攻击我，我也永远不会再记他的仇。"

我真希望我的伊迪丝老姑妈也能有林肯这样宽以待人的胸襟。她和姑父法兰克住在一栋被抵押出去的农庄上，那里的土质很恶劣，灌溉条件也差，收成自然不好。他们的日子很艰难，每一个小钱都得省着用。可是伊迪丝姑妈却喜欢买一些窗帘和其他的小饰物来装饰家里，她曾向密苏里州马利维里的一家小杂货店赊购这些东西。姑父法兰克很担心他们的债务无法还清，而且他是个很注重个人信誉的人，不愿意欠债，因此他私下里告诉杂货店老板，不让他太太再赊账买他的东西。当她听说这件事之后，大发脾气——那时离现在差不多有50年了，可是她还在发脾气。我曾经不止一次地听她说起这件事情。我最后一次见到她的时候，她已经快80岁了。我对她说："伊迪丝姑妈，法兰克姑父这种做法的确不对，可是你没有觉得，自从那件事发生之后，你差不多埋怨了姑父半个世纪，这难道比他所做的任何事情都坏吗？"

伊迪丝姑妈对她这些不愉快的记忆所付出的代价，实在是太大了——她付出的是她自己内心的平静。

在本杰明·富兰克林7岁的时候，曾犯了一次70年来一直让他难以释怀的错误。当他还是一个7岁的孩子的时候，他喜欢上了一个哨子，于是他兴奋地跑进玩具店，把他所有的零钱放在柜台上，也不问问价钱就把那个哨子买了下来。"然后，我回到家里，"70年后他写信告诉他的朋友说，"吹着哨子在整个屋子里转着，对我买的这个哨子非常得意。"可是，等到他的哥哥、姐姐发现他买哨子多付了钱之后，大家都来取笑他。而他正像他后来所说的："我懊恼地痛哭了一场。"

很多年之后，富兰克林成了一位世界知名的人物，做了美国驻法国的大使。他还记得那件事，因为他买哨子多付了钱，使他得到的痛苦多过了哨子所带给他的快乐。

最终，富兰克林在这个教训里学到了一个非常简单的道理。"当我长大以后，"他说，"我走进世界，观察许多人类的行为，我认为我碰到很多人，非

常多的人，他们买哨子都付了太多的钱。简而言之，我认为，人类的苦难部分地产生于他们对事物的价值作了错误的估计，也就是他们认为买哨子多付了钱。"

吉尔伯特和苏里文为他们的"哨子"多付了钱，我的姑妈伊迪丝也一样，我自己在很多情况下同样如此。

是的，我真诚地相信，树立正确的价值观是获得内心平静的最大秘诀之一，而且，我相信，50%的忧虑都是可以消除的，如果我们一次将发展一种私人黄金标准——如果这种黄金标准的东西对我们生活是有价值的。

无论何时，当我们想拿钱买东西，或以生活作为代价时，应该先停下来问自己三个问题：

1. 我现在忧虑的问题和自己有什么关联？

2. 面对这件令人忧虑的事情，应该在哪里设置"到此为止"的限度，然后全部忘掉它？

3. 我应该用多少钱买这个"哨子"？它的价值是否没有我所付出的那么高？

第七十七章 对失眠的恐惧造成的伤害，远远超过失眠本身

从来没有人因为缺乏睡眠而死，为失眠而忧虑对你的损害，会比失眠本身更厉害。而解决失眠忧虑的有效办法是，不要强迫自己入睡，一只只地数着小绵羊，只会使你更加疲惫且难以入睡。

——卡耐基《人性的优点》

要是你经常睡不好觉的话，你会不会忧虑呢？那么你也许愿意知道塞缪尔·昂特迈耶——国际知名的大律师——这一辈子从来没好好睡过一天。

塞缪尔·昂特迈耶上大学的时候，很担心两件事情——气喘病和失眠症，这两种病似乎都没有办法治好。于是他决定退一步去想，他要充分利用清醒的时间。他不在床上翻来覆去，不让自己忧虑到精神崩溃的程度，他下床来读书。结果呢？他在班上每一门功课都名列前茅，成为纽约州立大学的奇才。

甚至在他开始进行律师业务以后，他的失眠症还是没有治好。可是昂特迈耶一点也不忧虑，他说："大自然会照顾我的。"事实果然如此。他虽然每天睡得很少，健康情形却一直很好，而且也能像纽约法律界所有的年轻律师一样努力工作，甚至超过其他人，因为别人睡觉的时候，他还是清醒的。昂特迈耶大律师 21 岁的时候，每年的收入已经高达 75000 美元，因此很多其他年轻的律师都到法庭去研究他的方法。1931 年，他在一个诉讼案子上所得到的酬劳，可能是有史以来律师界所得酬劳最高的一次——整整 100 万美元，而且都是现金。

实际上他还是有失眠症。晚上他有一半的时间都在看书，清早 5 点钟就起床，开始口述信件。当大多数人刚刚开始工作的时候，他一天的工作差不多就已经做完一半了。他一直活到 81 岁，一辈子里却难得有一天晚上睡得很熟。想想看，如果他一直为失眠症担心忧虑的话，恐怕他这一辈子早就毁了。

我们的生活中，有 1/3 的时间都花在了睡眠上，可是没有一个人知道睡眠究竟是怎么一回事。我们知道这是一种习惯，也是一种休息状态。可是我们不

知道每一个人需要几个小时的睡眠，我们甚至不知道我们是否非睡觉不可。

很难想象吗？好了，在第一次世界大战期间，一个名叫保罗·科恩的匈牙

利士兵，脑前叶被枪弹打穿。他的伤养好了，可奇怪的是，他从此没有办法再睡着。不管医生用什么样的办法——他们使用过各种镇静剂和麻醉药，甚至使用了催眠术，保罗·科恩就是没有办法睡着，甚至不觉得困倦。

所有的医生都说他活不久了，可是他却令所有人吃惊。他找到一份工作，非常健康地活了好多年。他有时候会躺下来闭上眼睛休息，可是怎么也没有办法睡着。他的病例成为医学史上一个未解之谜，推翻了我们对睡眠的很多想法。

有些人确实需要比其他人长的睡眠时间。著名指挥家托斯卡尼尼每晚只需要睡 5 个小时，而柯立芝总统却需要两倍的时间。24 个小时，柯立芝要睡 11 个小时。换句话说，托斯卡尼尼一生大概只花了 1/5 的时间在睡眠上，而柯立芝却几乎睡掉了他生命的一半时间。为失眠症而忧虑，对你的伤害程度，远超过失眠症本身。

举个例子来说，我的一个学生伊拉·桑德勒，就几乎因为严重的失眠症而自杀。下面是他所讲述的故事：

"我真的以为我会精神失常，"伊拉·桑德勒告诉我，"问题是，最初我是个睡得很熟的人，就连闹钟响了也不会醒来，以至于每天早晨上班都迟到。我因为这件事情而非常忧虑——事实上，我的老板也警告我说，我一定得准时上班。我知道如果再这样睡过头的话，我就会丢了工作。

"我把这件事情告诉我的朋友。有个朋友帮我分析原因，就因为在睡觉以

前要集中精神去注意闹钟，结果造成了我的失眠症。那个该死的闹钟的滴答滴答声缠着我不放，让我睡不着，整夜翻来覆去。到了早晨，我几乎困得不能动，又疲劳又忧虑。这样持续了有 8 个礼拜之久，我所受到的折磨简直无法用语言来形容。我深信自己一定会精神失常的。有时候我会走来走去转上好几个钟点，甚至想从窗口跳出去一了百了。

"最后，我去见一个我认识的医生。他说：'伊拉，我没有办法帮你的忙，没有一个人能够帮你，因为这种事情是你自己找的。每天晚上上床后，要是你睡不着的话，就不要去理它，对你自己说：我才不在乎我睡得着睡不着，就算醒着躺在那里一直到天亮，也没有关系。闭上你的眼睛说：反正我只要躺在这里不动，不去为这件事担忧，就能得到休息。'"

"我照他的话去做，"桑德勒说，"不到两个礼拜，我就能安稳地睡着了。不到一个月，我就能每天睡 8 个小时，而我的精神也恢复了正常。"

使伊拉·桑德勒受到折磨的不是失眠症，而是失眠症引起的忧虑。

在芝加哥大学担任教授的纳撒尼尔·克莱特曼博士，曾对睡眠问题做过很多研究，他是全世界有关睡眠问题的专家。他说过，从来没有听说哪一个人是因失眠症而死的。实际上，可能有人为失眠而忧虑以致体力减低受到细菌的侵袭，可是这种损害是由忧虑所造成，而不是由于失眠症本身。

克莱特曼博士也曾说过，那些为失眠症担忧的人，通常所得到的睡眠比他们所想象的要多很多。那些指天誓日地说"我昨天晚上连眼睛都没有闭一下"的人，实际上可能睡了好几个钟点，只是自己不知道而已。举个例子来说，19 世纪最有名的思想家赫伯特·斯宾塞，老的时候还是独身，寄住在一间宿舍里，整天都在谈他的失眠问题，弄得每个人都烦得要命。他甚至在耳朵里带上"耳塞"来避免外面的吵闹声，镇定他的神经，有时候还吃鸦片来催眠。有一天晚上，他和牛津大学的塞斯教授同住在一个旅馆房间里，第二天早上斯宾塞说他昨天晚上整夜没有睡着，实际上却是塞斯教授根本没有睡着，因为斯宾塞的鼾声吵了他一夜。

要想安稳地睡一夜的第一个必要条件，就是要有安全感。我们必须感觉到有一种比我们大得多的力量，一直照顾我们到天明。托马斯·希斯洛普博士在英国医药协会的一次演讲中就特别强调这一点。他说："根据我多年行医的经验发现，使你入睡的最好办法之一就是祈祷。我这样说纯粹是以一个医生的身份来说的。对有祈祷习惯的人来说，祈祷一定是镇定思想和神经的最适当也最常用的方法。把自己托付给上帝，然后放松你自己。"

著名歌唱家兼电影明星珍妮·麦当娜告诉我，每当她感觉精神颓丧而忧虑到难以入睡的时候，她就重复读诗篇第二十三章来让自己得到一种安全感——"耶和华是我的牧师，我将无所需求，他使我躺卧在青草地上，引我在可安憩的水边……"

可是，如果你没有宗教信仰，不能这样轻松地解决你的问题的话，你可以采用另一种方法来努力放松自己。大卫·哈罗·芬克博士写过一本名叫《消除神经紧张》的书，其中提出了一种最好的方法，那就是和你自己的身体交谈。芬克博士认为，语言是所有催眠法的关键，如果你一直没有办法入睡，那是因为你自己"说"得太多以至于使自己得了失眠症。唯一的解决方法使你从这种失眠状态中解脱出来。具体方法是对你自己身上的肌肉说："放松！放松！放松所有的紧张情绪！"

现在我们已经知道，当人的肌肉处在紧张状态的时候，思想和神经就无法得到放松。因此，如果我们想要安然地入睡，必须先放松自己的肌肉。芬克博士所推荐的方法，就是把枕头放在膝盖下，使双脚的紧张减轻。然后，把几个小枕头垫在手臂底下，放松下颌、眼睛、两个手臂和两腿，这样我们就会在不知不觉中入睡了。我自己曾经试过这个方法，我知道很有效。

如果你有失眠症，不妨买一本芬克博士的《消除神经紧张》，这本书我在前面也提到过，这是我所知道的唯一具有可读性、又可以治好失眠症的一本很实用的好书。

另一种治疗失眠症的最好办法，就是让自己去参加体力劳动，直到疲倦为止。你可以去种花、游泳、打网球、打高尔夫球、滑雪，或者做需要耗费很多体力的工作。这是著名作家托德·德莱塞的做法。当他还是一个为生活而挣扎的年轻作家时，也曾经为失眠症而忧虑过。于是他到纽约中央铁路公司找了一份铁路工人的工作，在做了一天打钉子和铲石子的工作之后，就会累得甚至没有办法坐在那里吃完晚饭。

如果我们感到疲倦至极的话，哪怕我们是在走路，我们也会被逼迫入睡的。我可以用一件事情来说明。13岁那年，我的父亲要运一车猪去密苏里州的圣乔城，因为他当时有两张免费的火车票，所以他带着我一起去。我在那之前从来没有去过任何超过4000人以上的小城。当我到了有6万人的圣乔城时，兴奋得难以言表。我看到了6层高的大楼，还看到了一辆电车。我现在闭上眼睛，好像还能看到那辆电车。在经历了我一生当中最兴奋的一天之后，父亲带我坐火车回家。下火车的时候，已经是半夜两点钟了，我们还要走 4 里远的路回到农庄。当时我已经疲倦到了一边走一边睡的程度，甚至还做着梦。

当一个人完全筋疲力尽的时候，即使是打雷或面临战争的恐怖与危险，他也能够安然入睡。神经科医生佛斯特·肯尼迪博士告诉我说，在 1918 年，英国第五军撤退的时候，他就看过筋疲力尽的士兵随地倒下，睡得就像昏过去了一样。虽然他用手撑开他们的眼皮，他们仍不会醒过来。他说他注意到，所有人的眼球都在眼眶里向上翻起。"在那以后，"肯尼迪医生说，"每次睡不着的时候，我就把我的眼珠翻到那个位置。我发现，不到几秒钟，我就会开始打哈欠，感到困倦，这是一种我无法控制的自动反应。"

从来没有一个人会用不睡觉的方式自杀。不论他有多强的意志力，大自然都会强迫他入睡。大自然可以让我们长久地不吃东西、不喝水，却不会让我们长久地不睡觉。

一谈到自杀，就使我想起亨利·林克博士在他那本《人的再发现》一书里所谈到的一个例子。林克博士是心理问题公司的副总裁，他曾经和很多因为忧虑而颓丧的人交谈过。在《消除恐惧与忧虑》那一章里，他谈到了一个想要自杀的病人。林克博士知道，跟这个人争论，只会使情况变得更为糟糕，所以他对这个人说："如果你反正都要自杀的话，至少应该做得英雄一点儿，你可以绕着这条街跑到累死为止吧。"

他果然去试了，不止一次，而是试了好几次。结果怎样呢？结果是每一次他都会觉得好过一点，不过这种感觉是在心理上，而不是在生理上。到了第三天晚上，林克博士终于实现了他最初想要达到的目的——这个病人由于身体疲劳，睡得很沉。后来他参加了某个体育俱乐部，参加各种运动项目，没过多久就开心得想要永远活下去。

所以，你若想不为失眠症而忧虑，请记住以下规则：

1. 如果你睡不着，就起来工作或看书，直到你想睡为止。

2. 记住，从来没有人因为缺乏睡眠而死，为失眠而忧虑对你的损害，会比失眠本身更厉害。

3. 保持全身放松，看看《消除神经紧张》那本书。

4. 加强运动，让你因身体疲惫而无法保持清醒。

第七十八章　不要为打翻的牛奶而哭泣

成功者与失败者并没有多大的区别，不过是失败者走了九十九步，成功者走了一百步。成功者跌下去的次数比失败者少一次，成功者站起来的次数比失败者多一次。当你走了一千步时，也有可能遭到失败，但成功往往就在不远处。试想一想，你会为了刚刚遭遇的失败而哭泣，而裹足不前吗？

——卡耐基《人性的优点》

当我在写这些句子时，我可以透过窗子看见在我的院子里，有一些恐龙的足迹——它留在大石板和木头上。这是我从耶鲁大学皮氏博物馆里买到的，那儿的管理员来信告诉我："这些足迹是恐龙在一亿八千万年前留下的。"就算是白痴，也从来不想去改变如此久远的足迹，但忧虑却能令人产生如此愚蠢的想法。事实上，就算是发生在180秒钟之前的事，我们也不可能回头改变它。事实是，我们唯一能做的，就是想办法改变它所造成的影响，我们不可能改变已经发生过的事实。

如果希望这个错误具有价值，最好的方法就是，冷静分析错误，从中汲取教训——然后忘掉这个错误。

我知道这样做是对的，但是我从中获得勇气和感觉了吗？要回答这个问题，让我给你讲一件多年前我所经历的一件不寻常的事。几年前，我投资了30 多万美元，却没有获得一个便士的利润。事情是这样的：我举办了一个大型成人教育补习班，在很多城市设立了分部，因此在维持费和广告费上投入了不少钱。当时我的课程很紧，没有时间和心情管理财务。另外，当时我很幼稚，不懂得寻找一个优秀的业务经理，来帮我安排各项支出。

这样过了快一年，我突然发现，虽然我的收入增加了不少，却没有看见利润。发现这个问题之后，本来我应该马上做两件事：首先，学习黑人科学家乔治·华盛顿·卡佛尔的做法，因为银行倒闭，他的 4 万美元有去无回。那是他的毕生积蓄，当有人问他是否知道银行倒闭的消息后，他回答：'是的，我听说了。'然后，他继续他的教学。他将这笔损失完全从脑子里抹去，永远不再提起。我应该采取的第二个做法是：仔细分析错误，从中吸取教训。

但最后，我一样也没有做，相反，我却开始忧虑起来。连续好几个月，我都恍恍惚惚的，吃不下睡不着，体重下降。我不仅没有从中学到东西，还犯下一个类似的小错误。

这件令人尴尬的错误说明我是多么愚蠢，真是应验了那句话——教 20 个人如何做，比自己去做要容易得多。

亚伦·山德士先生告诉我，他永远记得他的老师——布兰德温博士给他上过的一堂最有价值的课。"当时，我只有 10 多岁，"亚伦·山德士先生说，"却经常担心很多事，对自己犯下的错误总是耿耿于怀。如果我交上一张考卷，我就总是处于清醒状态，并且咀嚼手指，因为担心考试会不及格。我总不停地回味我做过的事，总是在想要是当初我没有做这件事该有多好，我总是在想我说过的话，希望当初我不说那句话该多好。

"后来，一天早上，我们和平常一样走进科学实验室，我们的老师——保罗·布兰德温博士在那里。我们发现，保罗·布兰德温教授的桌上放着一瓶牛奶。我们都坐下了，开始看着那杯牛奶。我们都想不通，这和科学实验课有什么关系。忽然，保罗·布兰德温教授一把将瓶子掀翻，牛奶洒落在水槽中，只听见他大声喊道：'不要为打翻牛奶而哭泣。'

"接着，他让我们站在水槽边，说，'你们好好看看，因为我想让你们记住这人生的一堂课。牛奶已经漏光了，你们可以看到，牛奶已经进了排水道。要永远记住：不管你如何担心、如何抱怨，也不可能将它捞回来。如果你们能预先动点脑筋，加以防范，那么牛奶就不会被打翻，但现在已经太迟了。我们唯一能做的，只是忘掉它，然后考虑下一件事。'"

"这次小小的表演，"亚伦·山德士先生告诉我，"在我忘了我所学到的几何和拉丁文以后很久还让我记得。事实上，这件事在实际生活中所教给我的，比我在高中读了那么多年所学到的任何东西都好。它教我只要可能的话，就不要打翻牛奶，万一牛奶打翻、全部漏光的时候，就要彻底把这件事情给忘掉。"

有些读者也许会想，花这么大力气来讲那么一句老话——不要为打翻了牛奶而哭泣，未免有点无聊。我知道这句话很普通，也可以算是很陈旧的老生常谈。我知道你已经听过上千遍了。可是，我也知道像这样的老生常谈，却包含了多少年来所积聚的智慧，这是人类经验的结晶，是世世代代传下来的。如果你能读遍各个时代很多伟大学者所写的有关忧虑的书，你也不会看到比"船到桥头自然直"和"不要为打翻了牛奶而哭泣"更基本、更有用的老生常谈了。只要我们能应用这两句老话，不轻视它们，我们就根本用不到这本书了。事实上，我们应用这些老谚语已经到了尽善尽美的地步。然而，如果不加以应用，知识就不是力量。

本书的目的并不在于告诉你什么新的东西，而是要提醒你那些你已经知道的事，鼓励你把已经学到的东西加以应用。我一直很佩服已故的佛雷德·福勒·夏德，他有一种能把老的真理用又新又吸引人的方法说出来的天分。他是一家《费城公告》报社的编辑。有一次在大学毕业班讲演的时候，他问道："有多少人曾经锯过木头？请举手。"大部分的学生都曾经锯过。然后，他又问道："有多少人曾经锯过木屑？"没有一个人举手。

"当然，你们不可能锯木屑，"夏德先生说道，"因为那些都是已经锯下来的。过去的事也是一样，当你开始为那些已经做完的和过去的事忧虑的时候，你不过是在锯一些木屑。"

棒球老将康尼·麦克81岁的时候，我问他有没有为输了的比赛忧虑过。

"噢，有的。我以前常这样，"康尼·麦克告诉我说，"可是多年以前我就不干这种傻事了。我发现这样做对我完全没有好处，磨完的麦子不能再磨，"他说，"水已经把它们冲到底下去了。"

不错，磨完的麦子不能再磨；锯木头剩下来的木屑，也不能再锯。可是，你还能消除你脸上的皱纹和胃里的溃疡。

在去年感恩节的时候，我和杰克·登普西一起吃晚饭。当我们吃火鸡和橘子酱的时候，他告诉我他把重量级拳王的头衔输给滕尼的那一仗。当然，这对他的拳击生涯是一个很大的打击。"在拳赛当中，我突然发现我变成了一个老人……到第十回合终了，我还没有倒下去，可是也只是没有倒下去而已。我的脸肿了起来，而且有很多处伤痕，两只眼睛几乎无法睁开……我看见裁判员举起吉恩·滕尼的手，宣布他获胜……我不再是世界拳王，我在雨中往回走，穿过人群回到自己的房间。在我走过的时候，有些人想来抓我的手，另外一些人眼睛里含着泪水。

"一年之后，我再跟滕尼比赛了一场，可是一点用也没有，我就这样永远完了。要完全不去愁这件事情实在很困难，可是我对自己说：'我不打算生活在过去里，或是为打翻了的牛奶而哭泣，我要能承受这一次打击，不能让它把我打倒。

而这一点正是杰克·登普西所做到的事。怎么做的呢？他只是一再地对自己说"我不为过去而忧虑"吗？不是的！这样做只会再强迫他想到他过去的那些忧虑。他的做法是承受一切，忘掉他的失败，然后集中精力来为未来计划；他的做法是经营百老汇的登普西餐厅和大北方旅馆；他的做法是安排和宣传拳击赛，举行有关拳赛的各种展览会；他的做法是让自己忙着做一些富于建设性的事情，使他既没有时间也没有心思去为过去担忧。"在过去的一年里，我的生活，"杰克·登普西说，"比我在做世界拳王的时候要好得多了。"

辛辛监狱

登普西先生告诉我，他没有读过多少书，可是，他却是不自觉地照着莎士比亚的话在做："聪明的人永远不会坐在那里为他们的损失而悲伤，而是很高兴地想办法来弥补他们的创伤。"

当我读历史和传记并观察一般人如何度过艰苦的环境时，我一直既觉得吃惊，又羡慕那些有能力把他们的忧虑和不幸忘掉并继续过快乐生活的人。

一次，我到辛辛监狱去考察，那里最让我吃惊的是，囚犯们看起来和平常人一样都是快乐的。我当即把我的看法告诉了刘易士·路易斯——当时辛辛监狱的监狱长。他告诉我，这些囚犯刚到辛辛监狱的时候，都心怀怨恨而且脾气暴躁，可是经过几个月之后，他们当中比较聪明一点的人都能忘掉他们的不幸，安定下来承受他们的监狱生活，并尽量过好。刘易士·路易斯监狱长告诉我，有一个辛辛监狱的犯人——一个在园子里工作的人，在监狱围墙里种菜种花的时候，还能唱着歌。

所以，为什么要浪费眼泪呢？当然，犯了过错或疏忽大意都是我们的不对，可是这又怎么样呢？谁没有犯过错？就连闻名于世的拿破仑，在他所有重要的战役中也输过三分之一。也许我们的平均纪录并不会次于拿破仑，谁知道呢？

何况，任何一个人，即使调动所有国王的人马，也不能挽回过去的失误。所以，让我们记住：不要试着去锯碎木屑。

第七十九章 别忽视思想的巨大力量

如果你感到不快乐，那么唯一能发现快乐的方法就是振奋精神，使行动和言词好像已经感觉到快乐的样子。当你的行动显示出你快乐时，就不可能再忧虑和颓丧下去了。

——卡耐基《人性的优点》

几年前，一个无线电节目请求我回答一个问题："你所得到的最大的教训是什么？"

这很简单很显然，我所吸取的最大教训就是我明白了什么是最重要的。如果我知道我所认为的，我也会知道你的所想。我们的思想促使我们要思考这些，我们的精神态度是决定我们命运的最重要的要素。

爱默生说："一个人是什么取决于他整天思考什么。"……他怎么可能是别的什么呢？

我现在很确切地知道最大的问题是必须处理的。实际上，我们必须处理的唯一的问题就是选择正确的想法。如果我们可以做到这一点，我们就可以解决所有我们必须面对的问题。最伟大的哲学家、罗马帝国的统治者奥勒留，总结了八个字——这八个字可以决定你的命运——思想决定你的生活。

不错，如果我们想的都是快乐的事，我们就是快乐的。如果我们想的总是糟糕的事，我们就会很凄惨。如果我们总有畏惧的想法，我们将会恐惧。如果我们有病弱的想法，我们大概就会感觉不适。如果我们认为会失败，就会出故障。如果我们像农奴一样让人哀怜，大家就会避开我们。"你不是，"诺曼·文生·皮尔说，"你不是你想象的那样，但是你认为自己是什么，你就是什么。"

我这么说是不是暗示：对于所有的困难，人们都要盲目地乐观呢？不是的。不幸得很，生命不会这么简单。不过，我鼓励大家要用积极的心态去面对生活，也就是正视问题，但不过分忧虑。正视问题就要研究问题因何而来，再找出解决的办法，多余的忧虑和担心，对解决问题毫无帮助。

一个人可以在关心一些很严重的问题时，在衣领上插一朵鲜花悠然漫步。洛威尔·托马斯就是这样的一个人。我曾经协助洛威尔·托马斯拍摄一部电影，讲述艾伦贝和劳伦斯在第一次世界大战中的经历。他带着助手在前线拍摄了许多珍贵镜头，记录了劳伦斯和他手下那支骁勇善战的阿拉伯军队，也拍下了艾伦贝征服圣地的进程。最令世界为之轰动的是贯穿整部影片的旁白——巴勒斯坦的艾伦贝和阿拉伯的劳伦斯。在这部影片获得巨大成功后，他又用了两年时间准备拍摄一部印度和阿富汗的纪录片。在遭遇了一些出乎意料的事情之后，他突然发现自己陷入了糟糕的境地——他破产了。当时，我们经常在一起。我十分清楚地记得，我们不得不到街头的小饭店去吃廉价的食品。如果不是著名的苏格兰画家詹姆斯·麦克白接济的话，我们恐怕连那点儿微薄的食物也吃不到。但是，这些都不是问题的要点，问题的关键在于：当洛威尔·托马斯面临庞大的债务危机时，他对此予以重视，但并不因此而忧心忡忡。因为他深深懂得，如果自己因厄运而垂头丧气的话，他在别人眼里就会变得一文不值，尤其对那些债权人来说更是如此。所以，他每天早上出去办事前，总是买一朵花插在衣襟上，然后再昂首挺胸地走上牛津街。他的头脑中充满了积极和勇敢，绝不让挫折将自己击倒。对他而言，挫折不过是人生的一个组成部分，如果他想到达顶峰的话。这是必须经历的有益磨炼。我们的精神状况对我们自身的身体和力量也有令人难以置信的影响。英国著名心理学家 J. A. 哈德费尔德在那本虽然只有 54 页但内容非凡的小书《力的心理学》里，对这一点给出了惊人的论述。"我请来三个人，"他在书中写道，"来测试心理对生理的影响，以握力计来测量。"他要求那三个人在不同的情况下，用全力抓紧握力计。

在一般的清醒状态下，他们的平均握力是 101 磅。

他做的第二项实验则是对他们进行催眠，并给他们传达这样一个信息：他们非常虚弱。实验的结果是，他们的握力只有 29 磅——不到正常力量的三分之一。

当哈德费尔德让同样一批人作了第三项实验，即在催眠之后，告诉他们说他们十分强壮，结果他们的平均握力达到了 142 磅。也就是说，当人们在潜意识里肯定了自己的力量后，其力量几乎增加了 50%。

这就是我们难以置信的心理力量。

为了进一步证明思想的巨大魔力，我想再告诉大家一件发生在美国内战期间的最奇特的故事。这个故事完全可以写成一大本书，这里我们只长话短说。

很多人都知道基督教信仰疗法的创始人是玛丽·贝克·艾迪，但是在最初的时候，她却认为生命中只有疾病、痛苦和不幸。她的第一任丈夫在他们婚后不久就去世了，第二任丈夫和一名已婚女人私奔，也抛弃了她，最后流落在一个贫民收容所里并在那里死去。她生有一个男孩，但因为贫困和疾病，不得不在孩子四岁那年把他送给了别人，而且从此之后下落不明，在以后的长达 31 年里，她都没有再见到他。

因为自身的健康状况不好，她一开始就对"信心治疗法"表现出浓厚的兴趣。但是，她生命中具有戏剧色彩的重大转折却是发生在麻省的理安市。那是一个很冷的日子，那天，她走在结冰的街道上，路面太滑，她突然摔倒了并昏死过去。她的脊椎受到了严重的损伤，她不停地痉挛，甚至医生也认为她可能活不多久了。他们说："即使出现奇迹，她能留下一条命的话，也绝对无法走路了。"

躺在一张仿佛在等待死亡的病床上，玛丽·贝克·艾迪打开了《圣经》，读到了马太福音里的一句话："有人用担架抬着两个瘫子到耶稣面前，耶稣对瘫子说：放心吧，你的罪被赦免了……起来，拿着你的褥子回家去吧。那人就站起来，然后走回家去了。"

她后来回忆说，《圣经》中的这几句话使她产生了一种力量，一种信仰，一种能够医治她生理疾病的信仰的力量，使她立刻下了床，开始行走。

"这种经验，"艾迪太太说，"如同引发牛顿灵感的那只苹果一样，使我发现自己是如何好起来的，也意识到如何能使别人也做到这些……现在，我可以充满信心地对别人说：一切根源都在你的思想里，一切影响力都是一种心理现象。"

也许你会对自己这样说："这家伙是不是在替基督教信心治疗法做宣传？"不！你错了！我并不是这个教派的信徒，完全没有传教的意思。但是，我活得越久，就越相信思想的伟大力量。在从事成人教育事业 35 年以后，我懂得了男人和女人都能够消除忧虑、恐惧和种种疾病的方法：改变想法就能改变自己的生活。我亲眼见过几百次这种转变，因为看得太多了，已经见怪不怪了。

再举一个例子，它发生在我的一名学生身上，这种令人难以置信的转变，同样可以证明思想的力量。这名学生的精神曾经处于崩溃的边缘，原因是什么呢？就是忧虑。后来这名学生告诉我说："我对任何事情都充满忧虑。我担心自己太瘦了；担心自己不断地掉头发；担心自己可能永远无法赚到足够的钱娶老婆；担心自己永远无法做一名好父亲；担心自己无能而失去想要娶的那个女孩子；担心自己会给别人留下许多不好的印象；担心自己已经得了胃溃疡而无法再找到工作。我的内心充满了紧张感，就像一个没有安全阀的锅炉，压力终于到了无法承受的程度，突然有一天爆发了——我的精神彻底崩溃了。如果你没有经历过精神崩溃的话，祈祷上帝，永远不要让你有这种经历吧，因为没有任何一种肉体上的痛苦能够超过精神上的极度痛苦。我的精神崩溃甚至严重到无法和家人交谈的程度。我无法控制自己的思想，内心充满了恐惧感，一点声音都会吓得我跳起来。我逃避所有的人，常常无缘无故暗自哭泣。我终日痛苦不堪，觉得自己被所有的人抛弃了——甚至连仁慈的上帝也抛弃了我。有的时候，我真想跳到河里，一了百了。

"也许换个环境能对我有所帮助，于是我决定到佛罗里达州去旅行。上火车之前，父亲交给我一封信，并叮嘱我到了目的地以后再看。我到佛罗里达的时候正是当地的旅游旺季，因为旅馆订不到房间，我只好住在一间汽车旅馆里。当时我想在迈阿密一艘不定期航行的货船上找一份工作，但没有成功，因此我就把大部分时间都消磨在海滩上。

"在佛罗里达的日子比在家里更难过，于是我拆开了父亲的信。他在信中写道：'儿子，现在你在离家1500英里的地方，但你并没有觉得有什么改变，对不对？我也知道你不会觉得有什么两样，因为你依然带着所有烦恼的根源——你自己。事实上，无论是你的身体还是你的精神，都毫无毛病。并不是你所遭遇的环境使你受到挫折，而是由于你自己的想象。一个人心里所想的，就是他将要成为的。当你了解这一点后，儿子，回家来吧，因为你已经痊愈了。'

"父亲的信令我非常生气，我认为他应该同情我，而不是指责我。我再也不想回家了。就在那天晚上，我无意中路过一家教堂，因为没有别的地方可去，就决定进去看看。里面正在传道，讲的是'战胜精神，强过攻城'，我坐在神的殿堂里，竟然听到和我父亲相同的想法，我不禁沉思起来，我终于吃惊地明白自己有多么愚蠢，还曾想过改变世界和他人，原来我唯一需要改变的，正是我自己思想相机上的焦距。

"第二天一早我就收拾行李回家，一周后，我恢复了以前的工作。4个月后，我娶了我一直怕失去的姑娘。如今，我们有5个孩子，生活快乐幸福。上帝一直都很眷顾我，以前我只是一个小主管，现在我是拥有450名员工的工厂厂长。我理解了生命的真正含义，每当感到不安的时候，我就提醒自己，注意调整思想的焦距，一切都会变得更好。

"我要很诚实地说，我感激自己曾经的精神崩溃，有了那次经历，才会让我发现思想的强大能量，现在的我充分运用思想带来积极的影响，不再让身心疲惫焦虑伤害我，我现在才知道父亲是对的，使我痛苦的，确实不是外在的情况，而是我对各种情况的看法。当我明白了这一点，一切都好了，而且不会再生病。"这就是我那位学生的经验，他叫弗兰克·沃勒。

我深信我们的平静和快乐并不取决于外在的条件，诸如我们身在何处，我们拥有什么，或我们的身份，而取决于我们的心理状态。

让我们以老约翰·布朗为例。他曾强占过美国一家军工厂，并企图鼓动奴

隶叛乱，后被判处绞刑。他是坐在自己的棺木上被送往刑场的，当时在他旁边的警长都很紧张，而布朗却极为平静，欣赏着弗吉尼亚州蓝天下的崇山峻岭，他感叹道："多么壮丽的国家，我从来没有真正看清楚过。"

或者我们以罗伯特·斯科特为例。他是第一位抵达南极的英国人，在他们回程时几乎经历了人类最严酷的考验。他们在途中断了粮，燃料也用尽了。他们寸步难行，因为吹过极地的狂风已肆虐了11个昼夜——这风的威力强大到可以切断南极冰崖。斯科特一行知道自己活不下去了，便拿出原先准备的一些鸦片以应付这种情势。因为一剂鸦片可以叫大家躺下，进入梦乡，不再苏醒。但最终他们没有这么做，而是在欢唱中去世。我们对他们最后诀别的壮举是后来才发现的，就在8个月后，一个搜索队找到了他们，并从冰冻的遗体上发现了一封告别书，告别书上是这么写的："如果我们拥有勇气和平静的思想，我们就能坐在自己的棺木上欣赏风景，在饥寒交迫时歌唱。"

300年前，失明了的米尔顿也发现了同样的真理：

心灵，是它自己的殿堂，

它可成为地狱中的天堂，

也可成为天堂中的地狱。

拿破仑与海伦·凯勒可以说是米尔顿观点的最佳诠释者。拿破仑拥有一般人所追求的一切——荣耀、权力、富贵——可他却对圣·海莲娜说："在我的生命中，找不到六天快乐的日子。"而海伦·凯勒——既聋且哑又瞎，她却说："我发现生命是如此美妙！"

年过半百，如果我真的学到了什么，那就是："除了你自己，没有别人能带给你平静。"

让我重复爱默生的那篇短文《自我依赖》的精彩结尾："一次政治上的胜利，地产收益的提高，病体康复，久未晤面的朋友出现，或任何其他外来的事物，会使你士气高昂，你以为好日子就在前面。切勿轻信，事实并非如此，除了你自己，没有别人能带给你平安。"

斯多噶派哲学家爱庇克泰德曾经警告我们，从头脑中祛除不当的想法，比割除身体上的毒瘤更重要。

爱庇克泰德是在 19 世纪前说的这句话，现代医学也支持了他的说法。G. 坎贝·罗宾森医生宣称，5 位住进霍普金斯医院的病人中就有 4 位受到情绪及压力的困扰，器官失调之类的病更是正常。"归根究底，这些疾病其实都归咎于患者对生活的调适不当。"他说。

法国伟大的哲学家蒙田把下面这句话奉为一生的圭臬："伤害人的并非事件本身，而是他对事件的看法。"而对事件的看法完全取决于我们自己。

我的意思到底是什么？当你情绪被困扰、神经紧张不堪时，你可以改变你的心理态度吗？我还是应该大胆地告诉你，正是如此！不只如此，我还能告诉你怎么做，也许这要费一点事儿，可是秘诀却是非常的简单。

威廉·詹姆斯是实用心理学的权威，他曾经表达过这样一种观点："通常的看法认为，行动是随着感觉而来，可实际上，行动和感觉是同时发生的。如果我们能使自己意志力控制下的行动规律化，也就能间接地使不在意志力控制下的感觉规律化。"

换句话说，威廉·詹姆斯告诉我们，不可能只凭"下定决心"就改变"我们的情感"，可是却可以改变我们的行为，而一旦行为发生了变化，感觉也就自然而然地随之改变了。

"这样，"他继续解释说："如果你感到不快乐，那么唯一能发现快乐的方法就是振奋精神，使行动和言词好像已经感觉到快乐的样子。"

这种十分简单的办法是不是真的有效呢？你不妨试一试：脸上露出十分开心的笑容，挺起胸膛，深深地呼吸一大口新鲜空气，唱段小曲——如果你唱不

好，就吹吹口哨……这样一来，你很快就会领会威廉·詹姆斯所说的意思了
——当你的行动显示出你快乐时，就不可能再忧虑和颓丧下去了。

这是一个能造就生活奇迹的基本自然规则之一。我曾认识一个家住加利福尼亚州的女人——我不想提她的名字——如果她知道这个秘密的话，也许能在24小时之内，把所有的哀愁一扫而空。她是一个老寡妇，生活得十分悲惨，也从来没有试过让自己变得快乐起来。如果有人问她感觉如何，她总是说："啊，我还好。"但从她的表情和声音里，你能体味到她仿佛在说："唉，老天，如果你能碰到那些我所遭遇的烦恼就能明白了。"不知道世界上有多少女人的情况比她还糟。而事实上，她丈夫死后留给她的保险金足够她维持生存，

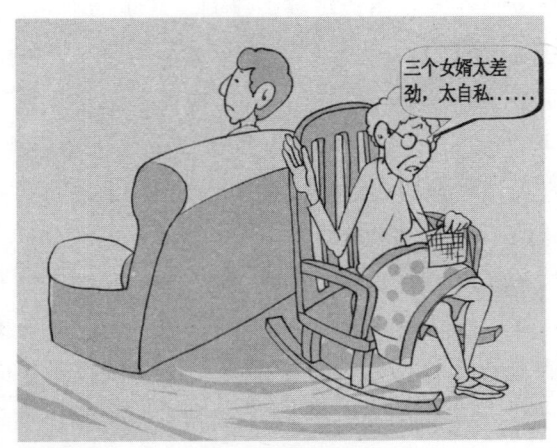

子女也都已成家，能够奉养她，可是我却很少看见她脸上有笑容。她整天抱怨三个女婿太差劲，太自私——虽然每次在他们家里一待就是好几个月。她还抱怨说，她的女儿从来不给她任何礼物——可是她自己却把钱看得死死的——所谓要"替未来打算"。对她自己和她那个不幸的一家人来说，她是多么令人生厌。事情一定就是如此吗？不！她完全可以使自己从一个满腹牢骚、挑剔吝啬、不快乐的老女人变成家中备受尊敬和喜爱的一分子——只要她愿意，完全可以做得到。完成这种转变，她只要高高兴兴地活着，只要她还有一点点爱给别人，而不是总抱怨自己的不快和不幸。

我认识一个名叫英格莱特的印第安纳州人，他发现了这个秘密，并且挽救了自己的生命。十年前，英格莱特先生得了猩红热，康复以后又发现自己得了肾病。他四处求医，找遍了偏方秘方，但谁也没办法治好他。

不久，他又得了另外一种并发症，血压升高。他去看医生，医生说他的血

压已经到了最高点，已经无可救药了，情况太严重，最好是马上料理后事。

"我回到家里，"他说，"在了解到我所有的保险金都已经付过了之后，我坐下来默默地沉思，向上帝忏悔自己以前的过失，心中充满了痛苦。我害得所有的人都很不快乐。我让自己的妻子和家人感到难过，自己更是深深地陷入颓丧的情绪之中。然而，在经过一个星期的自怨自艾之后，我对自己说：'你简直像个大傻瓜。在一年之内恐怕还不会死，那么趁你还活着的时候，何不快快乐乐？'

"于是，我挺起胸膛，露出笑脸，显得一切都很正常。我承认开始的时候十分费力，但我强迫自己变得开心，这不仅有助于我的家人，对我自己也大有帮助。

"后来我发现自己渐渐好起来——几乎与我装出来的一样好。这种改进持续不断地进行着。到了今天——原以为已经该躺在坟墓里几个月后的今天——我不仅很快乐，活得好好的，而且血压也降了下来。当然，有一件事情是可以肯定的，如果我一直想到会死、会垮掉的话，那位医生所预言的就会实现了。可我给了自己的身体一个自行恢复的机会，别的人或事都毫无用处，除了改变自己的心情。"

让我向你提一个问题：如果让自己觉得开心、充满勇气而且健康的思想能挽救一个人的生命，那么你我为什么还要为一些小小的不快和颓丧而沮丧呢？如果让自己开心就能够创造快乐，那么为什么要让自己和家人、朋友不高兴而是难过呢？许多年前，我曾经读过一本名为《人的思想》的书籍，作者是詹姆斯·艾伦。这本书对我的人生产生了积极而深远的影响。下面摘取书里的一段：

"一个人会发现，当自己改变对事物和他人的看法时，这些事物和人对他而言也就发生了改变……如果一个人将自己的思想指向光明，他就会惊奇地发现，自己的人生有了巨大的改变。人无法吸引自己所要的，却可能吸引自己所有的……能改变气质的神性就存在于我们自己的心中……一个人所能得到的往往是自己思想的直接结果……有了奋发向上的思想之后，他才能奋起、征服，最终有所成就。如果不能激发自己的思想，他就永远只能沉湎于衰弱之中而饱尝愁苦。"

根据《圣经·创世纪》的说法，上帝让人统治整个世界。这真是一份伟大的礼物，但我对这种特权实在没有兴趣。我希望得到的，是一种能控制自己的能力——能控制自己的思想，能控制自己的恐惧，能控制自己的欲望。在这一点上我相信自己已取得了一些非凡的成就。无论何时，我都保持这样的信念：只要控制自己的行为，就能控制自己的反应。

所以，让我们记住威廉·詹姆斯这句话："……只要把困境中人的内心感觉由恐惧变为奋斗，就能把那些消极的东西变为对自己有积极意义的东西。"

让我们为自己的快乐而奋斗吧！

让我们用一个每天能产生快乐而且具有建议性思想的计划，来为我们的快乐而奋斗吧。这里有一份快乐计划《只为今天》——这是在 36 年前过世的席贝尔·帕区吉所写的。如果你我都这样去做，就能摆脱忧虑，让自己变得快乐。

只为今天

1. 只为今天，我要很快乐。林肯说过"大多数人的快乐来自决心"，快乐来自内心，而非外在世界。

2. 只为今天，我应该适应一切，我无法改变所有来迎合我自己。我要适应我的家庭、事业还有机遇。

3. 只为今天，我要身体健康。我要多运动，不忽视健康、不伤害身体，我要珍惜身体，这是我获得成功的基础。

4. 只为今天，我要在思想上丰富自己。我要多学习和研究，不把时间荒废在空想里。我要多读书，尤其是需要专心和动脑思考的书。

5. 只为今天，我要为锻炼自己做三件事：我要做一件不让对方知晓是我做的对他有益的事情；我还要做两件自己不愿意做的事。这样做是依照威廉·詹姆士要锻炼自己的建议。

6. 只为今天，我要做个受欢迎的人。我要注意仪表，打扮得体，不大声喧哗，举止要彬彬有礼。我不在意别人的评价，也决不对他人或事件指指点点、妄自非议。

7. 只为今天，我要努力过好每一刻，一生的问题不可能一次性解决。我可以一连 12 个小时只做一件事，可我不能一生墨守成规，那我就不会再有进步。

8. 只为今天，我要有计划地生活。我应该写下每小时要做些什么，虽然不会完全照此去做，但我还是要制订计划，至少可以让我避免仓促和迟疑这两种弊端。

9. 只为今天，我要让自己有半小时的空闲，让我的心灵宁静而愉悦。感谢上天给我生活的希望。

10. 只为今天，我要毫不畏惧，更不能害怕快乐，我要欣赏美的一切，去爱，去相信我爱的那些人也一样会爱我。

第八十章　不要报复你的仇人

即使我们无法爱我们的仇人，但至少应该学会爱我们自己，要使仇人无法控制我们的快乐、我们的健康和我们的外表。正如莎士比亚所言："不要因你的敌人而燃起一把怒火，最终却烧伤了你自己。"

——卡耐基《人性的优点》

许多年以前的一个晚上，我外出旅行时经过黄石国家公园。一位森林管理员骑在马上，和我们这群兴奋的游客谈起熊的故事。他说："有一种大灰熊也许能击倒除了水牛和另一种黑熊以外的其他所有动物。但是有一天晚上，我却发现一只小动物——只有一只，能够让大灰熊和它在灯光下一起共食。那是一只臭鼬！大灰熊知道自己的巨掌一下就可以把这只臭鼬打昏，可是它为什么不那样做呢？因为它从经验里学到，那样做很不划算。"

我同样也懂得这个道理。我在孩童时，曾在密苏里的农庄上抓过4只脚的臭鼬；成年之后，在纽约街头也经常碰到一些像臭鼬一样的却长着两只脚的人。从许多不幸的经验中我发现，无论招惹哪一种臭鼬，都是不划算的。

当我们憎恨我们的仇人时，实际上等于给了他们制胜的力量。这种力量可能会影响我们的睡眠、我们的胃口、我们的血压、我们的健康和我们的快乐。如果仇人们知道他们是如何令我们担心，令我们苦恼，令我们一心想报复的话，他们一定会兴高采烈地跳起舞来。我们心中的怨怒不仅无法伤害到他们，反而使我们的生活变得像地狱一般。

是谁说过这样的话："如果自私的人想占你的便宜，不要理会他们，更不要想着试图报复。一旦你与他扯平了，你就会伤害自己，比伤害那家伙更多……"这些话听起来仿佛是一个伟大的理想主义者所说的，其实不然，这段话最初出现在一份由米尔瓦基警察局发出的通告上。

报复心是怎么伤害你的呢？伤害的地方可多了。根据《生活》杂志的一篇文章，报复甚至会对健康状况造成损害——高血压患者最主要的特征就是容易愤慨。长期愤怒，高血压和心脏病就会随之而来。

现在你应该懂得了，耶稣所说的"爱你的仇人"，不仅仅是一种道德上的训诫，而且是在宣扬一种20世纪的医学原理。当他说"原谅七十七次"的时候，他是在告诉我们如何避免高血压、心脏病、胃溃疡和其他种种疾病。

一个朋友心脏病突发，医生命令他躺在床上，并告诫他无论发生什么事都不能动气。懂得一点儿医学知识的人都知道，心脏衰弱的人，发脾气可能会送命。几年前，在华盛顿州的史泼坎城，就曾经有一名饭馆老板因过度生气而猝死。我手边有一封华盛顿州史泼坎城警察局局长杰瑞·史瓦脱写的信，他在信上说："68岁的威廉·坎伯开了一家小餐馆，因为厨子用茶杯盛咖啡而感到非常生气，他抓起一把左轮枪去追那个厨子，结果因为心脏病发作倒地而亡，死时手里还紧紧抓着那把枪。验尸官的报告显示，他是因为愤怒引起心脏病发作而死的。"

当耶稣说"爱你的仇人"时，他也是在告诉我们：怎样改进我们的外表。

我想你也和我一样，经常可以看到一些女人，她们的脸上常常因为过多的怨恨而布满皱纹，因为悔恨而扭曲，表情僵硬。无论如何美容，都比不上让她们的心中充满宽容、温柔和爱。

怨恨甚至可能会影响我们对食物的享受。《圣经》上说："怀着爱心吃菜，要比怀着怨恨吃牛肉好得多。"

如果仇人们知道怨恨会搞得我们心神俱疲，紧张不安，使我们的外表受到损害，使我们得心脏病，甚至可能置我们于死地，他们难道不会拍手称快吗？

即使我们无法爱我们的仇人，但至少应该学会爱我们自己，要使仇人无法控制我们的快乐、我们的健康和我们的外表。正如莎士比亚所言：

"不要因你的敌人而燃起一把怒火，最终却烧伤了你自己。"

当耶稣说，我们应该原谅我们的仇人七十七次时，他也是在教我们做生意。举例来说，当我写这一段的时候，我桌上正放着一封来自瑞典乌普萨拉的乔治·罗纳先生的来信。几年来他在维也纳从事律师工作，直到第二次世界大战才回到瑞典。他身无分文，急需找到一份工作。他能说并能写好几种语言，所以想找个进出口公司担任文书工作。大多数公司都回信说，因为战争的缘故，他们目前不需要这种服务，但他们会保留他的资料，等等。倒是有一个人这样回信给罗纳："你对我公司的想象完全是错误的，你实在很愚蠢。我一点都不需要文书，即使我真的需要，我也不会雇用你，你连瑞典文字都写不好，信中全是错误。"

当乔治·罗纳读这封信时，气得暴跳如雷。这个瑞典人居然敢说他不懂瑞典话，他自己呢？他的回信才是错误百出呢。于是，罗纳写了一封足够气死对方的信。不过他停下来想了一下，对自己说："等等，我怎么知道他不对呢？我学过瑞典文，但它并非我的母语。也许我犯了错，我自己都不知道。真是这样的话，我应该再加强学习才能找到工作。这个人可能还帮了我一个忙，虽然他本意并非如此。他表达得虽然糟糕，倒不能抵消我欠他的人情。我应该写一封信感谢他。"

于是，乔治·罗纳把他写好的信揉掉，另外写了一封，信上说："你根本不需要文书，还不厌其烦地回信给我，真是太难得了。我对贵公司没有做出正确判断，实在非常抱歉。我写那封信是因为我在查询中发现，你是这一行业的领袖。我当时不知道我的信犯了语法上的错误，我很抱歉并感到惭愧。我会再努力学好瑞典文，减少错误。我要谢谢你帮助我走上改进之路。"

几天后，罗纳又收到回信，对方请他去办公室见面。罗纳如约前往，并得到了工作。罗纳之所以成功，是因为他自己找到了方法："以柔和消除愤怒。"

我们可能无法神圣到去爱我们的敌人的地步，但为了我们自己的健康与快乐，最好能原谅他们并忘记他们，这样才是明智之举。我有一次问艾森豪威尔将军的儿子，他父亲是否曾怀恨任何人。他回答："没有，我父亲从不浪费一分钟去想那些他不喜欢的人。"

有一句老话说，不能生气的人是傻瓜，不会生气的人才是聪明人。

那也是前纽约市长威廉·盖诺所坚持的从政原则。他曾遭枪击，险些致命。当他躺在病床上挣扎求生时，他还说："每晚睡前，我会原谅所有的人和事。"这听起来太理想化，太天真了吧？那就让我们再回顾一下德国哲学家叔本华的思想吧，他在《悲观论》中把生命比喻为痛苦的旅程，然而在绝望的深渊中，他仍说："如果可能，任何人都不应心怀仇恨。"

有一次，我请教巴洛克——他曾任威尔逊、哈丁、柯立芝、胡佛、罗斯福以及杜鲁门这六位美国总统的顾问——当他遭遇政敌攻击时，有没有受到困扰？"没有任何人能侮辱我或困扰我，"他回答说，"我不允许他们这么做。"

没有一个人能侮辱我或困扰我——除非我自己允许。

棍棒、石头可以打断我的骨头，但语言永远也别想伤着我。

第八十一章 　如果你做了，就不要因为没有感恩而难过

人性中总有遗忘的一面，我们没有必要抱怨别人不会知恩图报。假如我们做了善事，偶尔得到别人的感激，就应感到一阵惊喜。如果没有，也不至于难过。

——卡耐基《人性的优点》

最近，我在德克萨斯州碰到一个义愤填膺的人，有人告诉我，只要你碰到他，15 分钟内就一定会谈起那件事。果然如此。令他气愤的事发生在 11 个月前，可是他还是一提起来就生气。他不发泄完就根本不能谈别的事。他给 34 位员工发了 10 000 美元圣诞节奖金——每人差不多300 美元——可是没有一个人谢谢他。他尖刻地抱怨说："我很遗憾，我居然发给他们奖金，应该一个便士也不给他们的。"

"一个愤怒的人，"一位圣人说，"浑身都是毒。"我衷心同情面前这位浑身是毒的人。他已 60 岁了，据人寿保险公司统计，我们还能活着的平均年头是当前年龄与 80 岁之间差数的 2/3。这位仁兄——如果他足够幸运——大概还可活十四五年。可是他却浪费了有限的余生中的将近一整年，为过去的事愤恨不平。我实在同情他。

除了愤恨与自怜，他本可以自问为什么人家不感激他的。有没有可能是因为待遇太低、工时太长，或是员工认为圣诞奖金是他们应得的一部分；也许他自己就是个挑剔又不知感谢的人，以致别人不敢也不想去感谢他；或许大家觉得反正大部分利润都要缴税，不如当成奖金。

从另一方面来说，也可能员工真的过于自私、卑鄙、没有礼貌，也许是这样，也许是那样。我也不会比你更了解整个状况。不过，我倒是知道英国约翰逊博士说过："感恩是极有教养的表现，你不可能从一般人身上得到。"

这里我要谈的重点是：他指望别人感恩乃是犯了一个一般性的错误，他实在不懂人性。

　　如果你救了一个人的性命，你会期望他感恩吗？你可能会。可是，看看塞缪尔·莱博维茨的遭遇就知道这是一种奢望了。他在当法官前曾是位有名的刑事律师，曾使 78 个罪犯免上电椅。你猜猜看其中有多少人曾登门道谢，或至少寄个圣诞卡来？猜猜看。你猜对了——一个都没有。

　　耶稣基督曾用一个下午治好十个麻风病人——但是有几个人回来感谢他呢？只有一位。耶稣基督环顾门徒问道："那九位在哪里呢？"他们全跑了，谢也不谢就跑得无影无踪！

　　让我来问问大家：像你我这样平凡的人给了别人一点小恩惠，凭什么就希望得到比耶稣基督更多的感恩？

　　如果跟钱有关，那就更没指望啦！查尔斯·斯瓦博告诉我，他曾帮助过一位银行出纳，这位银行出纳挪用银行基金去做股票而造成亏损，斯瓦博帮他补足金额以免吃上官司，这位出纳员是否感谢他呢？是感谢他，但只是一阵子，后来他还跟这位救过他的人作对呢——就是这位曾经使他免于坐牢的人。

　　你如果送给你亲戚 100 万美元，你会不会希望他感谢你呢？安德鲁·卡内基就资助过他的亲戚，不过如果安德鲁·卡内基重新活过来，一定会很震惊地发现这位亲戚正在诅咒他呢！为什么呢？因为卡内基将遗留下的 36 500 万美元捐给了公共慈善机构——但他只继承了一百万美元。

人世间的事就是这样。人性就是人性——你也不用指望会有所改变。何不干脆接受呢？我们应该像一位最有智慧的罗马帝王奥勒留一样。有一天，他在日记中写道："就算我今天会碰到多言的人、自私的人、以自我为中心的人、忘恩负义的人，我也不会惊讶或困扰，因为我还想象不出一个没有这些人存在的世界是什么样子。"

他说的很有道理，不是吗？我们天天抱怨别人不会知恩图报，到底该怪谁？这是人性——还是我们忽略了人性？不要再指望别人感恩了。如果我们偶尔得到别人的感激，就应感到一阵惊喜。如果没有，也不至于难过。

我们不承认忘记感谢乃是人的天性。如果我们一直期望别人感恩，多半只是自寻烦恼。

我认识一位住在纽约的妇人，她一天到晚抱怨自己孤独。没有一个亲戚愿意接近她——这也不全怪他们。你去看望她，她会花几个钟头喋喋不休地告诉你，她侄儿小的时候，她是怎么照顾他们的。他们得了麻疹、腮腺炎、百日咳，都是她照看的，他们跟她住了许多年。她还资助一位侄子读完商业学校，直到他结婚前，他们都住在她家。

这些侄儿回来看望过她吗？噢！有的！有时候！完全是出于义务。可是他们都怕回去看她，因为想到要坐几个小时听那些老调、无休无止的埋怨与自怜，他们就头皮发麻。当这位妇人发现威逼利诱也没法叫她的侄子们回来看她后，她就只剩下最后一个"绝招"了——心脏病发作。

这心脏病是装出来的吗？当然不是，医生也说她的心脏相当"神经质"，常常发作心悸。可是医生也束手无策，因为她的问题是情绪性的。

这位女士看重的是注意与关爱，但是我认为她要的是"感恩"，可惜她大概永远也得不到感激或敬爱了，尽管她认为这是她应得的，她要求别人给她这些。

有成千上万的人都像她一样，因为别人都忘恩负义，因为孤独，因为被人疏忽而生病。他们渴望被爱，但是在这世上真正能得到爱的唯一方式，就是不索求，而且还要有不求回报的付出。

这听起来好像太不实际、太理想化了，不是吗？其实不然！这对你我来说都是追求幸福的一种最好的方法。我亲眼见到我家中发生的情况就是如此。我的父母乐于助人，我们很穷，老是因为欠债而窘迫，虽然穷成那样，我的父母每年总是能挤出一点钱寄到孤儿院去。他们从来没有去拜访过那家孤儿院，可能除了收到回信外，也从来没有人感谢过他们，不过他们已得到了报偿——因为他们享受了帮助这些无助小孩的喜乐，并不希冀任何感恩。

在离家外出工作后，每年圣诞节，我总会寄张支票给父母，请他们买点自己喜欢的东西，可是他们总也不买。当我每年圣诞节前几天回到家里时，父亲就会告诉我，他们买了煤、日用品送给城里一些有很多小孩的贫苦妇人，她们没有钱去买食物和煤。施与而不求回报的快乐是他们所能得到的最大快乐。

我深信我的父亲已符合亚里士多德理想中的人——也就是最值得快乐的人。"理想的人，"亚里士多德说，"以施惠于人为乐，但却会因为别人施惠于他而羞愧。因为能表现仁慈就是高人一等，而接受别人的恩惠就是低人一等。"

第八十二章　如果有个柠檬，就做一杯柠檬水吧

在写这本书时，有一天，我到芝加哥大学向洛博·梅南·罗金斯请教怎样才能快乐。他回答说："已故的希尔斯公司董事长朱利亚斯·罗森沃对我说，'当你只有一个柠檬，那就做一杯柠檬水。'"

——卡耐基《人性的优点》

这是一个伟大教育家的做法。如果是一个笨人，看到只有一个柠檬时，想法却是截然相反的："糟透了！这就是我的命运，一点希望也没有了。"随后，他会不停地抱怨，伤感命运对自己的不公平。而聪明的人却会琢磨："这件事情教会了我什么呢？我要怎样改变现在的状况，怎样把这个柠檬做成一杯柠檬水呢？"

著名心理学家阿尔弗雷德·安得尔倾尽毕生精力来研究人类未被开发的潜能，他认为"将负面影响变成正面动力"是人类最奇妙的特性之一。

下面这个故事非常有趣也很有意义，故事的女主角是我认识的一位女士，她正是这么做的。她叫瑟玛·汤普生，她在告诉我她的经验时说：

"战争时期，我丈夫驻扎在加利福尼亚州莫嘉福沙漠附近的陆军营地。我不想和他分离，就随军去了营地。那里让我极度厌烦，我这辈子还从未有过那

么多的烦恼。没多久，我丈夫被派往沙漠腹地出差，我自己留在那间破旧的住房里。那儿热得简直无法忍受——虽然被高大仙人掌的影子遮盖，温度还是高达华氏 125 度。那儿只能见到墨西哥人和印第安人，可他们又都不会说英语。沙尘不停地被风吹起，所有食物，甚至呼吸的空气中都是沙子！沙子！沙子！

"我如此痛苦地煎熬着，觉得自己再也忍受不下去了，就给父母写了一封信，我告诉他们我想放弃，想回家，一分钟也待不下去了。我还说这里连监狱都不如。我父亲给我写了回信，通篇只有两句话，这两句话从此深深刻在我的脑海中，完全改变了我的人生：

有两个因犯同时从监狱的围栏内向外望去，一个因犯只看到了满地的泥泞，另一个却看到了满天繁星。

"这两句话被我连读了好几遍，越读越心生惭愧。我决心留下来，找到这里好的一面，我也想要看到满天繁星。

"我和当地的土著居民慢慢成了朋友，他们对我的热情令我惊讶不已，当我对他们手工织的布或是陶器流露出兴趣时，他们就把那些他们珍藏的不肯卖给观光游客的物品当礼物送给我。我开始欣赏仙人掌和思兰，喜欢上了土拨鼠。我欣赏大漠落日，还去沙漠里寻找贝壳——这里 300 万年前曾经是一片汪洋。

"是什么改变了我？沙漠还是原来的沙漠，土著也还是原来的土著，我的心态却不复昔日烦忧。以前觉得可怕而难以忍受的事物，如今却让我的生活充满刺激和乐趣。我发现了一个全新的世界，这令我感动且兴奋，于是我写下了小说《光明之路》……我从自己当初的牢狱中向外观望，我看到了满天闪烁的星星。"

瑟玛·汤普生，你还发现了耶稣降生前500年希腊人交给我们的一个真理——"最好的那些都是最难得到的"。

在20世纪，哈瑞·爱默生·福斯迪柯把这句话又重复了一遍："快乐的感觉大部分来自于胜利，而不是享受。"确实如此，这种胜利的快乐是一种成就，令人自豪，因为我们成功地将柠檬做成了柠檬水。

我曾造访过一位住在佛罗里达州的快乐农夫，他曾将一个有毒的柠檬做成了可口的柠檬水。当他买下农地时，他心情十分低落。土地贫瘠，不适合种植果树，甚至连养猪也不适宜。除了一些矮灌木与响尾蛇，什么都活不了。后来他忽然有了主意，他决定将负债转为资产，他要利用这些响尾蛇。于是不顾大家的惊异，他开始生产响尾蛇肉罐头。几年后，我去拜访他时，我发现每年有平均2万名游客到他的响尾蛇农庄来参观。他的生意好极了。我亲眼目睹毒液抽出后送往实验室制作血清，蛇皮以高价售给工厂生产女鞋与皮包，蛇肉装罐运往世界各地。我买了一些当地的风景明信片到村中邮局寄出去，发现邮戳盖着"佛罗里达州响尾蛇村"，可见当地人很是以这位把毒柠檬做成甜美的柠檬汁的农夫为荣。

第八十三章　战胜抑郁的心魔

不知道有多少人被抑郁的心魔控制着，失去了享受幸福人生的能力。可是，抑郁是于事无补的，既然如此，又何必跟自己过不去呢？

——卡耐基《人性的优点》

在开始写作此书时，我曾悬赏200美元，以《如何战胜忧虑》为题，征集最能打动人心的自我激励的故事。

这次征文比赛有三位评委，分别是东方航空公司的董事长艾迪·雷肯贝克、林肯纪念大学校长史都华·麦克柯里南博士、广播新闻评论家卡谭·波恩。然而，我们收到的稿件中有两篇非常优秀的作品，使三位评委无法取舍，只得让两名应征者平分了奖金。下面就是得奖故事之一，作者是密苏里州春田镇的波顿先生。

"我 9 岁时失去母亲，12 岁时丧父。父亲死于意外，母亲在 19 年前的一天离家后就再也没有回来，我也再没有机会见到我那两个小妹妹。母亲离家 7 年后才给我寄来了第一封信。我母亲出走 3 年以后，父亲死于一次意外事件。他跟别人在密苏里州的一个小城合开了一家咖啡馆。父亲出公差时，他的合伙人卖了咖啡馆携款跑了。一位朋友拍电报给父亲叫他尽快赶回来。仓皇之中，父亲在堪萨斯州发生了车祸，死了。我有两位姑姑，又老又病又穷，是她们收留了我们家 5 个孩子中的 3 个，剩下我和小弟没有人要，镇上的人怜悯我们，收留了我们。我们最怕人家把我们当孤儿看，但这种恐惧也是躲不过的。我在镇上一个穷人家寄居了一阵子，但日子很难过，那家的男人失业了，他们再也没有能力养活我。接着洛夫汀夫妇把我接到离镇 11 英里的农庄，并收留了我。洛夫汀先生已 70 高龄，长年卧病在床，他告诉我只要不说谎、不偷窃、听话，我就可以一直跟他们住在一起。这三条戒律成了我的圣经，我小心恪守着这些规则。我开始上学，但第一个礼拜我就像一个小婴儿似的躲在家里号啕大哭。别的孩子都来找我的麻烦，拿我的大鼻子取笑，说我是个笨蛋，还叫我'小孤儿'。我心里难过极了，真想打他们一顿。但洛夫汀先生跟我说：'永远记住！一位真正的男子汉不会随便跟人打架。'我一直不跟他们打架，直到有一天，一个男孩捡起鸡屎丢到我脸上，我才狠狠地揍了他一顿，还交了几个朋友，他们说那家伙罪有应得。

"洛夫汀太太给我买了一顶新帽子，我非常得意。一天，一个大女孩把它从我头上抢去，灌水弄坏了。她还说她把帽子装了水，'好淋湿我的大脑袋，让我爆米花似的脑筋不要乱爆'。

"我从不在学校哭，不过，回家后就忍不住了。有一天，洛夫汀太太给了我一个化敌为友的建议。她说：'拉尔夫，如果你先对他们感兴趣，看看能帮他们什么忙，他们就不会再取笑你，或叫你小孤儿了。'我听了她的话，用功读书，虽然我在全班功课最好，但没有人嫉妒我，因为我会帮助别人。

"我帮几个男孩写作文，帮人写辩论稿。有个男孩还怕家人知道是我在帮他，他只告诉他妈妈他去抓动物了。他偷偷到洛夫汀太太家来，把狗绑在谷仓里，找我替他做功课。我还帮一个同学写读书报告，还花了几个晚上帮过一个女生做算术。

"死神侵袭到我们的附近，两位年纪很大的农夫相继去世，一位太太被丈夫遗弃，我是这4家人家中唯一的男性。两年来，我一直在帮这几位寡妇。上学和放学途中，我会到她们家，为她们砍柴、挤牛乳、喂牲畜。现在人们不再诅咒我，反而称赞我。每个人都把我当做朋友。我在海军退役回来时，他们都流露出真挚的感情欢迎我。我到家的第一天，就有200多位邻人来看我。有人开了80英里的车，他们对我的关心是那么真诚。由于我一直乐于助人，我的烦恼很少，13年来，再也没有人叫过我'小臭孤儿'了。"

波顿先生万岁！他懂得如何交朋友。他也知道如何战胜忧虑，享受人生。

第八十四章　　每天做一件善事

什么是善事呢？善事不一定是要你出多少钱帮助别人解决多大的困难，穆罕默德说，善事"就是能给他人脸上带来欢笑的事"。每天做一件善事，就不会有时间想到自己，就没有忧虑、恐惧与忧郁的时间了。

华盛顿州西雅图的弗兰克·卢帕博士也是一样。他因风湿病已在床上躺了23年，但西雅图《星报》的斯图尔特·怀特豪斯告诉我："我采访过卢帕博士许多次，我不知道还有谁比他更无私，更善用人生。"

一个像他这样卧床不起的病人怎么能善用人生呢？我让你猜两次。他是因为批评抱怨而做到的？当然不是！那么是因为自怜，把自己当作一切的中心？当然又错了！他做到了，因为他遵循威尔斯王子的誓言："我服务于人。"他收集了许多其他瘫痪病人的姓名地址，给他们写信鼓励。事实上，他组织了一个瘫痪者联谊俱乐部，让大家相互写信，最后他组织了一个全国性的社团组织，称为病房里的社会。

他躺在床上，平均一年要写1400封信，而别人捐赠的收音机和书籍给千万个同病相怜的人带来了喜悦。

卢帕博士与其他人最大的差异在哪里？因为他有一种无穷的精神力量，有一种使命感。他深切体会到，比自身生命更高贵的奉献动机，会带来真正的快乐。正如萧伯纳所说："一个以自我为中心的人总是在抱怨世界不能顺他的心，使他快乐。"

著名心理学家阿尔弗雷特·阿德勒的一句话曾使我十分震动。他常对那些患有忧郁症的病人说："按照这个处方，保证你 14 天内就能治好忧郁症。试着每天想到一个人，你要努力使他开心。"

这句话听起来如此不可思议，我认为我应该将阿德勒博士的名著《生命对你应该有什么意义》一书中的几页摘录下来，供你借鉴。（顺便说一句，这本书值得你一读。）

阿德勒在《生命对你应该有什么意义》中说："忧郁症就像一种长期愤怒责备的情绪，其目的是赢得他人的关心、同情与支持，病人似乎仍因自身的罪恶感而沮丧。忧郁病人第一件回想的事多半是：'我记得我很想躺在沙发上，可是我哥哥先躺下了，结果我大哭到他不得不走开。'

"抑郁病人常以自杀作为报复他们自己的手段，因此医生的第一步是避免给他任何自杀的借口。我自己治疗他们的第一条措施是先解除这种紧张，我会说：'千万别做任何你不喜欢的事。'这看起来没什么，但我深信这是一切问题的根源。如果病人能做他想做的事，那他还能怪谁？又怎么向自己报复？我会告诉他们：'如果你想上戏院，或休个假，就去做。如果半路上你又不想去了，那就别去。'这是最好的状况，因为他的优越感会得到满足。他就像上帝一样随心所欲。不过，从另一方面来看，这完全不符合他的习性。

"他本来是想控制别人、怪罪别人，如果大家都同意他，他就无从控制了。用这种方式，我的病人之中，从来没有发生自杀事件。

"病人通常会回答我：'可是没有一件事是我喜欢做的。'我早就准备好了怎么回答他们，因为我实在听过太多次了，我会说：'那就不要做任何你不喜欢的事。'有时候他会回答：'我想在床上躺一整天。'我知道只要我同意，他就不会那么做。而如果我反对他，就会引起一场大战。我通常一定会同意的。

"这是一种方式，另一种处理他们生活方式的方法更直接。我告诉他们：'只要照这个处方，保证你 14 天内痊愈，那就是每天想办法取悦别人。'看他们觉得如何。他们的思想早被自己占满了，他们会想：'我干吗去担心别人？'有的人会说：'这对我太简单了，我一生都在取悦别人。'事实上，他们绝对没有做过。我叫他们再想想看，他们并没有再去想它。我告诉他们：'你睡不着的时候，可以全部用来想你可以让谁开心，而且这对你的健康会很有助益。'第二天我问他们：'你昨晚有没有照我建议的去做呀？'他们回答：'昨晚我一上床就睡着了。'当然这都是在一种温和友善的气氛下进行的，不能露出一丝优越的神情。

"还有人会说：'我做不到，我太烦了！'我会说：'不用停止烦恼，你只要同时想想别人就好了。'我要把他们的注意力转移到别人身上。很多人对我说：'为什么要我去取悦别人？别人怎么不来取悦我？''你得想到你的健康。'我回答，'别人后来会有苦头吃的。'我几乎没有碰到过一位病人说：'我照你的建议想过了。'我所有的努力不过是想提高病人对他人的兴趣。我了解他们的病因是因为与人缺乏和谐，我要他也能了解这一点。什么时候他能把别人放在同等合作的地位，他就痊愈了。宗教最重要的信条是'爱你的邻人'……那些对别人不感兴趣的人不但自己有很严重的困难，而且给周围的人也带来最大的伤害，人类所有的失败都是因为这一类人引起的，我们对一个人的要求，以及所能给予的最高赞赏就是，只要他是一位好同事、好朋友、或者是爱情与婚姻的良伴。"

阿德勒博士督促我们每天做一件善事，什么是善事呢？先知穆罕默德说："就是能给他人脸上带来欢笑的事。"

为什么每天做一件善事对人会有这么大的益处呢？原因是，想要取悦他人时，就不会有时间想到自己，而产生忧虑、恐惧与忧郁的主要原因就是只想到自己。

威廉·穆恩太太在纽约开办了一所穆恩秘书学校，她不用两个礼拜就祛除了忧虑。事实上，由于一对孤儿的出现，她只用了一天的时间就治好了。

事情的经过是这样的。"5年前的12月，我陷入了一种自怜与悲伤的情绪低潮，过了几年快乐的婚姻生活后，我失去了我的先生。越接近圣诞，我的哀伤越深。我从来没有一个人过圣诞节，我恐惧它的来临。朋友们都来邀我去他们家，可是我不想，我知道我在任何一家都会触景伤情的。于是，我婉言拒绝了他们的好意。越接近圣诞夜，我越被自怜所淹没。没错，我还有许多值得感谢的事，每个人也都有。圣诞夜那天，我下午三点离开办公室，在第五大道漫无目的地闲逛，希望能驱走内心的自怜与忧郁情绪。街上满是欢乐的人们——令人不得不忆起逝去的快乐年华。我不敢想象自己得回到孤独空洞的公寓。我一片茫然，实在不知道要做什么，忍不住眼泪夺眶而出。逛了一个多小时，我发现自己停在公车站前，想起以前我先生和我会坐公车去探险，我于是也上了

进站的第一部公车。过了赫德逊河一阵子，我就听到乘务员说：'终点站了，女士。'我下了车，连地名也不知道，不过倒是个安静平和的小地方。在等车回去的时候，我开始逛逛住宅区的街道。我经过一座教堂，里面传出优美的《平安夜》的乐声，我走进去，里面没有别人，只有一位风琴手。我静静地坐在教友席上，圣诞树的装饰灯美极了，美妙的音乐——加上我从早上起就一直没吃东西——我觉得有点头晕，结果就昏昏地睡着了。

"我醒来时，不知道自己身在何处，我害怕了，接着我看到前面有两个小孩，显然是进来看树的。其中一个小女孩指着我说：'她会不会是圣诞老人带来的？'我醒来时也把他们吓了一跳。我告诉他们我不会伤害他们。他们穿得很破，我问他们父母在哪儿？他们说他们没有父母。原来他们是两位小孤儿，情况比我以前见过的糟多了，他们使我对自己的忧伤和自怜感到惭愧。我带他们看那棵圣诞树，又带他们去小店买点零食、糖果及小礼物。我的孤独感奇迹般地消失了，这两位孤儿让我几个月以来第一次感到真正的关心与忘我。我跟他们聊天，发现自己是何等幸运。我感谢上天，我儿时的圣诞节过得多么开心，充满父母的爱与关照。这两个小孩带给我的远比我给他们的多得多。这次的经历再度告诉我要使自己开心，只有先使别人开心。我发现快乐是具有传染力的。有人施与，有人接受。因为帮助别人、爱别人，我克服了忧虑、悲伤与自怜，有了重生的感觉。而我也确实有了重大的改变——不只是在当时，后来的几年都是这样。"

第八十五章　帮助别人就是帮助自己

　　每个人都有自己的烦恼、梦想和野心，都渴望有机会和他人来分享自己的快乐和忧愁，试着伸出你的援手，也许就会为别人带来惊人的改变。

——卡耐基《人性的优点》

　　我可以写一本有关忘我而找回健康快乐的书，这种故事太多了。我先举玛格丽特·泰勒·耶茨的故事为例，她是美国海军最受欢迎的女性。

　　耶茨太太是一位小说家，但她写的小说没有一部比得上她自己的故事真实而精彩，她的故事发生在日本偷袭珍珠港的那天早晨。耶茨太太由于心脏不好，一年多来躺在床上不能动，一天得在床上度过 22 个小时。最长的旅程是由房间走到花园去进行日光浴，即使那样，也还得倚着女佣的扶持才能走动。她亲口告诉我她当年的故事：

　　"我当年以为自己的后半辈子就这样卧床了。如果不是日军来轰炸珍珠港，我永远都不能再真正生活了。

　　"发生轰炸时，一切都陷入了混乱。一颗炸弹掉在我家附近，震得我跌下了床。陆军派出卡车去接海、陆军军人的妻儿到学校避难，红十字会的人打电话给那些有多余房间的人。他们知道我床旁有个电话，问我是否愿意帮忙作联络中心。于是我记录那些海军陆军的妻小现在留在哪里，红十字会的人会叫那些先生们打电话来我这里找他们的眷属。

　　"很快我发现我先生是安全的。于是，我努力为那些不知先生生死的太太们打气，也安慰那些寡妇们——好多太太都失去了丈夫。这一次阵亡的官兵共计 2117 人，另有 960 人失踪。

　　"开始的时候，我还躺在床上接听电话，后来我坐在了床上。最后，我越来越忙，又亢奋，忘了自己的毛病，我开始下床坐到桌边。因为帮助那些比我情况还惨的人，使我完全忘了我自己，我再也不用躺在床上了，除了每晚睡觉 8 个小时。我发现如果不是日本空袭珍珠港，我可能下半辈子都是个废人。我躺在床上很舒服，我总是在消极地等待，现在我才知道潜意识里我已失去了复原的意志。

"空袭珍珠港是美国历史上一次最大的悲剧，但对我个人而言，却是我碰到过的最好的一件事。这个可怕的危机让我找到我从来不知道自己拥有的力量，它迫使我把注意力从自己身上转移到别人身上。它也给了我一个活下去的重要理由，我再也没有时间去想我自己或只为自己担忧。"

心理医师的病人如果都能像耶茨太太所做的那样去帮助别人，起码有三分之一可以痊愈。这是我个人的想法吗？不，这是著名心理学家荣格说的，他说："我的病人中，大约有三分之一都不能在医学上找到任何病因，他们只是找不到生命的意义，而且自怜。换个方式说，他们一生只想搭个顺风车——而游行队伍就在他们身边经过。于是他们带着自怜、无聊与无用的人生去找心理医师。赶不上一班渡轮，他们会站在码头上，责怪所有的人，除了他自己，他们要求全世界满足他们自我中心的欲求。"

你现在可能会说："这些事也不怎么样，如果圣诞夜遇到孤儿，我也会关心他们；如果我碰到珍珠港事件，我也会很高兴做耶茨太太所做的事，可是我的状况跟人家不同。我的日子再平凡不过了。我一天得做八小时无聊的工作，从来没有任何有趣的事发生在我身上。我怎么会有兴趣去帮助别人呢？我又干吗要帮助别人？那对我有什么好处呢？"

问得好，我会努力回答这些问题。无论你的生活多么平凡，但几乎每天都会碰到一些人，你对他们怎么样？你是仅仅看他们一眼，还是试图去了解他们的生活？譬如一个邮差，每年要走几百公里路，把一封封信送到你的门口，你曾经尝试过问他住在哪里，或者要求看一看他太太和孩子的照片吗？你有没有问一问他的脚是否很酸？他的工作会不会让他觉得很烦呢？还有那些杂货店里送货的孩子、卖报的人、街角为你擦鞋的那个家伙。这些人也都是人，都有自己的烦恼、梦想和野心，他们渴望有机会和他人来分享自己的快乐和忧愁，可你有没有给他们机会呢？你有没有对他们的生活流露出一份兴趣呢？这就是我的回答。你不一定要做南丁格尔或者一名社会革命家才能改变这个世界，但你可以从明天早上开始，从你所碰到的那些人做起。

这样做有什么好处呢？它能给你带来更多的快乐和更大的满足，能让你心中充满惬意。亚里士多德将这种人生态度称之为"有益于人的自私"。古代波斯的拜火教教主琐罗亚斯特曾说过："做好事来帮助他人并不是一种责任，而是一种快乐，它能够使你自己变得更健康和更快乐。"富兰克林的说法更直截了当："当你善待他人时，也就是在善待自己。"

亨利·林克——纽约心理治疗中心的负责人认为："以我所见，现代心理学最重要的发现，就是以科学的方式证明，人必须自我牺牲和自我约束，才能达到自我意识与快乐。"

多从他人的角度思考，不仅能使你不再充满忧虑，还能帮助你广交朋友，获得更多的人生乐趣。但是究竟怎样才能做到这一点呢？我曾向耶鲁大学的威廉·李昂·菲尔普教授咨询过，他是这样回答我的：

"无论是住旅馆、理发，还是购物，我总是对自己所碰到的人说一些令他

们高兴的话，我始终将他们当作是一个人，而不是机器里的一个小零件。我会称赞商店里接待我的服务员小姐，说她的眼睛很漂亮，头发很美；我会很关切地询问正在为我理发的师傅，整天站着会不会觉得累？我向他了解他是如何干上理发这一行的，干了多久？是否曾经统计过一共剃过多少个头？我发现，当你对他人表示出浓厚的兴趣时，能够让他们高兴起来。当我与那个正在帮我搬行李的戴着红帽子的侍应生握手时，他就会觉得十分开心，就会充满了精神。

"一个炎热夏天的中午，我走进纽海文铁路餐车。餐车拥挤不堪，几乎变成了一个疯人院。由于人满为患，服务非常慢，等了很久，侍者才将菜单交给我，我边点菜边对他说：'后面厨房一定又热又闷，厨师们今天一定累极了。'那个侍者突然叫了起来，声音里充满了怨恨。最初，我以为他是在生气。'老天啊！'他大声地说，'每个人都抱怨这里的东西难吃，骂我们动作太慢，嫌这里的空气太闷热，饭菜的价钱太贵，在这里我听各种各样的抱怨已经有 19

年了。你是第一个，也是唯一一个对那些在闷热的厨房里干活的厨师表示同情的人，我真想乞求上帝多让我们有几个像你这样的客人。'"

"侍者之所以如此吃惊，在于我将后面那些黑人厨师也当作人看待，而不是将他们看作铁路大机构里面的小螺丝。"菲尔普教授接着说，"普通人所希望的，不过是他人能将自己当人来看待，每当我在街头看到有人牵着一条漂亮的狗时，我总会夸一夸那条狗，当我往前走几步回过头时，经常会看到那个人用手拍一拍狗头表示自己的欢欣。我的赞美使他更加喜欢自己的狗了。

"有一次，在英国我遇到一个牧羊人，我很真诚地赞美他那只又大又聪明的牧羊犬，并且虚心地请教他是如何训练那只牧羊犬的。我离开后再回头一看，发现那只牧羊犬前脚竖起，搭在牧羊人的肩膀上，牧羊人正充满爱意地抚摸着它。我们不过是对那个牧羊人和他的牧羊犬表示出一点点兴趣，就使得那个牧羊人很快乐，也使得那只牧羊犬很快乐，同时也使自己的心情变得愉悦起来。"

像这样一个会跟红帽子握手，会对在闷热的厨房工作的厨师表示同情，会告诉他人喜欢他们的狗的人，怎么会对他人充满怨恨，或者会对自己满怀忧虑而需要心理医生治疗呢？不可能！当然不可能！有句俗语说得好："授人玫瑰的，手留余香。"

如果你是一位男士，可以跳过这一段，也许这对你没有太大的意义。这里讲的是一个满怀忧虑，闷闷不乐的女孩如何使好几个男人向她求婚的故事。故事里的那个女孩现在已做了祖母。几年前，我到她居住的小镇上演讲，曾经到她家中做客。演讲完的第二天早晨，她开车送我到20多公里以外的车站，从那里再转车到纽约中央车站去。一路上我们谈起如何交友的话题，她对我说："卡耐基先生，我想告诉你一件我从来没有跟任何人谈起的事情，连我丈夫也不了解。"她出生在费城一个穷苦家庭里，"我的少女时代是如此悲惨，由于家里贫穷，无法像其他女孩子那样拥有那么多值得快乐的东西。衣服的质量很低劣，样式很落伍，而且我长得太快，衣服总是不合身。对此我一直觉得很没面子，内心充满了屈辱，常常躲在被窝里哭泣。绝望之余，我想到了一个办法，在参加晚宴时，总是请男伴告诉我关于他自己的人生经验、未来的计划以及对一些事情的看法。之所以反复地问这些问题，并不是因为我对他们有特别的兴趣，而是避免男伴们注意我那些难看的衣服。可是，奇怪的事情发生了，在与这些男伴谈天，并且对他们有更多的了解后，我突然对他们的谈话产生了兴趣，甚至忘记了自己的衣着问题了。可更令我吃惊的是，我耐心的倾听，使那些男孩勇于畅谈自己的事情，并且使他们变得非常快乐，我也渐渐成为周围最受欢迎的女孩子之一，甚至同时有三个男孩向我求婚。"

如果我们想"为他人改善一切"——如同德莱塞所宣扬的那样——那么就让我们赶快去做吧，不要浪费时间。"这条路我只会经过一次，所以我所能做到的任何好事和我所能表现出来的任何仁慈，都现在就做到吧。让我既不拖延，也不忽视，因为我不会再经过这条路了。"

所以，如果你想消除忧虑，培养平和与幸福的心情，试着告诉自己：对别人感兴趣而忘掉你自己，每一天都做一件能让别人快乐而微笑的好事。

第八十六章　自卑并不能解决问题

过度的忧虑和自卑会使人变成一个怯懦无为的人，大声地告诉自己："我要改变自己！"你就会获得勇气和自信。

——卡耐基《人性的优点》

美国参议员埃玛·托马斯给我们讲述了他的故事：

我 16 岁时，经常为忧虑、恐惧、自卑所苦。相对我的年龄来说，我长得实在太高太瘦，就像根竹竿——高 6.2 英尺，体重只有 180 磅。瘦弱的我，根本不能在棒球场或田径场和别的男孩对抗，他们嘲笑地叫我"瘦竹竿"。我十分忧愁，又很自卑，几乎不敢见人。而我确实很少与人见面，我家的农庄距公路有半公里远，四周全是茂密的森林，我平时七八天都不会见到一个生人，所见到的只有我的母亲、父亲、姐姐和哥哥。

我每时每刻都对自己的身体悲哀地关注，其他任何事情都引不起我的兴趣。如果我这样发展下去，我的忧虑和自卑会让我变成一个怯懦无为的人。我几乎无法想到别的事情，我的难堪与恐惧与日俱增，几乎难以描述。我母亲知道我的感觉，她曾经当过老师，她告诉我说："儿子，你应该去上大学，你的身体不好，但你可以利用你的头脑！"

我知道父母没有能力送我去大学，因此我决定自己努力。那一年冬天，我独自去打猎，设置陷阱，捕捉貂、獾、负鼠。到了春天，我卖掉那些动物的毛皮得到了4美元，用这钱我买了两头小猪，主要用玉米喂养。到了第二年秋天，我用它们换来了40美元，用于支付我在印第安纳州丹威市中央师范学院上学的费用。每周的伙食费1.4美元，房租0.5美元。我穿着妈妈给我做的棕色衬衫，我有一套原本是父亲的西服，不过我穿着不合身。脚上的鞋子也是父亲的，那是一双侧边有松紧带的鞋子，但松紧带已经失去了弹力，鞋子又偏大，我穿着不跟脚，走路时常会甩掉。这令我非常难为情，总是自己闷在房间里读书，不愿意和别的同学交往。那时，我最大的愿望就是买一些合身的衣物，让我不再为它感到羞耻。

没过多久，发生了四件事，帮助我摆脱了忧虑和自卑感。其中一件事，给了我勇气、希望和自信，完全改变了我的生活。我把这几件事简单地描述一下。

第一件事，在我进入师范学院的第八周后，参加了一个考试，得了"三等奖"。这意味着我获得了乡村学校的教师资格，虽然只有6个月的时效，但这足以说明我的能力，这还是除了妈妈以外第一次有人对我表示信心。

第二件事，位于"欢乐谷"的一所乡村学校的董事会聘用了我，每天薪水2美元，一个月40美元，这意味着别人对我更有信心。

第三件事，我在领到薪水后，去商店买了合体的衣物，穿上它们我再不会感到羞耻了。即使现在有人白送我100万美元，我也不会像当初花几美元买衣服时那么激动。

第四件事，是我生命中最重要的转折点，从那以后，我完全抛开了自卑和忧虑。印第安纳州潘乔镇每年都要举办"普特纳郡博览会"，妈妈鼓励我参加其中一项演讲比赛。我甚至没有勇气面对一个人讲话，可妈妈几乎是为我而活——她对我充满期望和信心，这令我决心参加比赛。我只有一个选择——演讲《美国自由艺术》。其实我并不知道什么是自由艺术，我想听众们也并不清楚，于是我将一篇洋洋洒洒的讲稿背诵下来，对着树林和牛群练习了上百遍。我不想让妈妈失望，因此在演讲时倾尽了我的情感——我赢得了第一。听众欢呼起来，而我难以置信。曾嘲笑我是竹竿的男孩们，现在友好地拍着我的肩说："埃玛，我早知道你很棒！"妈妈搂着我，高兴得流下了眼泪。

我现在回顾过去时可以看得出来，那次演讲比赛获胜，是我人生的转折点。当地报纸在头版对我做了一篇报道，并预测我会大展宏图。在那次比赛中获胜，我成为当地出名的人物，人人皆知。而最重要的是，这件事使我的信心增加了千百倍。我现在很明白，如果没有那次获胜，我恐怕一辈子也不能当选美国参议员。这件事使我豁然开朗，发现了自己甚至不敢妄想的真正潜力。不过，最重要的是，那次演讲比赛的第一名的奖品是中央师范学院为期一年的奖学金。

那时，我渴望多受一点教育，我的生活只有两个主要内容：教书和学习。为了支付我在第博大学的学费，我当过餐厅侍者，当过锅炉工，帮人除过草，当过记账员，假期在麦田和玉米地里忙碌，还挑石子修过公路。

1896年，我19岁，已经做过28次演讲的我为威廉·杰林斯·布列恩竞选总统拉选票，也从此萌发了参政的兴趣。因此，进入第博大学后，我就选修了法律和公开演讲两门功课。1899年，我代表学校参加了与巴特雷学院的辩论赛，辩题是《是否应由人民选举参议员》。后来我又在另外一场演讲比赛中获胜，成为班报和校报的总编。

获得第博大学学士学位后，我接受克雷斯·格里历的建议——但我没到西部去。我去了西南方，来到一个新的地方——俄克拉荷马，并在基俄格、坎曼奇、阿帕基印第安人保留地，申请了一块土地，在罗顿市开办了一家律师事务所。自从俄克拉荷马和印第安区合并为俄克拉荷马州后，我获得了自由党的支持，进入州参议院待了13年，之后在州议会待了4年。终于在50岁那年实现了我此生最大的梦想：从俄克拉荷马被选入美国参议院。那是1927年的3月4日，其后，我一直担任参议员之职。

我诉说往事，并不是想炫耀我一生的成就，如果我真有这样的用意，恐怕人们就不会感兴趣了。我这样做，只是想让那些正被自卑和忧虑困扰的年轻人，从中获得勇气和自信。当年穿着父亲的旧衣物，以及那双快要脱落的大鞋子的我，差点就被烦恼和自卑打垮了。

第八十七章 驱逐忧虑的五种办法

有些忧虑根深蒂固地存在于你的思想中，它折磨你，使你失去生活的信心。但忧虑不是不可战胜的魔鬼，一些成功人士的经验是不是值得我们借鉴呢？

——卡耐基《人性的优点》

忧虑会损害一个人的健康，会使人消沉，甚至失去生活的信心。忧虑是不可战胜的吗？当然不是。菲尔普教授去世前不久，我曾荣幸地在耶鲁大学跟他谈过一个下午，这篇文章是我根据谈话资料整理出来的，谈的是菲尔普教授用来克服忧虑的五种方法。

"第一，我 24 岁时，眼睛忽然无法看东西，阅读三五分钟后，我的眼睛就像针刺般难受，即使不是看书，眼睛也对光线过分敏感，使我简直不能面对窗户。我求诊过纽约最好的眼科医生，似乎没有一点效果。每天下午 4 点以后，我就只能坐在墙角的暗处，等着上床就寝了。我十分惊恐，怕就此放弃教学生涯，会到西部去做一名伐木工人。接着发生的一件奇异的事，证明心智的力量可以战胜病痛。在我视力最恶化的那个悲惨的冬天，我接受邀请去给一群大学生演说。演讲厅的天花板上挂着很亮的电灯，刺得我眼睛痛得不得了，坐在台上等待被介绍上前演讲的时候，我只能看着地板。可是演讲的那 30 分钟内，我一点都没有觉得疼痛，甚至我直视灯光也不用眨眼。然而，演讲过后，我的眼睛又开始痛起来了。

"于是，我想到只要把注意力集中在某件事上，不只是 30 分钟，说不定是一周，可能眼疾就痊愈了。很显然，心理上的暗示战胜了生理上的病痛。

"后来，有一次，我乘船经过大西洋时又有过一次类似的经验。当时我的腰痛得很厉害，不能走路，要直起腰来，简直痛得要命。即使在那样的状况下，我还是应邀在船上作了 7 场演讲。我一开口说话，所有的疼痛都离开了我的身体，我站得笔直，随意移动，一直讲了一个钟头。演讲结束后，我轻轻松

松地走回舱房，有一阵子，我以为自己没事了，不过那只是短暂的，后来腰还是痛。

　　"这些经验使我深深领悟到，一个人的心理态度是何等重要！也让我体会到享受人生的重要性。所以，现在我把每一天都当作是我目睹的第一天，同时也是最后一天。日常生活也能令我兴奋，而处于兴奋状态的人是不可能作无谓的烦忧的。我热爱我的教学工作，我写过一本书，书名为《教学的乐趣》。教学对我而言，绝不只是一种职业，甚至不只是艺术，它是一种热情。我爱教学，正如同画家热爱绘画或歌唱者热爱唱歌一样。我早上一醒来，就先想到我那班可爱的学生。我一直觉得成功的人生来自于'热忱'。

　　"第二，我还发觉阅读一本可以沉迷其中的书，也能克服忧虑。我59岁时，有一阵漫长的精神崩溃，我开始阅读大卫·威尔逊的伟大著作《卡莱尔的一生》。我完全被这本书所吸引，渐渐忘却了自己意气消沉，也因此忘记了我精神上的消沉。

　　"第三，另一次我感到消沉时，我强迫自己每个小时都保持体能上的忙碌。每天早上，我打五六回合网球，冲个澡，午餐后，每天下午都玩18个洞的高尔夫球。周五晚上，我跳舞跳到凌晨一点。我很相信所有的沮丧和忧虑都会随着汗水流逝。

"第四，我很早就学会如何避免匆忙，不在紧张的心情下工作。我一直遵循韦伯·克罗斯的生活哲学。当克罗斯担任康涅狄格州长时，他曾告诉我：'有时我觉得事情多得一下子处理不了，我就坐下来休息，抽我的烟斗，整整一个小时，什么事都不做。'

"第五，我同时也学会了用时间和耐心来解决很多问题。当我烦心某件事时，我试着从正面的角度来看这些烦恼。我自问：'两个月后，我就不会担心这件事了，那又何必现在来担心？何不让自己现在就换上两个月后的态度呢？'"

拳击手杰克·德普塞也发现世界上最难对付的就是忧虑，但是，他明白，在他的拳击生涯中，要想战胜自己就必须控制这种心态，不然自己的能力会大打折扣，不能取得最佳成绩。为此，他给自己制定了一些规则，以下就是其中的部分：

"第一项规则是，要在比赛中始终保持勇气。为此我不断地鼓励自己。比如：当我的比赛对手是弗珀时，我一直在心里对自己说：'谁也打不过我！他打不倒我！他的拳头伤不着我！'不管怎样，我都要狠狠地教训他！我不会受伤，我不停地激励自己，勇气和信心也随之增强，这对我帮助非常大，就连他的拳头打到我时，我也浑然不觉。在我的拳击生涯中，曾经被打裂过嘴唇，眼睛被打伤过，肋骨也被打断过好几次，有一次，我还被弗珀一拳打得飞出场外，直直地扑到台下一位记者的打字机上，把打字机压得稀巴烂。但我并没有感觉到弗珀的拳头，我在比赛中不曾感觉到任何人的拳头——除了唯一的那次，李斯特·琼森一拳就打断了我的三根肋骨。那一拳并没把我击倒，却让我没办法呼吸了。我可以坦白地说，除了那次，我在比赛中从未对任何一拳有过知觉。

"另一个规则是：我一直提醒自己，忧虑有百害而无一利。我的大部分烦恼都出现在我参加重要比赛之前，那正是我加大训练强度的时期。我常常午夜梦转，烦躁不安，一连几小时都无法安然入睡。我忧虑的是自己会不会在第一回合就被对方打断手或摔断脚，或者把我的眼睛打伤，这样我就无法尽情发挥攻势。我一旦发现自己开始忧虑，就赶紧跳下床，盯着镜子里的自己，责骂自己一顿：'你真够蠢的，居然为还没发生并且可能永远不会发生的事情愁眉苦脸！人的生命是短暂的，你只有几年可活，你要充分享受你的黄金时光。'我还会告诉自己说：'最重要的就是你的健康，没什么比你的健康更值得你关注了！'我告诫自己，不要让忧虑和失眠损害自己宝贵的健康。我不停地告诉自己，很快我就发现，当这些理念根深蒂固地驻扎在我心底时，忧虑和烦恼就被赶跑了。

"第三项规则，也是行之有效的方法——祈祷！在比赛前训练期间，以及每一次比赛的时候，在新一回合的铃声敲响之前，我都会虔诚地祈祷，那会给我注入无尽的信心和勇气，继续勇往直前。"

第八十八章　对于无法避免的事实坦然接受

生命中总会有一些不期而遇的事情降临到我们身上，如果是好的事情，我们当然乐于接受，但如果是糟糕的事情呢？叔本华是这样说的："学会顺从，这是你在踏上人生旅途后最重要的一件事。"

——卡耐基《人性的优点》

当我还是一个小男孩的时候，有一天，我和几个朋友一起在密苏里州西北部的一间荒废的老木屋的阁楼上玩。当我从阁楼上往下爬的时候，先在窗栏上站了一会儿，然后往下跳。我左手的食指上戴着一枚戒指，在我跳下去的时候，那个戒指钩住了一个钉子上，把我整个手指拉掉了。

我尖声地叫着，吓坏了，我以为自己死定了，可是等我的手好了之后，我就再也没有为这个烦恼过。烦恼又有什么用呢？……我接受了这个不可避免的事实。

现在，我几乎连续几个月不会去想，我的左手只有四个手指头这个事实。

几年前，我碰到一个在纽约市中心一家办公大楼里开货梯的人。我注意到他的左手齐腕砍断了。我问他少了那只手会不会觉得难过，他说："噢，不会，我根本就不会想到它。我没有结婚，只有在要穿针的时候，才会想起这件事情来。"

令人惊讶的是，在不得不如此的情况下，我们差不多都能很快接受任何一种情形，以使自己适应，或者整个忘了它。

我常常想起在荷兰首都阿姆斯特丹的一座15世纪的老教堂，它的废墟上留有一行字：

事情既然如此，就不会是别的样子。

在漫长的岁月中，你我一定会碰到一些令人不快的情况，它们既是这样，就不可能是别的样子。我们也可以有所选择。我们可以把它们当做一种不可避免的情况加以接受，并且适应它，或者我们可以用忧虑毁了我们的生活，甚至最后可能会弄得精神崩溃。

下面是我最喜欢的心理学家、哲学家威廉·詹姆斯所提出的忠告：

"要乐于接受必然发生的情况。接受所发生的事实，是克服随之而来的任何不幸的第一步。"

住在俄勒冈州波特兰的伊丽莎白·康内莉，却经过很多困难才学到这一点。下面是一封她最近写给我的信："美国庆祝陆军在北非获胜的那一天，我接到国防部送来的一封电报，我的侄儿——我最爱的人——在战场上失踪了。过了不久，又来了一封电报，说他已经死了……

"我极度悲伤。在那件事发生以前，我一直觉得生命多么美好，我有一份自己喜欢的工作，努力带大了这个侄儿。在我看来，他代表了年轻人美好的一切。我觉得我以前的努力，现在都有了很好的收获……然而，却收到了这样的电报，我的整个世界都粉碎了，我的生命已一无所有。我开始忽视自己的工作，忽视朋友，我抛开了一切，既冷淡又怨恨。为什么我最疼爱的侄儿会离我而去？为什么一个这么好的孩子，还没有真正开始他的生活就死在战场上？我无法接受这个事实。我悲痛欲绝，决定放弃工作，离开我的家乡，把自己藏在眼泪和悔恨之中。

"就在我清理桌子、准备辞职的时候，突然看到一封我已经忘了的信——一封从我这个已经死了的侄儿那里寄来的信。是几年前我母亲去世的时候，他写给我的一封信。

"'当然，我们都会想念她的，'那封信上说，'尤其是你。不过我知道你会撑过去的，以你个人对人生的看法，就能让你撑得过去。我永远也不会忘记那些你教给我的美丽的真理：不论活在哪里，不论我们分离得有多么远，我永远都会记得你教给我要微笑，要像一个男子汉，承受所发生的一切。'

"我把那封信读了一遍又一遍，觉得他似乎就在我的身边，仿佛在对我说：'你为什么不照你教给我的办法去做呢？坚持下去，不论发生什么事情，把你个人的悲伤藏在微笑底下，继续活下去。'

　　"于是，我重新回去开始工作，不再对人冷淡无礼。我一再对我自己说：'事情到了这个地步，我没有能力去改变它，不过我能够像他所希望的那样继续活下去。'我把所有的思想和精力都用在工作上，我写信给前方的士兵——给别人的儿子们。晚上，我参加成人教育班——要找出新的兴趣，结交新的朋友。我几乎不敢相信发生在我身上的种种变化。我不再为已经永远过去的那些事悲伤，现在我每天的生活都充满了快乐——就像我的侄儿要我做到的那样。"

　　伊丽莎白·康内莉学到了我们所有人迟早要学到的东西，那就是必须接受和适应那些不可避免的事。这不是很容易学会的一课，就连那些在位的皇帝们也要常常提醒自己这样去做。已故的乔治五世在他白金汉宫的墙壁上挂着这样一句话："教我不要因月亮或打翻牛奶而哭泣。"

　　同样的这个想法，叔本华是这样说的："学会顺从，这是你在踏上人生旅途后最重要的一件事。"

　　很显然，环境本身并不能使我们快乐或不快乐，我们对周遭环境的反应才能决定我们的感觉。已故的布斯·塔金顿总是这样说："人生加诸我身上的任何事情，我都能承受，但除了一样——失明，那是我永远也无法忍受的。"

　　但是，在某一天，这种不幸偏偏降临了，在他60多岁的时候，他低头看地上的地毯，发觉他无法看清楚地毯的花纹。他去找了一位眼科专家，证实了那不幸的事实：他的视力在减退，有一只眼睛几乎全瞎了，另一只也好不了多少。他最担心的事情终于在他身上发生了。

塔金顿对这种"无法忍受"的最坏的灾难有什么反应呢？他是不是觉得"这下完了，我这一辈子到这里就完了"呢？没有，他自己也没有想到他还能觉得非常开心，甚至于还能运用他的幽默。以前，浮动的"黑斑"令他很难过，它们时时在他眼前游过，遮断他的视线，可是现在，当那些最大的黑斑从他眼前晃过的时候，他却会说："嘿，又是老黑斑爷爷来了，不知道今天这么好的天气，它要到哪里去。"

命运能够征服人的精神吗？答案是否定的。当塔金顿完全失明以后，他说："我发现我能承受视力的丧失，就像一个人能承受别的事情一样。哪怕是我五种感官全丧失了能力，我知道我还能够继续生存在我的思想里，因为我们只有在思想里才能够看，只有在思想里才能够生活，无论我们是否清楚这一点。"

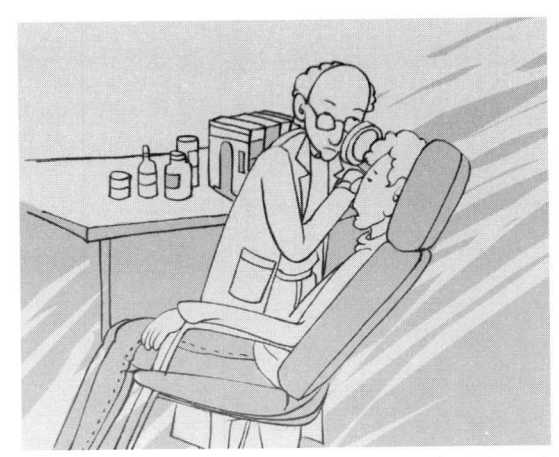

为了恢复视力，塔金顿在一年之内接受了12次手术，为他动手术的是当地的眼科医生。他有没有害怕呢？没有，他知道这都是必要的，他知道他没有办法逃避，所以唯一能减轻他痛苦的办法就是勇敢地去接受它。他拒绝在医院里用私人病房，而住进大病房里，和其他的病人在一起。他试着去使大家开心，而在他必须接受好几次的手术时——他很清楚地知道在他眼睛里动了些什么手术——他总是尽力让自己去想他是多么幸运。"多么好啊，"他说，"多么妙啊，现在科学的发展已经有了这种技巧，能够为像人的眼睛这么纤细的东西动手术了。"

一般人如果经历 12 次以上的手术和长期黑暗中的生活，恐怕早已变成神经质了。可是，塔金顿却说："我可不愿意把这次经历拿去换一些更不开心的事情。"这件事教会他如何接受灾难，使他了解到生命带给他的没有一样是他的能力所不及而不能忍受的。这件事也使他领悟了富尔顿所说的"失明并不令人难过，难过的是你不能忍受失明"这句话的道理。

如果我们因此而退缩，或者是加以反抗，或者是为它难过，我们也不可能改变那些已经发生的不可避免的事实。但是我们可以改变自己，我知道，因为我就亲身试过。

有一次，我拒绝接受我所遇到的一件不可避免的事情，我做了一件傻事，想反抗它，结果我失眠了好几夜并且痛苦不堪。我开始让自己想起所有那些我不愿意想的事情，经过这样一年的自我虐待，我终于接受了这些不可能改变的事实。

我应该在几年前就朗诵瓦尔特·惠特曼的诗句：

"哦，要像树和动物一样面对黑暗、暴风、饥饿、欺骗、意外和挫折。"

我这样说是不是意味着我们面对任何挫折都要低声下气呢？绝对不是！那样就是一个宿命论者了。不管处于何种情况，只要还有一点儿挽回余地，我们就要不断地奋斗。但是，当常识告诉我们，事情不可避免，也不会出现任何转机时，那么最理智的做法就是不要庸人自扰。

哥伦比亚大学的赫基斯院长已去世了很久，他曾经写过一首打油诗，并将其作为自己的座右铭：

天下疾病多，数也数不清，

有的可以治，有的治不好。

如果还有救，就该把药找，

如果治不好，干脆就忘掉。

在写这本书时，我曾采访过很多著名的美国商界领袖。他们给我留下了深刻的印象，其中印象最深的是，他们多半都能接受无法避免的局面，让自己的生活始终无忧无虑。如果他们不具备这种能力，很快就会被巨大的压力打垮。这里有几个例子我想来说明我的意思。

J. C. 潘尼就是个很好的事例，他创办了遍布全美的连锁店，他告诉我说："就算我赔光了所有的钱，我也不担心，因为忧虑不能带给我任何东西，我只能尽量把工作做好，至于结果，就交给上帝了。"

亨利·福特说过一句类似的话："如果我遇到处理不了的事情，我就让属下自己去解决。"

当我询问K．T．凯勒先生——这位克莱斯勒公司的总经理他是怎样消除烦恼的时候，他说："如果我碰到非常棘手的事情，只要有办法解决，我就会尽力去做，如果没办法，我干脆就忘掉它。我从不为未来忧虑，因为没人知道未来会如何，影响它的因素太多，何必白白浪费时间呢？"如果你认为凯勒是个哲学家，他一定会觉得不好意思，因为他认为自己不过是个出色的商人。不过，他这种理论和古罗马大哲学家伊庇克特修斯的差不多，后者告诫罗马人："快乐之道没有别的，仅仅在于不要为超出自己能力的事情忧虑。"

莎拉·班哈特也是深谙此道的女子。半个世纪以来，她始终是四大州歌剧院独占鳌头的皇后，全世界的观众深深地崇拜她。然而，在她71岁那年，她破产了，而且她的身体也发生了变化，医生波基教授告诉她必须锯掉双腿。因为她在越过大西洋的时候，在一暴风雨期间猛扑甲板严重伤害了她的腿。她的静脉炎很重，她的腿也软了。她的病痛非常严重，医生认为她的腿不得不锯掉。当波基教授把这个可怕的消息告诉莎拉时，他以为莎拉一定会暴跳如雷，她会说："上帝呀，要对我做什么！"但事实出乎他的意料，莎拉仅仅看了他一眼，然后平静地说："如果没有其他选择，那就只好这样了。"

莎拉进入手术室前，她的儿子在一边痛哭流涕，她却挥着手说："别走开，我马上就出来。"一路上，她为医生、护士朗诵自己的台词，让他们放松，莎拉说："他们的压力比我大得多。"

莎拉·班哈特恢复健康后，继续周游世界，让她的观众们疯狂了七年。

爱尔西·麦克密克在《读者文摘》的一篇文章里说："当我们不再反抗那些不可避免的事实之后，我们就可以节省精力，创造更丰富的生活。"我在密苏里州自己的农场上就看过这样的情景。当时，我在农场种了几十棵树，起先它们长得非常快，后来一阵冰雹下来，每一根细小的树枝上都堆满了一层厚重的冰。这些树枝在重压下并没有顺从地弯下来，却很骄傲地硬挺着，最后在沉重的压力下折断了——然后不得不被毁掉。它们不像北方的树木那样聪明。我曾经在加拿大看到过长达好几百英里的常青树林，没有一棵柏树或是一株松树被冰或冰雹压垮。这些常青树知道怎么去顺从，怎么弯垂下它们的枝条，怎么适应那些不可避免的情况。

日本的柔道大师教他们的学生"要像杨柳一样柔顺，不要像橡树一样直挺"。

你知道汽车的轮胎为什么能在路上支持那么久，忍受得了那么多的颠簸吗？最初，有的人想要制造一种轮胎，能够抗拒路上的颠簸，结果轮胎不久就被颠簸成了碎块。后来他们做出一种轮胎，可以吸收路上所碰到的各种压力，这样的轮胎可以"接受一切"。如果我们在多难的人生旅途上，也能承受所有的挫折和颠簸的话，我们就能够活得更长久，并能享受更顺利的旅程。

如果我们不顺服，而是反抗生命中所遇到的各种挫折，那我们会碰到什么样的事情呢？如果我们在命运面前不能"向柳树一样弯曲"，而是坚持像橡树那样抵抗，那我们会碰到什么样的事情呢？答案非常简单：我们就会产生一连串内在的矛盾——忧虑、紧张，并且急躁而神经质。

如果我们再进一步，抛弃现实世界的各种不快，退缩到一个我们自己创造的梦幻世界中，那么我们就会精神错乱、心神不宁了。

在战时，成千上万的心怀恐惧的士兵只有两种选择：他们要么接受那些不可避免的事实，要么在压力之下崩溃。让我们举个例子，下面这个故事是威廉·卡塞纽斯在纽约成人教育班上所说的一个得奖的故事：

"我在加入海岸防卫队后不久，就被派到大西洋边的一个单位。他们安排我监管炸药。想想看，我——一个卖小饼干的店员，居然成为管炸药的人！光是想到站在几千几万吨 TNT 上，就足以把一个卖饼干的店员连骨髓都吓得冻住了。我只接受了两天的训练，而我所学到的东西让我的内心更加充满了恐惧。我永远也忘不了我第一次执行任务时的情形。那天又黑又冷，还下着雾，我奉命到新泽西州贝永的卡文角执行任务。

"我奉命负责船上的第五号舱，并且和 5 个码头工人一起工作。他们身强力壮，可是对炸药却一无所知。他们正将重 2 000～4 000 磅的炸弹往船上装，每一个炸弹都包含一吨的 TNT，足够把那条老船炸得粉碎。我们用两条铁索把炸弹吊到船上，我不停地对自己说，万一有一条铁索滑溜了，或是断了，噢，我的妈呀！我可真害怕极了。我浑身颤抖，嘴里发干，两个膝盖发软，心跳得很厉害。可是我不能跑开，因为那样就是逃亡，不但我会丢脸，我的父母也会丢脸，而且我可能因为逃亡而被枪毙。我不能跑，只能留下来。我一直看着那些码头工人毫不在乎地把炸弹搬来搬去，心想，船随时都会被炸掉。在我担惊受怕、紧张了一个多小时之后，我终于开始运用我的普通常识。我跟自己好好地谈了谈，并说：'你听着，就算你被炸死了，又怎么样？你反正也没有什么感觉了。这种死法倒痛快得很，总比死于癌症要好得多。不要做傻瓜，你不可能永远活着，这件工作不能不做，否则要被枪毙，所以你还不如做得开朗点。'

"我这样跟自己讲了几个小时，然后开始觉得轻松了些。最后，我克服了我的忧虑和恐惧，让我自己接受了那不可避免的情况。

"我永远也忘不了这段经历，现在每逢我要为一些不可能改变的事实忧虑的时候，我就耸下肩膀说：'忘了吧。'我发现那很起作用，即使是对饼干推销员也一样。"

好极了，让我们三声欢呼，再为这位卖饼干的推销员多欢呼一声。

除了耶稣基督被钉在十字架以外，历史上最有名的死亡莫过于苏格拉底之死了。即使100万年以后，人类恐怕还会欣赏柏拉图对这件事所作的不朽的描写——也是所有的文学作品中最动人的一章。雅典的一些人，对打着赤脚的苏格拉底又嫉妒又羡慕，给他罗织一些罪名，把他审问之后处以死刑。当那个善良的狱卒把毒酒交给苏格拉底时，对他说道："对必然之事，试着轻快地去接受。"苏格拉底确实做到了这一点，他非常平静而顺从，面对死亡，那种态度真可以算是圣人了。

"对必然之事，试着轻快地接受。"这些话是苏格拉底在公元前399年说的。但在这个充满忧虑的世界，今天比以往任何时候更需要这几句话："对必然之事，试着轻快地接受。"

在过去的八年中，我专门阅读了我所能找到的所有关于怎样消除忧虑的每本书和每篇文章。你可知道，在读过这些文章之后，我所找到的最好的一点忠告是什么吗？好了，就是下面这句话——你和我都应该一直面对洗手间的镜子，这样我们就能随时洗掉我们脸上和心里的烦恼。这些无价的祈祷词是纽约联合工业神学院实用神学教授雷恩贺·纽伯尔提供给我们的，它们是：

神啊，请赐我沉静，

去接受我不能改变的事；

请赐我勇气，去改变我能改变的事；

请赐我智慧，去发现两者的区别。1918年，《先知》作者R. V. C. 波德莱离开了自己熟悉的生活圈子，来到非洲西北部，和游牧的阿拉伯人一起住在撒哈拉。他在那里待了7年。他熟练运用他们的语言，吃的、穿的和他们一样，生活方式也完全和他们相同，他也拥有羊群，和他们一样住在帐篷里。他研究他们的信仰，还写了一本名为《先知》的书，讲述穆罕默德的故事。

他说，和游牧的牧羊人在一起的那7年，是他生命中最安详、满足的一段时间。

波德莱的生活可谓丰富多彩，有各种各样的经验。他生于巴黎，父母都是英国人，在法国生活到9岁。从英国著名的伊顿公学和皇家军事学院毕业后，他成了一名陆军军官并在印度住了6年，在那里，他打马球、打猎、去喜马拉雅山探险。第一次世界大战爆发后，他参战，在战争结束时，以助理军事武官的身份参加了巴黎和会，正是那次巴黎和会上的见闻令他吃惊而愤慨。在西方前线的4年战场生涯中，他坚信我们是为了正义和文明而战，可在巴黎和会上，他看到的却是那些政客自私自利的嘴脸。他认为是他们为第二次世界大战埋下了导火索——他们都在为自己的国家争夺土地，制造国与国之间的矛盾，到处是各种阴谋和密谈。

波德莱厌倦了战争，厌倦了军队，厌倦了社会。他第一次无法在夜里安睡，他不知道自己应该从事什么行业，并为此烦恼。他的好友里夫·乔治劝他步入政坛。这时，"泰德"劳伦斯，就是一战中最具传奇色彩的"阿拉伯的劳伦斯"与他谈了3分钟，建议他到阿拉伯的沙漠去体验一下完全不同的生活。

他离开军队，接受了劳伦斯的劝告，去沙漠和阿拉伯人一起生活。

在阿拉伯沙漠，那里的人民将穆罕默德在《古兰经》里的每一句话都奉若安拉的圣言。他们完全相信《古兰经》里所说的"真主（安拉）创造了你和你的行为"，并实实在在地接受下来，波德莱认为这正是他们遇事不急不躁、处之泰然的原因所在。当事情出了差错，他们也不发那些不必要的脾气。他们知道，有些事情早已注定，除了真主，没有人能够改变。当然，他们并不是坐在那里傻等着灾难的发生。

有一次，波德莱经历了一场炙热暴风的考验。那场暴风连刮了三天三夜，强劲的风居然把撒哈拉的沙子一直吹到了法国的隆河河谷。那阵暴风酷热，头

皮似乎要被烧焦，嗓子干涩疼痛，眼睛火辣辣地疼，嘴里全是沙子，我感觉像
是站在玻璃厂的大熔炉前。他努力保持着冷静，可那些阿拉伯人并不抱怨，他
们耸耸肩膀，而是坦然接受。

大风暴终于结束了，他们马上开始行动，先是把羊群赶到南边有水的地方
喝水，然后杀死那些已经不能存活的小羊羔，这样做也可以挽救母羊。所有这
些行动都是在冷静中完成的，他们对于损失没有忧虑、抱怨或哀悼。一位部落
酋长说："感谢真主，没让我们损失所有的一切，还剩下 40% 的羊群，我们可
以重新开始。"

还有一次，波德莱和阿拉伯人一起坐车穿越大沙漠，半路上汽车轮胎爆了
一只，偏偏司机忘了带备用胎，他们只剩下三只轮胎。波德莱非常恼火，问那
些阿拉伯人该怎么办。他们却平静地说，发脾气也于事无补，只会使人觉得更

烦躁。爆胎是安拉的旨意，没有办法可想。于是，他们坐着 3 个轮子的车继续
前进，可没走多远，车子又停住了——这回是没油了。他们没有一个人对此抱
怨，酋长只有一句轻轻的祈祷。他们并不因为司机所带的汽油不足而向他大声
咆哮，大家反而保持冷静，一路上还不停地唱着欢快的歌曲。

在和阿拉伯人生活的 7 年中，波德莱终于明白那些在美国和欧洲常见的酗
酒、疯狂及精神问题，追究根源正是现代人引以为傲的文明生活所制造出
来的。

而在撒哈拉，波德莱就没有烦恼，他在那里找到了大部分人想要寻找却难
以找到的——生理和心理的满足与平和。而这正是我们大多数人努力寻找却找
不到的东西。

很多人认为宿命论愚蠢可笑，或许他们是对的。但是有许多事情都能让我们感觉到，命运是上天早已安排好的。假如波德莱在 1919 年那个酷热的八月午后，没有和"阿拉伯的劳伦斯"谈上 3 分钟，那他将会走上完全不同的人生道路。

以后的日子里，波德莱常常会回首过去，他发现生活中无处不受到无法控制的时间的影响。虽然他已经离开撒哈拉，但很多年来，他仍保持着阿拉伯人的那种心态：平和地接受那些你不能避免的事实。这令他不再焦躁与不安，比服用上千支镇静剂更为有效。

我们都不是穆罕默德的信徒，都不愿意成为宿命论者，可当我们遇到生活中那狂暴的风沙时，既然无法躲避，不如先坦然接受这不可避免的一切，然后再收拾一切，重新来过。

第八十九章　自卑不能解决问题

假如你远离职场，你可能会产生一些心理上的问题。那么，请说出来，这样可以更深入地看清问题，从而找到更好的解决方法。虽然没有人知道确切答案，但所有的人都知道，畅谈一番，"把胸中的闷气发出来"，马上就会觉得十分畅快。

卡耐基《人性的优点》

去年秋天，我的助手到波士顿参加一次世界性的医学实验。这个实验非同寻常。医学的？是的，是的，在波士顿药房每星期要进行一次。经过患者同意后，这确实是一种物理疗法，还要参加固定的医学检查。它的正式名称叫"应用心理学"，主要意图是为一些因忧虑而生病的人提供治疗，这些病人大多数是家庭主妇。

为这些忧虑患者上课是怎样开始的呢？1930 年，威廉·奥斯勒的学生约瑟夫·普雷特博士发现：到波士顿医院寻求治疗的女病人，大部分并没有生理上的毛病。一个女病人声称自己的双手因为"关节炎"而无法活动，另一个则说自己患了"胃癌"，十分痛苦。至于其他人，有的是头疼，有的是腰疼，这些病痛长年发作。但经过最彻底的医学检查，医生们发现，这些家庭主妇完全正常，没有任何问题。因此他们认为，那些疾病全部是想象的，"这完全是头脑有问题"。

但是，普雷特博士意识到，她们中的大多数人并不想真的有病，如果仅仅让她们回家去，然后把这件事忘掉是没有效果的。如果让她们这样做，结果会怎样呢？

于是，他开办了一个实验班——帮助她们治愈心理上的疾病。于是，"应用心理学"也就诞生了。对于普雷特博士的做法，医学界最初抱着怀疑的态度。但结果出乎意料的好，实验班成立18年来，"治愈"了成千上万的病人，有的病人甚至上了好几年课，仿佛一个虔诚的教徒。我的助手曾和一名妇女交流，她在实验班上了9年课，而且很少缺席。她说她刚来时，深信自己患了肾炎和心脏病，这使她极度忧虑和紧张。有时候，突然看不见东西，于是又担心会失明。现在，她充满自信，非常快乐，非常健康。虽然她膝下已经有了孙子，但看上去只有40岁。"过去，我因为忧虑给我的家庭造成很多麻烦，"她说，"我甚至想到死，但是在心理医疗诊所，我学会了抑制忧虑，我可以真诚地说，现在，我自己的生活非常幸福。"

罗斯·海芬汀博士——实验班的医药顾问说："减轻忧虑的最佳药物就是：和你信任的人谈论自己的问题，我们将其称之为'净化作用'。病人来到这里，可以尽量谈论自己的问题，直到把这些完全从大脑中赶出去。当一个人暗暗忧虑时，精神上会造成极大的损失。我们应该学会让别人分担问题，同时也分担别人的忧虑。必须让病人感到，世界上还有人愿意倾听她们的话，能够了解她们。"

我的助手描述，她亲眼看到一个妇女说出心里的忧虑之后，露出非常解脱的表情。她有很多家务方面的问题，当她刚刚开始谈论时，整个人就像一个压紧的弹簧，但她一边说，一边平静下来，说完之后，居然面带微笑。那么，她的问题是否已经得到了解决呢？不，当然没有，事情不会如此简单。她之所以发生这种改变，是因为她能和别人交流，得到一些同情和忠告，使她发生变化的是——语言，它具有强有力的治疗功能。

从某种意义上来说，心理分析的基础就是语言的治疗功能。从弗洛伊德开始，心理学家们就明白：只要病人能够说话，仅仅说出来就能解除他们心里的

忧虑。原因在于，说出来之后，可以更深入地看清问题，从而找到更好的解决方法。虽然没有人知道确切答案，但所有的人都知道，畅谈一番，"把胸中的闷气发出来"，马上就会觉得十分畅快。

所以，下次，当你再次遇到情感上的难题时，为什么不找个人谈谈呢？当然，我并不是说随便抓一个人，向他倾吐所有的苦水和牢骚。而应该找一个值得信任的人，亲属、朋友、医生、律师都可以，跟他约一个时间，然后告诉他："我有个问题，希望你能听我谈谈，或许你可以给我一点忠告，因为旁观者清，说不定从另外一个新角度可以认识问题。即使你做不到这一点，只要你肯听我说说这件事，也等于帮了我的大忙。"假如你实在找不到可以谈话的人，我可以指点你去"救生联盟"——这个组织和波士顿的实验班完全没关系。可以说，"救生联盟"是世界上最不寻常的组织之一，它可以防止即将发生的自杀事件。经过许多年的努力，它的服务范围逐渐扩大，现在，它可以给那些不快乐的人，或者情感上有所需要的人提供精神安慰。我拜访过几次洛娜·彭尼尔小姐，她常常和那些到"救生联盟"寻求帮助的人会谈。

把心里话说出来，这是在波士顿医院安排的课程中，最主要的治疗方法。我们还从那个课程里得到了另一些做法，如果你是个家庭主妇，可以在家里尝试一下。

（1）准备一本"供应灵感"的剪贴本。你可以在上面贴上自己喜欢的或可以振奋精神的诗或是名人格言。如果你感到精神颓丧时，翻开这个本子，也许可以找到治疗的药方。在波士顿医院的很多病人都把这种剪贴本保存好多年，她们说这就相当于在你的精神上"打了一针"。

（2）不要太过于操心别人的缺点。不错，你的丈夫身上的确有很多缺点，但如果他是个圣人的话，可能他根本就不会娶你了，对吗？在那个班上有一个女人，她发现自己变成了一个苛刻、挑剔，还常常拉长一张脸的女人。当有人问她"如果你丈夫死了，你该怎么办"的问题时，她才发现了自己的短处。她当时确实吃了一惊，连忙坐下来，把她丈夫所有的优点都详细地列举出来。她写的那张单子真是太长了。所以，如果你下一次觉得嫁错了人的话，何不也试着这样做呢？也许在你总结了他所有的优点之后，你或许会发现他正是你期盼遇见的那个人。

（3）要对你的邻居以及那些和你共同生活在一条街上的人有一种友善而健康的兴趣。有一个女人很孤独，她觉得自己非常"孤立"，一个朋友都没有。有人建议她试着把她下一个将要碰到的人当成故事里的主角，为自己编一个故事。于是，她开始在公共汽车上为她所看到的人编故事。她设想碰到的那个人的背景和生活，试着去想象他的生活状况。后来，她一遇到别人就主动和人聊天，而现在她活得非常开心，变成了一个令人喜欢的人，也治好了她的"痛苦"。

（4）每天晚上上床睡觉之前先安排好明天的工作程序。这个班上的很多家庭主妇都因为做不完的家事而感到疲倦不堪。她们的工作好像永远也做不完，总是被时间追来赶去。为了治好这种匆忙的感觉和忧虑，建议这些家庭主妇在头一天晚上就为第二天的工作做好安排。结果如何呢？她们能完成许多工作，却不会感到以前那种疲劳；同时她们还因为做出了成绩而感到非常骄傲，甚至还有时间休息和"打扮"（每个女人其实每天都应该抽出时间来打扮自己，让自己看上去漂亮一些。我认为，当一个女人知道她的外表很漂亮的时候，她的情绪就不会那么"紧张"了）。

（5）放松是避免紧张和疲劳的唯一方法。放松！放松！再没有什么会比紧张和疲劳更容易使你苍老，对你的外表更有害的了。我的助手在波士顿医院举办的那个课程班上坐了一个小时，听负责人保罗·琼森教授谈了许多我们在前一章已经讨论过的原则——让人放松的方法。在10分钟的自我放松训练结束之后，我的助手由于也和其他人一起作了这些练习，以至于快要坐在椅子上睡着了。为什么生理上的放松有这么大的作用呢？因为这家医院知道，放松是你消除疲劳所必须做到的。

是的，作为一个家庭主妇，一定要懂得怎样让自己放松。你有一点强过别人的地方，那就是只要想躺下随时就可以躺下，而且你还可以躺在地上。奇怪的是，那种硬地板比里面装着弹簧的席梦思床更有助于你放松自己。那是因为地板给你的抵抗力比较大，对脊椎骨大有好处。

下面就是你可以在自己家里所做的一些运动。先试一个星期，看看对你的外表有怎样的好处。每天做两次：

（1）只要你觉得疲倦了，就平躺在地板上，尽量把你的身体伸直，你可以想转身就转身。这样每天做两次。

（2）闭上你的双眼，像琼森教授所建议的那样对自己说："太阳当头照耀，天空蓝得发亮，大自然非常寂静，控制着整个世界——而我是大自然的孩子，也可以和整个宇宙协调一致。"

（3）如果你不能躺下来，因为你正在炉子旁煮菜，而没有时间，那么，只要你能坐在椅子上，得到的效果也是一样的。在一张硬直背椅子上，像古埃及坐像那样，把你的两只手掌向下平放在大腿上。

（4）现在，慢慢蜷缩你的十个脚趾，然后让它们放松——收紧你的腿部肌肉，然后让它们放松。慢慢地由下至上运动各部分肌肉，一直到你的颈部。然后让你的头向四周转动，好像你的头是一个足球，你要不断地对自己的肌肉说："放松……放松……"

（5）用缓慢而稳定的深呼吸来平定你的神经，要从丹田吸气。印度的瑜伽功做得不错，有规律的呼吸是安抚神经的最好方法。

（6）想想你脸上的皱纹，尽量将它们抹平；把你皱紧的眉头松开，不要闭紧嘴巴。如此坚持每天做两次，也许你就不必再去美容院进行按摩了，而这些皱纹就会从此远离你了。

【世界经典文学珍藏版】

李志敏⊙编著

卡耐基经典全集

◎尽览世界经典文化的博大精深 ◎读传世典籍，赢智慧人生——受益终生的传世经典

卷四

民主与建设出版社
·北京·

第九十章

赞扬的魔力

　　大多数人天生就渴望赞美。一句赞扬的话，就像魔棒在他的心灵上点击而闪出的耀眼火花。

第一节　慎对恭维

赞扬与恭维如同一对双生子，往往难以辨别，而我们仍能发现它们的不同。它们一个是真诚的，另一个不是真诚的；一个出自内心，另一个出自牙缝；一个为天下人所喜欢，另一个为天下人所不齿。

——卡耐基　《人性的弱点》

在墨西哥城的查普特培克宫，有一尊奥布里冈将军的半身像。在那座半身像之下，刻着奥布里冈将军的哲学智慧之语：别担心攻击你的那些敌人，要担心恭维你的那些朋友。

美国迪斯尼公司创办者沃尔特在给妻子写的一封信中说："这个行业没有机智，没有应变能力，没有专业培训是不容易显露头脚的。有些一肚子诡计的人，看起来很可爱，往往由于没经验，反而容易上当。之所以我没有像羊入狼群，是因为我庆幸我请教了一个人。我很乐观，自信……我认为很值得让人放心的是鲍维斯。"

然而，欺骗沃尔特的人，不是别人，正是他非常信任的那个鲍维斯。鲍维斯说，卡通影片录音方面，他拥有一组称为"电影声"的独立录音系统。据说只需要一两位音效人员和五六件乐器即可。沃尔特的信任，使一笔又一笔的钱流进了鲍维斯的口袋，最后鲍维斯对沃尔特假惺惺地说："我特别想帮助你。你的米老鼠也可用来推销我需要的电影声。比大公司给你的钱还要多，我可以帮你做到。我可以负担卖到每一个州的放映卡通片的权利的一切费用，包括推销员的开销。给我十分之一的毛利就行了。这是摄制卡通片的钱，我先借给你。"

一个月过去了，但一直没有支票汇过来，满怀希望的沃尔特派人去了一趟纽约，还是没有拿到，这时的沃尔特才恍然大悟：鲍维斯是个大骗子。

曾为墨西哥革命英雄维拉做顾问的更塞·雷辛被沃尔特请去当法律顾问。1930 年 1 月，沃尔特请他去纽约找鲍维斯谈判，鲍维斯说，他并不重视米老鼠，米老鼠的成功不过是无意的，他只负责推销电影声，他希望续约在一年后顺利进行。沃尔特提出不付清旧账，免谈续约。鲍维斯说他能让对方续约，随后，他拿出一封由乌比和鲍维斯签约，并由他每星期给乌比 300 美元摄制新卡通片集的电报给沃尔特看。

与他一起辛苦创业的乌比也会背叛他！这怎么可能？沃尔特一下子像被推下深渊，呆呆地愣在那里。他没有想到，这是自己喜欢恭维而种下的恶果。

生活中，恭维无处不在地围绕着人们，甚至维多利亚女皇也被恭维所动。德莱里承认，他在女皇面前常常使用恭维这一法宝，引用他自己的话就是"厚颜无耻地恭维"。但是，德莱里是所有统治过大英帝国的人中最老练、最技巧、最有办法的人之一。在他那一行中，不能不称他是一名天才。

当然，对他人有效的方法，不见得对我们有效。恭维对你害多于益，恭维是假的，就像假钞一样。如果你要使用，最后总会惹上麻烦。

英王乔治五世，在他白金汉宫书房的墙上，贴着一幅六句格言，其中有一句是：教我如何不奉承也不接受廉价的赞美。恭维只是廉价的赞美，是对另一个人说出正好是他对自己的想法。然而不论你使用什么语言，你所说的还是对你自己的写照。

如果只要恭维就能够达到目的，大家就会争相恭维起来，那我们就都是做人处世的专家了。

当我们没有思考一些确定的问题时，通常会把我们时间的 95％ 用来想着我们自己。现在，如果我们停止不想自己一会儿，开始想想别人的好处，我们就不会诉诸那些廉价的、还没有说出来就知道是虚情假意的恭维了。

过分的赞扬近于阿谀奉承，而对赞扬的吝啬就显得太过清高。适当的赞扬，会让人欢心地感受到你的友善。

第二节　多些赞扬，少些指责

你要得到别人的赞同，你要得到别人对你的承认，你要得到你在你的小世界中重要的感觉，你不要听卑贱不诚的谄媚，你渴求真诚的欣赏。你要你的朋友及同人，像斯瓦伯所说的，"诚于嘉许，宽于称道。"我们都愿意那样。

——卡耐基　《人性的弱点》

用赞扬来代替批评，是著名的心理学家史京勒心理学的基本内容，史京勒通过动物实验证明：由于表现好而受到奖赏的动物，它们在被训练时进步最快，耐力也更持久；由于表现不好而受到处罚的动物，那么它们的速度或持久力都比较差。研究结果表明：这个原则同样适用于人。我们用批评的方式并不能改变他人，反而经常会适得其反。

发现他人出现错误，我们通常会做的一件事就是批评他，以使之改正。而事实上，与批评相比，鼓励和赞扬更容易使人改正错误，又更容易让对方接受。

汤姆已经40岁了，但他十分想再学习一下舞蹈，于是，他请来了一位老师。课程一开始他就像20岁的时候一样跳，而老师却告诉他，跳的全都不对，必须将一切忘掉，重新开始。这使汤姆很灰心，便把那位老师辞掉了。

第二位老师就很会讲话，她说汤姆的姿势或许有点旧式，但基本功还是不错的，并且使他相信，不必费时就可以学会几种新舞步。她不断地称赞汤姆做得优秀，以减少他的错误。她赞扬汤姆有天生的韵律感，说他是一位天生的跳舞专家。这给予了汤姆很多希望，并使他不断进步。

其实，汤姆知道自己根本跳得就不好。而老师的赞扬，让他十分开心，也十分愿意继续学下去。

威廉在一个邻近的街区新开了一家名叫"健康"的药店，而帕克·巴

洛——一位经验丰富和声望极高的药店主，对此感到非常气愤。他指责威廉卖假药，并且毫无配药方的经验。

威廉受到攻击后，很是气愤，准备为此事向法院起诉。他去请教一个律师，这位律师劝告他说："别把这件事闹得满城风雨了，你不妨试试表示善意的办法。"

第二天，当顾客们又向他述说帕克的攻击时，威廉说："我想一定是在什么事上产生了误会。帕克是这个城里最好的药店主之一，他在任何时候都乐意给急诊病人配药。他这种对病人关心的态度给我们大家树立了榜样。我们这个地方正在发展之中，有足够的余地可供我们两家做生意。我是以帕克医生的药店作为自己榜样的。"

当帕克听到这些赞扬的话后，自觉惭愧，便急不可耐地去见威廉，并向他介绍了自己的一些经验，同时提出了一些有益的劝告。

后来，这两家药店的生意都非常好。由此可见，善意的赞美比批评更能征服人心。

大量的事实证明，当批评减少而鼓励和夸奖增加时，人所做的好事会增加，而比较不好的事会因受忽视而萎缩。

赞扬就像浇在玫瑰上的水，最终将会开出让人心动的花朵。赞扬别人其实并不费力，也许只是需要几秒钟，便能满足人们内心的强烈需求。

赞扬在领导与下属的关系中也尤为重要。一句赞扬可以让下属拼命地干，并且十分努力。但一句批评，就有可能使他站到你的对立面。

罗斯是一家印刷厂的厂主，有一次，他收到一份印得非常糟的印刷品，这是一名新工人干的活。新工人刚上班没多长时间，因为动作慢，怕完不成任务，所以慌慌张张地，没有注意产品的质量，只注意数量，印出的产品大多都不合格。车间的主管因此总是狠狠地训斥他工作不认真，说如果都像他那样做，工厂的次品就要堆积成山了，大家都只能回家了。

罗斯知道这件事后，找到了那名新工人，告诉他，昨天看到他的工作成果，印得不错。并赞扬他干劲十足，每天都能生产那么多的产品。要是每一名工人都像他这样有激情，工厂就会少很多对手了。最后罗斯希望他好好地干下去。

罗斯没有一句批评他的话，他的表扬激励了这名新工人。果然，后来他干得非常出色。

我们每个人都希望得到别人的赞扬，同时也害怕别人的指责。所以，我们应将心比心地为他人着想，多些赞扬，少些指责。

第三节　暗示的力量

赞扬和鼓励都是一种暗示。一些赞扬的暗示性语言或行动，能使人在低落与彷徨的时候重新获得勇气。

——卡耐基　《人性的弱点》

暗示能使人把面粉当做药剂而治好病，也可能使人把蜂蜜当做毒液而丧了命，这就是它的神奇作用。

有一次，英国诗人罗杰斯在一家饭馆里吃饭，他认为他背对着的窗户没有关，有很多冷风从外面吹进来，因此担心自己有可能感冒。果然，饭后回家他即开始出现感冒症状。但事实上，他背后的窗户并不是没有关，也没有什么冷风吹进来，导致他感冒的真正原因完全是他的心理作用，他认为有冷风吹袭自己的后背，所以暗示自己会患感冒，结果就真的发生了。

暗示是一种心理现象，是人们接受某种信息，并对其进行感知、推理、判断、论证等的过程。而这些信息可能来自于自己对事物的主观认识，也可能来自于别人对自己的某些行为的反应，但归根结底都是自己思考的结果。是自己对信息加工之后它才发挥了作用。

我们也许都很羡慕明星们的美丽与非凡气质，其实这些往往来自于众星捧月的暗示。

我们有理由相信，每个人都可以成为明星。

一位美国心理学家做过一个实验，他在某一所中学挑了一个班，并向校长说这个实验可以让他看到一个奇迹。

班上有一名女生叫珍妮，她相貌平平，一点也不引人注意。心理学家找了个机会，把全班除了珍妮以外的所有人召集起来，他告诉大家，从今往后，所有人都要把珍妮当做全班最漂亮、最迷人的女孩儿，三个月后，就会收到意想不到的效果。

于是，从那天起，同学们改变了对珍妮的态度，这令珍妮受宠若惊。男生们把漂亮女生撇在一边，而向珍妮大献殷勤；女生们时常羡慕地望着她。老师们也改变了对她的态度，上课时，总是叫她回答问题，答对了便会得到夸奖。珍妮像坠入梦境一般，她不明白自己怎么会由一个灰姑娘一下子变成了白雪公主。

一个礼拜过去了，大家仍然这样众星捧月般对待她。她开始注意起自己的形象了，她眉头舒展开了，胸脯挺起来了，心情也渐渐开朗了，还经常与朋友一起尽情玩乐。

两个月后，全班同学惊奇地发现，珍妮真的改变了。容貌虽然不是美丽绝

伦，却也楚楚动人，微笑常常挂在脸上。后来，选班长的时候，大家也一致选她。

实验的开始，大家都是逢场作戏。而这种赞美的暗示，却真的改变了珍妮，大家也都真心实意地喜欢她了。

逢场作戏的鼓励中，却暗示了一种赞扬。这种赞扬别人并不拒绝接受，于是，我们也不应再拒绝赞扬了。

第四节　给他一个美名

我们通常都希望别人能遵照自己的意愿去做某件工作，但是，要让别人乐意照着你的意愿去做，你就必须让他明白，他对你有多么重要。这样，他便会觉得这件事对他也有多么重要。

——卡耐基　《人性的弱点》

回顾 1915 年，当时的美国人心绪不安。因为一年多以来，欧洲国家间的互相屠杀，在人类血腥的纪录上从未有如此惨烈的状况，还会有和平吗？没有人知道，但当时的美国总统威尔逊决心一试。他派了一个私人和平使者去和欧洲的列强会谈。

国务卿威廉·吉尼·拜扬是和平的拥护者，很想去做这件事。他认为这是个推荐自己并使自己的名字永垂不朽的机会，但威尔逊指派了另一个人——他的挚友兼顾问克罗尼尔·艾德华·豪斯。这件事对克罗尼尔来说非常棘手，他不知如何告诉拜扬这个不受欢迎的消息，并且不冒犯他。

拜扬知道克罗尼尔是驻欧和平使者之后，非常失望。因为在这之前，拜扬早就计划着自己去做这件事。

但克罗尼尔找到了一种很好的表达方式。他对拜扬说，总统认为，派官方人员去不妥。假如拜扬去的话，会引起很多人的注意，人们会奇怪为什么派他去。

这是一个很有意思的暗示。克罗尼尔其实是告诉拜扬，他太重要了，担当这个任务太显眼，拜扬对此解释就没什么话可说了。

克罗尼尔精于处世之道，他遵从了人际关系中一项很重要的法则：让别人乐意做你所建议的事。

一句简单的赞扬，从我们口中说出也许并不算什么，但对于被赞扬者来说，可能具有非同一般的意义。

给他一个权威的称号，用赞美给予他尊严，他就会成为你的观点的坚决拥护者。

假如你要在领导方法上超越自我，希望改变其他人的态度和举止时，不妨试一试给他人一个美名，让他为此而努力奋斗。

布鲁克林的一位四年级老师鲁丝·霍普斯金太太看过班上的学生名册后，在学期的第一天，对新学期的兴奋和快乐中却染上忧虑的色彩：今年，在她班上有一个全校最顽皮的"坏孩子"——汤姆。汤姆三年级的老师，不断地向同事或校长抱怨，只要有任何人愿意听，就会不停地说汤姆的坏事。他不只是做恶作剧而已，跟男生打架，逗女生，对老师无礼，在班上扰乱秩序，而且情况好像愈来愈糟。他唯一能让人放心的是，能很快地学会学校的功课，而且非常熟练。

霍普斯金太太决定立刻面对"汤姆问题"。当她见到她的新学生时，她说

罗丝穿的衣服很漂亮，爱丽丝画画很不错。当她念到汤姆时，她直视着汤姆，告诉他，他是个天生的领导人才，今年要靠他帮老师把这个班级变成四年级最好的一班。在开始几天她一直强调这点，夸奖汤姆所做的一切，并评论说他的行为代表着他是一位很好的学生。

有了值得奋斗的美名，即使一个 9 岁大的男孩也不会令人失望，而他真的做到了这些。

头衔单独存在时，并没有什么意义，而将它送给一个需要它的人，就会对那个人产生决定性的作用。一切改变了，他会为此而奋斗。

韩特·舒密特的商店里有位雇员经常在食品店忘了把价格牌摆在各种物品前面，这使得顾客经常搞不清价格，频频抱怨这件事。提醒她，劝告她，跟她谈都没起什么作用。最后，舒密特先生把她请进办公室，跟她谈了请她负责全店的标价牌事宜，这马上使得她的态度完全改变。从那时起，她就非常负责地做她的价格牌监督了。

这样做也许有人会认为幼稚，而且这也是人们批评拿破仑的话。当他定制了荣誉勋章，颁发了 15 000 个给他的部下，又把 18 个将军升为"法国元帅"，以及称他的军队为"无敌陆军"的时候，有人批评拿破仑用"玩具"捉弄摆布饱受战争洗礼的老兵，而拿破仑答道："人就是被玩具所统领的。"

这个"赋予名号头衔"的政策，能为拿破仑所用，当然也能为你所用。例如，恩尼斯特·杰安特住在纽约史卡斯达尔，她因一群男孩踏过她的草地，损毁了她的草地而烦恼。她尝试过斥责、哄骗，但都没用。于是她试着给那群孩子中最坏的一个起名号，给他一个权威感。她命他做她的"探长"，由他负责驱逐所有入侵草地者，这就解决了她的问题。她的"探长"在后院燃起了一堆火，烧了一块烙铁，并威胁其他的孩子，别踏进草地，否则他就要给他烙上一个记号。

对于很多虚荣的人，也许可以放弃利益，但名声往往不容易放弃。所以，一个美名的作用，往往多于物质上的鼓励。

第九十一章

多想想别人

    让我们用理解代替责备，设身处地地为他们想想，为什么他们会这样做，这样做比批评更加有益。而且这样，就会使我们产生同情、容忍、仁慈之心。"理解就是宽容。"

第一节　站在对方的角度看问题

　　探查别人的观点，并且在他心里引起对某项事物迫切渴望的需要，并不是指要操纵这个人，使他做只对你有利而对他不利的某件事，而是两方面都应该在这种状况下有所收获。

——卡耐基　《人性的弱点》

　　在劝说别人做些什么事情时，开口之前，先停下来问，自己如何使他心甘情愿地做这件事呢？

　　讲师罗杰曾向华盛顿某家饭店租用大舞厅，每一季度用 20 个晚上，举办一系列的讲座。

　　在某一季开始的时候，他突然接到通知，说他必须付出几乎比以前高出 3 倍的租金。而得到这个通知的时候，入场券已经印好发出去了，而且所有的通告都已经公布了。

　　罗杰当然不想付这笔增加的租金，可是跟饭店的人谈论这件事，是没有什么用的，他们只对他们所要的东西——金钱感兴趣。因此，几天之后，他去见饭店的经理。

　　罗杰先表示，收到通知有点吃惊，接着又说这根本不怪他。如果换作是自己，也可能会发出一封类似的信。作为饭店的经理，有责任尽可能地使收入增加。如果不这样做，将会丢掉现在的职位。

　　然后，罗杰取出一张信纸，在中间画一条线，一边写着"利"，另一边写着"弊"。

　　他在"利"这边的下面写下这些字：舞厅空下来。接着分析把舞厅租给别人开舞会或开大会的好处。这是一个很大的好处，因为这类活动，比租给人家当讲课场地能增加不少收入。如果舞厅被占用 20 个晚上来讲课，对饭店当

然是一笔不小的损失。

但有一点，这些课程吸引了不少受过教育、修养高的人士到饭店来。这对饭店是一个很好的宣传。

因为即使花费 5000 美元在报上登广告，也无法像这些课程能吸引这么多的人来这家饭店。这对一家饭店来讲，十分有价值。

罗杰一面说，一面把这些分析写在纸上，然后把纸递给饭店的经理，并回到办公室等待经理的决定。但是他知道自己已经胜利了。

第二天，罗杰收到一封信，通知他租金只涨 50%，而不是 300%。

我们可以看到，罗杰没有说一句他所要的，就得到这个减租的结果。他一直都是谈论对方所要的，以及他们如何能得到他们所要的。

假设他做出平常一般人所做的，怒气冲冲地冲到经理办公室去责问这件事，那么情形会怎样呢？一场争论就会如火如荼地展开。

而谁都明白争论会带来什么后果。甚至即使罗杰能够使那位经理相信自己的决定是错误的，他的自尊心也会使他很难屈服和让步。

可以换个角度看问题，比如站在他人的立场上看。有时，我们会看到自己从前的可笑，更多的时候，我们会了解别人的看法，从而使事情得以顺利解决。

麦克对他的小儿子十分担心，因为他体重不足，又不好好进食。麦克一开始采取的是一般人的方式——呵责和唠叨：母亲要你吃这个，吃那个；父亲要你长得又高又大。

孩子会理会父母的这些要求吗？显然是不能的，就像你对地上的石头一样地不理会。

任何具有常识的人，都不会期望一个3岁的小孩对30岁的父亲的观点有什么反应，但这正是麦克所期望的。麦克最后才看出了这点，于是他开始反问自己，孩子需要什么，并开始想怎样把自己的需要变成孩子的需要。

当他开始往这方面想时，事情就容易了。他的孩子有一部三轮脚踏车，他喜欢在家门口的人行道上骑来骑去。他家附近住着一个比他大的孩子，常把他拉下来，将脚踏车抢去骑。

当然，这个小男孩就哭叫着跑回去告诉母亲，母亲就会立刻出来，把那个大孩子拉下来，把自己的小孩再抱上脚踏车。这种事情几乎每天都在发生。

这个孩子要的是什么？即使你不是福尔摩斯，也知道这个问题的答案。他的自尊、他的愤怒、他渴望得到自己是重要人物的感觉。所有他最强烈的情感，驱使他采取报复，把那个大孩子的鼻子打扁。而当他父亲告诉他说，有一天他可以把那个较大的孩子打得落花流水，如果他肯吃母亲让他吃的食物——一旦他父亲向他保证这点，他就不再有偏食的毛病了。麦克的小儿子开始愿意吃菠菜、泡白菜、咸鲭鱼及任何东西，以便快点长大，把那个时常羞辱他的小霸王痛揍一顿。

人的一生可以不断认识到许多东西，比如逐渐以别人的观点来思考，以别人的观点来看事情。

汤姆5岁了，可是还有尿床的坏习惯，而家里人都没办法对付他。

他一般跟他的祖母同睡。每天早上，他的祖母醒来，就会摸摸床单，然后告诉他昨晚他干的好事。而他无论如何也不承认，有时还会说那是祖母干的。

责问他，打他，一再地说他母亲不要他尿床，这一切都无法使床铺保持干爽。因此，他的父母就一直在为怎样才能使汤姆停止尿床而发愁。

后来父母明白了首先要知道汤姆想要的是什么。

第一，他想跟爸爸一样穿着睡衣，而不要像祖母一样穿着睡袍。祖母受够了夜间的骚扰，因此，如果他不尿床，很乐意为他买一件睡衣。

第二，他想要有一张自己的床。

母亲带他到百货公司，对店员小姐眨眨眼。

店员小姐使用能使孩子觉得自己重要的语气问，能拿些什么东西给他看看呢。

汤姆站在那儿，说他要为自己买一张床。

当店员小姐把一张他母亲希望他买的床给他看了之后，她对店员小姐眨眨眼，于是汤姆就在她们的劝说下，买下了它。

床在第二天被送来了。那天晚上父亲回到家时，汤姆就跑到门口叫他父亲到楼上来，看看他为自己买的床。

汤姆遵守了他的诺言，再也没有尿湿这张床，因为事关他的自尊心。这是他的床，他自己买回来的。而他现在穿着睡衣，像个小大人，他希望自己的举动像个大人，他办到了。

对别人的言行不以为然，实际上也是缺乏主见的表现。独到的见解不是抛弃别人的观点，而是在了解别人的观点中发现新的东西。

第二节　对他人感兴趣

不自私而愿意帮助别人的人，自己也会有很大的收获。一个能从别人的观点来看事情，能了解别人心灵活动的人，永远不必为自己的前途担心。

——卡耐基　《人性的弱点》

著名的古罗马诗人贺拉斯说："要想让别人对我们感兴趣，我们就必须先对别人感兴趣。"每个人都希望受到别人的关注和重视，都希望别人对自己感兴趣。如果我们表现出对他人感兴趣，那么我们就会被他人喜欢，受到他人的关注。对他人感兴趣，就要对他人说的话、做的事、他人的喜好等一切都感兴趣，真诚地关注他，尊重他，将他放在重要的位置，让他觉得自己受到重视。

对他人感兴趣，其实就是一种态度，一种积极友好的态度，一种正确的人际交往的态度。事实上，这也是一种交往的技巧，一种获得良好的人际关系的感情投资。这个技巧无论在何时何地，无论是任何人都可以使用，并且很容易做到，它虽然简单却非常有效。

短篇小说的写作理论

有一次，著名杂志主编柯里尔到纽约大学给学生讲授短篇小说的写作理论。在课堂上，他说，每天他都要看许多篇风格各异的稿件，但每篇稿件只要看上几段，就可以知道文章的作者是否喜欢读者，如果作者不喜欢读者，那么读者也一定不会喜欢他的文章。在讲授快要结束的时候，他语重心长地总结道："虽然我说的这些不是小说的创作理论，但如果你想成为一名成功的小说家，你就必须喜欢读者，对读者感兴趣。"

其实这个道理在人际交往中也同样适用。

态度是相互的，你对别人感兴趣、重视别人，别人也会对你感兴趣，关注你，重视你。这不仅是人际交往的法则，也是获得成功的捷径。

詹姆斯·亚当森是纽约超级座椅公司的董事长，当他得知著名的乔治·伊斯曼为了纪念母亲，要建造伊斯曼音乐学校和尔伯恩剧院时，他很想得到这两座建筑物座椅的订单。然而，伊斯曼只答应和他会晤五分钟。

"我从未见过这样漂亮的办公室。如果我有一间这样的办公室，我也一定会埋头工作的。"亚当森是这样开始谈话的。他又用手摸摸一块镶板，说道："这不是英国橡木吗？条纹跟意大利的稍有不同。"

"是的，"伊斯曼回答，"这是一位对木材特别有研究的朋友替我选的。"

接着，伊斯曼就带他参观整个办公室，兴致勃勃地介绍那些比例、色彩和手艺。

一小时过去了，两小时过去了，他们愉快的谈话还在继续。最后，亚当森终于从伊斯曼那里得到了满足。这是自然的，因为亚当森给了伊斯曼满足。

几乎所有成功者，所有人际关系的高手，都是因为他们先对他人感兴趣、喜欢别人，才最终获得了别人的支持和帮助。

伊利亚是哈佛大学最成功的校长之一，他很有亲和力，广受师生们的支持和爱戴。有一次，一名贫困生到校长室去领取学校的救助贷款，伊利亚亲自将装有 100 美元的信封交给他。"听说你在寝室里自己做饭，"那名学生正要出门的时候，伊利亚叫住了他，"如果你觉得自己做饭还不错的话，就继续坚持吧。我觉得这样很好，既经济又实惠，吃起来还很美味，我在大学的时候也自己做饭吃……你做过土豆炖牛肉吗？如果炖得很熟很烂的话非常好吃，还很有营养，我过去经常做。"

从不对别人感兴趣的人，其生活必然面临重大困难，同时他的态度会严重地伤害别人，他无法与任何人建立良好的关系。正是这种人，让人们之间的关系不和谐，让人们有了许多失败的经历。

对他人感兴趣，可以拉近你们之间的距离，建立良好的人际关系，是获得好人缘的有效办法。

第三节 多考虑别人的感受

如果成功有任何秘诀的话，就是了解对方的观点，并且从他的角度和你的角度来看事情的那种可能。

——卡耐基《人性的弱点》

称量别人，先揣度自己，将他人放在第一位，而将自己放在第二位。也就是说，无论做什么事情，都要先考虑到别人的感受。

在一次电视台的综艺节目中，主持人向嘉宾提出了这样一个问题："电梯里常常会有一面大镜子，你们认为这镜子是干什么用的呢？"

有的嘉宾回答："用来检查一下自己的着装仪表。"

还有的说："用来扩大视觉空间，增加透气感。"

也有的回答："用来看看后面有没有跟进了不怀好意的人。"

在一再启发而仍不能说出正确答案时，主持人终于说出了非常简单的道理："电梯里的空间有限，肢残人进入电梯后往往为了看清楼层显示灯而不得不艰难转身。正是为了解决这一问题，才会在里面安装一面大镜子。"

嘉宾们都显得很尴尬，其中有一位就抱怨说："我们怎能想到这一点呢？"

是呀，我们考虑问题时常会海阔天空，但不幸的是，无论思路如何开阔，我们往往还是从自己出发的。

处处考虑别人的感受，处处替别人着想，是一种高尚的品格。谁能有这样的品格，谁就会赢得别人的尊敬，赢得更多的机会。

人称"经营之神"的日本著名企业家松下幸之助有一次在一家餐厅招待客人，一行六个人都点了牛排。等六个人都吃完主餐，松下让助理去请烹调牛排的主厨过来，他还特别强调："不要找经理，就找主厨。"

助理注意到，松下只吃了一半的牛排，心想一会儿的场面可能会很尴尬。

主厨来时很紧张，因为他知道找自己的客人来头很大。

"先生，您好！我是这家餐厅的主厨，您找我是不是牛排有什么问题？"主厨紧张地问。

"不，牛排真的很好吃，你烹调牛排的技术很娴熟，"松下说，"但是我只能吃一半。原因不在于厨艺，因为我已80岁了，胃口大不如前。"

主厨与其他的五位用餐者困惑得面面相觑。

松下接着说："我想当面和你谈，是因为我担心，当你看到只吃了一半的牛排被送回厨房时，心里会难过。"

大家终于明白了怎么一回事。

客人在旁边听见松下如此说，更佩服松下的品格，并更喜欢与他做生意了。

做事多想想别人，也许在无意中就会有一种美丽的收获。就像我们坐火车去某一个地方，如果只想着目的地，而对沿路的风景不屑一顾，那么这趟旅行便少了很多乐趣。而我们的人生就像是一趟旅行，旅行中我们会遇到很多人，多为别人想想，那么一路上我们就会多一段美丽的友情。

曾经有一座高山上住着一位高僧，每天这个高僧都要挑着两只桶到山下打水，以浇山上的菜园。时日久了，有一只桶便破了，开裂了一道缝，直到桶的腰际。从山上到山下的路崎岖不平，每次在山下小溪边灌满桶，但是到山上就只剩下半桶了。有的路人看到了觉得很疑惑，就问那位高僧为何不把桶修一下再挑水呢？高僧笑了笑，指着山路一边的许多不知名的野花说："如果不是这样，路边怎么会有这么多赏心悦目的花呢？我挑水浇的是菜园，也是这路边的美丽啊！"路人听了，看看山路上，开着花的那边真是那只漏桶的那边。

第九十二章

让他觉得想法是自己的

提出建议，然后让他自己去想出结论，他会获得自尊心的满足。因为没有人喜欢被强迫遵照命令行事，人们宁愿觉得想法是自己的，一切出于自愿。

第一节　让他觉得想法是自己的

如果你想影响他人，让他人接受你的思想方式，最好的办法就是让他人觉得这个想法是他自己的。

——卡耐基　《人性的弱点》

一位 X 光机器制造商，把他的设备卖给了布鲁克林一家最大的医院。那家医院正在扩建，准备成立全美国最好的 X 光科。怀特负责 X 光科，整天受到推销员的包围。他们一味地歌颂、赞美他们自己的机器设备。

然而，有一位名叫希尔的制造商，他却更具技巧，他比其他人更懂得对付人性的弱点。

希尔写信告诉怀特医生，说自己所在的工厂最近完成了一套新型的 X 光设备的生产任务。这套设备的第一部分刚刚运到办公室来，它并非十全十美，所以需要改进。

因此，他邀请怀特能抽空来看看它，并提出自己的宝贵意见，使它能改进得对这一行业有更多的帮助。并说他可以在指定的任何时候，派车子接送。

怀特收到那封信感觉很惊讶，又觉得受到很大的恭维。以前从没有任何一位 X 光制造商向他请教，这使他觉得自己很重要。那个星期，他每天晚上都很忙，他还是推掉了一个晚餐约会，以便去看看那套设备。结果，他看得越仔细，越发觉自己十分喜欢它。

没有人试图把它推销给怀特，但怀特觉得，为医院买下那套设备，完全是自己的主意，因为其优越的品质，于是就把它订购下来。希尔获得了成功。

让别人觉得办法或想法是他（她）想出来的，不只可以运用于商场和政坛上，也同样可以运用于家庭生活之中。奥克拉荷马州吐萨市的保罗·戴维斯的家庭就是这样。

他们准备享受一次最有意思的观光旅行。保罗以前早就梦想着要去看看诸如盖蒂斯堡的内战战场、费城的独立厅等历史古迹，以及美国的首都，法吉谷、詹姆斯台以及威廉士堡保留下来的殖民时代的村庄，也列在他想造访的名单上。

在三月里，他的夫人南茵提到她有一个夏天度假计划，包括游览西部各州，以及看看新墨西哥、阿利桑那州、加州以及内华达州的观光胜地。她想去这些地方游玩已经有好几年了。但是很明显的，大家不能既照保罗的想法又照南茵的计划去旅行。

而他们的女儿安妮刚刚在初中读完了美国历史，对于在美国发生的各种事件都极感兴趣。父亲便问她是否愿意在度假的时候，去看看她在课本上读到的那些地方，她说她非常喜欢。

两天以后，他们一家人围坐在餐桌旁。南茵宣布说，如果大家都同意，在夏天度假的时候将去东部各州。她还说这趟旅行不但对安妮很有意义，对大家来说，也是一件令人兴奋的事。

当我们有了一个巧妙的主意时，为何不让对方自己说出来，而不使对方认为是我们想到的？如此，他就会认为是他自己的主意，他会很喜欢。

达曼是位电话技师，他无法使他3岁的女儿吃早餐。平常那套责骂、请求、诱哄的方式都没有用，因此他和妻子就反问自己其中的原因，并想办法让她吃早餐。

这个小女孩喜欢模仿她母亲，喜欢感到自己已经长大成人。因此，有一天早晨，他们把她放在一张椅子上，让她做早餐。正在这紧要的一刻，做父亲的走进厨房，而她正在搅动早餐食物，她兴奋地告诉她爸爸说自己做了早餐。

这天早上，她在没有任何诱哄之下，吃了两碗麦片，因为她对麦片产生兴趣了。她得到了一种重要人物的感觉，她发现做早餐是一种自我表现的方法。

这正如威廉·温特尔所说：自我表现是人类天性中最主要的因素。

我们应当时刻关心他人，尤其是当人遇到挫折的时候。只有这样，你才可以得到别人的尊敬，成为他们真正的朋友。

每个人对于自己脑海中的想法，比别人提出的更有信心。提出建议，然后让他自己去想出结论，才是更明智的做法！

费城的亚夫·塞咨先生，突然发现他必须对一群沮丧、散漫的汽车推销员灌输热忱。他召开了一次销售会议，鼓励他们，并希望他们对他提出各种要求。他会在员工们说话的同时，把他们的想法写在黑板上。然后，他说，他会把大家要求的这些，全部给大家。现在他要大家告诉他，他有权利得到的东西，这就是：忠厚、诚实、进取、团结，每天热诚地工作八小时。会议在新的气氛、新的启示中结束。自此以后，销售量上升得十分可观。

塞咨先生说，这等于做了一次道义上的交易。只要每个人各自遵守条约，向他们探询他们的希望和愿望，就等于在他们手臂上打了他们最需要的一针。

快乐与人分享，就会多一份快乐；痛苦与人分担，就会少一份痛苦。我们需要与人沟通。

第二节　巧妙地改变别人的想法

当我们有一个很好的想法时，也不要急于去证明它的正确性。如果可以低调地将它融入别人的观点中并提出来，收到的效果要好于急切的争论。

——卡耐基　《人性的弱点》

改变别人的想法最大的一个障碍就是攻克对方的心理防线，消除对方由于对你的诚意表示怀疑而产生的戒备。否则，这道防线将像一堵墙，使你说的话说不到他的心里去，甚至使他产生反感。

北卡罗来纳州王山市的凯塞琳·亚尔佛德是一家纺纱工厂的工业工程督导，她很会处理一些敏感的问题。

停下来吧...

她的一部分职责是设计及保持各种激励员工的办法和标准，以使作业员能够生产出更多的纱线，从而使他们能赚到更多的钱。在只生产两三种不同纱线的时候，所用的办法还很不错，但是最近公司扩大产品项目和生产量，以便生产12种以上不同种类的纱线，原来的办法便不能以作业员的工作量而给予他们合理的报酬，因此也就不能激励他们增加生产量。凯塞琳已经设计出一个新的办法，能够根据每一个作业员在任何一段时间里所生产出来纱线的等级，给予他适当的报酬。设计出这套新办法之后，她参加了一个会议，决心要向厂里的高级职员证明这个办法是正确的。凯塞琳说他们过去用的办法是错误的，并指出他们不能给予作业员公平待遇的地方，以及她为他们所准备的解决办法。但是，这却导致了严重的失败。她只是忙于为新办法辩护，而没有留下余地，让他们能够不失面子地承认老办法上的错误，于是这个建议也就胎死腹中了。

　　后来，凯塞琳认真思考了其中的原因，并请求再次召开一次会议。而在这一次会议之中，她请其他人说出问题到底出在什么地方。然后讨论每一要点，并请他们说出最好的解决办法。在适当的时候，她以低调的建议引导他们按照自己的意思把办法提出来。等到会议结束的时候，实际上也就等于是自己的办法提出来了，而他们也热烈地接受这个办法。

　　凯塞琳成功地提出了她的建议。这成功并不是来自于她急切的争辩，而是在于她将这些想法巧妙地变成了别人的想法。

　　原一平有这样一位客户，不管怎么说，他就是只愿意投保一份小额的保险，而不愿意投保一份大额保险。于是原一平就给他讲了这样一个故事：

　　在很久很久以前，有三个旅行者在沙漠之中行走，忽然之间，从上空传来了这样的声音："停下来吧，走下你们的骆驼，在地上拾起一些石块，然后继续走你们的旅程。"

　　三个人虽然很疑惑，但仍照着指示去做，那声音继续说："在天亮的时候，你们三个人，既会高兴，又会后悔。"在天亮时，他们把手伸进口袋取出石块，发现那些石块已经变成钻石了，他们真是又高兴又后悔，高兴的是石头变成钻石，后悔的是没有多拿一点。

　　人寿保险就是这样，当您和您的家人在需要它的时候，您家人会既高兴又后悔，高兴的是买了保险，后悔的是没有多买一点保险。

　　最后问："先生，您要选择做哪一种人呢？"

　　客户当然选择买更大额的保险了。

　　在与人的交流中，如果你能洞悉他的内心，巧妙地刺激对方的隐衷，使他内心的想法完全暴露出来，那么你就能采取巧妙的方法来让他自己改变其想法。

　　社会是一个共同体，在这个共同体中，每一个人都不可能孤立。作为生活在社会中的人，应当时刻对自己周围的人们表现出的热情。

第九十三章

巧妙地表达自己的观点

　　如果你认为有些人的话不对——不错，就算你确定他说错了
——你最好还是这样讲："啊，是这样的，我有另外一个想法，
但也许不对。假如我错了的话，希望你们帮我纠正。让我们共同
来讨论一下这件事。"这样，你就能赢得别人的谅解。

第一节　多用建议少用命令

用请教或建议的方法让别人完成一件事，会比用命令收到的效果更好。

——卡耐基　《人性的弱点》

许多人都希望别人能接受自己的提议，按照自己所希望的方式去做出某些行为。但是，他们却忘了，他人也有自己的想法，也想按照自己的主观意愿去做事，而不是盲目地接受别人的指令和命令。很多时候，即使自己做错了，人们也不希望别人直接批评自己，或说三道四。

把自己的想法转换成一个问题，请别人来回答，让自己想说的话从对方的嘴里说出来，既能达到自己的目的，又能让对方觉得自己受到重视，从而更加认可和支持你。

在南非的约翰内斯堡有一家小工厂，有一次，经理迈克收到了一张非常大的订单。虽然他觉得按照往常的生产能力，不可能在规定日期内完成这个订单，但他还是接受了。

他并没有催工人们为了这张定单赶紧干活，只是把大家叫到一起，开了一个小会。他告诉他们实际情况，并说明了完成这个订单对工厂和工人们的意义。然后，提出了这样一些问题：

我们需要用什么样的办法来完成这张定单？

有谁可以提出其他的办法？

我们的工作时间和工作程序怎样分配才能更趋于合理？

……

工人们都觉得这是自己的事情，对接受这个订单予以肯定，还提出了许多建议。最终，他们如期完成了订单。

迈克正是巧妙地利用了工人们的心理，每个人都愿意做自己的事情，迈克"请教"工人们他们"自己的事情"应该怎样做。实际上，这样做便不露痕迹地下达了命令。

使用提建议的方式表达自己的想法，是一种柔和迂回的做法，更容易让别人接受。在人际交往中，这是一种非常有效的方法，不但能达到让别人接受你的想法的目的，还会增进你们之间的感情，使你们双方建立融洽的关系。

生活中有很多复杂的人，他们会做戏，能哭能笑，让你无法感受他的真情实感，于是我们开始了谨慎的交际。

第二节　委婉地表达自己的观点

用"建议"，而不用下"命令"，不但能维持对方的自尊，而且能使对方乐意改正错误，并与你合作。

——卡耐基　《人性的弱点》

离杰克家不远的地方有一个森林公园，他经常到那去散步、骑马。他非常热爱大自然，喜欢这种野外的环境。

公园的一角立着一块公告牌，上面写着：凡引发火灾者将重罚或拘禁。目的是提醒人们注意防火。然而，由于这块公告牌的位置较为偏僻，到公园里玩耍的孩子们很少看到。他们经常到公园里野炊，但野炊后常常忘了将火种完全熄灭，因而经常引发局部火灾，造成很多灌木都被烧毁。负责公园安全巡逻的是一位骑士，但他不尽职责，导致火灾时有发生。于是杰克就当起了义务的巡逻员，一有空闲就到公园里去提醒人们注意防火。

有一次，他看见一群孩子又在一棵大树下野炊，就走过去对他们说自己是公园的巡逻员，警告他们不要在此野炊，否则引发火灾将会受到重罚甚至拘禁。他还吓唬孩子们，要将他们送到警察局接受处理。结果孩子们表面服从了，但当杰克离开后，他们又重新将火生起来，并且生得更大更旺，这样火灾还是不可避免地频繁发生。

后来，杰克参加了卡耐基先生的人际关系培训班。他终于认识到自己的这种做法是不科学的，不但不能解决问题，还会激化孩子们的反感情绪，于是他决定换一种方式去跟孩子们说。

当他再次遇到孩子们在公园里野炊的时候，他非常亲切地对他们说："小朋友，你们玩得很开心吧？准备做什么饭呀？当我还是一个孩子的时候也喜欢和其他小朋友一起出去野炊，这的确很有意思。但你们也知道，公园里树木很多，生火是很危险的。我知道你们是好孩子，不会引发火灾，但别的孩子就不同了，他们看见你们生火，他们也会这么做，但他们回家之前常常不把火扑灭，结果就会引发火灾，烧毁树木，这样公园以后就不好玩了。并且他们还可能受到警察的处罚，甚至被拘禁。因此你们生火一定要注意安全，尽量在空地上生，走的时候别忘记把火扑灭，用土盖住灰烬，这样就不会引起火灾，你们也能玩得更开心，是不是？"

他的这一番话让孩子们非常惊讶，原来的"凶叔叔"现在怎么变得这么亲切了？他们非常高兴，表示以后一定不会在树下生火了，并且走的时候一定会把火全部扑灭，甚至还邀请杰克与他们一起野炊。

美国最著名的传记作家伊达·塔贝尔小姐在为欧文·扬写传记的时候，访问了与扬先生在同一间办公室工作了三年的一个人。这人宣称，在那段时间内，他从未听见过欧文·扬向任何人下过一次直接的命令。他总是建议，而不是命令。例如，欧文·扬从来不说"做这个或做那个"，或是"不要做这个，不要做那个"。他总是说，"你可以考虑这个"，或"你认为，这样做可以吗？"他在口授一封信之后，经常说，"你认为这封信如何？"

在检查某位助手所写的信时，他总是建议"也许把这句话改成这样，会比较好一点"。他总是给人自己动手的机会，他从不告诉他的助手如何做事，他让他们自己去做，让他们从自己的错误中学习成功的经验。

这种方法，使人们易于改正他的错误，而且维护了人们的自尊，使他感到自己很重要，使他希望与你合作，而不反抗你。

无论在商业、工作、学习或是生活等各种场合，我们都应当宽宏大量，与人为善，设身处地地为他人着想，这样才能赢得别人的尊重。顾及他人的情绪，才能赢得更多的友谊。

第三节　换一种方式做事

如果一个人的心里对你已经满怀恶意和冲突，你搬出各家各派的逻辑学，也没法使他信服。

——卡耐基　《人性的弱点》

挑剔的父母、盛气凌人的上司和丈夫以及唠叨的太太们都要了解，人们不喜欢改变自己的看法，他们不可能被强迫或被威胁而同意你我的观点，但他们会愿意接受我们和蔼而友善的开导。批评所引起的愤恨，常常会降低员工、家人以及朋友的士气和情感，而所指责的状况仍然没有获得改善。

奥克拉荷马州恩尼德市的佳顿是一家工程公司的安全协调员。他的职责之一是监督在工地工作的员工戴上安全帽。

以前他一碰到没有戴安全帽的人，就官腔官调地告诉他们，必须遵守公司的规定。员工虽然接受了他的建议，却满肚子不高兴，常常在他离开以后，又把安全帽拿下来。

后来，他决定采取另一种方式。下一次他发现有人不戴安全帽的时候，他就问他们是不是安全帽戴起来不舒服，或者有什么不适合的地方。然后他用令人愉快的声调提醒他们，戴安全帽的目的是在保护他们不受到伤害，所以建议他们工作的时候一定要戴安全帽。结果是遵守规定戴安全帽的人越来越多，而且没有造成愤恨或情绪上的不满。

你所拥有的财富是你付出的心血和艰辛的劳动换来的。同样，你所拥有的良好的人际关系也是你付出真诚与友善换来的。懂得珍惜财富，也应懂得珍惜情谊。

得克萨斯州一所职业中学的学生违章停车挡住了学校的校门，使其他车辆无法正常出入。一位教师跑进教室，态度凶悍地喊道："是谁将车停在了校门

口堵塞交通?”一位学生站出来说是自己，那位老师又吼道："你马上把车挪走，否则我就派人将车拖走！"说完转身就走了。

这位老师的态度引起了全班同学的反感，甚至愤怒。从那天起，全班同学都对这位老师怀有怨言。在做一些事情的时候，总是带着反抗情绪，结果给这位老师的工作增添了不少麻烦。

其实，这是生活中一件很普通的事，这位老师完全可以换一种表达方式。他可以问大家："哪位同学把车停在学校门口了，麻烦移开一下，校门口来往的车辆比较多，这样很容易造成拥堵。以后尽量把车停在校园里，既安全，又避免了不必要的麻烦。"这样，同学们一定会非常乐意接受，而那位违章停车的同学甚至还会为自己的不当行为深感愧疚。

指正错误的方式有很多种，但温和的方式总比强硬的方式好。如果你想与别人建立良好的关系，想赢得别人的合作，就要了解对方的需求、愿望和想法。然后通过适当的方式，使你的观点变成对方的观点，让对方自愿做出某些行为，而不是被你要求，甚至强迫着去做。

第九十四章
承认自己也有错

　　任何愚蠢的人都会试图为自己的错误进行辩护，而且多数愚蠢的人都会这样去做。应该承认自己的错误，使人出众，并给人一种高尚尊贵的感觉。

第一节　承认"我也许不对"

只有先深入到自己的内心，先发现自己身上存在的缺点，然后再指出他人的错误和不足，才能使别人心悦诚服地接受。

——卡耐基　《人性的优点》

　　不论你用什么方式指责别人，如用一个眼神，一种说话的声调，一个手势，等等，你以为他会同意你的观点吗？绝不会！因为你直接打击了他的智慧、判断力、荣耀和自尊心。这反而会使他想着反击你，绝不会使他改变主意。即使你搬出柏拉图或康德所有的逻辑，也改变不了他的己见，因为你伤了他的感情。与人交谈时，永远不要这样开场："好，我证明给你看。"

　　这句话大错特错，这等于是说自己比他更聪明。要告诉他一些事，使他改变看法。那是一种挑战，那样会起战争，在你尚未开始之前，对方已经准备迎战了。即使在最温和的情况下，要改变别人的主意也不是一件容易的事情，为什么要采取更激烈的方式使其更不容易呢？

　　为什么要增加你自己的困难呢？如果你要证明什么，不要让任何人看出来。这就需要运用技巧，使对方察觉不出来。必须用若无其事的方式教导别人，提醒他不知道的事情好像是他忘记的。

　　400多年以前，意大利天文学家伽利略说：你不可能教会一个人任何事情，你只能帮助他自己学会这件事情。

　　19世纪英国政治家查士德·裴尔爵士对他的儿子所说的是：如果可能，要比别人聪明，却不要告诉人家你比他聪明。

　　苏格拉底在雅典一再地告诫门徒：我只知道一件事，就是我一无所知。

　　我们不能奢望比苏格拉底更高明，因此我们不要再告诉别人他们错了。应该慎重地看待别人的错误，这么做会大有收获。

如果有人说了一句你认为错误的话，你如果先肯定：是这样的！再提出另有一种想法，但也许不对。不过自己也常常会弄错，如果弄错了，自己很愿意被纠正过来，然后再具体来看看问题所在。

用这种句子"我也许不对，我常常会弄错，我们来看看问题的所在"。确实会得到神奇的效果。

无论什么场合，没有人会反对你说："我也许不对，我们来看看问题所在。"

哈尔德是道奇汽车在蒙塔纳州比林斯的代理商，他就运用了这个办法。他说销售汽车这个行业压力很大，因此他在处理顾客的抱怨时，常常冷酷无情。于是造成了许多冲突，使生意减少，还产生了种种不愉快。

当了解这种情形并没有好处后，他就尝试另一种方法。他会承认自己确实犯了不少错误，这个办法的确能够使顾客解除武装。而等到顾客气消了之后，他通常就会再讲道理，事情就容易解决了。很多顾客还因为他这种谅解的态度而向他致谢，其中两位还介绍他们的朋友来买新车子。在这种竞争激烈的商场上，代理商需要更多的这一类顾客。哈尔德相信对顾客的所有意见表示尊重，并且以灵活礼貌的方式加以处理，就会有助于胜利。

你承认自己也许会弄错，就绝不会惹上麻烦。这样做，不但会避免不必要的争执，而且可以使对方跟你一样的宽宏大度，承认他也可能弄错。

如果你肯定弄错了，并率直地告诉他，结果会如何？

施先生是一位年轻的纽约律师，在最高法庭内参加一个重要案子的辩论，案子牵涉了一大笔钱和一项重要的法律问题。

在辩论中，一位最高法院的法官对施先生说海事法追诉期限是六年。施先生停顿住，看了法官一眼，然后率直地告诉这位法官，海事法没有追诉期限。

庭内顿时静默下来，气温似乎一下就降到冰点。施先生是对的，法官是错的，施先生也据实地告诉了他。施先生仍然相信法律站在自己这一边，他也知道他讲得比过去都精彩，但因为没有使用外交辞令。这样，他便铸成大错：当着众人指出一位声望卓著、学识丰富的人错了。

没有几个人具有逻辑性的思考。我们多数人都犯有武断、偏见的毛病；我们多数人都具有固执、嫉妒、恐惧和傲慢的缺点。

主动承认自己的错误，是一种高尚的美德，也是化解矛盾的重要手段，我们又何乐而不为呢？

当错误产生时，要正确对待。这样不仅有益于人生，更可以化解人与人之间因错误而产生的矛盾。告诉别人，你也可能不对，他们会理解，更会接受。

即使是要改正子女的错误，也必须先承认自己的错误，然后共同改正，才能真正起到长辈的榜样作用。

克劳伦斯因看到他15岁的儿子正在试着抽烟，十分懊恼。然而许多次的劝阻都是徒劳，因为克劳伦斯夫妇都是烟民，他们一直以来都没有给儿子做出很好的榜样。尽管他用了各种方法劝儿子戒烟，警告他抽烟的害处，但并没有收到很好的效果。

后来，克劳伦斯决定与儿子进行一次谈话，这次谈话。他改变了从前的方法，也没有再讲到从前所说的那些危害。他只是告诉儿子他如何迷上抽烟和此后的影响。他对儿子讲，他在15岁开始抽烟，而尼古丁战胜了他，使他现在几乎不可能不抽了，并提醒儿子，他现在咳嗽得厉害。

那次谈话不仅使克劳伦斯的儿子停止了对吸烟的尝试，而且，在家人的帮助下，克劳伦斯自己也成功地戒了烟。

一个人最不了解自己，往往只能看到自己的所有和别人的所缺。发现自己的缺点与发现自己的优点同样重要。

第二节　批评别人前先想想自己

如果你能确信自己的判断有55%是对的，便可以到华尔街去发财。如果你不能确定自己的判断是否有55%是对的，又怎么能指责别人常常犯错呢？

——卡耐基　《人性的弱点》

谁也没有权利去做或说任何事以贬抑一个人的自尊，伤害别人的自尊是一种罪行。人很容易在对人和待己上采取不同的标准，所以在批评别人之前要先想想自己，看看自己是否有错误，否则你就没有资格去批评别人。

约瑟芬离开堪萨斯市的老家，到纽约担任秘书的工作时，已年满 19 岁。高中毕业已经 3 年，但做事经验几乎等于零。现在，她已是西半球最完美的秘书之一。而她的成功与她的第一个老板有着密不可分的关系。

在刚刚开始工作的时候，她的身上还存在许多不足。一天，她的老板——一位年纪很大的企业家，正想开始批评她，但马上又对自己说：等一等，你的年纪比约瑟芬大了一倍，你的生活经验几乎是她的一万倍。你怎么可能希望她有与你一样的观点？你的判断力，你的冲劲——虽然这些都是很平凡的。还有，你 19 岁时又在干什么呢？还记得你那些愚蠢的错误和举动吗？

诚实而公正地把这些事情仔细想过一遍之后，这位老板获得结论，约瑟芬 19 岁时的行为比他当年好多了，而且他很惭愧地承认，他并没有经常称赞约瑟芬。

从那次以后，当他想指出约瑟芬的错误时，总是告诉自己：约瑟芬犯了错误，但上帝知道，他自己所犯的许多错误比她更糟糕。人当然不能天生就万事精通，成功只有从经验中才能获得，而且约瑟芬比自己年轻时强多了。自己曾做过那么多的愚蠢傻事，所以他根本不想批评她或任何人。约瑟芬也很愿意接受老板的批评，并且，从此以后他们建立了良好的关系。

人非圣贤，孰能无过？有道德修养的人不在于不犯错误，而在于有过能改，不再犯同样的错误。与人相处的时候，不求全责备；检查约束自己的时候，也许还不如别人。要求别人怎么做的时候，应该首先问一下自己能否做到。推己及人，严于律己，宽以待人，才能团结别人，共同做好工作。一味地苛求别人，就什么事情都做不好。

乔治·罗纳在维也纳当了多年律师，但是在第二次世界大战期间，他逃到瑞典，一文不名，很需要找份工作。因为他能说并能写好几国文字，所以希望能够在一家进出口公司找到一份秘书工作。绝大多数公司都回信告诉他，因为正在打仗，他们不需要这一类的人。

不过有一个人在给乔治·罗纳的回信上说："你对我生意的了解完全错误。你既蠢又笨，我根本不需要任何替我写信的秘书。即使我需要，也不会请你，因为你甚至连瑞典文也写不好，信里全是错字。"

乔治·罗纳刚开始看到这封信的时候很是生气。于是他决定写一封信，想进行反驳，责骂这个人的无知与无理，目的是想使那个人大发脾气。但接着他就停下来对自己说："等一等，我怎么知道这个人说的是不是对的？我学过瑞典文，可是它并不是我的母语，也许我确实犯了很多我并不知道的错误。如果是这样的话，那么我想要得到一份工作，就必须再努力学习。这个人可能帮了我一个大忙，虽然他本意并非如此。他用这种难听的话来表达他的意见，并不表示我就不亏欠他，所以应该写封信给他，在信上感谢他一番。"

于是乔治·罗纳撕掉了他刚刚写好的那封骂人的信，另外写了一封信说："你这样不嫌麻烦地写信给我实在是太好了，尤其是你并不需要一个替你写信的秘书。对于我把贵公司的业务弄错的事我觉得非常抱歉，我之所以写信给你，是因为我向别人打听，而别人介绍说你是这一行的领导人物。我并不知道我的信上有很多文法上的错误，我觉得很惭愧，也很难过。我打算更努力地去学习瑞典文，以改正我的错误，谢谢你帮助我走上改进之路。"

没几天，乔治·罗纳就收到那个人的回信，请罗纳去见他。

罗纳去了，而且得到了一份工作。

每一件事情的发生都是有原因的，当你认为别人是错误的时候，或许只是你自己在用一种错误的眼光看待别人。谦虚一点，每个人都会犯错误，不要时常抱着批评别人的心态，多认识一下自己的错误。当你认真考虑别人的行事方法时，你也许会学到许多处理事情更好的方法。

实事求是是一种非常难能可贵的品质。但是，与人谈话的语言也要合理地表达，这样更容易让人接受。

第三节　人人都有可能出错

　　假使我们是对的，别人绝对是错的，我们也会因让别人丢脸而毁了他的自我。谁也没有权利去做或说任何事以贬抑一个人的自尊，伤害人的自尊是一种罪行。

——卡耐基　《人性的弱点》

　　轻易地责怪别人，只能令对方感到厌烦而疏远你。这样，也会使你自身的人格魅力受到损害。

　　做过教师的人都会有这样一个经验，就是千万不要随便责怪孩子。因为孩子处于特殊的年龄阶段，心理上比较叛逆，只能从正面教育。如果轻易责怪他，他就会跟你对着干，反而更不利于对他的教育。

其实，对于成年人来讲也是如此。亨利是一家公司的总裁，他也批评员工，但从不轻易责怪他们。而且，他的批评非常具有艺术性。

有一回，亨利的秘书在处理一项文件的时候出现了一些错误，但亨利并没有责怪她，而是用了一种非常温和的方法处理了这件事。他告诉秘书，她处理的不算十分正确，此外，还有更好的处理方式。然后，又把正确的方式讲了一遍。秘书的脸一下子就红了，但心里却如释重负。她自己也没有想到，亨利居然没有责怪她。

人人都有可能出错，而对一个人的批评是正确的，有时也是必要的，但批评应该讲究策略与方法。责怪是批评的最拙劣的方式，这会让人在情绪上很难接受。有一位文艺批评家讲，批评也是一种艺术。我们在批评的时候，应当讲究这种艺术的方式，千万不要随意责怪别人。

有一对年轻情侣，他们在一起相处时间不长，对各自的性格也不十分了解，但是他们却很相爱。这位女孩家庭条件很好，从小娇生惯养，难免有些大小姐脾气，她总是喜欢自作主张，根本不在乎男朋友的感受，而且还不容男朋友反驳。这样的情况已经发生了很多次，每次都弄得男孩很尴尬，又没法辩解。

按理说，男孩应该很生气，至少应该指出女孩的错误，但是男孩并没有这样做，而是宽容了女孩的行为。每次发生这样的事男孩总是主动承担责任，并向女孩说声对不起，希望她能原谅。女孩的数次无理之后，发现男孩并没有生气还主动承担责任，意识到了自己的错误，在一次矛盾中，女孩在男孩的宽容下居然主动承认了自己的错误，觉得是自己不对。矛盾化解了，两人也更加恩爱了。

正是男孩容忍女孩错误的宽广胸襟，让两人的爱情得到了升华。

人人都有犯错的时候，所以，无论对于任何人，都应该有一颗宽容的心，能够容忍别人的错误。要避免自己成为一个心胸狭窄的人，那样的人肯定不受欢迎，也交不到朋友。

第九十五章

批评的艺术

给别人留面子，这是多么重要啊！我们中很少有人能静心的想想这个问题！我们随意踩躏别人的感情，为所欲为，纠错恐吓，当着别人的面批评孩子或员工，毫不顾虑对别人自尊的伤害！然而，几分钟的思考，一两句体恤的话，一点对对方态度的真实了解，对于缓和这种刺痛，真的很有帮助！

第一节　懂得如何保住别人的面子

有时即使我们是对的，别人是错的，如果让他过于丢面子的话，只能会让事情变得更糟。

——卡耐基　《人性的弱点》

人经常会把自己的面子看得比什么都重要，即使他明明知道自己错了，但在众人面前也要"死扛"面子，其实，这就是人的自尊心使然。所以，不论什么场合，不要与别人据理力争，哪怕你有一万个理由可以证明你是对的，也不要不顾一切地批驳对方，非要让对手心服口服，那样，他会感觉自尊受到伤害。人人都爱面子，你给他面子就等于是给了他一份厚礼。

几年以前，通用电器公司面临一项需要慎重处理的工作：免除查尔斯·史坦恩梅兹担任的某一部门的主管职务。史坦恩梅兹在电器方面有超常的天赋，但担任计算部门主管时却遭到彻底的失败。不过，公司却不敢冒犯他，公司绝对少不了他——而他又十分敏感。于是他们给了他一个新头衔，让他担任"通用电器公司顾问工程师"——工作还是和以前一样，只是换了一个新头衔——并让其他人担任部门主管。

对于这一调动，史坦恩梅兹十分高兴。

通用电器公司的高级人员也很高兴。他们已温和地调动了这位最暴躁的大牌明星职员的工作，而且他们的做法并没有引起一场大风暴，因为他们让他保住了面子。

保住别人的面子，这是非常重要的问题，而我们中却很少有人想到或做到这一点。我们残酷地抹杀他人的感觉，又自以为是；我们在其他人面前批评一位小孩或员工，找差错，发出威胁，甚至不去考虑是否伤害到别人的自尊。然而，一两分钟的思考，一两句体谅的话，对他人的态度能够宽容的了解，都可以减少对别人的伤害。

一个事业有成的人，绝不可能性格孤僻，杜绝与人沟通和交流。交往中的一切必须依赖人与人之间的互相沟通与交流。

假如我们是对的，别人绝对是错的，我们也会因为让别人丢脸而毁了他的自我。传奇性的法国飞行先锋和作家安托安娜·德·圣苏荷依写过："我没有权利去做或说任何事以贬抑一个人的自尊。重要的并不是我觉得他怎么样，而是他觉得他自己如何，伤害他人的自尊是一种罪行。"

世界上任何一位真正伟大的人，绝不浪费时间满足于他个人的胜利。举一个例子来说明：

1922年，土耳其在经过几世纪的敌对之后，终于决定把希腊人逐出土耳其领土。

穆斯塔法·凯墨尔，对他的士兵发表了一篇拿破仑式的演说，他说："你们的目的地是地中海。"于是近代史上最惨烈的一场战争终于展开了。最后土耳其获胜；而当希腊两位将领——的黎科皮斯和迪欧尼斯前往凯墨尔总部投降时，土耳其人对他们击败的敌人加以辱骂。

但凯墨尔丝毫没有显出胜利的骄傲。

"请坐，两位先生，"他握住他们的手说，"你们一定走累了。"然后，在讨论了投降的细节之后，他安慰他们失败的痛苦。他以军人对军人的口气说："战争这种东西，最佳的人有时也会打败仗。"

当一个人已经做出一定的许诺——宣布一种坚定的立场或观点后，由于自尊的缘故，便很难改变自己的立场或观点，此时你若想说服他，就必须顾全他的面子，为对方铺台阶，如说一些对对方有利的话。

"在那种情况下，任何人都想不到。"

"当然，我理解你为什么会这样想，因为当时你并不清楚事情的经过。"

"最初，我也这样想的，但后来我了解到全部情况，我就知道自己错了。"

一家百货公司的一位顾客，要求退回一件外衣。她已经把衣服带回家并且穿过了，只是她丈夫不喜欢。她解释说"绝没穿过"，并要求退换。

售货员检查了外衣，发现有明显干洗过的痕迹。但是，直截了当地向顾客说明这一点，顾客是绝不会轻易承认的，因为她已经说过"绝没穿过"，而且精心地伪装过。这样，双方可能会发生争执。于是，机敏的售货员说："我很想知道是否你们家的某位成员把这件衣服错送到干洗店去。我记得不久前我也发生过一件同样的事情。我把一件刚买的衣服和其他衣服堆在一起，结果我丈夫没注意，把那件新衣服和一大堆脏衣服一股脑儿塞进了洗衣机。我怀疑你是否也会遇到这种事情——因为这件衣服的确看得出已经被洗过的痕迹。不信的话。你可以跟其他衣服比一比。"

顾客看了看证据——知道无可辩驳，而售货员又已经为她的错误准备好了借口，给了她一个台阶下。于是，她顺水推舟，乖乖地收起衣服走了。

这应该是每个说服者都懂得的——让人们保全他们自己的面子。

一旦发现他人出现错误，我们很多人往往首先想到的就是如何批评，使之改正。事实上，与批评相比，鼓励似乎更容易使人改正错误，并且更易让对方去做你所期望的事情。所以，当他人出现错误时，你首先应该考虑一下，是否非得批评不可，应该怎样批评？如果可能的话，要尽量采取鼓励的方式，这样一方面可以达到让对方知错改错的目的，同时也不影响你们之间的关系。

你要是跟你的孩子、伴侣、雇员说他或她做某件事显得很笨，很没有天分，那你就做错了，这等于毁了他所有求进步的心。但如果你用相反的方法，宽宏地鼓励他，使事情看起来很容易做到，让他知道，你对他做这件事的能力有信心，他的才能还没有完全发挥，这样他就会练习到黎明，以求自我超越。

那么，到底怎样才能创造亲密的合作关系呢？那就是向你的同事表示尊重与同情，并肯定他们个人的价值。

大部分成功的人都通过实践证实，要维护他人的自尊，绝非一两次的表态可以奏效，它是由许多次日常接触所形成的一种过程。

弗雷德·薛佛在纽约人寿保险公司工作，寿险是个与纺织完全不同的行业，不过他知道有些原则是完全一致的。在保险业中，对业务员的日常关切是最重要的。因为在保险业里，业务人员就等于是公司本身。业务员如果业绩不佳，不久就连公司都将无立足之地，事情就是如此直截了当。

多年前，薛佛曾任职于一家国际保险公司麦卡比公司。当公司迁入一座新大楼后，跟以前不同的是这大楼中还有几家其他的公司。薛佛希望在搬迁之后，原来所维持的重要的个人接触并不因迁移而遭到疏忽。所以，他到新大楼上班的第一天，第一件事就是走到安全人员台前。薛佛回忆当时的情景："当时有十来位安全人员，我请他们都围拢来，结果发现他们除了知道我们公司的名称之外，连我们从事保险业都不清楚。于是我对他们说：'各位！我们在底特律市有几位很重要的业务代表，如果你们发现来的人是业务代表，我们一定得给予最隆重的欢迎，我是说尽量让他觉得备受重视，如此便得劳驾你们亲自送他上七楼找到他所要会见的人，也请你们一定要配合帮忙。'后来我听到一些业务代表谈起他们来到这栋大楼所受到的礼遇，他们都感到很高兴。"

所有的这些小动作加起来就是一个很重要的整体结果，那就是：人们会对自己觉得很满意。员工只要相信公司关心他们、了解他们的需要、维护他们的自尊，就会以努力工作达成公司目标作为回应。

每一个人都有着他的自尊心，如果你对他所说的话能够表示同意，这就是尊重他的意见，他在无形中把自己抬高了，而这抬高他的人便是你，自然他对你是十分高兴的，他愿意和你做朋友。反过来，你不能对他表示同意，这显然是你站在和他敌对的地位，你是他的敌人而不是友人，他能不和你为难吗？所以在说话的时候，这一点是我们应该加以注意的。你想做成什么事，一定要让别人保住面子。

第二节　替他人想一想

如果你想改变人们的看法，而不伤害感情或引起憎恨，那么就请试着诚实地从他人的观点来看事情。

——卡耐基　《人性的弱点》

有时候，一句神奇的话语，就可以阻止争执，除去不良的感觉，创造良好的意志，并能使别人注意倾听。

如果你也想拥有这样的才能，请这样开始：我一点也不怪你有这种感觉，如果我是你，毫无疑问的，我的想法也会跟你的一样。

这样的一段话，会使脾气最坏的老顽固软化下来，而且你说这话时，要有百分之百的诚意。因为如果你真的是那个人，当然你的感觉就会完全和他一样。

这就好像，你不是响尾蛇的唯一原因是你的父母并不是响尾蛇。你不去亲吻一只牛，也不认为蛇是神圣的唯一原因，是因为你并不出生在恒河河岸的印度家庭里。

一位心理学家找来了 2 个 10 岁的孩子，安迪是一家公司老板的独生子，而汤姆则是一个贫穷工人的孩子，并且在家里的 3 个孩子当中，他是最大的一个。

心理学家拿出一幅画，画上是一只小白兔坐在餐桌旁边哭，餐桌上放着一个盘子，兔妈妈则板着面孔站在一旁。心理学家让两个孩子根据自己的想法，解释画面的意思。

汤姆先说："小兔子可能没有吃饱，但家里已经没有食物了，兔妈妈也很难过。""不是这样的，"安迪接着说，"小兔子不是没有吃饱，而是已经吃饱不想再吃了，但它妈妈还要它吃，所以它很不高兴。"

同样的一幅画，但在两个家庭背景和生活经历完全不同的孩子眼里，居然存在如此大的差别。猛然看来你会感到非常惊讶，但认真地想一下，也在情理之中。每个人都有自己的生活背景与成长经历，因此观念和习惯是不相同的。同一件事从不同的角度看，会有不同的认识，这就是所谓的"仁者见仁，智者见智"。当然，这并不是说谁对谁错，而是因为角度不同，所以结论也就有所差别。在人际交往中，这个道理同样适用。

美国著名心理学家吉拉德·奈伦在其《与人交往》一书中这样写道："在你与别人交往的过程中，假如能十分关注对方的言行和感受，尝试着站到对方的位置去考虑问题，便可赢得对方的合作。所以，你应该先听对方表明他的想法和需求，然后再采取适当的方式发表自己的意见。"

有人问民权领袖马丁·路德·金，为何如此崇拜美国当时官阶最高的黑人军官丹尼尔·詹姆士将军，金博士的回答是，他判断别人是根据他们的原则来判断，不是根据他自己的原则。

同样的，在美国南北战争的时候，罗勃·李将军有一次在南部联邦总统杰弗逊·戴维斯面前，以极为赞誉的语气谈到他属下的一位军官。在场的另一位军官大为惊讶，因为李将军刚才大为赞扬的那位军官，可是李将军的死敌，这个人一有机会就会恶毒地攻击李将军。而李将军则认为，总统问的是自己对他的看法，不是问那位军官对自己的看法。

在个人问题变得极为严重的时候，从别人的观点来看事情，也可以减缓紧张的气氛。人们往往愿意站在自己的立场上思考问题，如果我们意识到这一点，并同他人站在一起，那么，人与人之间的关系就不会那么紧张了。

澳大利亚南威尔斯的朱迪过了六个星期还没有付出买汽车的分期付款。一个星期五，负责朱迪买车子分期付款账户的一名男子打电话给她，不客气地说，如果在星期一早晨朱迪还没有缴出 122 块钱，他们公司就会采取进一步行动。而朱迪没有办法在周末筹到钱，因此在星期一——大早接到他的电话时，朱迪听到的就没有什么好话了。但是她并没有发脾气，她以他的观点来看这件事情。她真诚地抱歉，给汽车公司带来了很多的麻烦，而且由于这并不是她第一次过期未付款，她认为她一定是令他最头痛的顾客。但公司的那个人举出好几个例子，说明好些顾客有时候极为不讲理，有的时候满口谎言，更常有的是躲避他，根本不跟他见面。这时，朱迪就一句话不说，让他吐出心里的不快。然后根本不需要她请求，他说就算不能立刻付出所欠的款额也没有关系。如果她在月底先付给他 20 元，然后在方便的时候再把剩下的欠款付给他，也没有问题。

也许有一天，当你请求某个人把烟熄掉，或请求他买你的产品，或请他捐出 50 元给红十字会之前，为什么不先闭上眼睛，试着从别人的观点仔细想一想整件事呢？这并不需要你花费很多时间，而且这能使你结交到朋友，得到更好的结果——减少摩擦和困难。

人与人之间的关系没有必要那么紧张，当然，也没有必要去排斥他人的观点。立场不同，观点也会各异。

如果你能真诚地替他人想一想，多替他人考虑，不仅能为自己减少很多不必要的麻烦，避免某些矛盾的发生，而且还能不断地发展和完善自己的人际关系，加快自身的前进脚步。

第三节　多一些宽容，少一些责备

无用而令人心痛的批评是婚姻幸福的阻碍。不要时时处处批评对方，这样不但无法让他（她）改变，反而还会伤害彼此的感情。如果对方确实有错，就请委婉地提出，真诚地帮助，以情感人，他（她）一定会在意你的付出。

——卡耐基　《人性的弱点》

人非圣贤，孰能无过。我们不能去要求他人没有缺点，不犯错误，要学会原谅他人的错误。交往贵在真诚，容忍他人的错误是一种美德，你能真诚地容忍他人的错误，他人自然也会真诚地容忍你可能犯的错误。

即使是令人生畏的铁腕政治家，在生活中，也是十分注重家庭和睦的。因为这才是他们铁腕力量的坚强后盾。

格莱斯特是英国著名的政治家，曾任尊贵的首相，他与爱妻共同幸福生活了 59 年。虽然他在公众面前形象可畏，但他在家中从未批评过人。

早晨，他下楼用餐时，看到家人还在睡觉，就用一种温柔的方式表示责备。他提高嗓门使屋中充满了神秘的声音，提醒家人，全英国最忙的人正在一个早晨独自守候。他既体恤家人，又极富外交手段，并且尽力避免家庭中的责备。

凯瑟琳曾统治世界上一个最大的帝国，她拥有对数百万国民的生杀之权。她是一个残忍的暴君，发动毫无正义的战争，还曾将 10 个仇人判了死刑。但是，在家里她却十分温和，如果厨师将肉烤焦，她不会责备，而是微笑着吃下去。

没有人愿意受到别人的责备，尤其是不怀好意的责骂，这种无端的责骂只会引起对方的反感。同样，当你责备对方时，对方一定会变本加厉地回报你，双方你来我往，很可能演变为激烈的冲突，从而造成无法收拾的局面。

只有心胸宽阔、豁达友善的人，才能容忍别人的缺点和错误，才能与不同性格、不同层次的人建立良好的关系，才能得到别人的信任、支持和帮助。

"我从未遇见过一个我不喜欢的人。"威尔·罗吉士说。这位幽默大师能说出这么一句话，大概是因为很少有不喜欢他的人。罗吉士年轻时有过这样一件事，可为凭证。

1898 年冬天，罗吉士继承了一个牧场。有一天，他养的一头牛，因冲破附近农家的篱笆去啃食嫩玉米，被农夫杀死了。按照牧场规矩，农夫应该通知罗吉士，说明原因。但农夫没这样做。罗吉士知道了这件事情后，非常生气，便叫一名佣工陪他骑马去和农夫论理。

他们在半路上遇到寒流，人、马身上都挂满冰霜，两人差点冻僵了，抵达木屋的时候，农夫不在家。农夫的妻子热情地邀请两位客人进去烤火，等她丈夫回来。罗吉士在烤火时，看见那女人消瘦憔悴，也发现 5 个躲在桌椅后面对他窥探的孩子们都瘦得像猴儿。

农夫回来了，妻子告诉他罗吉士和佣工是冒着狂风严寒来的。罗吉士刚要开口跟农夫理论，忽然决定不说了。他伸出了手，农夫不晓得罗吉士的来意，便和他握手，留他们吃晚饭。"二位只好吃些豆子，"他抱歉地说，"因为刚刚

在宰牛，忽然起了风，没能宰好。"盛情难却，两人便留下了。

在吃饭的时候，佣工一直等待罗吉士开口讲杀牛的事，但是罗吉士只跟这家人说说笑笑。而几个孩子一听说从明天起几个星期都有牛肉吃，便高兴得眼睛发亮。

饭后，朔风仍在怒号，主人夫妇一定要两位客人住下。两人于是又在那里过夜。因为农夫的热情招待，罗吉士居然跟他成了朋友。

第二天早上，两人喝了黑咖啡，吃了热豆子和面包，肚子饱饱地上路了。罗吉士与农夫约定下次再来拜访他，罗吉士对此行的来意依然闭口不提。佣工很疑惑地问："我还以为你为了那头牛大兴问罪之师呢。"

罗吉士半晌不做声，然后回答："我本来有这个念头，但是我后来又盘算了一下。你知道吗，我实际上并未白白失掉一头牛。我换到了一点人情味。世界上的牛何止千万，人情味却稀罕。"

一个人冒犯你或许会有某种值得同情的原因，罗吉士面对善良的农夫和他的妻子，彻底原谅了他们。在牛与人情味之间，罗吉士更珍视后者。

美国前总统林肯在组建自己的内阁时，为了实现优势互补，他任用了具有不同性格的官员：有勇敢果断、屡立战功的史太顿，有作风严谨、一丝不苟的修法华，有沉着冷静、善于思考的萨斯，还有坚定不移、不甘人后的康迈伦。如果换了别人，也许会全部选择自己容易驾驭的人。再者，如果没有林肯的宽容大度，如果不是林肯善于从中斡旋、舍己从人，那么这些人很可能各自为政。

有这样一个故事：有一次，柏林空军俱乐部设宴招待有名的空战英雄乌戴特将军，一名年轻的士兵被派去为将军斟酒。由于过于紧张，年轻的士兵不小心将酒洒到将军光秃秃的头上。那位士兵顿时吓得不知所措，僵直地立正，准备接受将军的责罚。人们也都被士兵的行为怔住了，一时间鸦雀无声。但是，乌戴特将军并没有勃然大怒，甚至没有表现出任何不高兴，他拿起手边的餐巾抹了抹头，然后幽默地说："老弟，你以为这种疗法很有效么？如果真有效，我倒要谢谢你。"在场的人都被他这句话给逗笑了，紧张的气氛一扫而光。

越是有作为的人，越是宽容友善；越是无所作为的人，越是心胸狭隘、斤斤计较。也正因如此，前者会越走越顺，而后者则越走越艰难。

容忍别人的缺点是尊重别人，同时，你将赢得别人的尊重。相反，轻易就责怪别人，只能招致厌恶。面对别人的缺点，要多一份容忍与理解。

第四节　委婉地批评

当面指责别人，只会造成对方顽强的反抗；而巧妙地暗示对方注意自己的错误，则会受到爱戴。

——卡耐基　《人性的弱点》

不该轻易地责怪任何人，轻易责怪别人是缺乏涵养的表现。一个深受别人尊敬的人，从来不会这样做。

安娜·马佐尼小姐是一位食品包装的市场行销专家，她的第一份工作是一项新产品的市场测试。她第一次工作，当结果回来时，她可真惨了。更糟的是，在下次开会提出这次计划的报告之前，她没有时间去跟她的老板讨论。

轮到她报告时，她真是怕得发抖。虽然她尽了全力不使自己精神崩溃，而且告诫自己绝不能哭，不能让那些以为女人太情绪化而无法担任行政业务的人找到借口。她的报告很简短，只说工作中发生了一个错误。但在下次会议前，会重新再研究。

她坐下后，心想老板定会批评她一顿。

但是，老板却说谢谢她的工作，并强调在一个新计划中犯错并不是很稀奇的。而且他有信心，第二次的普查会更确实，对公司更有意义。

散会之后，安娜思想纷乱，她下定决心，绝不再一次让老板失望。

安娜果真没有让老板失望，并且从这件事情上获得了巨大的信心，工作中也取得了十分优异的成果。

有时，一个诚挚的祝福，一句贴心的话语，就能使濒临绝境的人从此看到一线希望，使两个本来要断交的人握手言欢。

查乐斯·史考伯有一次经过他的一家钢铁厂，当时是中午。他看到几个工人正在抽烟，而在他们头顶上正好有一个大招牌，上面写着"禁止吸烟"。史考伯没有指着那块牌子责问："你们不识字吗？"他的做法是：他朝那些人走过去，递给每人一根雪茄，并建议他们到外面去抽，工人们立刻知道自己违反了公司规定。他对这事未说一句话，反而给他们每人一件小礼物，并使他们自己得到了尊重。

约翰·华纳梅克也使用了同一技巧。华纳梅克每天都到他在费城的大商店

巡视一遍。有一次他看见一名女顾客站在柜台前等待，没有人对她稍加注意。那些售货员呢？他们在柜台远处的另一头挤成一堆，彼此又说又笑。华纳梅克不说一句话，他默默地钻到柜台后面，亲自招呼那位女顾客，然后把货品交给售货员包装，接着他就走开了。

这样的暗示，使售货员真正明白了自己的错误，并认真改正，但并没有使售货员们受到伤害。

一个人若锋芒毕露，不仅容易伤害别人，更容易给自己带来不必要的麻烦。我们不妨把锋芒暂时隐藏，和谐地与人相处。

第九十六章
永远不要与人发生正面冲突

你能否从辩论中得胜？不能，因为如果你辩论失败，你是失败了；如果你得胜，你还是失败了。为什么？假定你胜过对方，将他的理由攻击得满是漏洞，并证明他简直是神经错乱，那又能怎么样？你觉得很好，但他会怎么想？他会觉得他自己智力低弱，自尊心受伤害，他还会反感你的胜利。

第一节　运用技巧保持自己的风度

指责别人只是剥夺了别人的自尊，并且使自己成为不受欢迎的人。如果你率直地指出某一个人不对，不但得不到好的效果，而且还会造成很大的损害。

——卡耐基　《人性的弱点》

克洛里是纽泰勒木材公司的推销员。他承认，多年来，他总是明白地指出那些脾气大的木材检验人员的错误。他虽然赢得了辩论，可是一点好处也没有。因为那些检验员和棒球裁判一样，一旦判决下去，绝不肯更改。

克洛里看出，他虽在口舌上获胜，却使公司损失了成千上万的金钱。因此，他决定改变技巧，不再与人争辩了。

有一天早上，他办公室的电话响了，一位焦躁愤怒的主顾，在电话那头抱怨运去的一车木材完全不合乎他们的规格，他的公司已经下令车子停止卸货，请木材公司立刻安排把木材搬回去。在木材卸下大约1/4之后，他们的木材检验员报告说，55%不合规格。在这种情况下，他们拒绝接受。

克洛里立刻动身到对方的工厂去。途中，一直在寻找一个解决问题的最佳办法。通常，在那种情形下，他会以他的工作经验和知识，引用木材等级规则，来说服那儿的检验员，那批木材超出了水准。然而，他决定换一种方法来解决问题。

他到了工厂，发现购料主任和检验员都闷闷不乐，一副等着抬杠吵架的姿态。克洛里走到卸货的卡车前，要求他们继续卸货，看看情形如何。他又请检验员继续把不合规格的木料挑出来，把合格的放到另一堆。

事情进行了一会儿，客户才知道，原来他的检查太严格，而且也把检验规则弄拧了。那批木料是白松，虽然那位检验员对硬木的知识很丰富，但检验白松却不够格，经验也不多。白松碰巧是克洛里最内行的，但他并没有对检验员评定白松等级的方式提出反对意见。他继续观看，慢慢地开始问某些木料不合标准的理由何在，一点也没有暗示客户检查错了。克洛里认真地请教他，希望以后送货时，能确实满足他们公司的要求。

克洛里以一种非常友好而合作的语气请教客户，并且坚持要他把不满意的部分挑出来，使客户高兴起来，于是他们之间的剑拔弩张的情绪开始松弛消散了。偶尔克洛里小心地提问几句，让客户自己觉得有些不能接受的木料可能是合乎规格的，也使他觉得他的价格只能要求这种货色。但是，克洛里非常小心，不让他认为自己有意为难他。

渐渐地，客户的整个态度改变了。最后，他坦白承认，他对白松木的经验不多，并且问克洛里一些从车上搬下来的白松板的问题。

克洛里对他解释为什么那些松板都合乎检验规格。如果他认为不合格，仍可以不收货。弄清楚了问题，错误是在客户自己没有指明他们所需要的等级。

最后的结果是，在克洛里走了之后，客户重新把卸下的木料检验一遍，全部接收了，于是克洛里的公司收到了一张全额支票。

运用一点小技巧，并尽量制止自己指出别人的错误，就可以使公司在实质上减少一大笔现金的损失。而所获得的良好关系，则非金钱所能衡量。

许多文学大师就非常懂得在别人的攻击和恶语相向时，保持风度的必要性。有一次诗人歌德的作品，被某一位无知的德国批评家进行了尖锐的指责，歌德当然不能示弱，于是也进行了反批评。结果使这位批评家对此耿耿于怀。

一天，歌德在公园里散步。这条小路很窄，只能通过一个人。恰巧，那位批评家迎面走来。批评家冲歌德嚷道："我向来没有给傻瓜让路的习惯。"歌德不慌不忙地让到一旁，笑容可掬地说："而我恰恰相反。"这个无知的批评家像斗败的公鸡一样，红着脸匆匆走了。

无独有偶，有一天，一位年轻的学者去访问诗人海因里希·海涅。不知出于什么心理他想污蔑一下海涅。他明知道海涅是犹太人，便这样说道："你知道我为什么喜欢塔希提岛吗？"海涅说："不知道为什么，你说吧。"学者说："在那个岛上呀，既没有犹太人，也没有驴子！"海涅十分冷静地回答说："不过这种状态是可以改变的——要是我们一起到塔希提岛上去，那时的情形将会怎样呢?"这个学者顿时语塞无言,十分尴尬。

两位大师的谈吐很有技巧,既保持了自己的风度,又在无形之中反驳了攻击者,这就是一种含蓄。

宽容是一首动听的歌,同样也可以给歌者带来好心情。只有怀着一颗宽容的心,运用技巧恰当地处理问题,才能轻松、愉快地与人相处。

第二节　学会克制愤怒

当有人愤怒地挥舞着拳头表示不满或是出言不逊的时候,我们何不以平和的态度去平息它呢?虽然这需要高度的自制力,但总比最终的感情破裂要划得来。

——卡耐基　《人性的弱点》

威尔逊总统说:"如果你握着一双拳头来见我,我想,我的拳头会握得比你更紧。如果我们坐下来好好商量,看看彼此意见相异的原因是什么。我们就会发觉,彼此的距离并没有那么大,相异的观点也并不多,而且看法一致的观点反而很多。你也会发觉,只要我们有彼此沟通的耐心、诚意和愿望,我们就能沟通。"

处险而不惊,遇变而不怒。如果你不能及时控制并调整自己的情绪来适应办事的需要,那么在复杂的群体和环境中就没法办事。

你是否会动辄勃然大怒?你可能会认为发怒是生活的一部分,可你是否知道这种情绪根本就无济于事?也许,你会为自己的暴躁脾气辩护说:"人嘛,总会发火、生气的。"

尽管如此,愤怒这一习惯行为可能连你自己也不喜欢,更别说别人了。

纽约自由街的麦哈尼,专门经销石油业者使用的特殊工具,他接受了长岛一位重要主顾的一批订单。蓝图呈上去,得到了批准,工具开始制造了。接着，一件不幸的事情发生了，那位买主和朋友们谈起这件事，他们都警告他，说他犯了一个大错，他被骗了，一切都错了。太宽了，太短了，太这个，太那个。他的朋友们把他说得发了火，他打了一个电话给麦哈尼先生，发誓绝不接受已经开始制造的那一批器材。

麦哈尼立刻到长岛去见那位主顾，一走进他的办公室，他立刻跳起来，朝麦哈尼一个箭步走过来。他激动得很，一面说一面挥舞着拳头。

他指责那批器材是如何不合标准，结束的时候他问麦哈尼现在要怎么办。麦哈尼则非常心平气和地告诉他，愿意照他的任何意思去办。然后，麦哈尼又强调花钱买东西的人当然应该得到合用的东西，可是总得有人负责才行，并请客户提供一幅正确的制造蓝图。虽然旧案已经花了 2000 块钱，但麦哈尼答应负担这笔损失。同时，他又提醒客户，如果按照客户的做法，必须由客户负起这个责任，但如果放手让他们按照原定计划进行则可向客户保证绝对负责。这样，这位主顾平静下来了，照计划进行。结果没有错，于是答应订两批相似的货。

当那位主顾侮辱麦哈尼，在他面前挥舞着拳头，说他外行的时候，是麦哈尼高度的自制力使他克制了愤怒，而没有去争论以维护自己，但结果很值得。如果开始争辩起来，很可能要打一场官司，感情破裂，损失一笔钱，失去一位重要的主顾。这一切使麦哈尼深信，愤怒是解决不了任何问题的。

面对争执，我们要表现出一种淡定和从容，没有什么好计较与争执的。理亏的人，即使声音再大也不代表他是对的。当下次发生争执时，多用理智和成熟的态度去面对，但必须掌握一个原则——不与气盛之人争是非，否则就会两败俱伤。学会克制愤怒，自己就会多一分快乐，多一分平安。

《你的误区》的作者韦恩·戴埃说："你应对自己的情感负责。你的情感是随思想而产生的，那么，只要你愿意，便可以改变对任何事物的看法。首先，你应该想想：精神不快、情绪低沉或悲观痛苦到底有什么好处？而后，你可以认真分析导致这些消极情感的各种思想。"

在法国有这样一则故事：阿兰·马尔蒂是法国西南小城塔布的一名警察，一天晚上他身着便装来到市中心的一间烟草店门前。他准备到店里买包香烟。

这时店门外一个叫埃里克的流浪汉向他讨烟抽。马尔蒂说他正要去买烟。埃里克认为马尔蒂买了烟后会给他一支。

当马尔蒂出来时，喝了不少酒的那个流浪汉缠着他要烟。马尔蒂不给，于是两人发生了口角。随着互相谩骂和嘲讽的升级，两人情绪逐渐激动。马尔蒂掏出了警官证和手铐，说："如果你不放老实点，我就给你一些颜色看。"埃里克反唇相讥："你这个混蛋警察，看你能把我怎么样？"在言语的刺激下，二人扭打成一团。旁边的人赶紧将两人分开，劝他们不要为一支香烟而发那么大火。

被劝开后的流浪汉骂骂咧咧地向附近一条小路走去，他边走边喊："臭警察，有本事你来抓我呀！"失去理智、愤怒不已的马尔蒂拔出枪，冲过去，朝埃里克连开4枪，埃里克倒在了血泊中……

法庭以"故意杀人罪"对马尔蒂作出判决，他将服刑30年。

一个人死了，一个人坐了牢，起因是一支香烟，罪魁祸首是愤怒的激动情绪。

要真正做到遇事不怒，需要在平时加强自我道德修养，培养良好的性格，保持乐观向上的精神等，这样才能够防"怒"于未然。

与其说是因为爱别人而表示平和且谦逊，不如说是为了尊敬自己。懂得尊重他人，才能得到他人的尊重。

应当牢记的处世之道是，不论在与人交往过程中发生了什么不如意的事，都不要轻易发作，一旦你发作出来，无论对人对己，都不会有好结果，所以要学会克制自己的愤怒！也许这对绝大多数人来说并不是那么容易，但却有必要这样做，因为这是你处世成功的必要心理基础。

第三节　争论没有赢家

　　避免辩论同避免毒蛇及地震一样。十次中有九次，辩论结束之后，每个参加辩论的人，都比以前更坚信他是绝对正确的。

——卡耐基　《人性的弱点》

　　这个世界上总是有那些喋喋不休的人，他们感觉好像所有的人都在跟他们作对，他们总是无休止地与人争论。但是你会发现，真正聪明的人是根本不会理会这些人，只有那些性急的人，才会上当与之争论，使得自己的格调也随之降低，变得与这些喋喋不休的人一样没品位。

　　世界上只有一种方法能从争论中得到最大的利益——那就是停止争论。你永远不能从争论中取得胜利。如果你争论失败了，那你当然是失败了；如果你得胜了，你还是失败的。因为，就算你将他驳得体无完肤、一无是处那又怎样？你使他觉得脆弱无助，你伤害了他的自尊，他不会心悦诚服地承认你的胜利。所以，在争论中永远没有赢家。

　　充满智慧的富兰克林经常说："如果你辩论争强，你或许有时获得胜利，但这种胜利是得不偿失的，因为你永远无法得到对方的好感。"

　　所得税顾问华生，为了一笔关键性的 9000 块钱，跟一位政府的税务稽核员争论了一小时。华生解释说这 9000 块钱事实上是应收账款中的呆账，不可能收回来，所以，不该征收所得税。那位稽核员却坚持非征不可。

　　这位稽核员非常冷酷、傲慢，而且顽固，任何事情和理由都没有用……他们越争执，稽核员越顽固。所以，华生决定不再同他理论，开始改变话题吹捧他几句。

　　华生说这件事比起其他那些需要处理的重要而困难的事情，实在是不足挂齿的小事。他本人也研究过税务问题，但那是书上的死知识，而不像稽核员的知识全是来自实践工作的经验。有时自己真想有份像他这样的工作，那样他就会学到更多。华生说得很认真。

稽核员听了这些话，脸色逐渐变得和善。他在椅子上伸直身子，谈论起他的工作。他告诉华生，他发现过许多税务上的鬼花样。他的口气慢慢地友善起来，接着又谈起他的孩子。临告别的时候，他说要再研究研究华生的问题，过几天会通知他结果。

三天后，税务稽核员打电话到华生的办公室，通知他这笔所得税决定不征了。

这位税务稽核员表现了人性中最常见的弱点，他要的是一种重要人物的感觉。华生越和他争论，他越要高声强调职务上的权威。但一旦对方承认了他的权威，争论自然偃旗息鼓，有了扩张自我的机会，他就变成一位富于宽容和有同情心的人了。

每个人面对同一问题，会有不同的想法。每个人都想按自己的意志去解决，这是每个人的自尊心所决定的，往往根深蒂固，不易改变。争论于事无补，只能白白耗费时间和精力。

一个人除了自己要做到优秀以外，还要努力给他人一种好感，赢得他人的信赖与帮助，这样才会有更多的人喜欢与你交往。

争论给双方带来的只有心理上的浮躁，而没有丝毫的快乐。争论双方都会受到伤害，而且大多数的争论都只能使双方比以前更加坚信自己是绝对正确的。

美国总统威尔逊执政时的财政部长威廉·麦肯锡，他将多年政治生涯获得的经验，归结为一句话："靠争论不可能使无知的人服气。"

拿破仑的管家康斯坦常与拿破仑的妻子约瑟芬打台球。在他所著的《拿破仑私生活回忆录》中说："我虽然球技比她好，但我总是让她赢我，这样她会非常高兴。"我们要从康斯坦那里学到一个教训。我们要使我们的客户、朋友、丈夫、妻子在偶然发生的不影响大局的讨论上胜过我们。

在一次宴会上，约瑟夫同他的朋友们有说有笑。他右边的一位先生讲了一个故事，在结尾的时候引用了一句话，并特意提到是《圣经》上说到的。

约瑟夫一听就知道错了，因为前些天他在翻阅莎士比亚作品的时候见到过这句话。于是，他立即纠正那位先生说，这句话出自莎士比亚的书。

那位先生也立刻反驳，说自己前两天特意翻过《圣经》的那一段。还说敢打赌自己说的是正确的，如果不信，还可以把那一段背出来让大家听听。

约瑟夫的左边坐着一位研究莎士比亚的专家维克多。约瑟夫想，他一定会帮助他赢得这场争论的。于是，他转向维克多，让他说说是不是莎士比亚说的这句话。其他人也都知道维克多对莎士比亚作品很熟悉，都让他讲个明白。

维克多盯着约瑟夫，说他搞错了，莎士比亚的著作上没有这句话，那位先

生是正确的，这句话出自《圣经》。随即，约瑟夫感到维克多在桌下踢了自己一脚。他虽然不大明白，但出于礼貌，还是向右边那位先生道了歉。

宴会后，约瑟夫满腹疑问地埋怨维克多没有帮他说话。维克多一听笑了，他说他知道这句话出自李尔王第二幕第一场，然而参加宴会的那位客人也是一位有名的学者，为什么非要当众证明他是错的呢？

要想在工作、生活中做到不与人争论，就要做好以下两点：

第一，要保持自己的冷静，千万不可急躁。在生活中，遇到不公平的待遇，不去斤斤计较，并做到谦虚谨慎，这样就能与他人建立起良好的人际关系。

第二，可以采取"等距离外交"的办法。特别是在一些人事关系比较复杂的单位里，不妨置身于各种矛盾的外围，除了在工作上认真负责，积极配合

同事完成各种工作任务之外，要回避一些他人之间的个人矛盾纠纷。因为卷入任何个人之间争执的"小圈子"，对自己有害无益，对工作和生活也都毫无意义。

人人都有渴望被尊重的需求，因此尊重对方，满足他的被尊重感，他们就找不到轻侮你的理由。尊重是信任的开始。

第九十七章
竞争与合作

　　这世界到处充满了机会，聪明的人懂得互相合作而不是彼此竞争，结果使自己和对方都获得最大利益。

第一节　耐心成就大事

要使人对你感兴趣，先激发那人的兴趣。问别人喜欢回答的问题，鼓励他谈论他自己及他的成就。

——卡耐基　《人性的弱点》

有不少人是世界上著名的谈判高手，他们谈判成功的诀窍之一就是具有很强的耐心，对许多问题绝不会立即作答。

有一次，日本一家航空公司就引进法国飞机的问题与法国的飞机制造厂商进行谈判。为了让日方了解产品的性能，法国方面做了大量的准备工作，各种

资料一应俱全。谈判一开始，急于求成的法方代表口若悬河，滔滔不绝地进行讲解，翻译忙得满头大汗。日本人埋头做笔记，仔细聆听，一言不发。法方最后问日本人的意见，日本代表有礼貌地告诉法方他们不明白。法方代表十分焦急，再次询问，得到的答案还是"一切都不明白"。法方代表看到一切都要前功尽弃、付之东流了，沮丧地问日方的要求，日方提出让法方把全部资料再重新解释一遍。法方不得已，又重复一遍。这样反复几次的结果是日方把价格压

到了最低点。日方抓住法方代表急于达成协议的弱点，以"不明白"为借口，施以拖延战术，迫使对方主动地把价格压下来了。

一项谈判往往需要通过长时间的努力才能达成。除了需要用谈判技巧外，还有更深一层的原因，就是用任何公平可行的时间去理解它，适应其中必然包含的新事物、新概念。当我们摒弃旧有的东西接受新鲜事物时，会有很大阻力，所以要最后接受新鲜事物，必须给别人充足的时间让他们去理解，这就需要有耐心。

没有耐心是办不成事的，更不用说办大事。在谈判中，具有耐心，善于使用拖延战术，将使你在谈判之中占据主动，然后在适当时机答应对方一项条件，则更容易达成协议。此外，我们还应该明白，了解自己，也了解别人，我们才能友好地与他人相处在一起，才能清楚地认识自身在谈判过程中面临的形势。

这实质上就是前人所说的"审时度势"。无论是在正式谈判的准备阶段，还是在谈判的实际过程当中；无论谈判是片刻见分晓，还是旷日持久；也无论谈判的内容是简单明了还是变幻莫测，作为一个谈判者都必须明确自己处在哪个位置，优势还是劣势，并且都到什么程度。

为此，必须学会从各个不同的层次、各种不同的角度来考察涉及谈判的全部内容和相关要素。

有些人无论与什么人相处，无论在什么样的环境中，都能表现得游刃有余。其原因就在于他能从别人的言行中捕捉到他们内心的变化。

第二节　竞争与协作

　　竞争是生物界和人类社会的一个普遍规律。积极的、良性的竞争是应当肯定的。

——卡耐基　《人性的弱点》

　　所谓竞争，就是充分发挥自己的才能，追求成功，并力求超过他人，成为先进者，这种竞争就是自立、自强。在正当的目的、手段和方式下的竞争，能使每个人的智慧、才能和人格得到充分地发展和表现，从而大大提高人生的效率，实现理想目标。因此，只有在竞争中自立、自强的个体所组成的群体，才能有整体的活力和创造力；没有竞争的个体所组成的群体，是缺乏生命力和创造力的。因此，竞争是群体发展和富有创造力的根本机制。

　　但是，个人的竞争性要能够正常发挥，同时必须发展群体意识，积极与他人协作、互助。竞争本身是智慧、才能的比赛，同时也是品德、人格的比赛。在竞争中，竞争者一方面要不怕强者，不怕嫉妒，敢于争强，力求争先；另一方面，又需要善于同他人协作、互助，增长群体情感和合作精神。事实上，竞争本身就需要互助、信息交流、友谊鼓励和支持、情绪安慰及紧张后的娱乐。在交际和协作中，得到知识，增长经验，提高取得成功的能力。正是竞争激发着人们强烈的协作愿望和行动。

　　2003 年 12 月，美国的 Real Networks 公司向美国联邦法院提起诉讼，指控微软滥用了在 Windows 上的垄断地位，限制 PC 厂商预装其他媒体播放软件，并且无论 Windows 用户是否愿意，都强迫他们使用绑定的媒体播放器软件。Real Networks 要求获得 10 亿美元的赔偿。

　　然而就在官司还没有结束的情况下，Real Networks 公司的首席执行官格拉塞却致电比尔·盖茨，希望得到微软的技术支持，以使自己的音乐文件能够在

网络和便携设备上播放。所有的人都认为比尔·盖茨一定会拒绝他。但出人意料的是，比尔·盖茨对他的提议表示欢迎。他通过微软的发言人表示，如果对方真的想要整合软件的话，他将很有兴趣合作。

2005 年 10 月，微软与 Real Networks 公司达成了一份价值 7.61 亿美元的法律和解协议。根据协议，微软同意把 Real Networks 公司的 Rhapsody 服务包括进微软的 MSN 搜索、MSN 信息以及 MSN 音乐服务中，并且使之成为 Windows Media Player 的一个可选服务。

自 20 世纪 80 年代起，苹果和微软就一直处于敌对状态，为争夺个人计算机这一新兴市场的控制权展开了激烈的竞争。到了 90 年代中期，微软公司明显占据了领先优势，占领了约 90% 的市场份额，而苹果公司则举步维艰。但让所有人大跌眼镜的是，1997 年，微软向苹果公司投资了 1.5 亿美元，把它从倒闭的边缘拉了回来。2000 年，微软为苹果推出 Office 2001。自此，微软与苹果真正实现双赢，合作伙伴关系进入了一个新时代。

其实，个体的竞争也必须以促进群体的协作为条件。如果竞争妨害群体的协作，削弱或破坏群体的发展，这样的竞争不但不能促进个体完善、社会发展，而且必然成为社会腐败、个体堕落的因素。

这种又竞争又协作的人生状态能否真正实现？理想的模式固然难说，但在经验中，类似的典型还是存在的。比如上面列举的例子，另外，日本人的工作方式，就是个体与群体并重、竞争与协作结合的。一个典型的日本人，不仅具有强烈的成就动机和竞争取胜的精神，而且同时又非常注重集体意识，善于合作与协调。

这就是日本人的自我表现与自我克制统一的性格。历史学家埃德温·赖肖尔赞扬日本人无疑比多数西方人具有更多的集体倾向，而且在互助合作的团体生活中形成了这方面的高超技巧。但是，他又强调指出，日本人具有浓厚的个人意识，在把个人从属于集体的同时，在其他方面仍然保持着强烈的个性意识，顽强地表现自己，积极奋斗，干劲十足。

据说，日本人流行一句话：一个中国人可以干得过一个日本人，但三个中国人却干不过三个日本人。这话显然是说中国人有个人竞争和成功的能力，但是不善于集体协作，去发挥协作和整体的力量。这话有点偏颇，但也有道理。

与人合作要讲究艺术，主要是时机要适当。在别人有能力、也愿意的时候，不失时机地提出合作，是令双方都十分愉快的事。

汤姆逊是一位演员，刚刚在电视上崭露头角。他英俊潇洒，很有天赋，演技也很好，开始时扮演小配角，现在已成为主要角色演员。从职业上看，他需要有人为他包装和宣传以扩大名声。因此他需要一个公共关系公司为他在各种报纸杂志上刊登他的照片和有关他的文章，增加他的知名度。

不过，要建立这样的公司，汤姆逊拿不出那么多钱来。偶然一次机会，他遇上了爱莎。爱莎曾经在一家大的公共关系公司工作了好多年，她不仅熟悉业务，而且也有较好的人缘。几个月前，她自己开办了一家公关公司，希望最终能够打入公共娱乐领域。到目前为止，一些比较出名的演员、歌星、夜总会的表演者都不愿同她合作，她的生意主要还只是靠一些小买卖和零售商店。当汤姆逊把他的想法告诉爱莎后，与爱莎一拍即合，他俩联合干了起来。

汤姆逊成为爱莎的代理人，而她则为他提供出头露面所需的经费。他们的合作达到了最佳境界。汤姆逊是一名英俊的演员，并正在时下的电视剧中出现，爱莎便让一些较有影响的报纸和杂志把眼睛盯在他身上。这样一来，她自己也变得出名了，并很快为一些有名望的人提供了社交娱乐服务，他们付给她很高的报酬。而汤姆逊不仅不必为自己的知名度花大笔的钱，而且随着名声的增长，也使自己在业务活动中处于一种更有利的地位。

通过爱莎和汤姆逊的相互协作，弥补了个人能力的不足，完成了一个人无法完成的事业。

可见，协作的确是一件快乐的事情，有些事情人们只有相互协作才能做成。所以说，协作可以获得双赢的结果。

第三节 知足与进取

一个民族最危险的是墨守成规，不敢改革；一个人最糟糕的是知足常乐，不求进取。要树立起竞争观念，就必须破除知足常乐的旧观念。

——卡耐基 《人性的弱点》

所谓"知足常乐"，就是满足自己的眼前所得，保持自己的安乐。这种处世态度，并不只是指日常生活不奢求，而是一种保守主义、利己主义的人生哲学。中国有一位哲学家老子宣传"无为而治"，提倡"知足"、"知止"、"无欲"、"不争"。他认为，人生在世如能满足自己的所得，如此不争，不但可以保持内心的清静和愉快，而且还可以免遭屈辱和灾祸，即所谓"知足不辱，知止不殆"，"祸莫大于不知足"。只有知足知止，无欲不争，才能长乐久安。显然，这是一种保守的、消极的人生哲学。

世界上第一辆四轮汽车是福特发明的，在其他汽车公司崛起之前，世界上最受欢迎的汽车是福特的 T 型车。这种汽车色彩单一，除了黑色还是黑色，样式也比较古板，但在流水线大批量生产模式下，其成本较低，而且耐用，迎合了当时世界各国消费者的需求，畅销期长达 20 年。也许正是因为这种畅销，让福特的经营者们误认为"现状"可以一成不变，福特王朝可以永远做汽车业的老大，进而忽视了世界一直都在前进的现实。

20世纪20年代，经济进一步发展了，美国人的收入增加了，汽车不再仅仅是代步的工具，人们更乐意把它当作地位和身份的象征。显然，色彩单一、样式单一的T型车，已经无法满足人们的这种需求了。然而，福特公司经营者对这种变化视而不见，福特本人还固执地说："不管消费者需要什么，福特公司生产的汽车永远都是黑色的!"

前进中的世界，终于使保持"现状"的福特落后了。跟上时代发展的，是顺应消费者需求的通用汽车以及后来的日本丰田和本田等。

首先，知足者的知足，不论是夜郎自大还是甘居中游，都是形而上学的表现。它不仅违背事物发展的规律性，而且也不符合人自身进步的内在要求。事物是不断变化、发展的，人生也必须要有所发现、有所创造，永不知足地积极进取，自强不息。在学习、劳动和工作中，永不满足已有的成绩，总是看到不足，以成绩为起点，向着更高的目标积极进取，就会不断取得新的成就。在日新月异的进步中得到安乐和幸福，生活的经验证明，"乐"不在于"知足"，而在于"不知足"。

知足者常忧，不知足者常乐，这才是人生的逻辑。

其次，"知足常乐"这种处世哲学的背后，隐藏的是狭隘的利己主义打算。它所追求的快乐，是个人"知足"之乐。这样的知足一旦得不到，就会产生对生活的不满、嫉妒，甚至对人生的失望。因为这种追求所满足的只是一个"自我"，如果这个"自我"不能满足，那么仅有的一点得意和快乐就会转化为痛苦。

当然，指出"知足常乐"的人生哲学的狭隘和片面，并不是说任何情况下都不能讲知足。知足还是不知足，要看具体情况。在一定意义上，"知足"也可以使我们今昔对比，更加珍惜今天的进步和幸福，防止因物质享乐、欲望的不知足而贪婪和堕落。但是，绝不能离开自强、进步谈知足。对于"不知足"也要做具体分析，并不是任何"不知足"都是可取的。那种好高骛远、贪得无厌的不知足，同消极的自私的"知足"一样，也会破坏正常的、积极的竞争和协作。

美国某个小镇上的一位已过了耄耋之年的老人曾经非常自豪地说："我是这个小镇上最富有的人。"

不久，这句话传到了镇上的税务稽查人员的耳朵里。稽查员的职业敏感使他们在第一时间登门拜访这位老人，他们开门见山地问："我们听说，您自称是最富有的人，是吗？"

那位老人毫不犹豫地点了点头："是的，我想是这样。"

稽查员一听，便从公文包里拿出笔和登记簿，继续问道："既然如此，您能具体说一说您所拥有的财富吗？"

老人兴奋地说道："当然可以了，我最大的财富就是我健康的身体，你别看我已经 90 多岁了，但我能吃能走，还能做点力气活呢，我不用光临医院，就是在变相地省钱和赚钱。"

稽查员有些吃惊，仍然耐心地问："那么您还有其他的财富吗？"

"当然，我还有一个贤惠温柔的妻子，"老人一脸幸福地说着，"我们生活在一起将近 60 年了，另外，我还有好几个很孝顺的子孙，他们都很健康，也很能干，这也是我的财富。"

稽查员再次耐着性子继续问："还有吗？"

"我还是个堂堂正正的国民，享有宝贵的公民权，这也是不容否认的财富。还有，我有一群好朋友，还有……"

稽查员有点忍耐不住了，单刀直入地问："我们最想知道的是，你有没有银行存款、有价证券或是固定资产？"

老人十分干脆地回答："这些完全没有。"

稽查员又问："您确定没有吗？"

老人诚恳的回答："我发誓，肯定没有。除了刚才我说的那些财富，其他的我什么也没有。"

稽查员收起登记簿，肃然起敬地说："确实如你所言，您是我们这个镇上最富有的人。而且，您的财富谁也拿不走，连政府也不能收取您的财产税。"

在人生过程中，正确地对待竞争，必须注意同他人的联合和协作。在联合与协作的过程中，既要有争先的勇气，又要注意把个人的作用同群体的力量结合起来。要竞争，就必须克服自卑心理、嫉妒心理；要在竞争中取胜，要克服轻慢心理，要看到竞争者之间的差别不是绝对的，而是相对的，在一定条件下是可以转化的；既不要大意，也不要惧怕强手而却步；要有不畏强手，绝不示弱的精神和拼劲。当然，不示弱，也要根据实际对比力量，不能盲目自信，盲目轻视对手，以至于做出毫无把握的竞争。人生的积极竞争，是在共同幸福、进步前提下的友好竞争。这种竞争本质上是一种竞赛，既要有求胜、成功的强烈愿望，又要搞好协作、协调，以正当的手段和方式进行竞争，以利于共同进步和共同事业的发展。

世间的人，没有一个是完美的。即使你是一个技艺超群、综合能力超强的人，也并非就掌握了生活当中、工作当中的所有知识。当遇到困难时，与别人合作就是必然的了。

第九十八章

会说话，赢得好人缘

人人都喜欢听赞美的话，在你表示赞美的时候，要确实百分之百的真诚。如果没有诚意的话，可能偶尔会骗过一两个人，却骗不了大部分的人，你最终还是会失去别人对你的信任。

第一节　以肯定来开始谈话

懂得说话的人都在一开始就得到一些"是的"反应，接着就把听众心理导入肯定方向。就好像打撞球的运动，从一个方向打击，它就偏向一方；要使它能够反弹回来，必须花更大的力量。

——卡耐基　《人性的弱点》

世界著名推销大师托德·邓肯在推销时，总爱向客户问一些需要肯定回答的问题。他发现这种方法很管用，当他问过五六个问题，并且客户都做了肯定的回答，再继续问其他关于购买方面的知识，客户仍然会点头，这个惯性一直保持到成交。

以肯定来开始的谈话方式，使得纽约市格林威治储蓄银行的职员詹姆斯·艾伯森挽回了一名主顾。

那个人进来要开一个户头，艾伯森先生就给他一些平常的表格让他填。有些问题他心甘情愿地回答了，但有些他则根本拒绝回答。

若是前些年，艾伯森一定会对那个人说：如果他拒绝对银行透露那些资料，就不让他开户头。当然，像那种断然的方法，会使他觉得痛快。因为他表现出了谁是老板，也表现出了银行的规矩不容破坏。但那种态度，当然不能让一个进来开户头的人有一种受欢迎和受重视的感觉。

所以这次，艾伯森决定采取一点实用的普通常识。决定不谈论银行所要的，而谈论对方所要的。最重要的，他决意在一开始就使他说"是，是"。因此艾伯森对他说，他拒绝透露的那些资料，并不是绝对必要的。然后，艾伯森又继续说，请不要介意把最亲近的亲属名字告诉银行，这是一种很好的方法，万一你出意外了，银行就能正确并不耽搁地实现你的愿望。

那位年轻人的态度软化下来。当他发现银行需要那些资料是为了他的时候，改变了态度。在离开银行之前，那位年轻人不只告诉他所有关于他自己的资料，而且还在艾伯森的建议下，开了一个信托户头，指定他母亲为受益人，而且很乐意地回答了所有关于他母亲的资料。

还有这样一个故事：

有一次，大推销员金克拉因违反交通规则被罚款 30 美元。他拿着罚款单去交罚款，当他把钱交到那位处理罚款通知单的小姐手中时，顿时产生了一个念头：如果我能巧妙地抓住这个机会与她搭上话，也许能够把自己损失的钱捞回来；即使买卖不成，对自己也没有什么损失。

于是，他对小姐很有礼貌地说："我可以向你打听两件事吗？"

小姐微笑地说："请说吧！"

金克拉问道："想必你现在还是单身一人吧？我想你大概也有些积蓄了吧？"

小姐不解地点点头，说："嗯，是啊！"

金克拉神秘地说："有一件东西非常好，你以后一定用得上。如果你看了喜欢它的话，愿意每天省下 25 美元把它买下吗？"

"嗯，我愿意。"小姐又给出了肯定的回答。

"那件东西就放在我的汽车的后备箱里。那可是件非常漂亮的东西，而且是很难买到的。你不但现在需要，而且在将来的生活中也会经常用得到它。为了让你尽快看看那件东西，我能否耽误你 5 分钟的时间？"

"嗯，我想看看。"小姐再次给出了肯定的答复。

"那么，请稍等一下。"

金克拉连忙跑到汽车旁，将一套锅的样品拿了出来。然后又进行了示范演示，问小姐；"请问你是否需要订货？"

小姐的态度有些犹豫，刚好旁边有一位比她大 10 岁左右的已婚妇女，小姐便问她："请问如果您是我，您会怎么做？"

没等那位妇女回答，金克拉插嘴道："如果您站在这位小姐的立场上考虑问题，您将怎么做？其实，您是已经结了婚的人了，结婚以后您所负担的费用会随着家庭人口的增加而增加，我想这些您是完全明白的。请您想想，如果您在结婚之前，能有一个得到一套漂亮的锅的机会，您会怎么办？"

那位妇女果断地说："如果是我的话，我会毫不犹豫地将它买下来。"

金克拉转过头问那位小姐："这应该也是你想要做的吧？"

小姐微笑着回答说："嗯，是啊。"

于是，金克拉成功地得到了一份订货合同。签完合同，他又问那位已婚妇女说："虽然十年前您没有遇到这样的机会，可是总不能让您和您的家人以后也不使用这样的锅吧？"

"嗯，那倒是。"已婚妇女回答道。

金克拉说："估计您也想买套锅吧？"

已婚妇女说："是啊。"

就这样，金克拉又轻松地攻下了另一位客户。他之所以在短短的几分钟时间内能得到两份订单，关键在于他能巧妙地同对方用肯定来开始谈话。

用肯定来开始谈话。若一开始就让他说"是，是"，就会使人忘掉曾经的争执或不愉快的事情，而乐意去做我们所建议的事。

一切使人喜悦的艺术之中，说话的艺术占第一位。只有通过它，被习惯钝化的感官才能获得新的乐趣。

第二节 学会倾听别人的心声

倾听是我们对别人的一种最高的恭维。一个成功的商业会谈的秘诀是什么？曾任哈佛大学校长的查尔斯·爱略特说："成功的商业交往，没有什么秘密可言……用心关注跟你讲话的人极为重要。没有别的东西像这个那样使人如此开心。"

——卡耐基《演讲的艺术》

人们往往对自己的事感兴趣，喜欢自我表现。一旦有人专心聆听自己的讲话时，就会感到自己被重视。

再也没有比拥有一个忠实的听众更令人愉快的事情了。对于倾听者来说，在人际交往中，多听少说，善于倾听别人的谈话是一种很高雅的素养，并能通过倾听了解对方的心理，从而更好地与之交往。因为认真倾听别人的讲话，表现了对说话者的尊重，人们往往会把忠实的听众视作完全可以信赖的知己。

保险推销大师弗兰克在推销的时候，善于做别人的听众。有一次，他打电话给费城牛奶公司的总裁。因为那个总裁以前跟弗兰克做过一笔小生意，而且很成功。由于对弗兰克的印象很好，所以很愿意见到弗兰克。弗兰克刚在他面前坐下，他说："弗兰克，说说你的巡回讲演吧，一定很精彩吧？"

"完全可以，"弗兰克肯定地说，"不过我更想知道您的近况。您现在忙什么呢？生意还顺利吧？"

"托上帝的福，还可以。"接着，总裁便和弗兰克谈起了他的生意，并渐渐地由生意谈到家庭。在谈及家庭的时候，总裁向弗兰克谈起了前一天晚上与妻子和朋友们玩一种新的纸牌游戏时的情形。弗兰克以前从没听说过这种游戏，因此也十分感兴趣。总裁谈纸牌游戏谈得很起劲儿，到最后弗兰克也没有谈他巡回讲演的事。

后来，当弗兰克起身告辞的时候，总裁忽然叫住他说："弗兰克，我们公司打算为工厂管理人员投保，你说28 000美元够不够?"

在与客户交往的过程中，一定要谈论客户喜欢的、感兴趣的事情，真心地询问客户的近况和家庭情况，并在交谈中甘做一名听众，最后你会发现客户会主动和你做生意。

做一个耐心的倾听者，是口才的一项重要条件。因为一个能够静坐聆听别人的意见的人必定是一个富有思想和具有谦虚柔和性格的人，这种人也许在人群中不显山不露水，但最终他一定能够赢得别人的尊重。因为虚心，他为众人所喜悦；因为思想，他为众人所尊重。

韦伯从欧洲旅游回到美国后，在一次晚宴上结识了一位女士。这位女士知道韦伯刚从欧洲回来，便说自己从小就梦想着去欧洲旅行，现在都未能如愿。在后来的交流中，韦伯意识到她是一个很健谈的人。他知道，如果让这样一个人很久地听别人讲许多风景优美的地方，一定如同受罪，心中还憋着一口气，并且还会不时地打断自己的谈话。因为她对别人的谈话根本没有兴趣。事实上，这位女士只是想从别人的谈话中找到契机以开始自己的话题。

韦伯曾听朋友说，这位女士刚从阿根廷回来。阿根廷景色秀丽的大草原是最吸引人的地方，她一定深有感触。于是，他便说自己喜欢打猎，还说欧洲的山太多了，如果能有机会在大草原上打猎应该是十分惬意的事。

那位女士一听到大草原，就立刻打断了韦伯的话，兴奋地告诉他，她刚从阿根廷回来。韦伯当时耐心地听着，那位女士后来就开始了她滔滔不绝的话题，一直讲到晚会结束还意犹未尽。

后来，宴会的主人告诉韦伯，那位女士说她与韦伯相处得很融洽，自己非常喜欢和他在一起。事实上，韦伯只说了几句话。

其实，那位女士并不想从别人那里听到些什么，她仅仅是需要一双认真聆听的耳朵，她只想倾诉。而韦伯正好懂得这一点。

倾听是一种最佳的沟通技巧，也是礼貌和诚挚的表现。倾听使谈话双方更加融洽与信任，心灵的距离被缩短了。

倾听，意味着要有足够的好奇心，去强迫自己对别人感兴趣。如果你认为生活像剧院，自己就站在舞台上，而别人只是观众，自己正在将表演的角色发挥得淋漓尽致，而别人也都注视着自己。如果你有这样的想法和习惯，那你会变得自高自大，以自我为中心，也永远学不会倾听，永远无法了解他人。

怎样才能做一个良好的倾听者呢？首先是要有"诚意"。别人和你说话的时候，你的眼睛要注视着他，不管对你说话的人的地位比你高还是比你低，学会注视，一是表示你在意他的谈话，二是表明你有足够的勇气和信心正视别人。其次是别人对你说话的时候，你绝对不可以同时做着一些不必要的工作，这是不礼貌的，而且当人家问你一些问题的时候，你会因为无言以对而尴尬。

当然，倾听并不是说你要坐在那里一言不发，讲话要一句一句地讲，一段一段地讲，只讲不听，只听不讲，都不算谈话。我们所追求的口才，不只是讲的问题，还有听的问题。会说话的人，同时也是会听话的人。会说话的人在说话的时候，绝不只是自己一味地说。他在未说之前，在说的时候，说了之后，都有一件事情使他非常关心的，那就是他的话在对方看来是怎样的，也就是自己说的内容在听众心理引起怎样的反映。

一切口才的最终结果，就是自己的话在听者头脑中所产生的印象和效应——

使听者明白自己的话，相信自己的话，照自己的话去做。

滔滔不绝、口若悬河、一大套一大套地讲个没完没了，并不是真正的好口才，口才很好的人不一定要讲很多，精妙之处在于他只讲了三言两语就使人佩服得五体投地，因为他了解别人的心情，知道别人要听什么。

倾听别人说话时，偶尔插上一两句恰到好处的话或不明白时提出一个问句是非常必要的，说明你对他的谈话非常留心，也可以把谈话引向深入。

如果你不同意他的观点，你或许会很想打断他。但不要那样，因为那样做很危险。当他有许多话急着说出来的时候，他是不会理你的。因此你要耐心地听着，抱着一种开放的心胸，要做得诚恳，让他充分地说出他的看法。

突然打断别人的讲话，就像一支非常流畅的乐曲被中途断开，从此失去了连贯的味道和演奏者的好心情。

在日常交流中需要始终关注交谈对象的反应，这既可以成功地表达自己的观点、要求和态度，也可以通过这样的交谈而收获友谊。对于对方的话语，例如提问，即使不能给予正确的回答，也不要一语带过，或者轻描淡写地笼统回答，更不要答非所问。对别人的抱怨，更要耐心地倾听。

有一位汽车推销员，经朋友介绍去拜访一位曾经买过他们公司汽车的客户，一见面，他照例先递上名片，然后说："我是大众汽车推销员，我姓……"

他还没有报出自己的姓名，就被客户以十分严厉的口吻打断，并开始抱怨当初他买车时的种种不悦，其中包括报价不实、内装及配备不对、交车等待过久、服务态度不佳……总之讲了一大堆，结果这位新推销员被他吓得一句话也不敢说了，只是静静地在一旁听着。

终于，等到他把之前所有的怨气一股脑儿地倾吐完，稍微喘息一下时，才发觉这个推销员并没有向自己推销过汽车，便有一点不好意思地问他说："年轻人，你贵姓呀，现在有没有好一点的汽车，拿份目录来看看吧！"三十分钟过后，这个推销员欢天喜地地吹着口哨离开了，因为他手上握着两辆汽车的订单。

第三节　让对方多说

如果你要别人同意你的观点，必须遵循的规则是：使对方多多说话。

——卡耐基　《人性的弱点》

试着去了解别人，让对方多说话，清楚他看待事情的观点，就能创造生活奇迹，使你得到友谊，减少摩擦和困难。

艾尼是纽约市中区人事局最得人缘的工作介绍顾问，但是过去的情形并不是这样。在她初到人事局的头几个月中，在同事之中连一个朋友都没有。因为那时每天她都使劲地吹嘘她自己，比如在工作介绍方面的成绩，她新开的存款户头，以及她所做的每一件事情。

她认为自己工作做得不错，并且为之自豪，但是同事们不但不分享她的成就，而且极不高兴。艾尼渴望这些人能够喜欢她，真的很希望他们成为她的朋友。后来，她开始少谈自己而多听同事说话。他们也有很多事情要吹嘘，他们把自己的成就告诉艾尼，比听别人吹嘘更令他们兴奋。现在当她与他们在一起闲聊的时候，别人就把他们的欢乐告诉她，与她分享，而只在他们问及的时候才说一下自己的成就。

德国人有一句谚语，大意是这样的：最纯粹的快乐，是我们从那些我们的羡慕者的不幸中所得到的那种恶意的快乐，或者，换句话说，最纯粹的快乐，是我们从别人的麻烦中所得到的快乐。

是的，你的一些朋友，从你的麻烦中得到的快乐，极可能比从你的胜利中得到的快乐大得多。

因此，我们对于自己的成就要轻描淡写。谦虚，永远会受到别人的欢迎。

我们应该谦虚，因为你我都没什么了不起。我们都会去世，百年之后就被忘得一干二净了。生命的短促不容忍我们在别人面前大谈成就，相反我们要鼓励他们谈谈他们自己才对。

西格曼要算是近代最伟大的倾听大师了。他是一位十分专注于听人讲话的人，他拥有别人所不具有的特殊气质，并能用心灵洞察事情。他的目光谦逊、温和，声音低柔，非常专注地听别人说话——即使别人说得不好，还是一样认真地倾听。

只谈论自己的人，所想到的也只有自己。而只想到自己的人，是不可救药的未受教育者。人们会认为他没有受过教育，不论他读过多少年的书。

请记住，跟你谈话的人，对他自己、他的需求和他的问题，更感兴趣千百倍。他对自己颈部的疼痛，比对非洲发生 40 次地震更为关注。当你下次开始跟别人交谈的时候，别忘了这点。

韦恩是罗宾见到的最受欢迎的人士之一。他总能受到邀请，经常有人请他参加聚会、共进午餐、担任客座发言人、打高尔夫球或网球等。

一天晚上，罗宾碰巧到一个朋友家参加一次小型社交活动。他发现韦恩和一个漂亮女士生在一个角落里。出于好奇，罗宾远远地注意了一段时间。罗宾发现那位年轻女士一直在说，而韦恩好像一句话也没说。他只是有时笑一笑，点一点头，仅此而已。几小时后，他们起身，谢过男女主人，走了。

第二天，罗宾见到韦恩时禁不住问道：

"昨天晚上我在斯旺森家看见你和一个最迷人的女孩在一起，她好像完全被你吸引住了。你是怎样吸引她的注意力的?"

"很简单，"韦恩说，"斯旺森太太把乔安介绍给我，我只对她说'你的皮肤晒得真漂亮，在冬季也这么漂亮，是怎么做的？你去哪儿了呢？阿卡普尔科还是夏威夷？'"

"'夏威夷，'她说，'夏威夷永远都风景如画。'"

"'你能把一切都告诉我吗？'我说。"

"'当然。'她回答。我们就找了个安静的角落，接下去的两个小时她一直在谈夏威夷。"

"今天早晨乔安打电话给我，说她很喜欢我陪她。她说很想再见到我，因为我是最有意思的谈伴。但说实话，我整个晚上没说几句话。"

看出韦恩受欢迎的秘诀了吗？很简单，韦恩只是让乔安谈自己。他对每个人都这样——对他人说："请告诉我这一切。"这足以让一般人激动好几个小时。人们喜欢韦恩就是因为他注意他们。

假如你也想让大家都喜欢，那么就尊重别人，让对方认为自己是个重要的人物，满足他的成就感，而最好的办法就是谈论他感兴趣的话题。千万不要喋喋不休地谈自己，而要让对方谈他的兴趣、他的事业、他的高尔夫积分、他的成功、他的孩子、他的爱好和他的旅行等。

让他人谈自己，一心一意地倾听，要有耐心，要抱有一种开阔的心胸，还要表现出你的真诚，那么无论走到哪里，你都会大受欢迎。

因此，如果你想要别人喜欢你，请从现在开始，做一个好的听众，鼓励他人谈论他们自己。

自以为是、目空一切的我们常常不愿去听清别人在说什么，无知与偏见就这样产生了。耐着性子多听一些，就会了解对方的内心感受，信任很容易就会产生。

第九十九章

善待别人也是善待自己

    用温和、友善、赞赏、宽容的态度对待别人，不要对别人斤斤计较，要知道，你怎样对待别人，别人就会怎样对待你。你善待别人，也会使自己享受快乐和安宁。

第一节　温和友善胜于愤怒与咆哮

温和、友善、赞赏的态度对于改变一个人的心念，往往比咆哮和猛烈地攻击更为奏效。因为在友善中，你可以发现，任何事情都没有想象的那么难以应付。

——卡耐基　《人性的弱点》

对于商业界来讲，对罢工者表示出友善的态度是必要的。怀特汽车的一个工厂有200多名员工，他们因要求加薪而罢工。总裁罗伯·布莱克没有因此而采取动怒、责难、恐吓或发表霸道讲话的做法，反而在报纸上登出一则广告，称赞罢工者"用和平的方法放下工具"。他又发现罢工监察员无事可做，便买来许多棒球和手套让他们在空地上打棒球，还租下一个保龄球场，以供那些喜欢保龄球的人娱乐。

终于，这些举动感动了工人们。罢工者找来了扫把、铲子和垃圾车，把工厂附近因罢工留下的纸屑、烟头等垃圾扫除干净。罢工的问题就这样轻易地解决了。

假如人心不平，对你印象恶劣，你就是用尽所有基督理论也很难使他们信服于你。

有时候，一些难以应付的人或事，会在友善与赞赏中变得温和起来。

斯特先生是个工程师，他要求房东减低房租，但房东是个铁面无情的人，很难说动。于是，他便给房东写了一封信，告诉他，等租约一到，他就搬出去。而事实上，他并不想搬家，只是想降低房租。其他房客都试过，但都没有成功。他们还告诉斯特先生，说房东很难对付，要特别小心。

房东收到信后，去找了斯特先生。斯特和房东热诚地交谈，没有提房租高的事，只告诉他自己十分喜欢这间房子，然后继续恭维他很会管理这里。再告诉他，如果不是付不起房租，他很愿意再多住一年。

房东从未遇到过这样的房客，一时不知该如何是好。房东说，他的房客们总是抱怨。他收到过许多房客的来信，其中还有人在信中侮辱他。他说，像斯特这样的房客，真让他松口气。

后来，斯特先生没有要求，房东便自动将房租减少了一些。并且还问他，房子是否需要装修。

温和、友善和赞赏的态度更能让人改变心意，这是咆哮和猛烈攻击所难以奏效的。

美国波士顿郊区曾发生过这样一件事，证明了这个真理。

那些年，波士顿的报纸上充斥着堕胎专家和庸医的广告，表面上是给人治病，实际上却是用恐吓的方式，类似"你将失去性能力"等可怕的词句，欺骗无辜的受害者。他们害死了许多人，却很少被定罪。他们只要缴点罚款或利用政治关系，就可以逃脱责任。

这种情况太严重了，激起了波士顿很多善良民众的义愤。传教士拍着讲台痛斥报纸，祈求上帝能终止这种广告。公民团体、商界人士、妇女团体、教会、青年社团等，一致公开指责，大声疾呼。然而，一切都无济于事。议会掀起争论，要使这种无耻的广告不合法，但是在集团利益和政治的影响力之下，各种努力都毫无成效。

华尔医师是波士顿基督联盟的善良民众委员会主席，他的委员会用尽了一切方法，也都失败了。这场抵抗医学界败类的斗争，似乎没有什么成功的希望。

有一天晚上，华尔医师尝试了波士顿显然还没有人试过的一个办法，为了让报社自动停止刊登那种江湖郎中的广告，他给《波士顿先锋报》的发行人写了一封信，表示他多么仰慕该报：新闻真实，社论尤其精彩，是一份完美的家庭报纸，他经常看该报。华尔医师还表示，以他的看法，它是新英格兰地区最好的报纸，也是全美国最优秀的报纸之一。"然而，"华尔医师说道，"我的一位朋友告诉我，有一天晚上，他的女儿听他高声朗读贵报上有关堕胎专家的广告，并问他那是什么意思。老实说，他很尴尬，他不知道该怎么回答。贵报深入波士顿众多家庭，既然这种场面发生在我的朋友家里，在别的家庭也难免会发生。如果你也有女儿，你愿意让她看到这种广告吗？如果她看到了，还要你解释，你该怎么回答呢？"

"很遗憾，像贵报这么优秀的报纸——其他方面几乎是十全十美的——却有这种广告，使得一些父母不敢让家里的女儿阅读。可能其他成千上万的订户都和我有同感吧！"华尔医师最后写道。

两天以后，《波士顿先锋报》的发行人给华尔医师回了一封信。

亲爱的先生：

十一日致本报编辑部来函收纳，至为感激。贵函的正言，促使我实现本人自接掌本职后，一直有心于此，但未能痛下决心的一件事。

从下周一起，本人将促使《波士顿先锋报》摒弃一切可能招致非议的广告。暂时不能完全剔除的广告，也将谨慎编撰，不使它们造成不良影响。

第二节　多付出关心与温暖

要表示你的关切，这跟其他人际关系一样，必须是诚挚的。这不仅使得付出关切的人有些成果，接收这种关切的人也是一样。它是条双向道，当事双方都会受益。

——卡耐基　《人性的弱点》

关心别人是一条双方都受益的双向道。它不但可以消除沮丧、恐惧与孤寂，而且在许多时候可以创造更多的价值。

有一位名叫马丁的纽约人说，一位护士给他的关切深深地影响了他的一生。在他10岁那年的感恩节，他正因社会福利制度而住在一家市立医院，预定明天就要动一次大手术。他知道，以后几个月都是一些限制和痛苦了。他父亲已去世，现在，他和母亲住在一个小公寓里，靠社会福利金维生。那天母亲刚好不能来看他。

他感到自己完全被寂寞、失望、恐惧的感觉所压倒。他也知道妈妈正在家里为他担心，而且也是孤零零的一个人，没有人陪她吃饭，甚至没钱吃一顿感恩节晚餐。

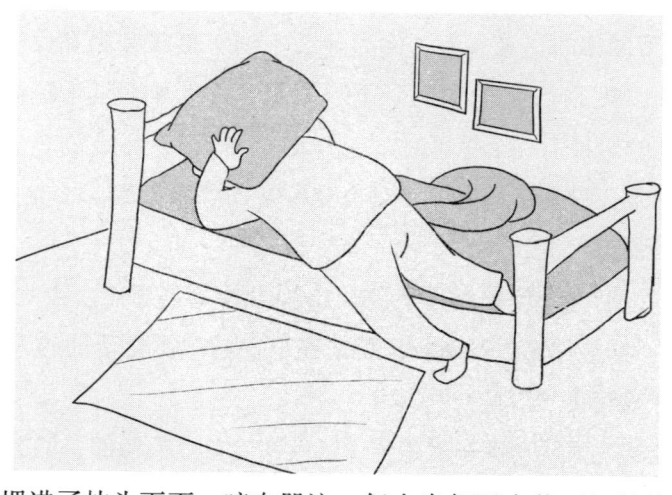

他把头埋进了枕头下面，暗自哭泣，但全身都因痛苦而颤抖着。

一位年轻的实习护士听到他的哭声，就过来看看他。她把枕头从他头上拿开，拭去了他的眼泪。她跟马丁说她也非常寂寞，因为她必须在这天工作而无法跟家人在一起。她又问马丁是否愿意和她共进晚餐。她拿了两盘东西进来：有火鸡片、马铃薯、草莓酱和冰淇淋甜点。她跟马丁聊天并试着消除他的恐惧。虽然她本应4点就下班的，可她一直陪他到将近11点才走。

他说10岁以前，过了许多的感恩节，但对这个感恩节他永远不会忘记。他还记得那沮丧、恐惧、孤寂的感觉，突然一个陌生人的温情使那些感觉全部消失了。

本杰明·富兰克林说："一个人种下什么，就会收获什么。"关心他人的人终将得到回报，因为关心的行为是相互的，只要你付出你的关心与温暖，别人也会以同样的方式来关爱你。若想赢得他人的尊重，就必须从关心他人做起，这是最起码的条件。

一天傍晚，失业快半年的技工杰克驾车回家。途经没有人烟的旷野时，天开始黑下来，还飘起了小雪。突然，他发现路旁有一个老太太的车出了毛病，正焦急地在路上张望，企求别人的帮助。于是，杰克将车开到老太太的奔驰车前，走下车来。

虽然杰克面带微笑，但老太太还是有些担心。他知道老太太是怎么想的，只有寒冷和害怕才会让人那样。

"我是来帮助你的，老夫人，你为什么不到车里暖和暖和呢？"杰克说罢便爬到车下面，找了个地方安上千斤顶。结果，杰克弄得浑身脏兮兮的，还弄伤了手。当他拧紧最后一个螺母时，老太太摇下车窗，开始和杰克聊天。她说她从圣路易斯来，只是路过这儿，对杰克的帮助感激不尽。杰克只是笑了笑，并帮她关上后备箱。

车修好了，老太太问该付多少钱，出多少钱她都愿意。杰克却没有想到钱，杰克说："如果你真想答谢我，就请在下次遇到需要帮助的人时，也给予他帮助，并且想起我。"

杰克看着老太太发动汽车上路了。天气寒冷且令人抑郁，但杰克在回家的路上却很高兴，开着车消失在暮色中。

当老太太沿着这条路行了几英里，看到一家小咖啡馆时。她想进去吃点东西，驱驱寒气，再继续赶路回家。

这时，一位女侍者走过来，给了她一条干净的毛巾来擦干她湿漉漉的头发。老太太注意到女侍者已有近八个月的身孕，但她的服务态度并没有因为过度的劳累而有所改变。

老太太吃完饭，拿出100美元付账，女侍者拿着这100美元去找零钱，而老太太却悄悄出了门。当女侍者拿着零钱回来，正奇怪老太太去哪儿时，她注意到餐巾上有字，上面写着："你不欠我什么，我曾经跟你一样，有人曾经帮助我，就像我现在帮助你一样，如果你真想回报我，就请不要让关爱之链在你这儿中断。"

晚上，当这个女侍者下班回到家，躺在床上，她还在想着那钱和老太太写的话，老太太怎么知道她和丈夫那么需要这笔钱呢？孩子下个月就要出生了，生活会很艰难，丈夫又失业了，她知道她的丈夫是多么焦急。当杰克疲惫地回到家躺在她旁边时，她给了杰克一个温柔的吻，并将今天的遭遇跟他叙述了一遍。杰克听后，一股暖流在他的心底里荡漾。

如果你想赢得人心，首先要让他们相信，你是最真诚的朋友。

第三节　用真诚开启紧闭的大门

对别人显示你的兴趣，并对他表示关切，不但可以让你交到许多朋友，而且在许多时候可以创造更多的价值。

——卡耐基　《人性的弱点》

如果一家银行的每一个人都十分有礼、热心，在排了长时间的队之后，有位职员亲切地跟你打招呼，这肯定会令人感到愉快。

查尔斯·华特尔，在纽约市一家大银行工作，奉命写一篇有关某一公司的机密报告。他知道某一个人拥有他非常需要的资料。于是，华特尔决定去见那个人，他是一家大工业公司的董事长。当华特尔被迎进董事长的办公室时，一个年轻人从门边探头出来告诉董事长，他这天没有什么邮票可给他。董事长对华特尔解释，说他正在为他 12 岁的儿子收集邮票。

华特尔说明他的来意，开始提出问题。董事长的说法含糊、概括、模棱两可。他不想把心里的话说出来，无论华特尔怎样好言相劝都没有效果。这次见面的时间很短，也没有实际效果。

华特尔有些不知怎么办才好，但他很快想起那位董事长对他说的话——邮票，12 岁的儿子……也想起银行的国外部门搜集邮票的事——华特尔再一次去找他，并传话进去，有一些邮票要送给他的孩子。结果董事长满脸带着笑意，客气得很。他不停地抚弄着那些邮票。他们花了一个小时谈论邮票，看他儿子的照片，然后又花了一个多小时，把华特尔所想要知道的资料全都告诉他，然后叫他的下属进来，问他们一些问题。他还打电话给他的一些同行，把一些事实、数字、报告和信件，全部如实地讲了出来。

如果这个世界缺乏真诚，我们的脸上就仿佛蒙上了一个面具，也无法看清每一个人的真面目。

真诚是做人的根本，那些取得巨大成功的人都有一个共同的特征，那就是为人真诚。如果你是一个真诚的人，人们就会了解你、相信你。不论在什么情况下，他都知道你说的是实话，都乐意同你接近，因此你也容易获得好的人缘。如果你存有防备心、猜疑心，不能敞开自己的胸怀讲实话、真话，总是遮遮掩掩，吞吞吐吐，这样是无法搞好人际关系的。

詹姆斯作为一个新手，在进入汽车销售行的第一年就登上公司的推销亚军宝座，令许多人都羡慕不已。同事纷纷向他祝贺，讨教经验似的问："你是如何取得这么好的销售业绩的？你真棒！"但詹姆斯一时也说不出个所以然来，这也成为一个问题，困扰了他好几天。

直到有一天，詹姆斯坐在车上，忽然想起来了：真傻，问问客户不就清楚了吗！他扬了扬手中的签约单，笑着对自己说："好，现在就开始！"

今天的客户乔治先生是一家地产公司的老板，是詹姆斯以前的一个客户介绍过来的，算上今天这次，这是他们的第三次见面。詹姆斯觉得乔治先生很直爽，向他问这个问题应该不会太失礼。

在乔治先生家中，双方签完约，合上合同文本，詹姆斯又很有耐心地向乔治先生重复了一遍公司的售后服务和乔治先生作为车主所享有的权益。然后，才很有礼貌地问："乔治先生，我有一个私人问题想问一下您，可以吗？"

乔治先生看了一眼詹姆斯，从沙发上坐直身子，说道："当然可以！"

"是这样的，我想问您，您为什么会和我签约？当然，我的意思是说，其他公司好的推销员很多，您为什么会选择我？"第一次问这种问题，詹姆斯觉得有点不好意思，略带歉意地望着乔治先生。

乔治先生爽朗地笑了起来，很高兴地说："年轻人，我果然没有看错人。"乔治先生接着说："你是我的朋友介绍的，他也在你这儿买过车，你该记得的。当时他就告诉我：'这小伙子很诚实，我信得过他。'我听了有点不以为然，你别介意，但我确实是如此想的。推销员我见多了，还不都是油嘴滑舌，把自己的产品吹得天花乱坠吗？但第一次见面，你言简意赅地向我介绍了几款车，便静静地听我讲述要求。我们交谈时你双目注视着我，给我留下深刻的印象，的确，像我朋友所说的，你与别的推销员不同，你很真诚。

"第二次见面时，你全力向我推荐了这款车。其实这款车我早就注意过了，我也听了不下 6 个推销员向我介绍这款车，但你又一次打动了我。应该说，这款车的性能、价位、车型设计等都比较符合我的要求，正在我犹豫之际，你又主动跟我说：'这款车许多客人初看都很喜欢，但买的人不算太多，因为这款车最主要的缺点就是发动机声响太大，许多人受不了它的噪音，如果对这一点你不是很在意的话，其他如价格、性能等符合你的愿望，买下来还是很合算的。'

"你还记得我试过车后说的话吗？我说：'你特意提出噪音的问题，我原以为大得惊人呢，其实这点噪音对我来讲不成问题，我还可以接受，因为我以前的那款车声音比这还大，我看这不错。其他的推销员都是光讲好处，像这种缺点都设法隐瞒起来，你把缺点明白地讲出，我反而放心了。'你看，我们就这么成交了！"

从乔治先生家里出来，詹姆斯既高兴又激动，脸涨得都有点红了，今天这种方式真不错，很有实效！詹姆斯觉得，这对自己不仅是一种肯定和鼓励，而且还增进了他与乔治先生的交情，刚才出门之前，乔治先生还很热情地邀请他在家共进晚餐呢，这个朋友是交定了！

比尔说过这样一段话："对商业道德的认真思索，会使人从中受益。那种认为人就应该通过剥夺他人的利益来增加自己的利益的观念是不诚实的想法，我们的社会需要的是正直诚实的商人。"往往你待人真诚，会使很多人帮助你并赞美你，真诚的付出，其实你也不损失什么，这样你在社会中才是强者。

第四节 微笑会改变一切不愉快

行为胜于言论，微笑就是在对别人说："我喜欢你，你让我感觉快乐，我喜欢见到你。"

——卡耐基 《人性的弱点》

世界上的每一个人，都在追求幸福。有一个可以得到幸福的可靠方法，就是以控制你的思想来得到。幸福并不是依靠外在的情况，而是依靠内在的情况。决定你幸福或不幸福的，不在于你有什么，或你是谁，或你在什么地方，或你正在做什么，而是你怎么想。比如，两个人也许在同一个地方做同样的事，双方也许拥有等量的金钱和声望——但其中之一也许很难过，另一个也许很快乐，因为两个人的想法不同。

在酷热不毛的热带地区，那些可怜的农奴用他们原始的农具耕作着，在他们身上我们看到了许多快乐的脸孔。而这些快乐的脸孔却无异于我们在纽约、芝加哥、洛杉矶的冷气办公室里所看到过的。

莎士比亚说，没有什么事，是好的或坏的，但思想却使其中有所不同。

如果你不喜欢微笑，怎么办？有两种方法：

第一，强迫你自己微笑。如果你是单独一个人，强迫你自己吹口哨或哼一曲，表现出你似乎已经很快乐，这就容易使你快乐了。下面是已故的哈佛大学教授威廉·詹姆斯的说法：行动似乎是跟随在感觉后面，但实际上行动和感觉是并肩而行的。行动是在意志的直接控制下，而我们能够间接地控制不在意志直接控制下的感觉。

不妨细读艾勃·哈巴德这段贤明的忠告：每回你出门的时候，把下巴缩进来，头抬得高高的，肺部充满空气，沐浴在阳光中，微笑着招呼你的朋友们，每一次握手都使出力量。不要担心被误解，不要浪费一分钟去想你的敌人。试着在心里肯定你所喜欢做的是什么；在清楚的方向之下，你会径直地达到目标。心里想着你所喜欢做的伟大而美好的事情，当岁月流逝的时候，你会发现自己掌握了实现你的希望所需要的机会，正如珊瑚虫从潮水中汲取所需要的物质一样。在心中想象着那个你希望成为的有办法的、诚恳的、有用的人，而你心中的思想，每一个小时都会把你转化为那个特殊的人。思想是至高无上的。

第二，保持一种正确的人生观——一种勇敢的、坦白的、愉快的态度。思想正确，就等于是创造。一切的事物，都来自于希望，而每一个诚恳的祈祷，都会实现。我们心里想什么，就会变成什么。

古代的中国人，真是聪明绝顶——对世界上的事物看得很透彻。他们有一则格言，我们都应该把它别在帽子里。那则格言说：一个没有微笑面孔的人，不能做生意（和气生财）。

你的笑容就是你的好意的信使，你的笑容能照亮所有看到它的人。对那些整天都看着皱眉头、愁容满面而视若无睹的人来说，你的笑容就像穿过乌云的太阳。尤其对那些受到上司、客户、老师、父母或子女的压力的人，一个笑容能帮助他们了解一切都是有希望的，也就是世界是充满欢乐的。

说到做生意，佛兰克·尔文·弗莱奇，在他为欧本·海默和卡林公司制作的一则广告中，对我们提供了一点实用的哲学，这是对微笑的赞美：

微笑在圣诞节的价值在于，它不花什么，但创造了很多成果。

它丰盛了那些接受的人，而又不会使那些给予的人贫瘠。

它产生在一刹那之间，但有时给人一种永远的记忆。

没有人富得不需要它，也没有人穷得不会因为它而富裕起来。

它在家中创造了快乐，在商业界建立了好感，而且是朋友间的口令。

它是疲倦者的休息，沮丧者的白天，悲伤者的阳光，又是大自然的最佳良药。

但它却无处可买，无处可求，无处可借，无处可偷，因为在你把它给予别人之前，没有什么实用的价值。

而假如在圣诞节最后一分钟的匆忙购物中，我们的店员累得无法给你一个微笑时，我们能请你留下一个微笑吗？

因为不能给予微笑的人，最需要微笑了！因此，如果你要别人喜欢你的微笑，请记住，常常微笑。

亲切而温和的表情，比一套高贵、华丽的衣服更加能够显示出个人魅力。

笑的影响是很大的，即使它本身无法看到。

俄亥俄州辛辛那提一家电脑公司的经理，为一个很难填补的缺额找到了一位适当的人选。

经理为了替公司找到一个电脑博士几乎伤透脑筋。最后找到一个非常好的人选，刚要从普渡大学毕业。通过几次电话交谈，经理知道还有几家公司也希望他去，而且都比这家公司大而且有名。大学生之所以选择这家公司，是因为其他公司的经理在电话里是冷冰冰的，商业味很重，那使人觉得好像只是另一次生意上的往来而已。但这位经理的声音，听起来似乎真的希望他能够成为公司的一员。

根据美国一家最大的橡胶公司的一名董事长的观察，一个人除非对自己的事业很感兴趣，否则将很难成功。这位实业界的领袖，对那句单靠十年寒窗就可成名的古语，并不具有多大的信心。许多人成功了，因为他们创业的时候满怀兴致。后来，这些人变成工作的奴隶，无聊起来了。他们一点兴致也没有，人生失败了。

不真诚的狞笑骗不了任何人。我们知道那种笑是机械式的，是最让人讨厌的。而我们所需要的是一种真正的微笑，一种令人心情温暖的微笑，一种发自内心的微笑，这样的微笑才能在市场上卖得好价钱。密西根大学的心理学家詹姆士·麦克奈尔教授谈到他对笑的看法时说：有笑容的人在管理、教导、推销上较会有功效，更可以培养快乐的下一代。笑容比皱眉更能传达你的心意。这就是在教学上要以鼓励代替处罚的原因所在了。一个纽约大百货公司的人事经理说，他宁愿雇用一名有可爱笑容而没有念完中学的女孩，也不愿雇用一个摆着扑克面孔的哲学博士。

微笑是宽容，微笑是接纳，微笑是心灵的沟通。在熙熙攘攘的人群中，繁忙的人们虽然近在咫尺，心灵之间却有一条无法跨越的鸿沟，满面春风的微笑则是跨越鸿沟的一座桥梁。

微笑的价值在于，它不需花费什么，但创造了很多的成果。笑容能照亮所有看到它的人，像穿过乌云的太阳，带给人们温暖。

宴会上，格林太太——一个获得遗产的妇人，急于留给每一个人一个良好的印象。她浪费了好多金钱在黑貂皮大衣、钻石和珍珠上面。但是，她对自己的面孔，却没下什么功夫。她的表情呆板、言语尖酸、自私，她没有发现每一个男人所看重的是：一个女人面孔的表情，比她身上所穿的衣服更重要。

查尔斯·史考伯说，他的微笑价值 100 万美元。他可能只是轻描淡写而已，因为史考伯的性格、魅力，以及那使别人喜欢的才能，几乎全是他取得卓越成功的原因。他的性格中，令人喜欢的一个重要因素是他那动人的微笑。

有一天下午，莫尔跟莫里斯·雪佛莱在一起。莫尔感到失望，雪佛莱闷闷不乐，沉默寡言，跟莫尔所期望的完全不同。直到他微笑的时候，莫尔的观感才改变，就好像是太阳冲破了云层。如果不是因为微笑，莫里斯·雪佛莱可能仍然是巴黎的一位家具制造者，跟他的父兄一样。

行动比言语更具有力量，而微笑所表示的是我喜欢你，你使我快乐，我很高兴见到你。

这就是为什么狗这么受人们欢迎的原因。它们多么高兴见到我们。因此，我们也就高兴见到它们。

一个婴儿的微笑也有相同的效果。

你是否在医院的候诊室待过，看着四周的病人和他们沉郁的脸？有一天，兽医史蒂芬的候诊室里挤满了顾客，许多宠物在准备注射疫苗。没有人在聊天，也许每一个人都想着一件以上该做的事情，而不是坐在那儿浪费时间。大约有六七个顾客在等着，之后又有一位女顾客进来了，带着她九个月大的孩子和一只小猫。幸运的是，她就坐在一位先生旁边，而这位先生已等得不耐烦了。可是他发觉，那孩子正抬着头注视着他，并对他无邪地笑着。这位先生当然也对那个孩子笑了笑。然后他就跟这位女顾客聊起她的孩子和他的孙子来了。一会儿，整个候诊室的人都聊了起来，整个气氛就从乏味、僵硬变成了一种愉快。

如果你要别人喜欢你，或是培养真正的友情，就请真诚地微笑。

无论你有多高超的交际艺术，如果缺少了微笑，就像一朵即将枯萎的玫瑰，黯然失色。

第一百章

帮助别人而不奢望感恩

要想自己快乐，首先要给别人送去快乐。发自内心地帮助别人、付出爱心的同时，自己获得的更多，又何必指望别人一定要感恩于你呢？

第一节　幸福源于付出

　　为别人做好事不是一种责任，而是一种幸福，因为这能增加你自己的健康和快乐。多为别人着想，不仅能使你不再为自己忧虑，也能帮助你结交很多的朋友。

——卡耐基　《人性的弱点》

　　20 世纪美国最杰出的无神论者——西多·德莱特，他把所有的宗教都看成是神话。人生只是一个傻瓜说出的故事，没有任何意义，但是他却遵循着他眼中的"傻瓜"——耶稣所讲的一个道理——帮助他人。德莱特说，如果每个人想在漫长的人生中享受快乐，就不能只想到自己，而应为他人着想。

　　西雅图的卢勃博士已很多年没下床走一步了，但西雅图一家报社的记者斯尔特·郭斯却高度评价他是一个最无私的人。

　　一个常年卧床的人是怎样化解自己的烦恼，成了一个无私的人的呢？答案就是，他一直遵循着"为他人服务"的信念，并努力去实践它。

　　他收集了全国各地瘫痪病人的通讯地址，给他们发出了一封封充满鼓励、洋溢着关心的信件，激励他们勇敢地与病魔作斗争。他把这些病人联合起来，组成了一个瘫痪者联谊俱乐部，让大家相互写信鼓励。

　　他每年要在床上发出 1400 封信，给许多的病人带来了快乐和笑声。

　　卢勃博士与其他瘫痪在床的病人最大的不同之处在于，他深切地体会到真正的快乐，是在帮助他人的过程中获得的。萧伯纳说过，一个以自我为中心的人，一天到晚都在抱怨别人不能使他开心。只有乐于助人，为他人带来笑声，那么你才能真正的快乐。

　　琳娜太太喜欢写小说，然而她写的任何一部小说都没有她自己的故事精彩。

故事发生在"珍珠港事件"当天的早晨。琳娜太太患心脏病已经一年多了，这一年多来，她每天都要在床上躺22小时。在这一年中，她所走过的最长的一段路，就是在女佣的搀扶下从卧室走到花园里去晒太阳。

琳娜太太当时以为这一辈子就这样完了，如果不是那些日本人来炸珍珠港，她也不可能重新开始新的生活。

日本偷袭珍珠港时，有一颗炸弹就扔在了她家花园里，炸弹的震波把琳娜太太从床上震得掉在了地上。军方的卡车到基地附近把战士们的妻儿接到学校中，他们打电话通知那些家中有多余房间的人，要求他们收容这些人。他们知道琳娜太太床边也有一个电话，于是请求她帮他们记录所有的资料。于是琳娜太太仔细地记下了那些海军的妻儿都被送到了什么地方，然后红十字会让那些士兵打电话给她，向她询问他们家人的情况。

很快琳娜太太知道了丈夫平安的消息，于是她尽量想法安慰那些不知道她们的丈夫是否已阵亡的太太们，也安慰那些寡妇们——好多太太已知道失去了丈夫。刚开始的时候，她是躺在床上做这一切的，不知不觉中，她坐了起来。最后，她忙得忘记了自己，下床坐到了桌边。从那以后，她除了每天像正常人一样在床上睡8个小时以外，其余的时间她都是在地上度过的。

如果不是那场战争，琳娜太太后半生都将会在床上度过。珍珠港事件是美国历史上的一大悲剧，但对于她个人来说，却是一件好事，它改变了她后半生的生活，让她发现了她所拥有的力量。它使琳娜太太把注意力转移到其他人身上，去关心他人。这也给了她一个生活下去的重要理由，她再也没有时间去想自己，或是为自己担忧。

那些求助于心理医生的人们，如果都能像琳娜太太那样做，去关心别人，1/3 的人都能自己治愈自己。这是著名的心理学家卡尔·莱克说的。他还说，在他的病人之中，大约有1/3 的人在生理上都找不到任何病因，他们只是因生活空虚，找不到生活的意义所在。

威廉·贝恩太太在纽约市中心开了一所秘书培训学校，她用这种方法，在让人不敢相信的时间内治好了她的忧郁症。

五年前的圣诞节时，贝恩太太沉陷在自怜与悲伤中。在长时间的快乐婚姻生活之后，她的丈夫离开了人世。在圣诞节来临时，满世界的快乐气氛让她更加悲伤。贝恩太太从小到现在还没有一个人单独过圣诞节。有很多朋友都来邀请她和他们一起过圣诞，她怕自己会触景伤情，破坏了节日的气氛，便一一回绝了他们。时间越临近，贝恩太太的伤感情绪越浓。圣诞节那天，她一个人在下午三点钟离开了办公室，漫无目的地在大街上闲逛，希望自己的心情能变得好一些。街上挤满了欢乐的人群，这让贝恩太太不自觉地想起那些快乐的往事。她心头十分茫然，实在不敢回到那空荡荡的、没有人气的家中。就这样走了一个多钟头，她发现自己走到了一个公共汽车站前。顺着人群，她上了车。不知过了多长时间，只听乘务员在耳边提醒她，该下车了。她根本不知道到了哪儿，四周很安静。这时，附近一座教堂里传来了优美的乐声，她循声走了过去，静静地坐在教友席上。教堂里灯火辉煌，圣诞树装饰得美轮美奂，不知不觉中，贝恩太太就睡着了。

醒来时，贝恩太太一时忘了身在何方，开始有点害怕。这时，她看见面前有两个小孩，显然他们是来看圣诞树的。其中一个小孩还以为她是圣诞老人带来的。贝恩太太突然醒来，把他们两个也吓了一跳。她冲他们笑了笑，他们的衣服很破旧。贝恩太太问他们的父母在哪儿？他们说自己没有父母了。这两个小孤儿的情况比她糟糕多了，她不禁为自己的忧虑和悲伤感到惭愧。她带着两个小孤儿到附近的商店买了一些小礼物送给他们。这时候，她发现自己的悲痛伤感一下子都没有了。这两个小孤儿让她几个月来第一次忘掉了自己。她要感谢上帝，让她的童年充满了欢乐，她得到了父母无私的爱与关怀。这两个孤儿带给她的远比她带给他们的更多。

这次的经历让她明白，要想让自己快乐，首先要给别人送去快乐。快乐是能够传染的，在付出的同时也有收获。因为帮助别人、付出自己的爱，她克服了悲伤与痛苦，她感觉自己就像是变了一个人，从那以后一直都是如此。

"不行春风，难得春雨。"生命的绿需要德行的沐浴，坚韧的浇灌，挚爱的孕育。心诚，爱纯，心便会永远绿色长青！把自己的爱心、真心、纯心交付给别人，生命的天堂才会焕发光彩。

第二节　男士应富有责任感地照料妇孺

　　成熟男士对妇孺的富有责任感的照料，以及妇孺对帮助者表达的谢意，都不只是礼节上的客套，而是双方发自内心的真诚行为。

——卡耐基　《人性的弱点》

　　法律和道德都是保护弱者的，头脑当中没有这种意识的人都被认为是没有教养的。当女士和儿童上车的时候，男士应该主动开车门；坐车时要给妇女或儿童让座；在看电影或看演出入场时要为女士开路并找到座位，女士在两排之间通过时，入座的男士应起立礼让；当男女相遇时男士应先致意；如果女士不落座，男士就不能独自先行落座；在街上男女同行时，男士要走在女士左侧。尤其是当妇女和儿童穿越马路时，男子必须陪同护送。文明社会的妇女和儿童在生活中总是会得到特别的照顾和保护，因为尊重妇女和儿童是很多国家的传统美德。

　　从历史和宗教的角度看，这些传统都是有根据的。除了上述礼节之外，还有一些符合国际惯例的礼节值得注意：上下电梯时，应让女士走在前边；下车、下楼时，男士应走在前边，以便照顾女士；进餐时，要请女士先点菜；同女士打招呼时，男士应该起立，而女士则不必站起，坐着点头致意就可以了；异性在握手的时候，男士必须摘下手套，而女士可以不必摘下；女士的东西掉在地上时，男士应该主动帮她拾起来。只有这样，男士的绅士风度才能得到恰当的展示。

　　妇女和儿童在得到帮助和照顾的时候，应当及时表示必要的感谢，不然会被认为是不懂礼貌。由于日常生活中的关心、帮助，往往都只是举手之劳，不会费多大神思，因而很多人常忽略对日常生活中得到的帮助表示感谢。当有人为你递上一杯水，在街上为你指路，捡起你掉下的东西时，你都应当向别人及时表示谢意。说声"谢谢",显示了你对别人提供的帮助的肯定,也是对处处以保护人的姿态出现的男子的一种鼓励。不要只对大的帮助感激不尽,对生活中的一个小小的善意之举,每个人也都应当怀有一颗感恩的心,并恰当地流露出感动。

感谢的途径和方法不拘一格,口头致谢、书面致谢、电话致谢或由他人转达谢意等都可以使用。只要依实际情况灵活操作,都会收到很好的效果。口头致谢是最常用的感谢方式,也最适用于日常生活中。如果别人帮你摆脱了正在面临的困境,应当立即表达自己的谢意。表达感谢的语气一定要诚恳,比如说"真得好好谢谢你,你帮我解决了很棘手的难题",或者是"今天多亏你帮忙,不然我可真没办法了",会让对方感到一丝暖意。这种口头致谢的方式可以在任何时间、地点、场合使用,简单而且有效。

所谓"绅士风度",不是道貌岸然,凛然不可侵犯的样子,而是适时地表现出适度的礼貌来。

第三节 付出不需回报

"理想的人"以施惠于人为乐,但却会因别人施惠于己而感到羞愧。因为能表现仁慈就是高人一等,而接受别人的恩惠,却是低人一等。如果我们想得到快乐,我们就不要去想感恩或忘恩,而是要享受施恩的快乐。

——卡耐基 《人性的弱点》

人人都希望付出最少的代价,获得最大限度的回报,而人类的天性却是容易忘记感恩。其实,施恩本身已经有着极大的快乐,为什么还要奢求感激呢?

既然要付出,就要单纯地付出,不要图回报。别人的感激与表扬并不是你最需要的,你真正得到的有意义的回报是你无私奉献的热情。只要你有了这种热情,你的生活就更加美好、更加惬意起来。在你付出的时候,你的心情坦然了，你就能体会到付出的乐趣。这是一种和你的生活密切相关的处事方式，它不仅会带给你快乐，而且做起来也是轻而易举的。

一个住在纽约的女人，她常常因为孤独而不停地埋怨，她的亲戚们也没有一个人愿意亲近她。如果有人去拜访她，她就会连续几个钟头不停诉说她做的各种好事。

她帮助过的侄女们出于责任感偶尔会来看看她。因为她们知道必须坐在那儿好几个小时，听她拐弯抹角地骂人，还得听她那没完没了的埋怨和自怜的叹息，所以都很害怕来看她。后来这个女人无法威逼利诱她的侄女再来看她的时候，她便搬出她的"法宝"——心脏病发作。

关于这是真是假，医生说她有一个"很神经的心脏"，才会发生心脏亢进症。而医生们一点办法也没有，她的问题完全是情感上的。

这个女人所真正需要的是爱和关注，也就是她所认为的"感恩图报"。因为在她看来，她去要求别人的那些，都是她该得的，所以她永远也不可能得到这种感恩和爱。

世界上像这样的人不知有多少。这些人都因为"别人的忘恩"、孤独和被人忽视而生病。他们希望有人爱他们，可是在这个世界上唯一能够被爱的办法，就是不再去要求，而开始付出，并且不希望回报。

我们也可以用比尔家的故事来对比一下。

比尔家一直很穷，债台高筑，但他的父母每年总是尽量想办法送点钱到孤儿院去。那是设在爱荷华州的一座基督教孤儿院。

他的父亲和母亲从来没有到那里去看过，或许也没有人为他们所捐的钱谢过他们。虽然偶尔会有几封感谢信，可是他们所得到的报酬却非常丰富，因为他们得到帮助孤儿的乐趣，而并不希望或等着别人来感激。

比尔离家之后，每年的圣诞节总会寄一张支票给父母，让他们买一点比较奢侈的东西。可是他们很少这样做，当他每个圣诞节前几天回到家里的时候，父亲就会告诉他又买了一些煤和杂货送给镇上一些可怜的人——那些有一大堆孩子却没有钱去买食物和柴火的人。他们送这些礼物时也得到很多的快乐——就是只有付出，而不希望得到任何回报的快乐。

实际上，一个真正有智慧、内心充满平和宁静的人，是不会刻意去期待他人的回报的。你的付出也可以使你在情感上得到同等程度的愉悦，你感觉上的回报就是你意识到你做出了这些付出。

如果你感到替别人做了什么而得不到任何回报，那么导致你心里不平衡的根本原因是隐藏在你内心的互惠主义，它干扰你内心的平静，它使你老是在想：我想要什么，我需要什么，我应当索取什么。如果付出就想要得到回报，也许好事就会变成坏事。

有一个美国青年，曾从深井中救出一个小女孩，得到女孩父母的深深感激和众人的钦佩。不幸的是，从此以后，无论他走到哪里都希望人们知道他的这一善行。随着岁月的流逝，人们渐渐淡忘了，但他却念念不忘，越来越无法忍受人们如此对待他这样一个救人英雄，最后不得不选择了自杀。

在你对他人付出的时候，如果你刻意去期待他人的回报，那么在他人看来，你的付出只是你换取他人回报的"筹码"，这样就显得不够真诚，反而无法实现你打造良好人际关系网的初衷。

人生的价值在于你付出了多少，而不是得到多少。付出是一种幸福，为什么还要奢求得到他人的感激呢？

第四节　给朋友分等

朋友会给你一些主意，好主意能对前因后果反复琢磨，并产生合乎逻辑、具有建设性的计划；而坏主意只能让人紧张，甚至精神崩溃。

——卡耐基　《人性的优点》

两个朋友一起旅行，途中突然遇到一头大熊，其中一位立刻迅速地爬上大树，躲进了树枝里。另一位眼见自己要遭到袭击，便立刻躺倒在地。

当大熊走过来用鼻子在他的全身上下又蹭又闻时，他屏住呼吸，尽量假装死了。熊很快就离他而去。据说，熊从来不吃死人。

熊走远后，树上的那个人下来，问他的朋友熊在他耳边说了些什么。"它给了我这样的忠告，"那个人回答说，"永远不要与那些当危险来临时就离你而去的朋友一起同行。"

常有人说："千金易得，知己难求。"或慨叹："相识满天下，知己无一人。"不错，知己已难得。但倘若每个朋友都是知己，可能又很单调，未必能令我们感到满足。不是每个人都会对我们推心置腹，我们也不能期望每个朋友都愿与我们坦诚相待，耐心地听我们发牢骚。友谊的多彩，就在于它不单有知己深交或泛泛之交，而是在此二者之间存在了多种深浅不同的层次。做人有无"心机"，也在于我们是否懂得分辨和接纳不同层次的朋友，对他们有合适的期望，同时了解增进与维系各种情谊的方法。

（1）知己

知己是我们人生中绝难找到的极少数朋友，他们可以诚意地接纳我们的优点，也会接纳我们的缺点，处处忠诚地为我们着想。他们像面镜子，能给予我们劝勉和鼓励；又像影子，永远对我们信任、支持，是维持我们精神健康的支柱。

不过，对于知己，我们也有义务不断地付出，同样舍己地为他的益处着想。去接纳、支持、聆听和帮助，是知己的责任。但是切记不要滥用知己的权利——知心朋友不等于"黏身"朋友，更不能要求对方完全同意自己、迁就自己。

（2）死党

他们多是一些来往密切、与自己的生活圈子很接近的朋友，彼此有相同的思想，相同的遭遇，故而很容易谈得来，在行动上有默契地成为一伙儿，组成小圈子活动。"死党"是我们日常生活的好伙伴，可驱除孤单感，增加自信心，为生活加添色彩和热闹，是有需要时最好的支柱。

但若要整个"死党"能相处愉快，就需要大家彼此迁就，不执意独行，有合群的性格，才能发挥联合的力量。"死党"有事求助我们，就该不吝啬地挺身给予援手，常加鼓励。不过，可不要单单陶醉在这个"小圈子"里，完

全排斥外界朋友，否则，可能会失去很多宝贵的友谊，更不要持着后盾和势力而互相纵容。

（3）老友

他们是与我们很熟悉、相识多年的老朋友，如旧同学、一起长大的玩伴等。虽然大家见面的机会未必很多，但基于彼此熟悉、了解，每次相逢都能天南地北地亲切交谈，成为一段畅快的经历。他们不是知己，有困难时未必会想到他们；大家的性格也未必接近，不过友谊倒是耐久而隽永，值得我们去珍惜和主动自然地表示关系。不要因为来往少而让友谊止于寒暄、敷衍的地步。

（4）来往密切的朋友

因为活动圈子相同，可能会交到一些接触密切的朋友，如上司、同事、老师、同学等。他们很熟悉我们的生活小节，但却未必是那些互相了解，可倾诉心事的人。

对于这些朋友，虽然大家每日共事共学，但不能对他们要求太高，因为彼此都没有什么承诺和默契。但起码相处应不忘礼貌，言行一致，真诚，工作上给予人方便，都是我们该遵守的，因为他们正是最能看透我们言行、工作能力和态度的人。不要老摆出外交式的笑容和虚假态度，更需小心因日常利害冲突而产生摩擦。

（5）单方面投入的朋友

有些人可能对我们很着迷和信任，常把心事向我们倾诉，但我们却没有那种共通的推心置腹的感觉。也有些时候，我们对某人特别崇拜倾慕，而对方却未必有热烈的反应，这种不平衡的关系多产生于一些不同位置的朋友之间，如老师与学生，班长与同学，偶像与"迷"等，不过有时普通朋友间也有这种不平衡现象。

当受人仰慕的时候，可不要轻看和玩弄别人的友情，或表示讨厌和高傲的态度，该尽力去助人成长，给予中肯意见，鼓励他发展独立精神，认识其他朋友。

当我们倾慕别人的时候，也不要成为他人的累赘，过分倚赖。而应该积极从他人身上学习长处。切记，不要盲目崇拜，胡乱抛掷感情。

（6）普通朋友

这类朋友占了朋友圈子的大部分。他们可以和我们东拉西扯，谈些无关痛痒的话题，不过交情上是谁也不欠谁，不会叫大家牵肠挂肚。

虽说是普通朋友，也可成为游乐时的好玩伴。有难事，也可向有专门知识的个别朋友请教。这些来自不同背景的朋友能充实我们的知识，令我们感受到"相识遍天下"的温暖感觉。

这类朋友，只要我们肯扩张生活圈子。自然不会缺乏。

（7）泛泛之交

大家的友谊仅止于认识的阶段，是点头之交，连普通话题也未必有机会聊。大家若能做到见面时打打招呼，保持礼貌距离，已是很不错的了。千万别对人随便过分信任，否则会误交朋友，后悔就迟了。

"有了朋友，生命才显示出全部的价值。智慧、友爱，这是照亮我们黑夜的唯一光亮。"其实，一个人的成功，除了时、运、命和自身的努力之外，还离不开众多朋友的支持和帮助。

要把朋友分等级其实并不容易，因为人都有主观的好恶，有时会把一个赤诚之心的人当成一肚子坏水的人，也会把凶狠的狼看成友善的狗，甚至在旁人点醒时还不能发现自己的错误，非等到被朋友害了才大梦初醒。所以，要十分客观地将朋友分等级是十分困难的，但是，只要你在心理上有分等级的准备，交朋友就会比较冷静客观，就可以在关键时用得上，并且把伤害减到最低。

给朋友分等，对心地纯真、感情丰富的人很困难，他们只会一味付出，不善识人。而且把朋友分等级，他也会觉得有罪恶感。

不过，任何事情都要经过学习，慢慢培养这种习惯，等到了一定年纪，自然热情冷却，不用人提醒，也会把朋友分等级了。

给朋友分等级，也可以简单地分为"可深交级"和"不可深交级"。

可深交的，你可以和他分享你的一切；不可深交的，维持基本的礼貌就可以了。这就好比客人来到你家，真正的客人请进客厅，推销员之类的在门口应付就行了。

另外，也要根据对方的特性，调整和他们交往的方式。但有一个前提必须记住，不管对方智慧多高或多有钱，一定要是个"好人"才可深交，也就是说，对方和你做朋友的动机必须是纯正的，不过人常被对方的身份和背景所迷惑，结果把坏人当好人，这是很多人都无法避免的错误。

第一百零一章

关爱你的仇人

　　耶稣说，当我们应该原谅我们仇人"七十七次"的时候，他也是在教我们怎样生活。爱能使人学会爱，恨却不能止恨，生命有限，何必让有限的生命被恨充满呢？

第一节　不要把时间浪费在怨恨别人上

　　我们要遵守那金科玉律，你希望别人怎样待你，你就要怎样待别人。怎么样？从什么时候什么地方开始？答案是：不论什么时候，不论什么地方。

——卡耐基　《人性的弱点》

　　一个著名的心理学家曾经说："你关注什么，你内在的创造力就会把你塑造成什么。"如果我们放任自己去关注那些阴暗的事情，让怨恨充斥我们的灵魂，那么我们自身也将变得阴暗，将不会再有时间去关照一些积极美好的事物。

　　1918 年，密西西比州松树林里一场极富戏剧性的事情，差点引发了一次火刑。劳伦斯·琼斯——一个黑人讲师，差点被烧死。现在那所学校可算是全国皆知了。早在第一次世界大战期间，一般人的感情很容易冲动的时候，密西西比州中部流传着一种谣言，说德国人正在唆使黑人起来叛变。那个要被他们烧死的劳伦斯·琼斯就是黑人，有人控告他激起族人的叛变。一大群白人一直在教堂的外面，他们听见劳伦斯·琼斯对他的听众大声地叫着："生命，就是一场战斗！每一个黑人都要穿上他的盔甲，以战斗来求生存和成功。"

　　这些年轻的白人趁夜冲出去，纠集了一大伙暴徒，回到教室里来，拿一条绳子捆住了这个传教士，把他拖到一里以外，让他站在一大堆干柴上面，并燃亮了火柴，准备一面用火烧他，一面把他吊死。这时候，有一个人提议在烧死他以前，让这个喜欢多嘴的人说话。劳伦斯·琼斯站在柴堆上，脖子上套着绳圈，为他的生命和理想发表了一篇演说。他在 1907 年毕业于爱德华大学，他那纯良的性格和学问，以及他在音乐方面的才能，使得所有的教师和学生都很喜欢他。毕业以后，他拒绝了一个旅馆留给他的职位，也拒绝了一个有钱人愿意资助他继续学音乐的计划。

　　因为他怀有非常高的理想，当他阅读布克尔·华盛顿传记的时候，就决心献身于教育工作，去教育他那一族里贫穷而没有受过教育的人。所以他回到南方最贫瘠的一带——密西西比州杰克镇以南25里的小地方，把他的表当了1块6毛5分后，就在树林里用树桩当桌子，开始了他的露天学校。劳伦斯·琼斯告诉那些愤怒的、等着要烧他的人，他所做过的各种奋斗——教育那些没有上过学的男孩子和女孩子，训练他们做好农夫、机匠、厨子、家庭主妇。他谈到一些白人曾经协助他建立这所学校，那些白人送给他土地、木材、猪、牛和钱，帮助他继续他的教育工作。

　　劳伦斯·琼斯的态度非常诚恳，也令人感动。他丝毫不为自己哀求，只希望别人了解他的理想。那一群暴民开始软化了。最后，人群中有一个曾经参加过南北战争的老兵相信了他说的话，因为他认得那些琼斯提起的白人。大家明白了，他是在做一件好事，应该帮助他而不该烧死他。那位老兵拿下他的帽子，在人群里传来传去，从那些预备把这位教育家烧死的人群里，募集到52块4毛钱，交给了琼斯。

　　后来有人问劳伦斯·琼斯，他会不会恨那些把他拖出来准备吊死和烧死他的人？他回答说：他忙着实现他的理想，没有时间去怨恨别人——他在专心地做一些超过他能力以外的大事，没有时间去跟人家吵架。他说，他没有时间可以后悔，也没有哪一个人能强迫他到恨那个人的地步。

平静与祥和可以使我们做一些从前认为做不到的事情，例如消除愤怒，原谅所有的人。而后你会发现，其实那些争执是无关紧要的。

小杰克感到特别的痛苦，因为，他是一个不受宠的孩子。

他哥哥是父母亲最疼爱的孩子，尤其是父亲，常常毫无保留地流露出对哥哥的偏爱，经常在亲友面前夸耀他，并以他为傲。无可否认，哥哥的确很优秀，不论是学业成绩或运动方面，他都经常取得优异成绩，更是校内的风云人物。

而小杰克则是一个平凡的孩子，父亲从来不曾过问他的任何活动。甚至有一次，他无意中听到父亲说，小杰克是属于妈妈的孩子，小杰克听后感到极度的失望，甚至开始憎恨哥哥，是他将自己的那份父爱夺走的。

被怨恨包围的小杰克变得越来越不快乐，变得更漫不经心，甚至开始逃起学来。

与其怨恨，不如设法自我充实以及让自己更加坚强起来，更爱自己。以接受和宽宏的心态去面对所有的事情。

不要怀有怨恨之心，也一定不要把时间浪费在消极的情绪和事物上，怨恨只会让人陷入痛苦的边缘。学会感激世界上的一切事物，越来越多的美好的事物将出现在我们的眼前。

第二节　不要对任何人抱有敌意和怨恨

我们也许不能像圣人般去爱我们的仇人，可是为了我们自己的健康和快乐，我们至少要原谅他们，忘记他们。这样做实在是很聪明的事。

——卡耐基　《人性的弱点》

前纽约州州长威廉·盖诺被一份内幕小报攻击得体无完肤之后，又被一个疯子打了一枪，几乎送命。当他躺在医院为生命挣扎的时候，他仍然每天晚上都原谅所有的事情和所有的人。这样做是不是太理想主义了呢？是不是太轻松了呢？如果答案肯定，就让我们来看看那位伟大的德国哲学家，也就是"悲观论"的提出者叔本华的理论。他认为生命就是一种毫无价值而又痛苦的冒险，当他走过的时候好像全身都散发着痛苦，而他认为如果可能，不应该对任何人有怨恨的心理。

伯纳·巴鲁曾经做过六位总统的顾问：威尔逊、哈定、柯立芝、胡佛、罗斯福和杜鲁门。他不会因为他的敌人攻击他而难过，没有一个人能够羞辱或者干扰他，他不让他们这样做。

也没有人能够羞辱或困扰你和我——除非我们让他这样做。棍子和石头也许能打断骨头，可是言语永远也不能伤人。

加拿大杰斯帕国家公园里，有一座可算是西方最美丽的山。这座山以伊笛丝·卡薇尔的名字命名，纪念她在 1915 年 10 月 12 日像圣人一样慷慨赴死。

卡薇尔是被德军行刑队枪毙的一名护士。因为她在比利时的家里收容和看护了很多受伤的法国、英国士兵，还协助他们逃到荷兰。在十月的一天早晨，一位英国教士走进她的牢房里，为她做临终祈祷的时候，伊笛丝·卡薇尔说了两句后来刻在纪念碑上的不朽的话语：我知道只是爱国还不够，我一定不能对任何人有敌意和怨恨。四年之后，她的遗体转送到英国，在西敏斯大教堂举行了安葬大典。

停止报复最好的办法就是不要像敌视你的人一样。有风度的人是不会在乎别人的敌意的，相反，他们希望用自己的品德化解他人的敌意，这样的人才是最受人尊敬的人，这样的人才会有最多的朋友，最少的敌人。

所谓的"仇人"在你的臆想中影响着你的生活。换个角度，以爱来关怀，化解的正是你心中的怨恨。

第三节　爱你的仇人就是爱你自己

　　耶稣所谓"爱你的仇人"，不只是一种道德上的教训，而且是在宣扬一种 20 世纪的医学。这是我们怎样避免高血压、心脏病、胃溃疡和许多其他疾病的良方。

——卡耐基　《人性的弱点》

　　一位名人曾经说过："憎恨别人就像为了逮住一只老鼠而不惜烧毁你自己的房子，但老鼠一定逮不到。"这句话说得的确很有道理，对待反对你的人，我们需要的不是相对应的仇恨，而是需要用高尚的品德来化解双方的仇恨。因为以牙还牙的人无异于引火烧身，只会把自己烧焦。

　　如果一个人的头脑被那些令人不满的仇恨情绪所占据，就会逐渐失去快乐的能力，并开始习惯于注意那些消极、琐碎甚至卑鄙的事情，无形之中，我们的思想也会渐渐充斥着这样的一些事情。这种情绪越聚越多，于是，消极、琐碎甚至卑鄙的事情就会在我们的身边聚集，而且越来越多。

　　当耶稣基督说，我们应该原谅我们的仇人"77 次"的时候，他也是在教我们怎样生活。

　　在为人处世中，做人要有容人的雅量，容忍别人对你的敌对行为，容忍别人对你犯下的错误，这样对你自己也是有好处的，你们很可能就会因此化敌为友。

　　米奇最近得了严重的心脏病，医生命令他躺在床上，不论发生任何事情都不能生气。人们都知道，心脏衰弱的人，一发脾气就可能送掉性命。

　　在华盛顿州，有一个饭馆老板就是因为患有心脏病而又生气死去的。几年前，在华盛顿州史泼坎城，68 岁的威廉·传坎伯开了一家小餐馆，因为他的厨子一定要用茶碟喝咖啡，而使他活活气死。当时威廉非常生气，抓起一把左

轮枪去追那个厨子，结果因为心脏病发作而倒地死去，当时手里紧紧抓着那把枪。验尸官的报告宣称：他因为愤怒而引起心脏病发作。

当耶稣说"爱你的仇人"的时候，他也是在告诉我们：怎么样改进我们的容貌。有这样一些女人，她们的脸因为怨恨而有皱纹，因为悔恨而变了形，表情僵硬。不管怎样美容，对她容貌的改进，也不及让她心里充满了宽容、温柔和爱所能改进的一半。

杰克是一位布商，最近由于一位对手的竞争陷入困境。

对方在他的经销区域内定期走访印染厂与客户，告诉他们杰克的公司不可靠，他的布质量不好，尺码不足，生意也面临即将停业的境地。杰克知道这件事后，非常愤怒，想找个机会报复一下这个家伙。

有一天，杰克听了一位牧师在讲道，主题是要施恩给那些故意跟你为难的人。杰克告诉牧师，就在上个星期五，他的竞争者使他失去了一份 30 万匹布的订单，但是，牧师却教他要包容对手，化敌为友，而且他举了很多例子来证明自己的理论。

当天下午，杰克在安排下周的日程表时，发现住在华盛顿的一位顾客正要为员工定制新工作服而需要一批布。可是这位顾客所指定的布料不是杰克的公司所能制造供应的，却与杰克的竞争对手出售的产品很相似。同时杰克也确信那位满嘴胡言的竞争者完全不知道有这笔生意的机会。

　　这使杰克感到为难，如果遵从牧师的忠告，他觉得自己应该告诉对手这笔生意的机会，并且祝他好运。但是如果按照自己的本意，他只希望对手永远没有生意。

　　杰克内心挣扎了一段时间，最后，他还是听从了牧师的劝导，于是杰克拿起电话打给竞争者。

　　杰克很有礼貌地直接告诉他有关华盛顿的那笔生意机会，爱乱说话的对手难堪得一句话都说不出来，他很感激杰克的帮忙。杰克又答应打电话给那位住在华盛顿的客户，推荐由对手来承揽这笔订单。

　　后来，杰克得到非常惊喜的结果，对手不但停止散布有关他的谣言，甚至还把自己无法处理的一些生意转给杰克做。现在，他们已经成为了好朋友。

　　怨恨的心理，甚至会毁了我们的胃口。正如《圣经》所说：怀着爱心吃菜，也会比怀着怨恨吃牛肉好得多。

　　要是我们的仇家知道我们对他的怨恨使我们筋疲力尽，使我们疲倦而紧张不安，使我们的面容受到伤害，使我们得心脏病，甚至可能使我们短命的时候，他们一定会大为开心。

　　即使我们不能爱我们的仇人，至少我们要爱我们自己。我们要使仇人不能控制我们的快乐、我们的健康和我们的容貌。